普通高等教育"十一五"国家级规划教材
高等院校电子商务专业系列教材

U0596127

物流 （第三版）
与供应链管理

Logistics and Supply
Chain Management

周伟华　吴晓波　主编

周　云　副主编

图书在版编目（CIP）数据

物流与供应链管理 / 周伟华，吴晓波主编. —3 版
. —杭州：浙江大学出版社，2020.11(2022.1 重印)
ISBN 978-7-308-20953-3

Ⅰ.①物… Ⅱ.①周… ②吴… Ⅲ.①物流管理 ②供
应链管理 Ⅳ.①F252.1

中国版本图书馆 CIP 数据核字(2020)第 251237 号

物流与供应链管理(第三版)

周伟华　吴晓波　主编

周云　副主编

责任编辑	汪荣丽　黄娟琴
责任校对	高士吟
封面设计	续设计
出版发行	浙江大学出版社
	（杭州市天目山路 148 号　邮政编码 310007）
	（网址：http://www.zjupress.com）
排　　版	杭州青翊图文设计有限公司
印　　刷	嘉兴华源印刷厂
开　　本	787mm×1092mm　1/16
印　　张	19.25
字　　数	492 千
版 印 次	2020 年 11 月第 3 版　2022 年 1 月第 2 次印刷
书　　号	ISBN 978-7-308-20953-3
定　　价	59.00 元

序

电子商务产生于 20 世纪 60 年代,发展于 20 世纪 90 年代,经历了由局部的、在专用网上的电子交易,到开放的、基于互联网的电子交易过程。特别是近 10 年来,网上销售和大数据智能的快速发展给电子商务注入了新的活力,催生了大量商业模式的创新,形成了越来越丰富的网上服务生态,推动了电子商务的迅猛发展。

中国的电子商务发端于 20 世纪 90 年代。1996 年,国家信息化工作领导小组的成立,标志着中国电子商务征途之起点。从 20 世纪 90 年代初开始,我国相继实施了"金桥""金卡""金税""金贸""金卫""金智"等一系列"金字工程"。其进展顺利,成果卓越,为我国电子商务的发展营造了良好的基础和环境。中国电子商务从 1996 年萌芽以来,经历了探索、崛起、竞争、共生,并形成生态等不同的发展阶段。经历了 20 余年的发展,我国电子商务于 2019 年达到了 34.81 万亿元的巨大交易额。伴随着电子商务的崛起,为了适应消费市场的新特征,企业物流和供应链运作发生了翻天覆地的变化,无论是管理理论还是运作模式,都出现了大量的新内容,比如供应链金融、数据驱动决策等。这就需要我们对供应链和物流管理重新进行梳理,对相关的实践进行总结和提炼。

我国政府非常重视电子商务和供应链管理的发展。2015 年 5 月,国务院印发《关于大力发展电子商务加快培育经济新动力的意见》,表明了我国政府对电子商务发展前景的信心和大力发展电子商务的决心。2017 年 10 月,国务院办公厅印发《关于积极推进供应链创新与应用的指导意见》,旨在加快供应链创新与应用、促进产业组织方式、商业模式和政府治理方式创新、推进供给侧结构性改革。在电子商务实践蓬勃发展、政府日益重视的背景下,开发和更新了电子商务、供应链与物流管理相关的教材,总结和提炼相关规律,对推动经济高质量发展具有重要意义。

浙江大学出版社于 2001 年在国内较早地推出了"电子商务系列教材",并受到了国内高校和读者的欢迎和关注。浙江大学是我国学科最为齐全的重点大学之一,具有国内一流的计算机科学、经济学、管理学等学科的教学与科研师资队伍。因此,浙江大学自然而然成为国内最早开展电子商务学科建设的高校之一,并且为我国的电子商务发展提供了重要的人才和成果。浙江大学于2002年就有了电子商务第二专业学位的毕业生;2005年产生了被教育部批准开设的电子商务本科专业以来的第一批毕业生。

信息技术的发展日新月异,网络经济的理论和管理方法与时俱进,电子商务、供应链与物流管理的创新模式不断涌现,这一切都需要我们进行新的研究和总结,并且将这些新的研究成果反映到大学的教学中。相信新开发的这套教材对于推动我国电子商务和新型供应链管理教学水平的提高、促进相关人才的培养能发挥更加积极的作用。

潘云鹤

2020 年 9 月

第三版前言

世界经济全球化和技术发展的最新趋势,进一步确立了物流与供应链管理在当今企业经营中占有举足轻重的地位。借助先进的信息技术与物流技术,企业的物流效率大大提高,地球真正成为一个"村落"。跨境电商发展突飞猛进,中小型企业迅速加入了全球潮流。企业真正可以在全球获取资源和开拓市场。速度与柔性,成为企业在激烈的竞争中占据有利地位的关键因素。

美国著名的管理学家彼得·德鲁克认为,物流是"一块经济界的黑大陆",具有极大的"利润创造空间"。物流与供应链管理作为一项重要的经营活动,其战略重要性正日益凸显。

这是本书的第三版,在前两版的基础上,与时俱进,将物流与供应链发展的最新模式与实践纳入其中,如绿色供应链、供应链金融、大数据与供应链等。本书试图在综合运用各领域的理论和方法来组织与编撰相关主题的同时,尽可能反映现代物流与供应链管理的国际化、网络化、智能化与柔性化等鲜明的时代特征。理论与实践相辅相成,实践需要理论来指导,理论需要实践来验证。本书在编撰上较好地解决了理论与实践的均衡问题,通过每章开始的实践案例引出本章所要论述的核心内容,在章节内的具体论述中,适时地穿插案例借以论证相关内容。作者本着理论与实践互动的方式,设计了本书的整个结构,期望能令读者产生良好的学习与借鉴效果。

本书特色在于:

(1)服务国家战略。2020年,习近平总书记在《国家中长期经济社会发展战略若干重大问题》一文中指出,要优化和稳定产业链、供应链;并强调产业链、供应链在关键时刻不能掉链子,这是大国经济必须具备的重要特征。本书通过对当前最新的物流和供应链管理理论、方法和实践的系统阐述,促进当代物流和供应链管理人才的培养和知识的传播,为国家的战略发展助力。

(2)讲好中国故事。历经40余年的改革开放,中国的物流与供应链技术得到长足发展。以京东无人仓、菜鸟物流等为代表的一大批商业实践,已经走在了世界的前列。本书试图对中国近些年的先进实践经验进行介绍和梳理，讲述中国故事；将中国与西方国家的实践进行对比，体现中国特色。

（3）介绍新科技与新变化。为紧跟时代发展，本书新增了以大数据、区块链和物联网为代表的新科技，以智能供应链、智慧物流、绿色供应链为代表的新变化。

（4）采用新形态出版方式。本书配有数字资源，以二维码的形式嵌入相关内容中，兼顾内容的完备性和趣味性。

本书历经三版，每一版的付印都凝聚了大量相关人员共同努力的心血，从第一版的李靖华、郭雯等，到第二版的周浩军、姚明明、陈晓玲、于红等，再到第三版的周云、符咏畅、方宁、刘子齐、郑滢、蒲雅琦、陆柏乐、陈寿长、薛冬梅等，无法一一列举。他们在收集和整理本书相关资料的过程中，做了大量的工作，在此表示诚挚的感谢。他们积极、认真、务实的态度是确保本书顺利完成的前提。在此，我们还要感谢奋战在物流与供应链管理理论研究与实践前沿的各界人士，是他们的工作与研究成果充实了本书的具体内容。尽管我们已做了很大努力，但书中难免存在疏漏谬误之处，恳请广大读者和同行专家批评指正。

编著者

2020 年 4 月

目　录

第一章

概　述

第一章
数字资源

学习目的

通过本章学习,你需要:

1.掌握供应链与物流管理的基本概念;

2.掌握现代物流与供应链管理的兴起;

3.了解物流管理与供应链管理之间的联系与区别;

4.了解现代物流与供应链管理的目标与原则;

5.了解物流与供应链管理的意义。

【开篇案例】华为供应链管理的"铁三角"

2019年5月16日,华为技术有限公司(以下简称"华为")及其70家附属公司被美国商务部正式列入"实体名单",要求未经允许企业不得向华为出售元器件和相关技术,意味着华为在供应链源头受到了更多的限制。然而,在中美贸易摩擦背景下,华为基于其供应链上下游的三角结构的支撑,积极尝试对原有供应链进行调整重塑。同时,华为也交出了一份令人振奋的答卷,华为2019年年报显示,销售收入8588亿元,同比增长19.1%;净利润627亿元,同比增长5.6%。华为轮值董事长徐直军在财报沟通会上对媒体直言:"2019年是饱受挑战的一年,2020年是最艰难的一年。"2020年,华为面临很大的挑战。华为在中美贸易摩擦背景下的供应链管理策略和取得的成果,让业界对华为供应链结构产生了更大的兴趣和关注。

华为供应链搭建可以分为两个阶段:第一阶段为1999—2004年,在此期间,华为基本完成了境内的集成供应链建设,供应商管理水平得到了很大的提升;第二阶段为2005—2015年,华为在此期间拓展了企业的境外布局,构建全球供应链并逐步解决了分布世界各地的供应商的管理问题。最终形成了供应商选择、评价与认证的管理"铁三角"模式。

(1)供应商选择

华为负责供应商选择的是采购部门的各个物料专家团(CEG)。采购部门在向外部采购服务、产品及知识资产时,需要考虑其对华为的整体利益最佳值。所以,CEG进行供应商选择时的两个目标为:选择最好的供应商;评定公平价值。为此,华为建立了完善的供应商选择机制以及公平价值判断的标准流程,以确保采购团队选择最符合华为利益的供应商,同时保证向华为所有供应商提供平等竞争的机会。该流程秉承公平、公开和诚信的原则,通过竞争性评估、招标、价格对比与成本分析的方法进行,并以集中采购控制、供应商选择团队及供应商反馈办公室等机制作为实施的保障。

（2）供应商评价

华为内部采购部门作为供应商管理的主要负责部门,制定了供应商评价的基本原则及具体流程,并且会定期向供应商进行评估结果的反馈。华为供应商的绩效评估主要从技术表现、产品质量、响应能力、交付表现、物料成本及合同条款履行等关键方面进行。绩效评估的目的在于给双方一个双向沟通的开放式有效渠道,促进与供应商良好合作关系的建立。同时,华为也鼓励供应商的反向回馈,站在客户角度对华为进行评价与评估,将双方的评估信息共同运用于业务关系的改善,以及华为内部运营问题的改善。

华为各个评价指标下的具体评价因素,如表 1-1 所示。华为对其供应商根据评价体系进行评分与排名。

表 1-1 华为供应商评价因素

评价角度	评价指标
技术表现	设计能力、新技术运用、新产品表现、企业技术支持、产品失效时的及时分析与行动改善
产品质量	质量能力、技能指标、服务指标、质量综合信息指标
响应能力	柔性生产、供应商活动可视性、问题早期预警、市场变化快速反馈、关键承诺、有效沟通
交付表现	订单履约的可靠性、采购成本的可控性、需求变化的适应性
物料成本	价格竞争性、供应商在成本控制方面的贡献支持、市场价格变化及时通知华为,及时根据市场变化调整交易价格
其他因素	环保因素及社会责任相关评价

（3）供应商认证

华为根据国际电信行业联合审核合作组织（JAC）及责任商业联盟（RBA）等行业标准制订了供应商可持续发展协议。华为尽可能地向所有具有合作意向的供应商提供公平、合理的竞争机会。若华为与供应商双方均有合作意向,华为就会向供应商提供调查问卷,并对问卷进行评估,向供应商反馈评估结果。供应商符合要求且对合作有兴趣,则进行后续的认证步骤。华为通过与供应商的面对面交流,讨论问卷评估结果,并聆听供应商对问卷评估结果的回复;再通过小规模测试及样品测试,确保供应商可以满足华为的规格及产能要求。最终的认证结果由华为采购部门知会供应商,在新一轮采购需求产生时,通过认证的供应商可作为候选企业进入供应商选择的流程。

华为的供应商选择为其在平等公平前提下,挑选出最好的供应商;华为的供应商评价使其在与供应商建立良好合作的基础上,搭建双向沟通渠道;华为的供应商认证则在认证流程的保障下,进一步筛选优质供应商,改善运营效率。供应商选择—供应商评价—供应商认证三个环节环环相扣,形成了一个稳定的"铁三角"结构,推动华为不断向全球价值链高价值环节攀升。

资料来源:魏旭光,郝晓倩,李悦,等."铁三角"的结构支撑:中美贸易摩擦背景下华为供应链重塑[EB/OL].(2020-10-14)[2021-05-01].https://www.cmcc-dut.cn/Cases/Detail/4753.

第一节　物流与供应链管理的基本概念

一、何为物流管理

现代物流是供应链的一部分。供应链是为符合消费者的要求从原料起点到消费终点,为提高产品、服务和相关信息从起始点到消费点的物动和储存的效率及效益而对其进行的计划、执行和控制的商务过程一体化。

简单地说,物流是指物料或商品在空间与时间上的位移,而现代物流管理就是将在这一过程中发生的信息、运输、库存、搬运以及包装等物流活动综合起来的一种新型的集成式管理。它的任务是以尽可能低的成本为消费者提供优质的服务。物流管理的内容包括:对物流活动诸要素的管理,包括运输、储存等环节的管理;对物流系统诸要素的管理,即对其中人、财、物、设备、方法和信息等六大要素的管理;对物流活动中具体职能的管理,主要包括物流计划、质量、技术、经济等职能的管理。具体来说,物流管理的任务可以概括为 7Rights:以适当的成本(right cost),在适当的时间(right time)、适当的地点(right place)、适当的条件(right condition)下,将具有良好的质量(right quality)、适合的产品(right product)送到适合的消费者(right customer)手中。

通过完整的物流分布网络使各自分立的物流系统整合成为一个无缝衔接的、完全集成的物流系统。通过物流系统和各子系统的有机联系和相互作用,来实现物流的有效运转,达到物流系统的目标,需要物流的系统化管理。所谓物流的系统化管理,是指为了以最低的物流成本达到用户所满意的服务水平,对物流活动进行的计划、组织协调与控制。物流系统管理的有效开展,能有力地促进物流活动的合理化,而"logistics"(物流)这个词所反映的现代物流,正体现了物流系统管理的内涵和实质。

为了使加盟供应链的企业都能受益,并且使每个企业都有比竞争对手更强的竞争实力,就必须加强对供应链的构成及运作研究。相邻企业依次连接起来,便形成了供应链(supply chain)。这条链上的节点企业只有达到同步、协调运行,才有可能使链上的所有企业都能受益,于是又产生了供应链管理(supply chain management,SCM)这一新的经营与运作模式。

二、何为供应链管理

供应链是由原材料加工为成品并送到用户手中这一过程中涉及的合作企业和部门所组成的网络。从拓扑结构来看,它是一个网络,是由各种实体构成的网络。网络上流动着物流、资金流和信息流。这些实体包括一些子公司、制造厂、仓库、外部供应商、运输公司、配送中心、零售商和用户。该网络的中心是供应链的核心企业；它的服务对象是产品或服务的最终用户；它包含速度、柔性、质量、成本和服务等5个主要评价指标。

一个完整的供应链始于原材料的供应商，止于最终客户，如图1-1所示。一般情况下，物流从供应商向客户流动，而资金流则向相反方向流动。退货、回收等活动则形成了由客户向生产商流动的逆向物流。同样，在赊购等例外的情况下，供应链中也会产生逆向的资金流。信息的流动在供应链中是双向的：需求信息是自下而上流动，而供应信息则是自上而下流动。订单是从用户向供应商流动的，而订单接收通知、货运通知和发票则是以相反方向流动的。

供应链是社会化大生产的产物，是重要的流通组织形式和市场营销方式。随着卖方市场向买方市场的转变，消费者需求的地位由被动转为主动，这就对供应链的实现目标提出了更高的要求。供应链的实现把供应商、生产厂家、分销商、零售商所组成的链路上的所有环节都联系起来，并进行优化，使生产资料以最快的速度，通过生产、销售环节变成价值增值的产品，送到消费者手中。明智的公司力图采用增加整个供应链为消费者提供的价值、减少整个供应链成本的方法，来增强竞争的实力。全球范围内真正的商务竞争不是公司与公司的竞争，而是供应链与供应链的竞争。

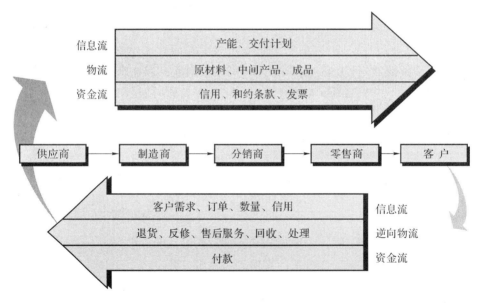

图1-1　供应链中的物流、资金流和信息流

建立和运行供应链，必须依靠供应链管理，供应链管理是一种集成的管理思想和方法，它执行供应链中从供应商到最终用户的物流的计划和控制等职能。供应链管理是通过前馈的信息流和反馈的物流及信息流，将供应商、制造商、分销商、零售商，直到最终客户连成一个整体的管理模式。供应链管理的效果问题则是整个系统在受到内外各种因素的制约下的一个多目标优化，这些目标可以是前面提到的5个评价指标，也可以是根据实际情况增加的其他指标。当然，由于各种企业联盟的性质不同，其目标选择及其权重会有很大差别。供应链管理涉及的具体功能包括：订单处理、原材料存储、生产计划安排、库存设计、货物运输和售后服务等。

供应链管理不是供应商管理的别称，也不是物料管理的延伸。它是一种新的管理策略，把不同企业集成起来以增加整个供应链的效率，注重企业之间的合作，强调低库存甚至零库存，以系统工程的方法来统筹整个供应链，并最终依据整个供应链进行战略决策。供应链管理强调核心企业与合适企业建立战略合作关系，委托这些企业完成一部分业务工作，自己则集中精力和各种资源，通过重新设计业务流程，做好本企业能创造特殊价值、比竞争对手更擅长的关键性业务工作。这样不仅大大提高了本企业的竞争能力，而且使供应链上的其他企业都能受益。

传统供应链管理的重点是放在管理库存上，作为平衡有限的生产能力和适应用户需求变化的缓冲手段(它通过各种协调手段，寻求把产品迅速、可靠地送到用户手中所需要的费用与生产、库存管理费用之间的平衡点，从而确定最佳的库存投资额。其主要的工作任务是管理库存和运输。)，现代的供应链则把供应链上的各个企业作为不可分割的整体，使供应链上各企业分担的采购、生产、分销和销售职能成为一个协调发展的有机体。

三、供应链管理与物流管理的区别

从上述关于物流和供应链管理的定义可知，供应链管理涵盖了企业经营中从原料起点至消费者终端的所有商业环节。虽然普遍认为供应链管理是随着物流管理的发展而提出和逐步完善的，但是发展至今，物流管理已经成为供应链管理的一部分。因此，它们之间有着许多共同之处。例如，它们都是由供应商、制造商、分销商以及零售商组成的；都是以先进的电子信息技术作为自我实现的前提、基础和保证；都是跨企业、跨部门甚至是跨国境的等。它们之间也存在着许多不同之处，主要表现为以下几点。

(1)供应链管理是把供应链上的各个企业作为一个不可分割的整体，使供应链上各企业分担的采购、生产、分销和销售职能成为一个协调发展的有机体。因此，供应链管理不是节点企业、技术方法等资源简单的连接，而是集成的思想和方法。

(2)供应链管理是对物流整个流程从源头到终点的整体管理。除了企业内部与企业之间的运输和实物分销之外，供应链管理还包括：①战略性供应商和用户合作伙伴的关系管理；②产品需求预测和计划；③供应链的设计(全球节点企业、资源、设备等的评价、选择和定位)；④企业内部与企业之间物料供应与需求管理；⑤基于供应链管理的产品设计与制造管理、生产集成化计划、跟踪和控制；⑥企业间资金流管理(汇率、成本)；⑦基于供应链的用户服务与物流管理(如运输、库存、包装等)；⑧基于互联网/内联网的供应链交互信息管理等。由此可见，供应链管理不但涵盖了现代物流管理的全部内容，而且从更高的层次上来解决物流管理问题。

(3)供应链管理强调的是把主要精力放在企业的关键业务(核心竞争能力)上，充分发挥其优势。同时，与全球范围内的合适企业建立战略合作关系，把企业中非核心业务交给合作企业来完成。而现代物流管理强调的是从原材料的到达—成品的销售—包装物等废弃物品的回收以及退货所产生的物流活动的有效性。

(4)供应链管理是基于战略伙伴关系的企业模型，因此，它可以利用信息共享(透明性)、服务支持(协作性)、并行工程(同步性)、群体决策(集智性)、柔性与敏捷性等先进的技术和手段来进行企业的流程再造。而现代物流管理是基于物流关系的企业合作关系。

虽然它已经从传统的以生产为中心的企业关系模式向物流关系模式转化,也运用了准时制(just in time,JIT)和全面质量管理(total quality management,TQM)等先进的管理思想,强调部门间、企业间的合作与沟通,但是它却无法从根本上进行制造企业内部的流程再造。

(5)供应链管理不仅仅具有自己的合作机制、决策机制、激励机制和自律机制,还有自己的理论模型、设计原则以及绩效评价指标体系。因此,它是比现代物流涉及的范围更广、层次更高、更加完善的管理模式。

(6)两者的目标不一致。供应链管理的目标是通过管理库存和合作关系,去达到对客户的快速反应和整个供应链上的交易成本最低。而现代物流管理的主要任务仍然是库存和运输。

四、供应链管理与传统管理模式的区别

供应链管理作为一种新型的管理模式,它与传统的管理模式有着明显的区别,主要体现在以下几个方面。

(1)涉及对象。传统的管理模式仅仅局限于一个企业内部采购、生产、销售等部门的管理,它以一个企业的资源为主,所考虑的都是本企业制造资源的安排问题。供应链管理则涵盖从供应商到最终用户的采购、生产、分销、零售等职能领域过程。它更注重于利用整个供应链的资源,以达成整个供应链的降本增效。

(2)管理目标。在传统的管理模式下,各企业的目标是自身利益最大化,很少考虑其他企业和最终用户的利益和要求。而在供应链管理模式下,遵循的原则是个体利益服从集体利益。供应链中所有参与者的首要目标是整个供应链的总成本最小,效益最高,都以使最终消费者满意为己任,这是所有参与者制定决策的首要标准,也只有在满足上述目标的前提下,参与者才可以去追求自身利益的最大化。

(3)企业间的地位。在传统的管理模式下,通常是一个实力雄厚的企业(可能是生产制造企业,也可能是大型零售企业)处于支配性地位,而其他企业则处于从属地位,它们的生产、采购、销售等决策的制定都是被动的。因此,它们与支配企业的地位是不平等的。而在供应链管理模式下,供应链中所有参与者提倡地位平等。虽然通常也存在核心企业,但它更多的是企业间的合作与互助,而非支配与被支配,如表1-2所示。在供应链管理中,所有参与者共同建设和维护供应链的成长和发展。因此,供应链中所有参与者都是积极主动地参与供应链的建设管理中。

(4)企业间的竞争与合作。在传统管理模式下,企业都是独立运作,更多的体现是竞争。在供应链管理模式下,供应链中各节点企业之间强调合作与协调,提倡建立战略伙伴关系,变过去企业之间的敌对关系为紧密合作的伙伴关系。这种新型关系主要体现在共同解决问题、共同制定决策和信息共享等方面。共同解决问题,如供应商、消费者参与产品设计、质量改进、成本降低等。共同制定决策,如生产计划、采购计划、库存策略、价格策略等。而信息共享则意味着有关库存水平、长期计划、进度计划、设计调整等关键数据在供应链中保持透明。

表 1-2　传统供应商关系与供应链合作关系的比较

指标	传统供应商关系	供应链合作关系
相互交换的主体	物料(或产品)	物料(或产品)、服务
供应商选择标准	强调价格	多标准并行考虑(交货的质量和可靠性等)
稳定性	变化频繁	长期、稳定、紧密合作
合同性质	单一	开放合同(长期)
供应批量	小	大
供应商数量	大量	少(少而精,可以长期紧密地合作)
供应商规模	小	大
供应商的定位	当地	境内和境外
信息交流	信息专有	信息共享(电子化连接、共享各种信息)
技术支持	提供	不提供
质量控制	输入检查控制	质量保证(供应商对产品质量负全部责任)
选择范围	投标评估	广泛评估可增值的供应链

(5)管理思想。供应链管理不是孤立地看待各个企业及各个部门,而是考虑所有相关的内外联系体——供应商、制造商、分销商等,并把整个供应链看成一个有机联系的整体。这种供应链节点企业的连接不是节点企业、技术方法等资源的简单相加,而是通过采用集成的思想和方法,达成供应链节点企业的真正融合,实现整个供应链资源的充分利用。

第二节　现代物流与供应链管理的兴起

一、物流与供应链管理理论和实践的发展

早期的物流管理研究使用 distribution(分销网络)一词,一直沿用到 20 世纪 60 年代。1963 年,美国成立了国家实物配送管理委员会(national council of physical distribution management,NCPDM)。到了 20 世纪 70 年代,管理学界日益盛行"系统""一体化""整合"的概念,在物流管理领域开始日益强调分销网络的"整合"。在 20 世纪 80 年代,物流管理学界开始使用"logistics"来代替"distribution"。

多少年来,企业出于管理和控制上的目的,对为其提供原材料、半成品或零部件的其他企业一直采取投资自建、投资控股或兼并的"纵向一体化"(vertical integration)管理模式,即核心企业与其他企业是一种所有权关系。脱胎于计划经济体制下的中国企业更是如此,"大而全"的思维方式至今仍占据一定位置。在高科技迅速发展、市场竞争日益激烈、消费者需求不断变化的今天,"纵向一体化"管理模式已逐渐显示其无法快速敏捷地响应市场机会的薄弱之处。显然,采用"纵向一体化"管理模式的企业,要想对其他配套企业拥有管理权,要么自己投资、要么出资控股,不论采取哪一种方式,都要承受过重的投资负担和过长的建设周期带来的风险。由于核心企业什么都想管住,因此不得不从事自己并不擅长的业务活动。许多管理人员往往将宝贵的精力、时间和资源花在辅助性职能部门的管理工作上,而无暇顾及关键性业务的管理工作。实际上,每项业务活动都想自己干,

势必要面临每一个领域的竞争对手,反而易使企业陷入困境。

有鉴于"纵向一体化"管理模式的种种弊端,从 20 世纪 80 年代后期开始,越来越多的企业放弃了这种经营模式,随之而来的是"横向一体化"(horizontal integration)思想的兴起,即利用企业外部资源快速响应市场需求,本企业只抓住核心业务。"横向一体化"形成了一条供应商—制造商—分销商—零售商的贯穿所有企业的"链",以达到快速响应市场需求的目的。

全球制造链及由此产生的供应链管理是"横向一体化"管理思想的一个典型代表。任何一个企业都不可能在所有业务上成为世界上最杰出的企业,只有优势互补,才能共同增强竞争实力。随着"横向一体化"管理思想的产生及发展,企业管理模式也发生了相应的变化,如表 1-3 所示。

表 1-3   供应链管理模式演化

20 世纪 80 年代	20 世纪 90 年代	2000 年以来	
制造资源计划	准时制	精益生产和精益供应	供应链管理
推动式系统; 物料订货以可分配需求为基础; 消除安全库存和周转库存; 依赖于相关订货计划和可靠的预测; 通过变动对供应商需求实现柔性	拉动式系统; 来自最终用户的固定需求量; 生产能力与需求匹配; 固定的生产协作单位; 柔性的制造系统; 相似产品范围很小; 经济生产,批量很小	消除浪费; 库存和在制品占用最小; 成本在供应链上透明; 多技能员工; 减少工件排队; 调整、转换时间很短; 多品种、小批量生产; 每一个阶段连续改进	快速反应; 供应具有柔性; 个性化定制生产; 与最终需求同步生产; 受控的供应链过程; 全面应用电子商务

企业为什么需要进行物流与供应链管理呢?主要原因在于,现代管理面临重大转变,指导企业的传统原则及组织结构受到挑战,市场对于更高水平服务和质量的需求不断增加。这些压力构成了对组织的强制性要求:变得更加敏捷,成为反应迅速的组织。进而,企业的生产制造系统不断向柔性化、敏捷化与一体化方向发展,从制造资源计划(manufacturing resource planning,MRPII)、准时制,到精益生产(lean production,LP)和精益供应(lean supply,LS),再到如今的供应链管理,相应的组织结构与管理方式也不断发生变化。

基于供应链的整合管理已经成为企业未来获取市场竞争力的关键,如图 1-2 所示。企业通过供应链将企业所有价值活动有机整合到一起,在形成一个动态开放的一体化生产经营运作系统的同时,培育了具有价值的、稀缺的,同时又是难以被模仿和被替代的资源整合配置能力。这种能力正是企业产生持续竞争优势的核心。

供应链管理在企业经营运作中的地位随着企业经营模式的演进而逐步得到确定。1960—1975 年,是典型的"推式"时代,企业从原材料推到成品,一直推至客户端。1976—1990 年,企业开始注意集成自身的内部资源,企业的运营规则也从推式转变为以客户需求为原动力的"拉式"。进入 20 世纪 90 年代,工业化的普及使生产率和产品质量不再成为核心竞争因素,供应链管理逐渐受到重视。

供应链管理的早期研究主要集中在供应链的组成、多级库存、供应链的财务方面,主要解决供应链的操作效率问题。近年来的研究主要把供应链管理看作一种战略性的管理体系。研究扩展到了所有加盟企业的长期合作关系,特别是集中在合作制造和建立战略伙伴关系方面,而不仅仅是供应链的连接问题,其范围已经超越了供应链出现初期的那种以短期的、基于某些业务活动的经济关系,更偏重长期计划的研究。

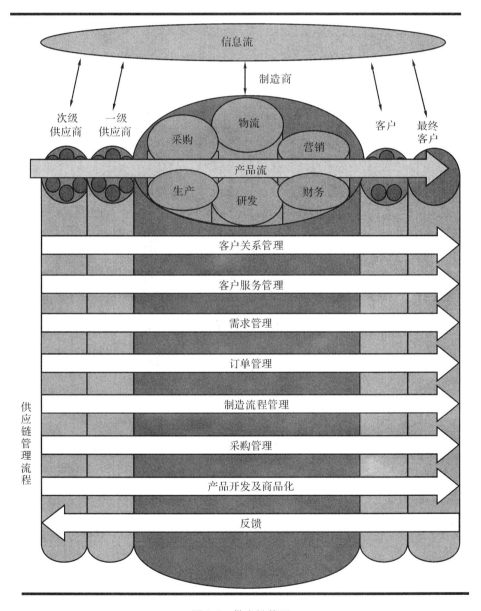

图 1-2 供应链管理

资料来源:LAMBERT D M,COOPER M C,PAGH J D. Supply chain management:implementation issues and research opportunities [J]. The International Journal of Logistics Management,1998,9 (2):1-20.

二、物流与供应链管理研究发展趋势

传统物流与供应链管理研究问题,如供应链建模和优化、机制设计、信息共享、上下游企业协同等问题地研究已比较成熟。伴随产业的不断转型升级以及层出不穷的技术创新和服务创新,供应链研究延伸到了更多的前沿方向,内涵更加丰富,技术手段也在不停更迭。

1. 可持续供应链管理

随着经济发展和产业结构转型升级,新的环境法规、劳工标准、能源成本以及政府和消费者需求带来的竞争压力,使得可持续供应链管理领域得到了越来越广泛的关注。根据斯蒂芬·苏瑞(Stefan Seuring)和莫伊林·缪勒(Meurin Müller)的定义,可持续供应链管理是指综合考量经济、环境、社会三个方面的可持续发展目标,对物流、信息流、资金流和与供应链上其他企业的合作进行管理。在这里,经济效益是维持企业可持续性的基础;环境效益则是指企业要尽量减少生产、物流过程对环境造成的损害,对废弃产品进行回收再利用,减少资源过度利用,保护生态环境;社会效益是指供应链的发展要满足人的需求,关注员工权益,强调上下游企业共同发展,重视公益活动,践行企业社会责任;三者一起,构成了约翰·埃尔金顿(John Elkingto)于 1998 年提出的可持续供应链的三重底线(triple bottom line),即 TBL 理论。

与逆向物流、闭环供应链等领域不同的是,后者已经有比较成熟的定量模型研究,而可持续供应链管理主要还集中在理论或概念性的研究上,采用的研究方法通常是案例研究、问卷调查等,仅有少量研究采用了运筹相关的模型进行定量分析,包括均衡分析、多目标优化和层次分析等。同时,已有文献对环境因素的考量也远远多于社会因素,未来的可持续供应链管理在这些方向上有巨大的研究空间。

2. 数据驱动的供应链管理

在信息技术高度普及的"互联网＋"时代中,供应链上的企业在日常的决策和运营管理中沉淀了海量数据。这对企业来说既是财富也是挑战:如何利用这些数据提升供应链效率,从中获取最大的收益? 这就要求企业有能力做好大数据商业分析,并与其他供应链优化方法结合起来,形成最终决策。

大数据商业分析在企业的战略计划和运营计划阶段都扮演着至关重要的角色。在战略计划阶段,它可以辅助决策者做出外包、供应链网络设计、产品开发等决策;在生产运营阶段,大数据分析使得需求计划、采购计划、生产、库存、物流等决策更加灵活智能。总体来说,供应链与物流领域的大数据分析可以分为以下三类。

(1)描述性分析:通常运用在标准化阶段或联机分析处理(on line analysis processing,OLAP)等技术需要时,主要为了发现当前流程中的问题和机会。

(2)预测性分析:运用包括数学算法和规划在内的技术,发现数据中的具有解释力的模式,为了准确预测未来趋势并提供原因。主要技术包括数据挖掘、文本挖掘及预测方法等。

（3）指导性分析：运用数据和数学算法评估不同决策，这些决策问题通常规模很大且复杂，从而达到提高企业绩效的目的。主要技术有多目标优化、仿真等。

【案例】Rue La La 数据驱动运营决策

Rue La La 是美国一家线上时装闪购网站，向消费者提供限时的设计师服饰折扣。由于其款式众多且大部分都是第一次售卖，没有历史销售数据，因此，需求预测和定价决策成为该公司的巨大挑战。为了解决这个问题，来自麻省理工学院的几位学者为其开发了一套价格优化引擎。该引擎主要分为两部分：需求预测和定价优化。

在需求预测部分，学者主要应用了决策树等机器学习的方法，通过估计过去商品的销售损失来预测未来将要推出的同类商品的需求。在定价优化部分，学者主要采用运筹优化方法，将整数规划转化为线性规划，实现对一组竞争商品同时定价。采用这一套价格优化引擎，商品在库存非常有限、销售窗口期很短、没有历史销售数据的情况下，使得最大化销售收入成为可能，预计能为 Rue La La 带来 9.7% 的收入提升，显示了数据的巨大利用价值。

资料来源：FERREIRA K J，LEE B H A，SIMCHI-LEVI D. Analytics for an online retailer：Demand forecasting and price optimization[J]. Manufacturing & Service Operations Management，2015，18(1)：69-88.

第三节　物流与供应链管理的目标与基本原则

一、物流与供应链管理的目标

1. 企业物流管理的目标

在外延更广泛的企业目标下，企业物流管理者在追求其职能部门目标的同时，推动企业向整体目标迈进。企业物流管理的目标可以从财务和实际运作两个角度讨论。从财务角度而言，企业物流管理的目标是通过发展物流活动组合能力使企业在长期内得到尽可能高的投资回报。这一目标往往体现在物流系统设计对收入的影响及设计成本两个方面。假设物流活动水平对企业收入的影响已知，那么可以得到一个具有可操作性的物流财务目标，即在长期内，使年收入（由所提供的客户服务水平决定）减去物流系统运营成本与物流系统年均投资之比最大。如果资金的时间价值很高，那么，该目标可以更确切地表述为，使现金流的现值最大化或使内部报酬率最大化。保证企业生存的最重要的单项目标是使企业长期内累计投资回报最大化。

而从实际运作的角度讲，物流被看成企业与其供应商和客户相联系的能力。一个企业的物流，其目的在于帮助企业以最低的总成本创造客户价值。物流管理的目标主要包括：快速反应、最小变异、最低库存、整合运输、产品质量以及生命周期支持等。

快速反应关系到企业能否及时满足客户的服务需求。信息技术提高了在尽可能短的时间内完成物流作业，并尽快交付所需存货的能力。快速反应的能力把物流作业的重点从根据预测和对存货储备的预期,转移到从装运到装运方式对客户需求做出迅速反应上来。

最小变异就是尽可能地控制任何会破坏物流系统表现的、意想不到的事件。这些事件包括客户收到订货的时间被延迟、制造中发生意想不到的损坏、货物交付到不正确的地点等。传统解决变异的方法是建立安全储备存货或使用高成本的溢价运输。信息技术的使用使积极的物流控制成为可能。

最低库存的目标是减少资产负担和提高相关的周转速度。存货可用性的高周转率意味着分布在存货上的资金得到了有效的利用。因此,保持最低库存就是要把存货减少到与客户服务目标相一致的最低水平。

运输是最重要的物流成本之一。一般来说,运输规模越大及需要运输的距离越长,每单位的运输成本就越低。这就需要有创新的规划,把小批量的装运聚集成大批量的整合运输。

由于物流作业必须在任何时间、跨越广阔的地域来进行,对产品质量的要求被强化,所以绝大多数物流作业是在监督者的视野之外进行的。不正确的装运或运输中的损坏导致重做客户订货所花的费用,远比第一次就正确地履行订单所花费的费用多。因此,物流是发展和维持全面质量管理不断改善的重要组成部分。

某些对产品生命周期有严格需求的行业,回收已流向客户的超值存货将构成物流作业成本的重要部分。如果不仔细审视逆向的物流需求,就无法制定良好的物流策略。因而,产品生命周期支持也是物流管理的重要目标之一。

2. 企业供应链管理的目标

美国学者库珀(Cooper)指出:供应链管理的目标,是通过贸易伙伴间的密切合作,以最小的成本和费用提供最大的价值和最好的服务。企业供应链管理的目标可以分为长期与短期两个方面:供应链管理的短期目标为提高产能、减少库存、降低成本及缩短产品销售循环所需的时间;而其长期目标主要为提高消费者满意度、市场占有率以及公司收益。

可以看出,企业物流管理与供应链管理的目标基本上是保持一致的。作为供应链管理的一部分,企业物流管理的目标从财务上更倾向于企业投资回报的最大化,在具体运作上则侧重于快速反应、最小变异、最低库存、整合运输、产品质量以及生命周期支持等。而企业供应链管理的目标则更倾向于企业发展与综合实力的增强,从企业战略管理的高度审视目标的达成与否。实际上,无论是从财务角度,还是从战略角度,物流管理与供应链管理的最终目标都可以归结为满足客户服务要求、增强企业市场竞争能力、保持企业竞争优势。

二、供应链管理的基本原则

根据世界著名的 Mercer 管理顾问公司的报告,有近一半接受调查的公司经理将供应链管理作为公司的 10 项大事之首。调查还发现,供应链管理能够提高投资回报率、缩短订单履行时间、降低成本。Andersen 咨询公司根据其多年的咨询工作实践,提出了供应链管理实施操作中普遍遵循的 7 项基本原则,这些原则在企业供应链管理实践中的成功运用为企业带来了利益,已经初步证明了其对实践的指导意义。

1. 根据客户所需的服务特性来划分客户群

传统意义上的市场划分基于企业自身的状况,如行业、产品、分销渠道等,然后对同一区域的客户提供相同标准的服务,并在划分的群体内部和群体间来平均成本与收益,这无疑将导致企业无视消费者的差异化需求,损害消费者对企业的期望价值。供应链管理则强调根据客户的状况和需求,决定服务方式和水平。由于不同行业、产品、地域以及不同营销渠道及层级的消费者有可能对产品及服务产生相似的需求,因此,这种划分方法将产生传统方法所难以达到的效果。

2. 根据客户需求和企业可获利情况设计企业的物流网络

企业一般在其存货、仓库和运输活动组织起来的物流网络设计上采取整体的方法来满足单一的需求标准。有些企业完全忽视消费者需求的差异性而将物流网络设计成满足所有消费者的平均服务需求,而有些企业则付出较高代价去满足特殊消费者的需求。这些物流网络的设计方法造成客户需求与企业获利之间的矛盾,严重损害企业的竞争能力。在进行供应链管理时,企业应该充分考虑和协调客户需求与获利机会,不仅要解决两者通常所存在的矛盾,而且要使两者相互促进地完成既定目标。例如,一家造纸公司发现两个客户群存在截然不同的服务需求:大型印刷企业允许较长的提前期,而小型的地方印刷企业则要求在 24 小时内供货,于是它建立的是 3 个大型分销中心和 46 个紧缺物品快速反应中心。

3. 监听市场信号并相应地调整整个供应链的需求计划

传统上,企业各部门总是依照最初拟定的各项计划进行运作,这样往往会使企业忽视市场信号或对市场信号不敏感,进而在市场快速变化时始终处于被动应变状态。而在良好的供应链管理中,销售和营运计划必须监测整个供应链,以及时发现需求变化的早期警报,并据此安排和调整计划。实际上,出色的供应链管理在开发合作预测并保持需要的跨作业能力中,要求随市场信号的变动,需求计划的制订与调整要超越企业界限,进一步延伸至包含供应商的供应链的第一个环节中去。

4. 采取时间延迟策略

制造商的生产目标往往以成品需求预测为基础,然而,由于市场需求的剧烈波动,因此距离客户接受最终产品和服务的时间越早,需求预测就越不准确,企业就不得不维持较大的中间库存。时间延迟策略的原理是产品的外观、形状或生产、组装、配送应尽可能推迟至接到客户订单再确定。运用时间延迟策略,可实现最大的柔性而降低库存量,使得流通在产品最终价值增值上发挥积极的作用。例如,一家洗涤用品企业在实施大批量客户化生产的时候,先在企业内将产品加工完成,然后在零售店完成最终的包装。

5. 与供应商建立双赢的合作策略

迫使供应商相互压价,固然使企业在价格上受益,但相互协作则可以降低整个供应链的成本。在制造商对供应商提出较高要求的同时,他们也应该明白,为了降低市场价格和增加利润,伙伴们必须共担减少整个供应链成本的目标,该思想的必然结果是利益共享机制。制造商与供应商的"零和游戏"假设将严重削弱整个供应链的获利能力,因为供应链上所有企业是作为一个整体存在的,它们处于同一价值链上的不同位置,发挥着相互补充的功效,所以只有相互合作,才能共同获取最大利益。

6. 在整个供应链领域建立信息系统

信息系统首先应该处理日常事务和电子商务;然后支持多层次的决策信息,如需求计划和资源规划;最后应该根据大部分来自企业之外的信息进行前瞻性的策略分析。

7. 制定整个供应链的衡量标准,建立整个供应链的绩效考核准则

传统企业的绩效考核标准往往是针对企业内部的,然而,在供应链一体化管理中,需要的是针对整个供应链的统一考核衡量标准,而不仅仅是局部的个别企业的孤立标准。只有标准统一,才能找出供应链运作中的薄弱环节,制定相应的整改措施以提高整个供应链的运作效率。供应链的最终验收标准是客户的满意程度。

第四节　学习物流与供应链管理的意义

长期以来,人们把创造利润的环节集中在生产领域,因此把在生产过程中节约物资消耗而增加的利润称作"第一利润源泉",把因降低劳动消耗而增加的利润称作"第二利润源泉",往往忽略因物流费用节省而增加的"第三利润源泉"的存在。物流环节被美国著名的管理学家彼得·德鲁克认为是"一块经济界的黑大陆",事实上具有极大的"利润创造空间"。英国著名经济学家马丁·克里斯托夫曾指出:"市场上只有供应链,没有企业""真正的竞争不是企业与企业之间的竞争,而是供应链与供应链之间的竞争。"

供应链不仅拓展了原有物流系统,它还超越了物流本身,使企业反应速度更快、服务功能更系统化、手段更现代化,而且形成了一种网络组织。在一条供应链中,企业服务范围向上可延伸到市场调查与预测、采购及订单处理,向下可延伸到配送、物流咨询、物流方案选择与规划、库存控制、货款回收与结算等,这些服务最具增值性,能否提供这些增值服务已成为衡量一个企业真正具有竞争力的标准。供应链管理使原来流通渠道与企业物流的对立走向与企业物流的共生,在这种新型的物流管理体制下,相关联企业加强合作,有效控制供应链上的物流、资金流、信息流等,提升以价值链为联系各相关企业的竞争优势。

21世纪的市场竞争正从企业之间的竞争转向更高层次的"扩展企业"——供应链之间的竞争。我国对于物流与供应链管理的研究与应用起步较晚,与西方发达国家尚存在较大差距。随着我国加入世界贸易组织,以及世界经济一体化,我国企业步入前所未有的

激烈竞争环境当中,在与国外公司及跨国公司的竞争较量当中,凭借我国原有分散企业以个体为竞争单元的竞争模式,显然无法与上下游企业形成的一体化供应链的竞争对手相匹敌。因此,为了大幅提升我国企业的竞争能力,以适应当今国际市场的"超竞争"环境,并能够在竞争中获取胜利,作为企业管理者和在校学习并即将成为企业管理者的大学生,应该尽快学习、掌握与创新未来企业竞争获胜的利器——现代物流与供应链管理,为振兴国家,也为增加个人社会价值奠定基础。

 本章要点

1.现代物流管理是将物料或商品在空间与时间位移过程中发生的信息、运输、库存、搬运以及包装等物流活动综合起来的一种新型的集成式管理。它的任务是以尽可能低的成本为消费者提供最好的服务。物流管理的内容包括:对物流活动诸要素的管理,对物流系统诸要素的管理以及对物流活动中具体职能的管理。

2.供应链是指由原材料加工为成品并送到用户手中这一过程中涉及的合作企业和部门所组成的网络。供应链管理是一种集成的管理思想和方法,是通过前馈的信息流和反馈的物料流及信息流,将供应商、制造商、分销商、零售商,直到最终用户连成一个整体的管理体系。

3.供应链管理模式由制造资源计划、准时制、精细生产和精细供应逐步演化发展而来,至今各个领域的技术都在供应链管理中得到广泛运用。例如,离散事件仿真、面向对象的量化分析方法、虚拟仿真环境、代理技术、决策支持、专家系统、信息技术、互联网、准时制、全面质量管理、运筹工程、生产工程、工业工程、并行工程、系统工程等。

4.供应链管理中应用的是一种虚拟化策略,在供应链中,相邻节点企业表现出一种需求与供应的关系,彼此都有部分功能的虚化,相互依赖,共享资源,使企业具有高度的弹性和灵活性,快速适应环境变化,企业间以核心能力连接,优势互补,实现资源整合和共同获利,同时也有利于企业分散风险,涉足新的经营领域,实行多元化经营。

5.企业物流管理的目标可以从财务和实际运作两个角度讨论。从财务角度而言,企业物流管理的目标是通过发展物流活动组合能力使企业在长期内得到尽可能高的投资回报。从企业实际运作的角度讲,物流被看成企业与其供应商和客户相联系的能力。

6.供应链管理的目标,是通过贸易伙伴间的密切合作,以最小的成本和费用提供最大的价值和最好的服务。企业供应链管理的目标可以分为长期与短期两个方面:短期目标为提高产能、减少库存、降低成本及缩短产品销售循环所需时间;而其长期目标主要为提高消费者满意度、市场占有率以及公司收益。

7.供应链管理实施操作中普遍遵循的 7 项基本原则:①根据客户所需的服务特性来划分客户群;②根据客户需求和企业可获利情况设计企业的物流网络;③监听市场信号并相应地调整整个供应链的需求计划;④采取时间延迟策略;⑤与供应商建立双赢的合作策略;⑥在整个供应链领域建立信息系统;⑦制定整个供应链的衡量标准,建立整个供应链的绩效考核准则。

思考题

1.物流管理与供应链管理的基本概念是什么？

2.物流管理与供应链管理有何区别与联系？

3.简述供应链管理与传统管理模式的区别。

4.简述现代物流与供应链管理的兴起。

5.物流管理与供应链管理的目标分别是什么？它们之间是何种关系？

6.实施供应链管理应遵循哪些基本原则？

7.学习物流与供应链管理的意义何在？

第二章

物流的基本概念

学习目的

通过本章学习,你需要:

1.掌握物流活动中的重要环节;

2.掌握物流作用的类型;

3.掌握几种基本的物流业务模式;

4.解释第三方物流产生的基本特征;

5.了解第三方物流的基本类型;

6.了解物流联盟的优点;

7.了解第四方物流的特点。

第二章
数字资源

【开篇案例】京东物流:京东价值供应链在生鲜领域的供应链创新

京东从做电商起家,然后做生鲜物流。2017年4月,京东物流集团正式成立,从企业的物流部门,变成一个物流企业。

京东商城2017年达到了1.3万亿元的销售规模。京东整个布局有三大板块:电商、金融、物流。在发展过程中,京东在不断开辟新的业务方向,包括仓储、冷链系统、配送等。

京东在基础设施上,有远程中心,用户的终端有30多个网点,有25万辆车用于日常配送。京东物流服务人员超过500万人。京东物联"亚洲一号"是亚洲最先进的现代化物流中心之一。"亚洲一号"最高日处理能力超过100万单,是一个综合仓库。京东配送业务一直以客户为中心,满足品质服务和多样化需求。2018年,京东推出了"京准达",可以让客户看到整个配送过程的温度控制。

在无人设施上,京东投入了很大的力量做无人设备的研发。目前,已经有2个无人仓常态运行,无人机在西北、宿迁进行常态化运营,可以把货物送到偏远地方。无人车于2017年在北京一些大学实现常态化运营,2018年在上海和广东的一些大学,以及公共领域进行上路运营。

在跨境物流上,京东有110个海外仓、1000多条国际(地区间)线路,可以覆盖多个国家(地区)。京东在海外提供全境溯源科技服务,同时结合京东营销系统,包括供应链服务和金融服务,提供全方位的解决方案。

资料来源:京东物流:京东价值供应链在生鲜领域的供应链创新[EB/OL].(2018-08-24)[2021-05-01].https://www.sohu.com/a/249883308_608787.

第一节　物流的业务环节

物流活动基于作业功能可分为基本活动和支援活动,基本活动包括运输、储存、包装、装卸和搬运等,支援活动则有流通加工和物流信息活动,它们共同构成了物流的业务环节。就物流过程中的一次流转,各环节之间的逻辑关系,如图 2-1 所示。

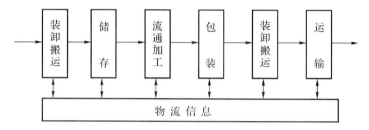

图 2-1　物流环节的逻辑关系

一、运输环节

运输是物流各环节中最主要的部分,是物流的关键。运输的任务是对物品进行较长距离的空间移动。物流部门通过运输解决商品在生产地点和需求地点之间的距离问题,从而创造其空间效益,实现其使用价值。没有运输连接生产和消费,生产就失去了意义。

1. 运输的方式及特点

运输方式有铁路运输、公路运输、水路运输、航空运输等,如表 2-1 所示。

表 2-1　主要运输方式的特征

运输方式	优点	缺点
铁路	大批量货物能够一次性有效运送; 运费负担小,特别是大批货物中长距离运输时; 采用轨道运输,事故相对少,安全; 铁路运输网完善,可运达各地; 受天气影响小	近距离运输费用高; 不适合紧急运输要求; 长距离运输时,由于需要配车,因此中途停留时间较长; 非沿线目的地需要汽车转运
公路	可以进行"门到门"的连续运输; 适合近距离运输,较经济; 使用灵活,可以满足多种需要; 输送时包装简单、经济	运输单位小,不适合大量货物运输; 长距离运输运费较高

续表

运输方式	优点	缺点
水路	适合运费负担能力较小的大量货物的长距离运输； 适合体积宽大、重量大的少量货物的运输	运输速度慢； 港口装卸费用高； 航行受天气影响较大； 运输的准时性和安全性较差
航空	运输速度快； 适合运费负担能力较大的大量货物的长距离运输	运费高，不适合低价值货物和大量货物的运输； 重量受到限制； 只适用于机场周围的城市

2. 运输方式的选择

运输方式的选择是运输合理化的重要内容。运输的安全性、准确性、低成本、短时间是选择的标准。因此，在选择运输方式时要综合考虑运输品的种类、运输量、运输距离、运输速度和运输费用。

在运输品的种类方面，物品的形状、单件重量体积、危险性、变质性等是制约性的因素，如鲜活易腐品适宜于公路、航空运输。在运输量方面，一般一次性运量大的运输品应尽可能选用铁路运输和水路运输。运输距离的长短与货物到达的目的地有关，陆上的长距离运输一般用铁路，中短途运输一般用公路。运输时间方面则必须满足交货期的要求。运输成本或运输费用与运输量和运输距离有关，运输方式的成本与运输量、运输距离的关系，如图 2-2 和图 2-3 所示。此外，运输品的价格也关系到承担运费的能力。

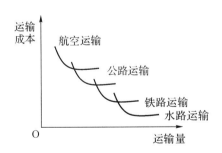

图 2-2　运输方式的成本与运输量的关系

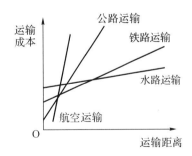

图 2-3　运输方式的成本与运输距离的关系

二、储存环节

储存是物资离开生产过程但尚未进入消费过程这一间隔时间内的物资保管，以及对其数量和质量进行管理控制的活动，包括对物资进行检验、整理、加工、集散等。它为物资提供场所价值和时间效益，在物流系统中起着缓冲、调节和平衡的作用，对调节生产、消费之间的矛盾，促进商品生产和物流发展都有十分重要的意义。

1.商品储存的过程

商品储存过程包括 4 个步骤:接收、存放、拣取和配送,如图 2-4 所示。

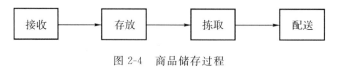

图 2-4　商品储存过程

商品储存规划内容主要包括四个方面:①分配储存场所;②布置储存场所;③设计堆垛;④建立储存秩序。

2.储存合理化的原则

(1)分类储存原则。按照物品的价值高低和数量多少进行分类储存,解决各类物品的结构关系、储存量等问题。

(2)高层堆码原则。物品应尽可能向高处码放,有效利用库内容积。

(3)先入先出原则。尤其对易变质、易破损、易腐败的物品,更应实行先入先出原则。

(4)周转最快原则。加快周转速度,增加仓库吞吐能力,减少货损,降低仓储成本。

(5)适度集中储存原则。根据储存点与用户之间的距离选择集中储存或分散的小规模储存。

(6)储存定位原则。采用有效的储存定位系统可以迅速查找货物位置,提高上货和取货速度。

三、包装环节

包装是物流的起点和必要的中间环节。产品或材料在装卸运输前都要加以某种程度的包装捆扎或装入适当的容器,以保证其完好地运送到物流过程的下一环节或消费者手中。包装的作用是保护物品,使其形状、性能、品质在物流过程中不受损坏;同时,包装还具有将物品集合为数量单位的方便功能,便于其在以后的保管、装卸和运输环节中的处理;最后,包装使物品醒目、美观,有促进销售的功能。

1.包装的种类

包装按不同的形态,可分为单个包装、内包装和外包装。

(1)单个包装又称小包装,是最直接的包装,通常与物品形成一体,在销售中直接送达用户。其目的是提高商品的价值或保护物品,属于商业性包装。

(2)内包装是包装货物的内部包装,其中含多个物品或单个包装,目的是防止水、湿气、光热和冲击对物品造成破坏,属于保护性包装。

(3)外包装是包装货物的最外层包装,即将物品放入箱、袋、罐中,并做标示和印记,以便于保管、装卸和运输。外包装起到保护和方便移动的功能,属于运输包装。

此外,按包装的材料还可分为纸制包装、塑料包装、金属包装、木制包装、玻璃与陶瓷包装等。

2.包装合理化的原则

(1)包装简洁化。在强度、寿命、成本相同的条件下,应采用更轻、更薄、更短、更小的包装。

(2)包装标准化。标准化的包装规格、单纯化的包装形状和种类有助于整体物流效率的优化。

(3)包装机械化。为提高作业效率和包装现代化水平,各种包装机械的开发和应用十分重要。

(4)包装单位大型化。随着交易单位的大量化和物流过程中的装卸机械化,包装的大型化趋势在增强。

(5)包装资源节省化。应加大包装物的再利用程度,减少过度包装,开发和推广新型包装方式,以减少对包装材料的使用。

四、装卸搬运环节

装卸搬运是物流各环节中出现频率最高的一项活动,是在同一地域范围内改变物品的存放状态和空间位置的活动。它伴随着运输和储存而产生,并连接相关物流环节作业。装卸搬运效率对物流整体效率影响很大,同时,装卸搬运作业内容复杂,耗费人力成本。因此,装卸搬运活动的合理化对于物流整体的合理化至关重要。

1.装卸搬运作业的种类

装卸搬运作业主要可分为堆拆作业、分拣配货作业和搬运移送作业。

(1)堆拆作业又可分为堆装、拆装作业和堆垛、拆垛作业两类。堆装作业是把物品移动到运输设备或储存设备的指定地点,并按要求的形态码放的作业;拆装作业则相反。堆垛作业主要是指储存设备中高度在2米以上的堆码作业;拆垛作业则相反。

(2)分拣配货作业是在堆装、堆垛作业前后或配货作业前把物品按品种、出入单位类别、运送方向等进行分类,并放到指定地点的作业;配货作业则是在指定位置将物品按品种、下一步作业种类及发货对象进行分类的作业。

(3)搬运作业是指为了上述作业而进行的物品移动作业,包括水平、垂直、斜向搬运;移送作业则是设备、距离、成本等方面在移动作业中比例较高的物品移动作业。

2.装卸搬运作业合理化的原则

(1)降低装卸搬运次数原则。可通过合理安排作业流程、采用合理作业方式、仓库内合理设计与布局将装卸搬运次数限制在最小范围内。

(2)移动距离最小原则。可在货位布局、运输设备停放位置、出入库作业程序等设计上加以充分考虑。

(3)提高装卸搬运灵活性原则。物品码放的状态要有利于下次搬运,在堆装、堆垛时要考虑便于拆装、拆垛,在入库时要考虑便于出库等。

(4)合理运用机械原则。将人与机械合理组合到一起,发挥各自的长处,提高作业效率。

（5）利用重力原则。应减少反复从地面搬起重物，并借助物品本身的重力实现物品的移动，如具有一定倾斜度的滑辊、滑槽等的运用。

（6）集装单元化原则。将零散物品归整为同一格式的集装单元。

（7）保持物流顺畅原则。物品处理量不宜出现过大的波动。

五、流通加工环节

流通加工是物流过程中不可缺少的一个环节。它是流通过程中辅助性的加工活动。流通和加工的概念本属于不同范畴，加工是改变物资的形状或性质，流通则是改变物资的空间与时间状态。流通加工是为了弥补生产过程加工不足，以便更有效地满足用户或本企业的需要，而在流通过程中完成的一些加工活动，这时流通加工就是物流过程的一个组成部分。流通加工是生产加工在流通领域中的延续，也是流通领域在职能方面的扩充，如图 2-5 所示。流通加工多发生在储存环节前后，它可以完善运输、装卸等活动对象的使用价值，增加其附加值，满足用户多样化的需求，同时也可以提升物流活动本身的价值。

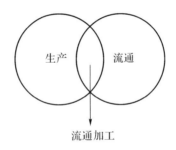

图 2-5　流通加工的定位

按照加工的目的和作用，流通加工可分为以下几种类型：

（1）以方便运输为主要目的的加工。如分体运输的产品在销售地的组装，使得运输方便经济，并将组装环节移至流通领域。

（2）以保存产品为主要目的的加工。为使产品的使用价值得到妥善保存，延长产品在生产与使用之间的时间间隔而进行的加工，包括生活消费品的流通加工和生产资料的流通加工。如水产品的冷冻加工、给金属材料涂防锈油等。

（3）适应多样化需求的加工。其目的在于通过加工使产品品种、规格、质量适应用户需求，解决产需分离现象。

（4）综合利用的加工。在流通中将货物分解，对其进行分类处理。

六、物流信息环节

物流信息是连接物流过程中其他各环节的纽带，它是物流活动顺利进行的保障和物流活动取得高效益的前提。物流信息包含的内容和对应的功能有狭义和广义的理解。狭义的物流信息是与物流活动（运输、储存、装卸、包装、流通加工等）有关的信息，在物流活动的管理决策中需要详细准确的物流信息的支持。广义的物流信息还包括与其他流通活动有关的信息,如商品交易信息和市场信息等。在现代经营管理活动中,物流信息与商品交易信息和市场信息相互交叉、融合,有着密切的联系。

第二节　物流作用类型

一、供应物流

生产企业、流通企业或用户购入原材料、零部件或商品的物流过程称为供应物流,也就是物资生产者、持有者到使用者之间的物流。供应物流与生产系统、搬运系统、财务系统等企业内部及企业外部的资源市场、运输条件等密切相关。《中华人民共和国国家标准:物流术语》(GB/T 18354—2006)中,给供应物流(supply logistics)的定义是:供应物流是企业提供原材料、零部件或其他物料时所发生的物流活动。

对于工厂而言,供应物流是指对于生产活动所需要的原材料、燃料、半成品等物资的采购、供应等活动所产生的物流;对于流通领域而言,供应物流是指交易活动中,从买方角度出发的交易行为中所发生的物流;对于企业而言,供应物流是指企业生产所需的一切生产资料的采购、进货运输、仓储、库存管理、用料管理和供料运输。

供应物流的基本程序是先取得资源,然后将所需资源合理组织到企业,再根据企业内各部门需要计划组织内部物流。

企业的供应物流有三种组织模式:

(1)委托社会销售企业代理供应物流;

(2)委托第三方物流企业代理供应物流;

(3)企业自供物流。

二、生产物流

生产物流包括从工厂的原材料购进库起,直到工厂成品库的成品发送出去为止的物流活动的全过程。《中华人民共和国国家标准:物流术语》(GB/T 18354—2006)中,给生产物流(production logistics)的定义是:生产物流是企业生产过程发生的涉及原材料、在制品、半成品、产成品等所进行的物流活动。

生产物流和工厂企业的生产流程同步。企业在生产过程中,原材料、半成品等按照工艺流程在各个加工点之间不停顿地移动、流转,形成了生产物流,如果生产物流中断,则生产过程也将随之停顿。

1. 影响生产物流的主要因素

(1)生产类型。生产类型是生产产品的产量、品种和专业化程度在企业技术、组织和经济上的综合反映和表现。同时,生产过程的组织形式及生产管理方法也决定了与之相配的生产物流类型。企业生产的产品产量越大,产品的品种就越少,生产专业化程度越高,而物流过程的稳定性和重复性也就越大;反之,企业生产的产品产量越小,产品的品种就越多,生产专业化程度也越低,而物流过程的稳定性和重复性亦越小。

(2)生产规模。生产规模是指单位时间内的产品产量,通常以年产量来表示。企业生产规模越大,生产过程的构成就越齐全,物流量就越大;反之,生产规模很小,生产过程的构成就没有条件划分得很细,物流量就很小。

(3)专业化与协作水平。社会专业化和协作水平提高,企业内部生产过程就趋于简化,物流流程缩短。

2. 生产物流的组织形式

(1)生产物流的空间组织。生产物流的空间组织目标是如何缩短物料在工艺流程中的移动距离。通常有三种专业化组织形式:①工艺专业化。同类生产设备集中在一起,一个车间仅能完成一个工艺阶段(同一工种),经过许多车间才能实现全部生产。②对象专业化,即流水线。把一个重复的过程分解为若干个子过程,每个子过程可以与其他子过程并行。③成组工艺专业化。把尺寸、形状、工艺相似的零件组成一个个零件族,按各种零件族的工艺要求配备相应的工装设备,采用适当的布置形式组织成组工艺,从而达到扩大批量的目的,使得多品种、小批量生产也能获得近似于大批量生产的经济效果。

(2)生产物流的时间组织。生产物流的时间组织目的是加快物料流动,减少物料成批等待时间,实现物流的快节奏性、连续性。通常,企业有三种典型的移动组织方式:①顺序移动,按时间先后顺序组织物料的流动。②平行移动,无时间先后,同时组织物料的流动。③平行顺序移动,结合上述两者,穿插进行。

三、销售物流

生产企业或流通企业售出产品或商品的物流过程称为销售物流,也就是指物资的生产者或持有者与用户或消费者之间的物流。销售物流活动主要是为了满足客户需要和提高市场营销绩效服务的。《中华人民共和国国家标准:物流术语》(GB/T 18354—2006)中,给销售物流(distribution logistics)的定义是:销售物流是企业在销售商品的过程中所发生的物流活动。

对于工厂而言,销售物流是指售出产品。对于流通领域而言,销售物流是指在交易活动中从卖方角度出发的交易行为中的物流。对于企业而言,销售物流是可以进行资金的回收并组织再生产的活动。

1. 销售物流的主要环节

销售物流主要包括以下几个环节:产成品包装、产成品储存、订单处理、发送运输和装卸搬运。

2. 销售物流服务的要素

销售物流服务主要包括以下三个要素:时间要素、可靠性要素和方便性要素。

(1)时间要素:主要是指订货周期时间,即从客户确定对某种产品有需求与被满足之间的间隔。它主要受以下几个变量的影响：①订单传送；②订单处理；③备货；④装运。

（2）可靠性要素：是指根据客户的要求，将所订的货物安全、准时、无误地送到客户指定的地点。

（3）方便性要素：是指销售物流的方法必须灵活。客户对产品包装、运输方式、运输路线、交货时间等的要求各不相同，为了更好地满足客户要求，就必须确认客户的不同要求，为不同客户设计适宜的服务方法。

3. 销售物流的组织模式

销售物流有三种组织模式：①由生产者企业自己组织销售物流；②委托第三方组织销售物流；③由购买方上门取货。

四、逆向物流

逆向物流包括回收物流（return logistics）和废弃物物流（waste material logistics）。逆向物流与传统供应链反向，是为了恢复价值或合理处置而对原材料、中间库存、最终产品及相关信息从消费地到起始点的有效实际流动所进行的计划、管理和控制过程。

《中华人民共和国国家标准：物流术语》（GB/T 18354—2006）中对回收物流的定义是：退货、返修物品和周转使用的包装容器等从需方返回供方所引发的物流活动。对废弃物物流的定义是：将经济活动或人民生活中失去原有使用价值的物品，根据实际需要进行收集、分类、加工、包装、搬运、储存等，并分送到专门处理场所的物流活动。

1. 逆向物流的特点

逆向物流作为企业价值链中特殊的一环，与正向物流方向相反，总是相伴发生。逆向物流的特点是：

（1）分散性。逆向物流产生的地点、时间、质量和数量是难以预见的。这是由于逆向物流的发生通常与产品的质量或数量的异常有关。

（2）缓慢性。逆向物流需要通过不断汇集才能形成较大的流动规模。废旧物资的产生也需要经过加工、改制等环节，甚至只能作为原料回收使用。同时，废旧物资的收集和整理也是一个较复杂的过程。

（3）多样性。逆向物流回收的产品或废旧物资的特点是数量少、种类多，因此，逆向物流的处理系统与方式复杂多样。

（4）混杂性。不同种类、不同状况的废旧物资常常是混杂在一起的。因此，回收的产品在进入逆向物流系统时往往难以划分产品类型。

2. 逆向物流的原则

逆向物流虽然不能直接给企业带来效益，但其对环境保护和资源可持续利用来说，意义十分重大。一方面，逆向物流处理得好可以增加资源的利用率，降低能源的消耗和经济成本，有效减少环境污染，提高经济效益；另一方面，逆向物流如果处理不当，则会造成许多公害。

对逆向物流的重视是实现经济可持续发展的必然选择,因此,在实现逆向物流中应注意以下几个原则:

(1)事前防范原则。对回收的各种物料进行处理会给企业带来许多额外的经济损失,同时增加了供应链的总物流成本,因此,逆向物流实施过程应坚持"预防为主、防治结合"的原则。

(2)绿色原则。将环境保护的思想观念融入企业物流管理过程中。

(3)效益原则。包括经济效益和生态环境效益,两者是对立统一的。经济效益涉及目前和局部的更密切相关的利益,而环境效益则关系更宏观和长远的利益。后者是前者的自然基础和物资源泉,而前者是后者的经济表现形式。

(4)信息化原则。通过信息技术的应用可以提高逆向物流系统的效率和效益。

(5)法制化原则。市场自发产生的逆向物流活动难免带有盲目性和无序化的特点,需要通过相应的法律法规进行制约。

(6)社会化原则。从本质上讲,社会物流的发展是由社会生产的发展带动的,当企业物流管理达到一定水平,对社会物流服务就会提出更高的数量和质量要求。

【案例】物流圈的长跑健将:德邦物流如何实现加速跑

作为物流圈的长跑健将,德邦物流有自己的坚持,有自己的方向,把握节奏,认准目标坚定前行。面对急剧变化的市场,不难发现,德邦物流也在进行加速跑。

2015年,德邦物流和埃森哲公司合作,正式进军仓储与供应链业务,为客户提供覆盖全国的仓储网络,并推出相关产品的仓管家服务。

当前传统的仓储供应链市场集中度很低,国际巨头占据高端市场,国内尚未出现明显的市场领导者,且主要提供针对单一行业、少数客户的单一仓储服务。而随着电商、渠道扁平化等趋势驱动下游行业业务模式变化,客户对多仓布局、专业化运营、商业智能化有着更强烈的需求。

为此,德邦物流将通过专业的仓储供应链服务为客户优化整体的供应链管理,为客户提供包括多元的仓库、专业化的库内管理、高效的系统支撑、多样化的增值服务等供应链解决方案。

同年,与麦肯锡的合作项目"事业合伙人"正式启动,并在半年内签约突破1000家。这并不是一般的加盟制。德邦物流招募事业合伙人是一种模式的创新与变革,也是德邦物流灵活的企业战略和经营方式的体现。稳健的直营模式再加上灵活的事业合伙人模式,不仅可以帮助德邦物流在保证服务品质的同时继续领跑市场,而且可以快速满足客户对于物流高效、精准的诉求,从而实现双赢。

资料来源:楼园,黄瑜琳.物流圈的长跑健将:德邦物流如何实现加速跑[EB/OL].(2017-12-06)[2021-05-01].https://www.cmcc-dut.cn/Cases/Detail/3090.

第三节　物流业务模式

企业的物流战略是其总体战略的一个组成部分,为了实现企业的总体战略,规划其物流的业务模式是非常重要的,科学地选择企业的物流业务模式是实现物流战略的关键,恰当的物流业务模式可以帮助企业实现物流战略的三大目标:降低成本、减少资本和改进服务。

企业物流一般可以分为生产阶段的内部物流和采购销售阶段的外部物流,内部物流包括生产过程中的库存控制、机器调度和运作质量控制等;外部物流包括客户服务、运输、库存管理、信息流动和订单处理等。一般的物流概念主要指外部物流,按照企业外部物流的实现形式,可以将它分为企业自营物流、第三方物流、物流联盟和第四方物流等几种模式。

自营物流主要是指企业自备仓库、自备车队等,拥有一个自我服务的体系。第三方物流是指企业利用一家外部的物流公司来完成其全部或部分物料管理和产品配送职能。物流联盟是指企业选择少数稳定且有较长时间业务往来的相关企业与之形成长期互利的、全方位的合作关系,通过彼此之间的优势互补,实现各自的物流目标和战略。第四方物流是指一个物流集成商,通过调集和管理组织自己的以及具有互补性的服务提供商的资源、能力和技术,提供一个综合的物流解决方案,它是建立于第三方物流和物流联盟基础之上发展而来的一种新的物流模式。

在上述四种物流业务模式中,第三方物流、物流联盟和第四方物流均属于企业的物流外包业务,区别在于外包业务中企业之间的合作程度存在差异。实际上在物流外包过程中,企业之间的合作既可能是一次性买卖关系,也可能是长期的协议关系,还可能是共享系统的战略联盟关系。

一、自营物流

从历史的角度看,企业对物流服务的需求最初是以自我提供的方式实现的,自营物流是企业早期物流的重要模式,企业为了提高物流效率和服务水平,需要对物流进行管理,于是在经营过程中,物流管理成为一项重要内容。

在上述"企业物流模式的选择"部分,我们实际上已经对自营物流的利弊做了一定的分析和说明。这里进一步分析如下:自营物流实际上是企业物流的纵向一体化行为,企业通过自营物流直接支配物流资产,控制物流职能,保证货物畅通和消费者服务质量,从而有利于保持企业和消费者的长期关系,并利于企业掌握对消费者的控制权,此外,企业通过自营物流,可以更好地防止企业商业秘密的外泄和扩散。当然,如果物流对于企业至关重要并且企业具有较强的物流管理水平,那么,企业应当选择自营的模式来经营物流。这样一方面可以保证企业对关键资产的控制权,赢得更大的成功机会;另一方面可以充分利用企业的自有资产和物流管理水平优势,实现企业的价值。尽管如此,对于自营物流,企业仍然应该审慎对待,这是因为:自营物流需要大量的资金购买物流设备,建设物流仓库和构建物流网络,这不仅会分散企业的资金,影响核心能力的构建,而且这些资金一般占用率较高并且投资回收期较长,因此,对于缺乏资金的企业而言,尤其是中小型企业自营物流的投资必然会造成其沉重的财务负担。此外,对于中小企业而言,由于自身物流需求的有限性,为了谋求规模经济,需要向市场提供物流服务,因此,这必然给企业带来一定的市场风险。

鉴于自营物流的利弊,企业在进行物流模式决策时,需要权衡利害以做判断,一方面需要考虑资金状况、人才储备和市场风险;另一方面需要考虑企业物流活动的重要程度、渠道和消费者的控制力要求以及商业秘密的保护程度等。只有在综合分析的基础上才能做出科学的决策。总之,自营物流的改造和发展应该根据实际情况区别对待,对于企业自身而言,那些已经成为包袱的物流业务,完全可以外包给专业公司来经营。而那些与自身业务关联性非常强、必须由自己来经营的物流业务,则必须考虑如何以先进的物流管理观念、技术、硬件来降低成本,优化流程。

二、第三方物流

1.第三方物流的基本含义

20 世纪 90 年代以来,第三方物流作为一个新兴的产业形态,得到了高速的发展,引起企业界和理论界的广泛关注。2018 年,我国第三方物流规模达到 2406 亿美元(约合人民币 15800 亿元),增速为 17.1%,远超 2018 年社会物流总费用 9.8% 的增速。

第三方物流(TPL)的概念源自管理学中的外包。外包意指企业动态地配置自身和其他企业的功能和服务,利用外部的资源为企业内部的生产经营服务。外包引入物流管理领域,就产生了第三方物流的概念。对于第三方物流的定义有不同的理解,有美国学者把第三方物流定义为"用外部公司去完成传统上由组织内部完成的物流功能,这些功能包括全部物流功能所选择的部分功能";也有学者把第三方物流定义为"外协所有或部分公司的物流功能,提供复杂、多功能的物流服务,以长期互益的关系为特征"。《中华人民共和国国家标准:物流术语》(GB/T 18354—2006)中对第三方物流的表述是"独立于供需双方,为客户提供专项或全面的物流系统设计或系统运营的物流服务模式"。

第三方物流与传统的企业物流模式有很大的不同,如图 2-6 所示。

(a) 传统的企业物流模式

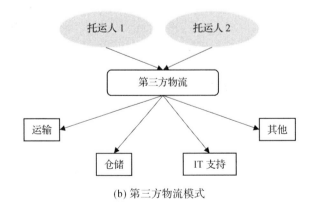

(b) 第三方物流模式

图 2-6　第三方物流与传统物流模式的比较

2.第三方物流的基本特征

(1)第三方物流是提供多种服务功能的物流活动。传统的外部协作限于一项或一系列分散的物流功能,如运输公司提供运输服务、仓储公司提供仓储服务;第三方物流一般来说是提供多功能、全方位的物流功能,它注重的是客户物流体系的整体运作效率。

(2)第三方物流要求建立长期战略合作伙伴关系。第三方物流不仅仅是传统意义上的运输,其业务深深触及客户企业的销售计划、库存管理、生产计划等各个环节,远远超过了与客户一般意义上的买卖关系,而是紧密地结合成一体,形成了一种战略合作伙伴关系。

(3)第三方物流是非常个性化的物流服务。第三方物流是一种长期的合作关系,第三方物流系统有时甚至成为客户营销战略体系的一部分。因此,第三方物流提供商应尽可能地满足客户的个性化需要,必须完全按照客户的业务流程来定制,以提升客户的竞争力。

(4)第三方物流企业既是战略投资人,又是风险承担者。与传统的运输服务相比,第三方物流提供商的利益与客户的利益是一致的,第三方物流服务的利润来源不是来自运费、仓储费用等直接收入,而是来源于与客户一起在物资领域创造的新价值。换句话说,第三方物流企业追求的不是短期的经济效益,而是以一种投资人的身份为生产经营企业服务的,这是它身为战略同盟者的一个典型特点。

3.第三方物流的产生原因

随着科学的不断进步和经济的不断发展,全球市场竞争环境发生了巨大的变化,技术进步与需求多样化使得产品寿命周期不断缩短。企业面临缩短交货周期、节约物流成本、提高消费者服务水平的多重压力,所有这些都要求企业将资源集中用于最核心的业务,而将其他活动交给第三方物流供应商。

在对欧洲第三方物流发展的研究中表明,客户服务需求的增加和运输业利润的减少是发展第三方物流的推动因素。对于制造企业来说,第三方物流可以带来巨大的经济效益,选择第三方物流服务可以极大地节约物流作业成本;可以减少对物流设施的投资,把有限的资源集中在核心业务上;可以通过外包的形式利用第三方物流公司的专业技术,克服内部劳动力效率不高的问题;可以极大地提高服务水平。根据美国田纳西大学的研究结果,使用第三方物流服务可以带来如表2-2所示的好处。

表 2-2　第三方物流的利益调查结果

作业成本降低	服务水平的改进	集中核心业务	雇员减少	资产减少	库存下降
62%	62%	56%	50%	48%	10%~30%

推动第三方物流产生的动力主要来源于需求方对高水平服务的需求。不同的企业选择第三方物流的原因各不相同,如图2-7所示,企业决定使用第三方物流服务的最主要因素是降低物流作业的成本。

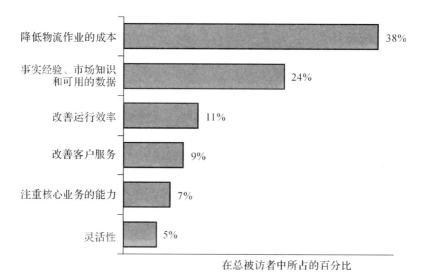

图 2-7 企业决定使用第三方物流服务的因素

资料来源：Lieb RC，Randall HL. A Comparison of the use of Third Party Logistics Services by Large American Manufacturers[J]. Journal of Business Logistics，1996，17(1)：305-320.

4. 第三方物流的类型

从全球范围来看，第三方物流服务商可以根据其核心能力和历史背景分为：基于运输服务的、基于仓储/配送服务的、基于货运代理服务的、基于港口/铁路终端服务的、基于信息与系统集成的物流公司等。

（1）基于运输服务的第三方物流公司。一般由海运、陆运和空运公司等运输部门建立起物流能力，充分利用广大的运输终端网络提供仓库和转运服务，并在提供运输服务的基础上提供全面的增值服务。典型代表如 Ryder 物流公司、Schneider 物流公司、FedEx 物流公司以及 UPS 公司等。

（2）基于仓储/配送服务的第三方物流公司。一般是在仓储公司的基础上发展起来的，提供公用的或共享的仓储服务，通过与承运商和（或）独立船队的关系提供配送服务，此类公司尤其擅长为食品杂货、零售和消费类产品提供增值服务。典型代表如 DSC 物流公司、USCO 公司、Exel 公司等。

（3）基于货运代理服务的第三方物流公司。通常本身并不拥有可用于物流服务的资产，主要侧重货运过程的协调，寻求通过管理实物、财务和海关/管制制度来提供"综合物流服务"的机会，在此基础上提供增值服务。典型代表如 AEI 公司、Kuehne & Nagle 公司、Fritz 公司等。

（4）基于港口/铁路终端服务的第三方物流公司。主要基于终端运作服务，并将业务延伸至运输和配送，通常为散货、消费类和工业类产品提供仓储、转运、分运以及终端配送服务。典型代表如 PSA 公司、CWT 公司等。

（5）基于信息与系统集成的第三方物流公司。原本主要是致力于建立系统的系统集成商,现在开始转向管理信息系统的外包业务,在给客户增加更多价值的同时,系统集成商也主动提供有关电子商务、物流和供应链管理的工作。随着信息技术和电子商务的发展,此类服务业务增长速度很快,典型代表如 Transplace 公司、Nistevo 公司、通用信息服务公司等。

三、物流联盟

联盟是介于独立的企业与市场交易关系之间的一种组织形态,是企业间由于自身某些方面发展的需要而形成的相对稳定的、长期的契约关系。物流联盟是以物流为合作基础的企业战略联盟,它是指两个或多个企业之间,为了实现自身物流战略目标,通过各种协议、契约而结成的优势互补、风险共担、利益共享的松散型网络组织。在现代物流中,是否组建物流联盟,作为企业物流战略的决策之一,其重要性是不言而喻的。物流联盟有狭义和广义之分,狭义的物流联盟存在于非物流企业之间,广义的物流联盟涵盖整个物流外包业务,包括第三方物流、狭义的物流联盟和第四方物流,如图 2-6 所示,图中物流联盟是其狭义概念。由于前面已经对第三方物流做了较为详细的分析,所以这里仅讨论物流联盟的狭义概念。

1. 物流联盟的产生及优势

(1)物流联盟产生的原因

第一,利益是物流联盟产生的最根本原因之一。企业之间拥有共享的利益是物流联盟形成的基础。物流市场及其利润空间是巨大的。2019 年 9 月,美国供应链管理专业协会发布了《第 30 次美国物流报告》。其中显示,2018 年,美国企业物流总成本为 1.64 万亿美元,占 GDP 的比重为 8.0%。而国家发展改革委等部门发布的《2018 年全国物流运行情况通报》显示,2018 年中国社会物流总费用为 13.3 万亿元,社会物流总费用与 GDP 的比率为 14.8%。这反映了我国经济运行中的物流成本依然有相当的优化空间。生产运输企业通过物流或供应链的方式形成联盟,有利于提高企业的物流效率,实现物流效益的最大化。

第二,通过横向或纵向的结盟,企业可以专注于其核心业务,增强其核心竞争力。因此,企业之间的战略联盟可以实现强强联合,形成所谓的"扩展企业"。在这一组织形式内,每个企业都能发挥各自的优势,从而达到扩展企业内各个企业"共赢"的效果。

第三,中小企业为了提高物流服务水平,通过联盟方式解决自身能力的不足。近年来随着人们消费水平的提高,零售业得到了迅猛的发展,这给物流业带来了发展机遇的同时,也带来了新的挑战。因物流发展水平的相对落后,如物流设备、技术落后,资金不足,按行政条块划分物流区域等,很多企业尤其是中小企业不能很快适应新的需求,于是通过联盟的方式来解决这个矛盾。

第四,从交易的过程看,物流联盟的建立有利于联盟伙伴之间在交易过程中减少相关交易费用。物流联盟的建立使得联盟内成员企业的交易对象较为固定,可以节省交易搜寻费用;联盟内成员企业通过彼此提供个性化物流服务而建立起来的相互信任和承诺,可以减少交易过程中的各种违约风险,从而可以节约交易费用。

第五,互联网技术的广泛应用使跨地区的物流企业联盟成为可能。信息高速公路的建成,使得世界距离大大缩短,异地物流企业利用网络也可以实现信息资源共享,为联盟提供了有利的条件。

第六,随着我国改革开放的进一步深入,特别是成功加入世界贸易组织,我国物流企业面临前所未有的来自跨国物流公司的竞争压力,具有巨大潜力的中国物流市场成了这些跨国物流公司竞相角逐的领地。例如,丹麦的马士基公司全面进军中国的物流业,并在上海建立配送中心便是证明。面对如此强劲的竞争对手,我国的物流企业只有结成联盟,通过各个行业和从事各环节业务的企业之间的联合,实现物流供应链全过程的有机融合,形成一股强大的力量,共进退、同荣辱,才有可能立于不败之地。

(2)物流联盟的优势

第一,大企业可以通过物流联盟迅速开拓全球市场,完成其全球物流配送,从而使其业务在全球范围内展开。许多企业在进军全球市场时会遭遇渠道问题,由于其投资和风险较大,所以它往往成为这些企业市场开拓的瓶颈。如果能与具备该市场渠道的公司进行合作并结成联盟,则可以很好地解决这一问题。

第二,长期供应链关系发展成为物流联盟形式,有助于降低企业的风险。单个企业的力量是有限的,它对一个领域的探索,失败了损失会很大,如果几个企业联合起来,在不同的领域分头行动,就会减少风险。而且,联盟企业在行动上也有一定的协同性,因此对于突如其来的风险,能够共同分担,这样便减小了各个企业的风险,提高了抵抗风险的能力。

第三,企业(尤其是中小企业)通过物流服务提供商结成联盟,能有效地降低物流成本(通过联盟整合,可节约成本10%～25%),提高企业竞争能力。

第四,强化运作管理。恰当的企业之间的联盟可以通过降低系统成本和周转次数来改善运作过程,从而使得设备和资源都可以得到更有效的利用。例如,生产季节性互补产品的公司合作,可以更有效地使用仓库和运输车辆。

第五,物流联盟的建立可以增进联盟内企业之间的组织学习,并增强各自的技术力量。例如,某供应商需要一种特殊的加强型信息系统来接洽某些消费者,如果与已经具备这种系统经验的企业结成联盟,会使该供应商更容易解决技术难题。

2. 物流联盟的方式及不足

物流联盟的方式可分为以下几种方式:

(1)纵向联盟。即垂直一体化,这种联盟方式是基于供应链管理一体化的基础上形成的,从原材料到产品生产、销售、服务形成一条龙的合作关系。纵向联盟能够按照最终客户的要求为其提供最大价值的同时,也使联盟总利润最大化,但这种联盟一般不太稳固,主要是在整个供应链上,不可能每个环节都能同时达到利益最大化,因此打击了一些企业的积极性,它们有随时退出联盟的可能。

(2)横向联盟。即水平一体化,由处于平行位置的几个企业结成物流联盟。这种联盟能使分散物流获得规模经济和集约化运作,降低物流运营成本,并且能够减少社会重复劳动。但也有不足之处,如它必须有大量的商业企业加盟,并有大量的商品存在,才可发挥它的整合作用和集约化的处理优势。此外,这些商品的配送方式的集成化和标准化也不是一个可以简单解决的问题。

（3）混合联盟。既有处于上下游位置的物流企业，也有处于平行位置的物流企业的加入而形成的物流联盟。这种形式的物流联盟除了具有纵向和横向联盟的优势外，一般均会在不同程度上带有上述两个联盟的缺点。

以上主要从联盟方式的角度分析了物流联盟的不足，除此以外，无论是纵向联盟、横向联盟还是混合联盟，均存在以下一些主要问题（从联盟内的企业角度出发）：第一，担心被置于物流管理之外，失去对物流渠道的控制能力；第二，担心风险提高并导致物流失败，从而影响企业经营效益；第三，难以衡量共营物流所获得的收益，很难判断联盟是否实现了成本节约；第四，担心企业核心技术和商业机密的外泄，从而可能影响并削弱企业未来的市场地位。

3. 物流联盟的建立方法

（1）联盟要给成员带来实实在在的利益。联盟采取的每一项措施都要考虑每个成员的利益，使联盟的每个成员都是受益者，并能协调处理成员间的摩擦，从而提高客户服务能力并有效地降低物流运营成本。

（2）合作伙伴必须具有相容的企业文化、共同的战略远见和相互支持的运作理念。企业文化可以不一致，但战略意图和理念必须是相容的，以保证核心能力和力量是互补的。比如，制造商和服务供应者建立联盟，部分原因是为了改进仓库运作和提高运输可靠性以及增加联合项目，以支持并加强它们特殊的市场战略竞争优势。

（3）联盟应该从小的规模开始，从而能够降低联盟风险并较早取得合作经验，以便为今后更大规模的联盟做好准备，并树立起对联盟绩效的信心。

（4）联盟成员的领导层相对稳定。如果联盟成员经常更换领导层，则后一任领导可能不认同前一任领导的决策，导致联盟不稳定性加大。因此，领导层的相对稳定是联盟长期稳固发展的重要因素。

（5）双向的绩效衡量方法以及正式和非正式的绩效反馈机制。为了便于连续的绩效追踪和评定，必须将所定的联盟目标转换成为专门的绩效指标，对于所使用的绩效指标和测量频率应该由联盟各方共同决定，并且应该是双向的。绩效的反馈可以通过正式的或非正式的方式进行，正式的方式主要指年度、季度和月度审计，主要目的在于检查和更新战略目标、追踪和审视战略目标和物流运作绩效；非正式的方式主要指每周和每日的跟踪测试和检查，主要目的在于解决实际物流问题和确认潜在的改进机会。

【案例】Z 物流联盟

2018 年，湖北省武汉市 H 市场群总交易额突破 1000 亿元，稳居全国综合批发市场前三位。Z 公司就是一家服务于武汉 H 市场的大型物流公司，该公司硬件设施齐全，主要业务模块包括整车集货业务以及零担集货业务。

批发市场的货运具有较强的周期性和季节性，而 H 市场面临物流模式落后，物流能力无法匹配市场需求的困境。该地从事物流经营的公司多达 500 多家，呈现了"小、散、弱"的特点。为解决上述难题，Z 公司提出建立物流联盟，开发一套机制来组织多家物流公司进行联合运输,将需求聚集,共享车辆,共担运输成本,更好地利用每家公司的资源和能力,优势互补,风险共担,并采用智能的模型及算法进行决策,降低人为因素扰乱联盟正常运作的几率。物流联盟的建立,可以大大减少单个物流企业的覆盖半径,提升整体的物流服务效率。物流联盟还使得 H 市场的这些中小物流企业可以更加强大的姿态冲向全省乃至全国的物流市场。

资料来源:罗晓萌,李建斌,杨帆,等.现代商业模式下 Z 公司助力传统批发市场物流转型与升级[EB/OL].(2020-11-13)[2021-05-01].https://www.cmcc-dut.cn/Cases/Detail/4904.

四、第四方物流

1.第四方物流的产生

进入 21 世纪,第三方物流(3PL)的概念已广为接受并普遍被应用于实际运营中。但随着世界经济一体化进程的加快,物流市场不断扩大,物流活动日趋复杂。企业迫切需要包括电子采购、订单处理能力、供应链充分的可见性、虚拟库存管理以及必不可少的集成技术在内的一些新兴技术,以提高目前的服务水平。3PL 在实践中开始暴露一些问题和缺陷,例如缺乏对企业物流系统的决策规划,缺乏对整个物流系统及供应链进行整合规划所需的技术战略知识,无法有效解决电子商务环境下的物流瓶颈等。因此,第四方物流(4PL)应运而生。这种物流模式由具有领导力量的物流提供商主导,通过其影响整个供应链的能力,为客户评估、设计、制定和运作全面的供应链解决方案,使快捷、高质量、低成本的物流服务成为可能的新型物流运作模式。

第四方物流是 1998 年美国埃森哲咨询公司率先提出的,是专门为第一方、第二方和第三方提供物流规划、咨询、物流信息系统、供应链管理等活动。它是"一个供应链集成商,能调集和管理组织自己的以及具有互补性的服务提供商的资源、能力和技术,以提供一个综合的供应链解决方案",从而为客户带来更大的价值。显然,第四方物流是在解决企业物流的基础上,整合社会资源,以实现物流信息充分共享、社会物流资源充分利用的物流方案提供商。第四方并不实际承担具体的物流运作活动。

2.第四方物流的特点

第四方物流不仅控制和管理特定的物流服务,而且对整个物流过程提出策划方案,并通过电子商务将这个过程集成起来,以便为客户提供最佳的增值服务,即迅速、高效、低成本和人性化服务等。具体来说,它具有以下的一些特点:

(1)第四方物流为客户提供了一个综合的供应链解决方案,并且集成了管理咨询和第三方物流服务提供商的能力。它通过供应链再建、功能转化和业务流程再造,将客户与供应商的信息和技术系统一体化,使整个供应链规划和业务流程能够有效地贯彻实施。

(2)第四方物流通过影响整个供应链来获得价值,因而能够为整条供应链上的客户带来利益。由于第四方物流关注的是整条供应链,而非仓储或运输单方面的效益,所以通过基于整个供应链之上的物流规划和设计，可以有效地降低物流运营成本，提高各方（如第三方物流、网络工程、电子商务、运输企业及客户等）的资产利用率，实现多方共赢。

（3）第四方物流可以实现供应链过程协作和供应链方案的再设计。第四方物流最高层次的目标就是实现对原供应链方案的再设计，要达到这一目标需要第四方物流来协调供应链过程的各个环节以及各方利益，供应链方案的再设计就是基于传统的供应链管理咨询技巧，使得公司的业务策略和供应链策略协调一致。

3. 第四方物流的工作方式

与第三方物流不同，第四方物流由第四方物流服务提供商发挥自身的特色，为客户提供物流系统的规划决策，因此，企业可以将自己的物流规划工作外包给第四方物流服务提供商，而进一步专注于自身的核心技术，如图 2-8 所示。按照安盛咨询公司的设计和说明，第四方物流的工作方式主要包括：正向协作、解决方案整合和行业革新。

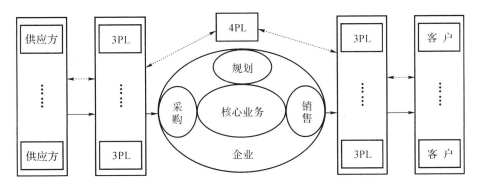

图 2-8　第四方物流分包企业的物流规划能力

注：3PL 和 4PL 分别指第三方物流和第四方物流

在正向协作工作方式中（如图 2-9（a）所示），第四方物流和第三方物流通过合作对物流系统的解决方案进行规划与整合。这样的解决方案利用了双方的能力和市场，第四方物流可以为第三方物流服务商提供广泛的服务，包括技术、供应链战略技巧、进入市场的能力和项目管理专家等。第四方物流将在第三方物流内部工作，它们之间的关系由合同确定或者以联盟的形式加以构建。

在解决方案整合工作方式中（如图 2-9（b）所示），第四方物流为一个客户管理和运作综合供应链解决方案，解决方案将整合第四方物流和补充服务提供者的资源、能力、技术，并且第四方物流需要对多个补充服务提供的能力进行整合，从而提供一个综合的供应链解决方案，该方案实现了客户供应链各个组成部分的价值传递。

在行业革新工作方式中（如图 2-9（c）所示），第四方物流为同一行业中的多个客户发展和执行一套聚焦于同步化和合作的供应链解决方案，行业解决方案的形成将为各方带来极大的收益，但是，这种工作方式十分复杂，对任何一个组织包括第四方物流来说，都是一种挑战。

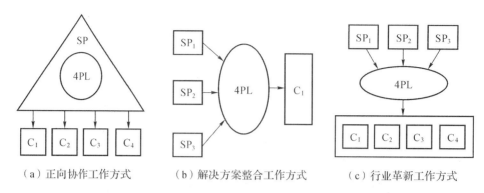

（a）正向协作工作方式　　　（b）解决方案整合工作方式　　　（c）行业革新工作方式

图 2-9　第四方物流工作方式

注：SP 为服务提供者，即第三方物流服务商；C 为客户

本章要点

1.物流的环节包括物流的基本活动和支援活动，基本活动包括运输、储存、包装、装卸、搬运等，支援活动则有流通加工和物流信息活动。

2.企业物流一般可以分为生产阶段的内部物流和采购销售阶段的外部物流。按企业外部物流的实现形式可以将它分为企业自营物流、第三方物流、物流联盟和第四方物流等几种模式。

3.从企业竞争战术的角度来考虑，决定企业采用自营还是外包物流最重要的决策变量有两个：一是物流外包和自营比较，是否能够提高企业物流的运营效率；二是物流外包和自营比较，是否能够降低企业物流的运营成本。

4.第三方物流是提供多种服务功能的，非常个性化的物流活动，成功的第三方物流要求双方建立长期战略合作伙伴关系，第三方物流服务商既是战略投资人，又是风险承担者。

5.从全球范围来看，第三方物流服务商可以根据其核心能力和历史背景分为：基于运输服务的、基于仓储/配送服务的、基于货运代理服务的、基于港口/铁路终端服务的、基于信息与系统集成的第三方物流公司等五大类。

6.物流联盟可以实现联盟内成员企业之间的优势互补，便于培育和发挥各自的核心能力，促进组织学习并且能够降低经营风险等，因而可以有效地降低各个企业的物流运营成本。物流联盟可以采取纵向联盟、横向联盟以及混合联盟等方式。

7.第四方物流是一个供应链集成商，它调集和管理组织自己的以及具有互补性的服务提供商的资源、能力和技术，以提供一个综合的供应链解决方案，从而为客户带来更大的价值。显然，第四方物流是在解决企业物流的基础上，整合社会资源，以实现物流信息充分共享、社会物流资源充分利用的物流方案提供商。

思考题

1. 物流环节包括哪些？

2. 为什么说运输环节是物流过程的关键？

3. 如何理解流通加工环节的性质和定位？

4. 物流业务主要有哪几种模式？它们各有何特点？

5. 简述自营物流的利弊。

6. 第三方物流具有什么经济效益？

7. 第三方物流有哪些类型，各有什么特点？

8. 试阐述第三方物流的演变过程及各阶段的特点。

9. 试论述我国第三方物流的发展现状并请提出相关对策。

10. 物流联盟具有哪些优势和不足？

11. 请说明第四方物流的起因和特点。

12. 第四方物流有哪几种工作方式？请逐一予以说明。

第三章

现代物流技术

学习目的

通过本章学习,你需要:

1. 掌握物流技术的性质与分类;

2. 掌握运输技术的分类;

3. 说明运输技术的优缺点;

4. 掌握装卸搬运的合理化原则;

5. 了解装卸搬运技术的方法;

6. 了解仓储技术的作用;

7. 掌握仓储作业流程;

8. 掌握包装的分类与功能。

第三章
数字资源

【开篇案例】京东无人仓和机器人

2019年1月,京东首次曝光无人仓,该无人仓位于上海嘉定"亚洲一号"基地三期,占地约4万平方米,是京东在全国自动化程度最高、也是唯一全自动化的仓库,日均处理量为20万件。

从现场看,整个无人仓分为三个主要区域:入库＋分拣＋打包区域,仓储区域和出库区域。界面记者在现场看到,流水线已经实现无人化,只有少数工作人员从事运维、优化工作。

进入无人仓的大门,首先是测量商品体积重量的白色机器人。商品的分类和打包完全由传送带和机器手臂完成,他们会根据商品本身的条码、订单信息条码来判断如何对商品进行排列组合和运输。所有商品的包装,都是机器根据实际大小当场裁剪、切割泡沫包装袋或纸板包装箱,有利于科学合理地利用包装材料。

在无人分拣区域,共有300个负责分拣的"小红人",运行速度为3米/秒。同时,"小红人"所有的路线都由计算机控制自行选择,"小红人"会互相避让,也会自动挪到墙上的充电桩上充电——充电10分钟,可以工作4小时。

在仓储区域,则是一排排排列非常紧密的货柜。数以万计的商品由机器人和机器手臂完成入库和出库,高密度存储节省了空间,也是京东应用较广的自动化设备。

在出库区域,300多个小型"小红人"AGV负责将每个小包裹按照订单地址投放不同的转运包裹中,中型AGV完成第二轮分配和打包,大型AGV则直接把最后要送往京东终端配送站点的大包裹送上传送带,而传送带可以直接从库房内延伸至库房外的运输车上。

无人仓中操控全局的智能控制系统,是京东自主研发的"智慧"大脑,仓库管理、控制、分拣和配送信息系统等均由京东开发并拥有自主知识产权,整个系统均由京东汇总集成。无人仓的"智慧"大脑在0.2秒内可以计算出300多个机器人运行的680亿条可行路径,并做出最佳选择。

在机器人使用方面,包括传统的AGV叉车、六轴机器人、自动供包机器人等十几种不同工种的机器人,在4万平方米的仓库内,机器人总量达上千个。京东方面称,这样的无人仓效率是传统仓库的10倍。

资料来源:京东终于曝光无人仓里面的机器人啦![EB/OL].(2019-01-03)[2021-05-01].https://www.sohu.com/a/286474680_99906635.

第一节 物流技术概论

物流技术是提高物流生产力的决定性因素,物流技术的创新与发展是推动物流业发展的重要动力源。当代,物流技术已经成为衡量一个国家物流发展水平的重要标志。

一、物流科学与物流技术

科学与技术是两个不同的范畴。科学是一种知识体系和认识活动,属于精神财富和创造精神财富的实践;技术是人类的活动手段,属于物资财富和创造物资财富的实践。在现代条件下,科学与技术的关系越来越密切,两者的分界线越来越模糊。物流科学与物流技术也是一样的,两者之间既有区别,又密切联系。

物流科学自产生以来就成为最有影响力的新科学之一。物流科学是以物的动态流转过程为研究对象,揭示物流活动之间存在相互关联、相互制约的内在联系。物流科学为提高物流系统的效率,更好地实现物流时间效益和空间效益起到了十分重要的作用。

物流技术在严格意义上并不是一种独立的新技术,它是多学科领域的技术在物流领域的综合利用。物流技术指流通技术或物资输送(含停止)技术。它的作用是把生产出的物资进行移送、储存,把各种物资从生产者一方转移给消费者,为社会提供无形服务。随着科学的综合化趋势的出现,技术体系自身也向综合化方向发展。

二、物流技术性质与分类

物流技术一般是指物流活动中所采用的自然科学与社会科学方面的理论、方法,以及设施、设备、装置与工艺的总称。它不但包括物流活动中所运用到的各种操作方法,如流通加工技术、物品包装技术、物品标识技术、物品实时跟踪技术等,而且还包括物流活动中所运用到的各种管理技能,如物流规划、物流评价、物流设计、物流策略等。因此,物流技术大体上可以分为硬件技术和软件技术两个方面。

（1）物流硬件技术。具体包括：①材料技术，如集装材料、包装材料等；②机械技术，如装卸机械、包装机械、运输机械、加工机械等；③设施，如仓库、车站、港口、机场、配送中心等。

（2）物流软件技术。具体包括：①预测，根据数字参数预测物流数量的技术，如时间序列技术、因果关系技术等；②设计，对流通形态与硬件技术进行规划研究与改进的技术，如选址的分析技术、最小总成本设计和物流战略的选择等；③运用，对运输工具的选择使用，如装卸方法、库存管理、劳务管理等；④评价，如成本计算、生产率评价等。

三、现代物流技术简介

在现代物流学产生之后，物流技术发展的特点是将各个环节的物流技术进行综合、复合化而形成最优系统技术。因此，现代物流技术呈现多元化特征，如物流技术的信息化、全球化、数字化、网络化、智能化、柔性化、敏捷化、可视化、节能化、绿色化、微型化、集成化、安全化等。其中，全球化和信息化是现代物流技术最重要的特征。从物流的功能活动角度看，现代物流技术包括集装化技术、货物运输技术、货物仓储技术、货物包装技术、物流配送技术、流通加工技术及物流信息技术等。

1. 集装化技术

集装化是指用集装箱器具或采用捆扎方法，把物品组成标准规格的单元货件，以加快装卸、搬运、储存、运输等的物流活动。集装化已运用于物流的各个环节，按集装化的具体方式，可以分为集装箱化、托盘化、货捆化、网袋化、框架化、滑板化、半挂车等 7 种方式，其中，集装箱和托盘是目前运用最为广泛的两种技术。

（1）集装箱化。集装箱化是以集装箱作为货物单元的一种集装化形式。集装箱是现代商品生产流通和现代商品运输的产物，是目前运用最为广泛的运输设备之一。集装箱是一种具有足够强度，可长期反复使用的运输设备，适宜于一种或多种运输方式运送，途中转运时，箱内货物不需换装。集装箱既是货物的新型运输包装，又是现代运输工具的重要组成部分，它的出现使传统包装运输方式发生了根本性变化，被认为是运输业的一场革命。

（2）托盘化。托盘化是以托盘作为货物单元的一种集装化形式。托盘是用于集装、堆放、搬运和运输的，放置作为单元负荷的货物和制品的水平平台装置。它是由木材、金属、纤维板制作的低平台，作为储运补给品的一个单元，是一种装卸物资的轻便平台。托盘最早是在装卸领域出现并发展的，在应用过程中又进一步发展为储存设施，并拥有一个运输单位的重要功能，成为物流系统化的重要装备工具，对现代物流的形成起了很大的作用。现在，托盘已和集装箱一样重要，形成了集装系统的两大支柱。

（3）货捆化。货捆化主要适用于钢材、建材等货物流通。比如，木材在各种成捆设备上用半刚性吊索捆成货捆，在整个运输过程中不解捆。钢材、建材等都可用瓦楞纸包住，然后用金属丝捆成集装单元，也可直接捆成货捆。

（4）网袋化。网袋化也是一种应用普遍的集装化形式,网袋与集装袋的自重和容积都很小,既不占很大的空间,又便于回送,可以很方便的实现各种散货的集装化。

（5）框架化。管件、玻璃等易碎品可以通过各种集装框或集装架实现集装化,集装框、集装架多采取回送的办法实现流通。

（6）滑板化。滑板是与托盘尺寸一致的平板,它既具有托盘的优点,又解决了托盘材料消耗大、流通周转复杂等问题。例如,纸箱装食品、纺织品等包装一致、比重较小的货物都可以通过滑板实现集装化。

（7）半挂车。半挂车相当于一种带轮的大型集装箱,对铁路和水路运输来说,它是平板车和滚装船运输的一种集装化货物;对公路运输来说,它是一种运输工具,即汽车列车或牵引火车。

2. 货物运输技术

运输是指用设备或工具,将物品从一个地点向另一地点运送的物流活动。在物流活动中,运输始终处于非常重要的地位,是物流系统的主要内容之一。它解决了供应者和需求者之间空间上的分离,是创造空间效益的主要功能要素。按运输设备及运输工具的不同,可以将货物运输分为铁路运输、公路运输、水路运输、航空运输、管道运输等五种基本运输方式,五种运输方式在运载工具、线路设施、营运方式等方面各有不同,因而各有优势,各有其不同的适用范围。

在当今市场竞争不断加剧的环境条件下,企业对缩短运输时间、降低运输成本的要求越来越强烈,为了更好地实现物流服务,作为物流服务的有机组成部分,运输必须在速度、时间、安全性、网络及运输方式衔接的便利性、信息的及时性与准确性等方面满足客户要求,全面提高自身和客户的经济效益。现代运输工具的专用化、大型化、高速化的发展趋势正迎合了现代物流发展的需要。

（1）专用化。专用化是提高物流效率的基础,专用化的趋势主要体现在两个方面:一是运输工具专用化;二是运输方式专用化。运输工具专用化是指以运输工具为主体的运输对象专用化,某些运输工具专门运输某一类货物,如液化汽船、罐车、集装箱船等。运输方式专用化中比较典型的是海运,海运方式几乎在世界范围内放弃了客运,主要从事货运。

（2）大型化。大型化是实现物流规模效应的基本手段,大型化的趋势在海运中表现尤为明显。例如,自 20 世纪 90 年代以来,超巴拿马型船已经在全球集装箱船队中占据了很大的比例,而世界许多船厂和班轮公司仍在研究大型全集装箱船,它们的载箱能力在 8000～12000 标准箱,这些大型集装箱船的运用,可以节省固定成本,带来规模效应。根据英国德鲁里航运咨询公司研究,载箱能力为 6000 标准箱的超巴拿马型集装箱船在营运中每一个箱位可节省 20% 的费用。

（3）高速化。各种运输方式的高速化已经成为现代运输的标志。在公路运输、铁路运输、水路运输以及管道运输等方面高速化的趋势都是非常明显的。例如,在铁路运输方面,日本的新干线车速达 200 多千米/小时,而磁悬浮列车最高试验速度已经达到 500 千米/小时;在水路运输方面,水翼船的时速已经达到 70 千米,气垫船时速更高,而飞翼船的时速则可达 170 千米。现代运输方式的高速化,节约了物流运输的时间,为全球物流一体化创造了条件。

3.货物仓储技术

物流中的"仓储"是一个非常广泛的概念,包括储备和库存。物流的主要任务是解决供需双方时间和空间的分离,如果说运输是为了克服供需双方空间上的差异,那么仓储就是以改变"物"的时间状态为目的,从而克服产需之间的时间差异的活动。目前,主流的仓储技术包括以下两种:

(1)立体自动化仓储。立体自动化仓储作为 1970 年以后出现的新的保管方式,是现代物流系统的重要组成部分。立体自动化仓储是一种多层存放货物的高架仓库系统,由计算机自动控制与管理系统、货架、堆垛机和出入库输送设备等组成,能按指令自动完成货物的存取,并能对库存货物进行自动管理。立体自动化仓储技术是现代物流技术的核心,是一门综合性的技术。

立体自动化仓储系统不需人工搬运工作就可以实现收发作业,大大提高了仓储作业的效率。同时,立体自动化仓储系统集信息、存储、管理于一体,采用微电子技术,使它具有占地面积小、仓储作业迅速准确的特点,同时在自动检测故障判断、参数记录、报表打印等方面全部实现自动化,与传统的仓储相比,立体自动化仓储可节约 70% 的占地面积和 70% 的劳动力。

(2)虚拟仓库。随着互联网的普及,虚拟仓库也逐渐为人们所使用,如许多汽车生产商零部件系统的全球运作,通过虚拟仓库可以在全球范围内的汽车零部件销售商中获得客户所需要的零部件供给。虚拟仓库是指建立在计算机和网络通信基础上,进行物品的存储、保管和远程控制的物流设施,可实现不同状态、时间、空间、货主的有效调度和统计管理。

传统的仓储系统主要是以地域集中化的方式进行的,而随着信息技术的发展和应用,仓储可以不受地域的限制,运用互联网技术,可以有效地进行远程控制和有组织地获得地域分散的库存储备。使用虚拟仓库进行存储的优点在于:用于存储的仓库可以分散,有效消除了地域限制;仓库的大小也有了很大的弹性,有了更大的选择余地;可以使存储和需求尽可能地接近,减少了供应链的总成本;降低了仅在某一地持有存货的风险;有效地消除了仓库大小和产品多样化带来的限制,为大幅提高库存效率创造了条件。

4.货物包装技术

包装是指在流通过程中保护产品、方便储运、促进销售,按一定技术方法而采用的容器、材料及各种辅助物的总称,也指为了达到上述目的而采用容器、材料和各种辅助物过程中施加一定技术方法的操作活动。按在流通领域中的不同作用,包装大致可以分为两类:一类是消费者包装;另一类是工业包装。前者强调市场的包装,后者强调物流的包装。

物品种类繁多,性能与包装要求各异,因此,在包装设计和作业中,必须根据物品的类别、性能及其形态选择相适应的包装技术和方法。目前,在物流系统中比较典型的包装技术有防湿防水包装、防霉包装、防震包装、保鲜保质包装、危险品包装等。

(1)防湿防水包装。防湿防水包装通常的做法是采用某些防水材料作阻隔层,并用防水黏结剂或衬垫、密封等措施,以防止水气进入包装内部。常用的外壁材料如木材、金属、瓦楞纸等,内衬材料如石油沥青纸、防潮柏油纸等。

(2)防霉包装。防霉包装的运用可根据产品和包装的性能和要求的不同,而采取不同的防霉途径和措施。从材料方面来说,可以选用耐霉材料,如钢铁、铝、铜等金属材料;从产品方面来说,要对产品通过结构设计、制造工艺、表面隔离以及添加防腐剂处理的方法达到防霉的要求。

(3)防震包装。防震包装的关键是确定防震材料的种类和设计防震包装的结构形式。防震包装材料有泡沫材料、气泡塑料材料、防震胶垫等。防震包装的结构一般有全面缓冲防震、现场发泡缓冲防震、浮吊缓冲防震等。

(4)保鲜保质包装。保鲜保质包装是为了在产品的物流过程中,实现物品最大限度保存其品质的技术与方法。常用的保鲜保质包装技术有充气包装、真空包装、脱氧包装、收缩包装、泡罩包装等。

(5)危险品包装。对于爆炸性物品、氧化剂、压缩气体和液化气体、自燃物品、遇水燃烧物品、易燃液体、易燃固体、毒害品、腐蚀性物品、放射性物品这十大危险品类,在物流过程中必须要采用特殊的包装技术加以保护。常用手段是根据物品特性采用特定的容器,使包装严密不漏,如对易燃易爆物品采用塑料桶包装等。

5. 物流配送技术

(1)配送的定义与特点。配送是物流中一种特殊的、综合的活动形式,是指在经济合理区域范围内,根据客户要求,对物品进行拣选、加工、包装、分割、组配等作业,并按时送达指定地点的物流活动。配送的实质是送货,但配送又不等同于一般性的运送活动,其具有以下特点:

①配送是从物流据点至用户的一种特殊送货形式。与工厂送货不同,工厂送货一般只输送工厂生产的产品,是直达型送货,而配送是中转型送货,用户需要什么送什么。

②配送不是单纯的运输或输送,它还包括集货、存储、分货、拣选、配货等活动。有些配送活动甚至还附带着加工。

③配送是以供应者送货到户式的服务性供应,是一种"门到门"的服务。

④配送是在全面配货基础上,完全按用户要求,如种类、品种搭配、数量、时间等方面,所进行的运送,是配和送的有机结合形式。

(2)配送中心工作流程。物流的配送大多是通过配送中心完成的,配送中心旨在通过对现有资源的优化应用把货物安全、准确、按时地送到客户手中,让客户满意。配送中心的工作流程,如图 3-1 所示。

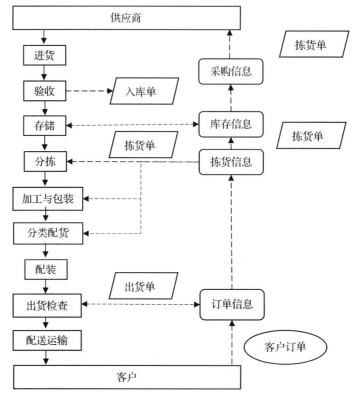

图 3-1　配送中心的工作流程

6.流通加工技术

流通加工是指物品在生产地到使用地的过程中,根据需要施加包装、分割、计量、分拣、组装、价格贴付、标签贴付、商品检验等简单作业的总称。流通加工是为了促进销售、维护产品质量和提高物流效率,对物品进行加工,使物品发生物理、化学或形状的变化。目前,流通加工技术主要有剪板加工、集中开木下料、冷冻加工、分选加工、精制加工等技术。

(1)剪板加工。剪板加工常用于生产资料的流通,它是在固定地点设置剪板机进行下料加工,如中国储运公司就利用现代剪裁设备从事钢板及其他钢材的下料加工。

(2)集中开木下料。集中开木下料是在木材的流通中运用比较多的一项加工技术,在流通加工点,将原木锯裁成各种锯材,同时将碎木、碎屑集中加工成各种规格的板材。

(3)冷冻加工。冷冻加工在食品的流通中运用较为广泛,它是为解决鲜肉、鲜鱼等在流通中保鲜及搬运装卸的问题,采取低温冻结方式的加工。

(4)分选加工。分选加工主要是针对农副产品规格、质量离散较大的情况,为获得一定规格的产品而采取人工或机械分选方式的加工。

(5)精制加工。精制加工通常是在产地或销售地设置加工点,去除农副产品无用部分,进行切分、洗净、分装的加工。

7.物流信息技术

物流信息技术是指运用于物流领域的信息技术的总称,是物流现代化极为重要的领域之一,也是物流现代化的重要标志。随着信息技术的高速发展,物流信息技术成为物流技术中发展最快的领域,从早期的条形码系统,到办公自动化系统,再到互联网时代的信息管理系统,物流信息技术地发展产生了一系列新的物流理念和经营方式。它的每一次前进都极大地推动了物流的变革。物流信息技术主要包括条形码技术、电子数据交换技术、全球卫星定位系统、北斗卫星导航系统、地理信息系统、射频技术。

(1)条形码技术(barcode)。条形码技术属于自动识别范畴,是由一组规则排列的条、空及字符组成,用以表示一定信息的代码。条形码是为实现对信息的自动扫描而设计的,它是实现快速、准确而可靠地采集数据的有效手段。条形码技术的应用解决了数据录入和数据采集的"瓶颈"问题,为供应链管理提供了有力的技术支持。

(2)电子数据交换(electronic data interchange,EDI)技术。电子数据交换技术是指不同的企业间为了提高经营活动的效率在标准化的基础上通过计算机联网进行数据传输和交换的方法。EDI的目的是通过建立企业间的数据交换网来实现票据处理、数据加工等业务。物流EDI的优点在于在整个供应链上,各方通过建立标准化的信息格式和处理方法,可以实现信息共享,提高物流效率,降低物流成本。

(3)全球卫星定位系统(global positioning system,GPS)。GPS原是美国国防部为其星球大战计划投资100多亿美元而建立起来的,是一种具有在海、陆、空全方位实时导航与定位能力的系统。GPS由地面控制站、GPS卫星网和GPS接收机三部分组成。地面主控站实施对GPS卫星的轨道控制及参数修正;GPS卫星网向地面发射两个频率的定位导航信息;GPS接收机接收GPS卫星信号进行解算,即可确定GPS接收机的位置。

(4)北斗卫星导航系统(beidou navigation satellite system,BDS)。2020年6月,我国自主研发的北斗卫星导航系统成功发射了第五十五颗导航卫星,标志着北斗三号全球卫星导航系统星座部署全面完成。北斗三号系统能够为全球用户提供基本导航(定位、测速、授时)、全球短报文通信、国际搜救服务,中国及周边地区用户还可享有区域短报文通信、星基增强、精密单点定位等服务。

(5)地理信息系统(geographic information system,GIS)。GIS是从20世纪60年代开始迅速发展起来的地理学研究新成果,是多种学科交叉的产物。它以地理空间数据为基础,采用地理模型分析方法,适时地提供多种空间的和动态的地理信息,是一种为地理研究和地理决策服务的计算机技术系统。

(6)射频(radio frequency,RF)技术。射频技术是一种基于电磁理论的通信技术。射频系统的优点是不局限于视线,识别距离比光学系统远。射频识别卡具有可读写能力、可携带大量数据、难以伪造和智能化等优点。射频技术适用于有物料跟踪、运载工具和货架识别等要求非接触数据采集和交换的场合,由于射频识别卡具有可读写能力,因此对于需要频繁改变数据内容的场合尤为适用。

第二节　运输技术

运输是物流作业中最重要的环节之一,原材料和货物都需要通过运输来实现空间上的转移。在目前的市场环境中,有许多运输方式可以选择,不同的运输方式其费用、风险和效果等都不相同。对于一个物流管理者来说,正确地安排运输,可以提高整个物流系统的运行效率和绩效。

目前主要有 5 种基本的运输方式:公路运输、铁路运输、水路运输、航空运输和管道运输。各运输方式的成本结构特点如下:

(1)公路。公路建设的固定成本高,变动成本适中(主要包括燃料、维修等)。

(2)铁路。在设备、端点站、轨道等方面的固定成本比较高,变动成本低。

(3)水路。船舶和设备的固定成本适中,变动成本低,具有运输大吨位货物的能力。

(4)航空。固定成本低,变动成本高。

(5)管道。固定成本最高(主要用于管道建设),变动成本最低。

各种运输方式相关的运营特征,如表 3-1 所示。

表 3-1　各种运输方式的特征　　　　　　单位:分

运营特征	公路运输	铁路运输	水路运输	航空运输	管道运输
速度	2	3	4	1	5
可得性	1	2	4	3	5
可靠性	2	3	4	5	1
能力	3	2	1	4	5
频率	2	4	5	3	1
合计得分	10	14	18	16	17

注:分值越低,表示该运输方式表现越好

一、公路运输

公路运输是最普及的一种运输方式,主要承担短距离、小批量的运输。

1.公路运输的特点

公路运输是所有运输方式中影响面最为广泛的一种运输方式。其特点是:

(1)运输机动灵活。公路运输富于灵活性,运输网一般比铁路、水路网的密度大、分布面广。公路运输在时间方面的机动性也比较大,车辆可随时调度、装运,各环节之间的衔接时间较短。公路运输对客、货运量的多少具有很强的适应性。

(2)全运程效率高。由于汽车体积较小,中途一般不需要换装,因此可以减少转换运输工具所需的等待时间。公路运输可实现"门到门"直达运输,它不仅可以沿分布较广的路网运行,还可以离开路网深入工厂企业、农村田间、城市居民住宅等地。

(3)受外界影响小。汽车的行驶受地形限制较小,即使遇到恶劣气候,受其影响也较小;能保证运输质量,及时送达,货损货差小。

(4)资金周转快。公路运输所需的固定设施简单,投资兴办容易,且回收期短。有关资料表明,在正常经营情况下,公路运输的投资每年可周转 1～3 次,而铁路运输则需要 3～4 年才能周转一次。

(5)安全性较低。由于汽车车种复杂、道路不良、驾驶人员疏失等,因此易发交通事故。

(6)环境污染严重。汽车所排出的尾气和引起的噪声严重威胁着人类的健康,是城市环境的最大污染源之一。

2.公路运输的基本设施

公路运输系统主要由公路及其相关建筑物、交通控制设备、普通道路交通控制系统、高速公路交通控制系统、汽车和汽车站组成。

(1)公路及其相关建筑物。市区以外的可以通行各种车辆的宽阔开坦的道路称为公路。我国公路根据所适应的交通量水平不同可分为五个等级,即高速、一级、二级、三级和四级公路,各级公路所适应的交通量,如表 3-2 所示。

表 3-2 公路分级表

等级	高速	一级	二级	三级	四级
AADT(辆/d)	>25000	15000～30000	3000～7500	1000～4000	1500(双车道)
标准车	小客车	小客车	中型货车	中型货车	中型货车
出入口控制	完全控制	部分控制			
设计年限(年)	20	20	15	10	10

注:AADT 为标准的年平均日交通量

(2)交通控制设备。交通控制设备分为交通标志、路面标线和路标、交通信号三类,主要是对车辆、驾驶员和行人起限制、警示和引导作用。

(3)普通道路交通控制系统。普通道路交通控制系统可分为点控制、线控制和面控制三类。

(4)高速公路交通控制系统。高速公路交通控制系统是对高速公路上匝道(进出口)、交会和行驶速度进行控制的系统。它是由各种检测器、信号机、可变标志、通信传输系统、设有控制中心的中心处理机及其外围设备、交通状况显示板和使上述设备协调工作的软件系统组成。

(5)汽车。汽车是公路运输的基本运输工具,按用途不同一般可分为轿车、客车、载货汽车、牵引车、专用运输车和特种车等六类。

(6)汽车站。汽车站不仅是公路运输系统的基本设施,也是汽车运输企业组织公路客货运输的基层单位。按经营业务的不同,汽车站可分为客运站、货运站和客货兼营站。

【案例】百度完成全球首次自动驾驶物流闭环,快递包裹飞越太平洋

2019 年 1 月 9 日,CES 2019 国际消费电子展正式开幕。百度 Apollo 自动驾驶车队用接力的方式,从长沙出发,乘坐飞机跨越太平洋后,在当天将一个 Apollo 标识的包裹由无人货运车送到美国拉斯维加斯,创造历史。百度官方表示,这是全球首次自动驾驶物流闭环,也是在 2019 CES 前夕,百度为大家带来的一次自动驾驶成果展示。

此外,在展览间隙,百度还发布了全球首个最全面的智能驾驶商业化解决方案——Apollo Enterprise。据了解,Apollo Enterprise 是提供给全球汽车企业、供应商和出行服务商的一套加速实现智能化、网联化、共享化的,量产、定制、安全的自动驾驶和车联网解决方案。与此同时,百度还推出了 Apollo 3.5 版本,可以实现从简单城市道路到复杂城市道路的自动驾驶,自动处理窄车道、减速带、人行道、十字路口、无信号灯路口通行、借道错车行驶等十几种路况。

资料来源:物流行业 10 大技术创新案例[EB/OL].(2019-07-18)[2021-05-01].http://www.zgjtys.com.cn/news/n2764.html.

二、铁路运输

铁路运输对人类发展起到至关重要的作用。自 19 世纪初出现铁路以来,世界各国纷纷投资建设铁路并形成网络。作为一种重要的现代陆地运输方式,一方面,铁路的铺设促使人类开发更多的资源,并利用这些资源丰富生活;另一方面,由于科技的发展改善了铁路运输的技术层次,因此,铁路在行车控制与能源利用效率方面都更加趋于完善。

1. 铁路运输的特点

(1)运输能力大,成本低廉且运输距离长。铁路运输采用大功率机车牵引列车运行,可承担长距离和大运输量的运输任务。而且,由于列车运行阻力小,能源消耗低,因此系统价格低廉。

(2)计划性强。铁路运输一般都按照时刻表运行,不仅可以保证货物运输的准时送达,而且可以更好地实行运输计划。

(3)安全程度高、污染性低。铁路运输受气候季节影响小,不仅是各种运输方式中安全系数最高的,而且在噪声污染和空气落尘污染方面较公路都要低很多。

(4)灵活性差。铁路线路固定,只能按照预定的线路运行,且站点与站点间距比较长,短距离运输成本高。

2. 铁路运输的基本设施

铁路运输的主要技术设施有固定设备和活动设备。固定设备主要包括路轨、车站、通信与信号设备、检修设备、给水设备及电气化铁路的供电设备等;活动设备主要有机车、车辆(如客车、货车等)。其中,铁路机车有蒸汽机车、内燃机车、电力机车等;铁路车辆有平车、敞车、棚车、漏斗车、保温及冷藏车、特种车等。

三、水路运输

水路运输简称水运,是指利用船舶航行于内河或海洋等水域,完成旅客与货物运送的经济活动。它主要由船舶、航道和港口组成,与铁路运输共同发挥综合交通运输体系中主要运力的作用。

1.水路运输的特点

(1)运输量大。船舶货舱与机舱的比值比其他运输工具都大,货物运输的舱位及载重量均比陆运或空运大。

(2)单位运输成本低,能源消耗低。运输同样的货物至同样的距离,水运所消耗的能源最少,因此,水运的运输成本约为铁路运输的 $1/25\sim1/20$,约为公路运输的 $1/100$。

(3)续航能力大。商船出航,所携带的燃料、粮食及淡水,可历时数十日,且商船一般具有独立生活的各种设备,可以支持船队独立生活。

(4)受天气和商港限制。水路运输易受暴风雨雪及大雾的影响和限制。另外,船舶到达港口后,还会因港湾水深或装卸设备的缺乏等原因,受到入港和作业的限制。

(5)投资额巨大且回收周期长。船舶的订造或购买都需巨额资金。船舶是固定资产,折旧期长,一般为 20 年。

2.水路运输的基本设施

水路运输的基本设施包括水路运输工具和港口设施。

(1)水路运输工具。水路运输工具主要是各类船舶,其中作为军事用途的称为舰艇或军舰,用于交通运输、渔业、工程及研究开发的称为民用船舶。

(2)港口设施。港口是供船舶安全进出和锚泊,进行水陆或水水转运,以及为船舶提供各种服务设施的场所。按港口的功能可分为商港、工业港、渔港、轮渡港、军港、旅游港。

港口的水域设施包括港池、锚地和航道。港口的陆上设施包括港口铁路、港口道路、仓库与堆场、港口装卸机械、港口给水与排水系统、港口供电、船舶基地和港口通信系统。航标是为了保证进出港船舶的航行安全,如为航行船舶提供定位信息,提供碍航物及其他航行警告信息,并根据交通规则指示航行、指示特殊区域等。每个港口、航线附近的海岸均有各种助航设施。

四、航空运输

航空运输是指使用航空器运送人员、行李、货物和邮件的一种运输方式。

1.航空运输的特点

(1)运输速度快。速度快是航空运输最主要的特征之一。现代喷气式客机的巡航速度为 $800\sim900$ 千米/小时,比汽车、火车快 $5\sim10$ 倍,比轮船快 $20\sim30$ 倍。

（2）适用范围广。不仅可供客货运输，还可用于邮政、农业、渔业、林业、救援、工程、警务、气象、旅游观光和军事等。

（3）建设周期短，投资少。发展航空运输，从设备条件上讲，只要添置飞机和修建机场就可以基本满足。与修建铁路和公路相比，建设周期短、占地少、投资省、收效快。

（4）不受地形限制，灵活机动。飞机在空中飞行，受地形影响很小，受航线条件限制程度也远比其他方式小。它可以将地面上任何距离的两个地方连接起来，进行定期或不定期的飞行。

（5）运输安全、舒适。飞机飞行不受低空气流影响，平稳舒适。同时，由于科学技术的进步和民航客机适航性要求高，因此航空运输的安全性是各种运输方式中最高的。

（6）运输成本高。航空运输受飞机机舱容积和运载量的制约，运载成本和运价较高。

2. 航空运输的基本设施

航空运输的基本设施包括飞机和航空港。

（1）飞机。飞机是指用于从事客货运输的非军用飞机。

（2）航空港。航空港是航空运输用飞机场及服务设施的总称，主要由飞行区、客货运输服务区和机场维修区三个部分组成。

五、管道运输

管道运输是指用加压设施加压流体（液体或气体）或流体与固体混合物，通过管道输送到使用地点的一种运输方式。其运输形式是靠物体在管道内顺着压力方向循序移动实现的，和其他运输方式的重要区别在于管道设备是静止不动的。

在我国，自来水和城市的煤气输配送是和人们生活密切相关的管道运输。截至2020年底，我国油气管道总里程达到16.5万公里，其中，原油管线为3.1万公里，成品油管线为3.2万公里，天然气管道为10.2万公里，全球排名第四。至2025年，我国长输管道总里程预计将超过24万公里。

1. 管道运输的特点

（1）运输成本低。管道运输基本没有运动部件，维修费便宜，且管道一旦建成，可以长期无须人力连续不断地运送大量物资。

（2）货物损耗少。管道运输为封闭式运输，几乎没有货物的损耗。

（3）有利于环境保护和生态平衡。长输管道绝大部分为埋设，占地少，受气候变化影响小，且管道运输相对安全，不会产生环境污染。

（4）灵活性差。管道设备固定，运输货物的种类受限制程度大，运输系统的输送能力不易改变，且只能进行定向定点运输。

2. 管道运输的基本设施

管道运输的基本设施包括管道、储存库、压力站（泵站）和控制中心。

（1）管道。管道是管道运输系统中最主要的部分，它的制作材料依输送货物种类及输送过程中所要承受的压力大小而定。

（2）储存库。在管道两端为管道运输提供足够容纳其所承载货物的场所。

（3）压力站（泵站）。压力站是管道运输动力的来源，靠压力推动货物经由管道从甲地输送到乙地。

（4）控制中心。控制中心配有监测器及管理与维护人员，随时检测、监视管道运输设备的运转情况，以防止意外事故发生。

【案例】驮背运输（公铁联运）示范工程

多式联运是指由两种及以上的基本运输方式和运输工具相互衔接、共同完成的运输过程，可以真正实现"门到门"的运输服务。我国交通运输部印发的《综合运输服务"十三五"发展规划》、国务院印发的《物流业发展中长期规划（2014—2020 年）》都明确提出要大力发展多式联运。

驮背运输作为公铁联运中非常重要的一种，由中铁特货运输有限责任公司牵头，联合北京驮丰高新科技股份有限公司、中车齐齐哈尔车辆有限公司、中国邮政集团公司，进入了首批多式联运示范工程。驮背运输是指公路货车或半挂车装载货物后，在始发地铁路站场自行开上或吊装至铁路专用车辆（驮背车），通过铁路完成长距离运输，到达目的地铁路车站后，公路货车或半挂车自行开下或吊离驮背车并驶往最终目的地的公铁联合运输方式。将公路和铁路运输的优势结合在一起，驮背运输解决了铁路运输"最后一公里"的运输问题，提高了运输效率和服务质量。

驮背运输在欧美起步较早，技术、政策和管理体系等方面均较为成熟，在我国还处于起步阶段。目前，驮背运输示范工程已完成了第一代多式联运公铁驮背运输专用车的研发并通过使用评审。其中，QT1 型驮背运输车用于公路汽车整车或半挂车运输，QT2 型驮背运输车专用于公路半挂车甩挂运输。这两种车型能够充分利用我国铁路站场设施，满足公路货车整车、半挂车自行上下驮背车的要求，可以降低我国陆路货运能耗，降低社会物流成本，减少污染，改善公路拥堵，促进公路运输业秩序化，具有广阔的发展前景和显著的社会效益和经济效益。

资料来源：驮背运输：多式联运舞台上的"新宠"［EB/OL］.（2018-05-17）［2021-05-01］.http://www.zgsyb.com/news.html？aid＝21919.

第三节　装卸搬运技术

一、装卸搬运概述

1.装卸搬运的含义

装卸是指在同一地域（地点）范围内（如车站、机场、码头、工厂、仓库内部等），以改变物料的存放状态或支承状态为主要内容和目的的活动。搬运是指在同一场所内，对物品进行水平移动为主的物流作业。在实际操作中,装卸与搬运是密不可分的,两者是伴随在一起发生的。

2.装卸搬运的作用

(1)装卸搬运是连接物流各阶段之间的桥梁。

(2)装卸搬运连接各种不同的运输方式,使多种方式联合运输得以实现。

(3)装卸搬运是许多生产和流通领域的重要组成部分和保障系统。

3.装卸搬运的特点

(1)装卸搬运是物流每一项活动开始及结束时必然发生的活动,它伴随生产与流通的其他环节发生,是附属性、伴生性的活动。

(2)装卸搬运作为生产领域与流通领域的其他环节的配套"保障"和"服务"性作业,只提供劳动服务,而不产生有形的产品。

(3)装卸搬运不会提高作业对象的使用价值功能,不会改变作业对象的物理、化学、几何、生物等方面的性质,也不会改变作业对象的相互关系。

二、装卸搬运作业的分类

1.按装卸搬运的作业场所分类

根据装卸搬运作业场所的不同,装卸搬运作业可以分为车船装卸、港站装卸、场库装卸三类。

(1)车船装卸。在载运工具之间进行的装卸和换装作业,如汽车、铁路车辆在铁路货场和站台旁的装卸作业、装卸时进行的加固作业,以及清扫车辆、揭盖篷布、移动车辆、检斤计量等辅助作业。

(2)港站装卸。在机场、车站、港口码头进行的装卸作业,包括码头前沿与后方间的搬运作业、港站堆场的堆码拆取作业以及分拣、理货、配货、中转作业。

(3)场库装卸。在仓库、堆场、集散点、物流中心等处进行的装卸作业。

2.按装卸搬运的机械及机械作业方式分类

根据装卸搬运的机械及机械作业方式的不同,装卸搬运作业可以分为"吊上吊下"方式、"叉上叉下"方式、"滚上滚下"方式、"移上移下"方式四类。

(1)"吊上吊下"方式。该方式采用各种起重机械从货物上部起吊,依靠起吊装置的垂直移动实现装卸,并在吊车运行的范围内或回转的范围内实现搬运或依靠搬运车辆实现小搬运。这种装卸方式属垂直装卸。

(2)"叉上叉下"方式。该方式采用叉车从货物底部托起货物,并依靠叉车的运动进行货物位移,搬运完全靠叉车本身,货物可不经中途落地直接放置目的处。这种装卸方式属水平装卸。

(3)"滚上滚下"方式。该方式通常用于船上装卸货物,或拖车将半挂车、平车拖拉至船上后,拖车开下离船,而载货车辆(包括汽车)连同货物一起运到目的地,再原车开下或拖车上船拖拉半挂车、平车开下。这种装卸方式属港口装卸的一种水平装卸方式。

(4)"移上移下"方式。该方式是在两车之间(如火车及汽车)进行靠接,然后利用各种方式,把货物水平、上下从一个车辆推移到另一个车辆上。

3. 按装卸搬运的作业特点分类

根据装卸搬运作业特点的不同,装卸搬运作业可以分为连续装卸方式与间歇装卸方式两类。

(1)连续装卸方式。这种装卸方式主要用于同种大批量散装或小件杂货通过连续输送机械,连续不断地进行作业,中间无停顿,货间无间隔,在装卸量较大、装卸对象固定、货物对象不易形成大包装的情况下,适合采取这一方式。

(2)间歇装卸方式。这种装卸方式有较强的机动性,装卸地点可在较大范围内变动,主要适用于货流不固定的各种货物,尤其适用于包装货物、大件货物和散粒货物。

4. 按装卸搬运的操作内容分类

根据装卸搬运中操作内容的不同,装卸搬运作业可以分为堆码拆取作业、分拣配货作业和搬送移送作业三类。

(1)堆码拆取作业。堆码是将物品从预先放置的场所移送到运输工具或仓库等储存设施的指定场所,再按所规定的位置和形态码放的作业;拆取是与堆码逆向的作业。

(2)分拣配货作业。分拣配货是将货物按品类、到站、货主等不同特征进行分类的作业,按去向、品类构成等一定原则要求,将已分类的货物集合为车辆、集装箱、托盘等装货单元的作业。

(3)搬送移送作业。搬送移送是为了进行装卸、分拣、配送等活动而进行的各种移动货物的作业,包括水平、垂直、斜向搬送及其组合。

5. 按被装物的主要运动形式分类

根据装卸搬运中被装物的主要运动形式的不同,装卸搬运作业可以分为垂直装卸法、水平装卸法两类。

(1)垂直装卸法(吊装方式)。①垂直装卸法是专用集装箱码头常用的方法,在配备岸边集装箱起重机械,进行船舶的集装箱装卸作业,目前,跨运车运用最广,但龙门起重机方式最有发展前途。②集装箱吊装方式按货场上使用的机械类型可分为跨运车方式、轮胎式龙门起重机方式、轨道式龙门起重机方式和底盘车方式。③垂直装卸法在车站以轨行式龙门起重机方式为主,配以叉车较为经济合理,轮胎式龙门起重机方式、跨运车方式、动臂起重机方式、侧面装卸机方式也较多被采用。

(2)水平装卸法(滚装方式)。滚装方式是将集装箱放置在底盘车(挂车)上,由牵引车拖带挂车通过与船艏门、艉门或舷门铰接的跳板,进入船舱,牵引车与挂车脱钩卸货实现装船,或者将集装箱直接码放在船舱内,船舶到港后,采用叉车和牵引列车驶入船舱,用叉车把集装箱放在挂车上,牵引列车拖带到码头货场,或者仅用叉车通过跳板装卸集装箱。

水平装卸法在港口是以挂车和叉车为主要装卸设备;在车站主要采用叉车或平移装卸机的方式,在车辆与挂车间或车辆与平移装卸机间进行换装。

6. 按装卸搬运的对象分类

根据装卸搬运中对象的不同,装卸搬运作业可以分为散装货物装卸、单件货物装卸、集装货物装卸三类。

(1)散装货物装卸。它是指对进出境货物不加包装,基本上以其自然形态装上车、船、飞机等运输工具的作业方法,比较适合粮食、矿石、水泥、原油、废钢铁等块状、粒状、粉状以及液态的大宗货物的装卸。

(2)单件货物装卸。它是逐件完成的一种作业方法。长大笨重的货物、不宜集装的危险货物以及行包等宜采用该方法。

(3)集装货物装卸。它是指以集装箱作为货物单元,采用供集装箱车辆和船舶的装卸、堆场(仓库)内集装箱堆码、拆垛及转运的专用机械进行装卸的方式。

三、装卸搬运的合理化原则

1. 防止无效搬运

无效搬运是指在装卸搬运活动中超出必要的装卸、搬运量的作业。为了有效防止和消除无效作业,可以从以下几个方面入手:

(1)尽量减少装卸次数。

(2)提高被装卸物料的纯度。

(3)使用适宜的包装。

(4)缩短搬运作业的距离。

(5)提高装卸搬运的连续性。

(6)装卸搬运作业应按流水作业原则运作,各工序间应密切衔接,必须进行的换装作业也尽可能采用直接换装的方式。

2. 充分利用重力

在进行装卸搬运时,应考虑重力因素,利用货物本身的重量和由高处向低处移动产生物料移动的动力,有利于节省能源、减轻劳力。

在装卸搬运时尽量消除或削弱重力的影响,也会减轻体力劳动及其他劳动消耗。

3. 提高装卸搬运的灵活性

装卸搬运的灵活性,是指在装卸作业中进行物料装卸的难易程度。为了便于装卸搬运,总是期望物料处于最容易被移动的状态。所以,在堆放货物时,事先要考虑到物料装卸作业的方便性。

装卸搬运的灵活性,根据物料所处的状态,即物料装卸搬运的难易程度,可依次分为0级、1级、2级、3级和4级。

0级——物料杂乱地堆在地面上的状态。

1级——物料装箱或经捆扎后的状态。

2级——物料装箱或经捆扎后,下面放有枕木或其他衬垫,便于叉车或其他机械作业的状态。

3级——物料被放于台车上或用起重机吊钩钩住,即可移动的状态。

4级——被装卸、搬运的物料,处于启动、可直接作业的状态。

为了说明和分析物料搬运的灵活程度,通常采用平均活性指数的方法。将某一物流过程物料所具备的活性情况,累加后计算其平均值,用"δ"表示。δ值的大小是确定改变搬运方式的信号。如:当$\delta < 0.5$时,指所分析的搬运系统半数以上处于活性指数为0的状态,即大部分处于散装状态,其改进方式可采用料箱、推车等存放物料;当$0.5 \leqslant \delta \leqslant 1.3$时,则大部分物料处于活性指数为1的状态,即大部分物料处于集装状态,其改进方式可采用叉车和动力搬动车;当$1.3 < \delta \leqslant 2.3$时,装卸、搬运系统大多处于活性指数为2的状态,可采用单元化物料的连续装卸和运输;当$\delta > 2.3$时,则说明大部分物料处于活性指数为3的状态,其改进方法可选用拖车、机车车头拖挂的装卸搬运方式。

4. 实现规模效应

在装卸搬运过程中,尽可能地使整个过程机械化,这样不仅可以把工作人员从重体力劳动中解放出来,而且可以提高劳动生产率和作业安全性。主要包括以下几个方面的内容:

(1)确定装卸任务量。

(2)根据装卸任务和装卸设备的生产率,确定装卸搬运设备需用的台数和技术特征。

(3)根据装卸任务、装卸设备生产率和需用台数,编制装卸作业进度计划。

(4)下达装卸搬运进度计划,安排劳动力和作业班次。

(5)统计和分析装卸作业成果,评价装卸搬运作业的经济效益。

5. 实施系统化处理

物流活动由运输、保管、搬运、包装、流通加工等活动组成,应把这些活动当成一个系统来处理,使物流量尽可能均衡,以求其合理化。

四、装卸搬运的方法

装卸搬运的方法按其作业对象的不同,可分为单件作业法、集装作业法和散装作业法。

1. 单件作业法

长大笨重的货物、不宜集装的危险货物以及行包等多采用单件作业法;对于一些零散的货物,如搬家货物等也常采用这种作业方法。依作业环境和工作条件可以采用人工作业法、机械化或半机械化作业法。

2. 集装作业法

集装作业法是将货物集装化后再进行装卸作业的方法,主要包括:托盘作业法、集装箱作业法、框架作业法、货捆作业法、网袋作业法和挂车作业法。

(1)托盘作业法。托盘作业法是用托盘系列集装工具将货物组成货物单元,以便于采用叉车等设备实现装卸搬运作业机械化的作业方法。一些批量不大的散装货物,如粮食、食糖、啤酒等也可采用专用箱式托盘形成成组货物单元,再辅之以相应的装载机械、泵压设备等配套设备,实现托盘作业,各式托盘如图 3-2 所示。

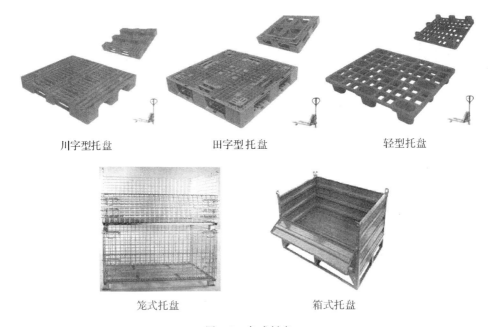

川字型托盘　　　　田字型托盘　　　　轻型托盘

笼式托盘　　　　箱式托盘

图 3-2　各式托盘

(2)集装箱作业法。集装箱的装卸作业可分为垂直装卸法和水平装卸法。垂直装卸法在港口可采用集装箱起重机,目前应用最广的是跨运车。在车站以轨行式龙门起重机方式为主。水平装卸法在港口是以挂车和叉车为主要装卸设备。在车站主要采用叉车或平移装卸机的方式,在车辆与挂车间或车辆与平移装卸机间进行换装。

(3)框架作业法。框架通常采用木制或金属材料制作,要求有一定的刚度、韧性,质量较轻,用以保护商品。管件以及各种易碎建材,如玻璃产品等,一般适用于各种不同集装框架实现装卸机械化。

(4)货捆作业法。该方法是用捆装工具将散装货物组成一个货物单元,使其在物流过程中保持不变,从而能与其他机械设备配合,实现装卸作业机械化。木材、建材、金属之类的货物最适合采用货捆作业法。带有与各种货捆配套的专用吊具的门式起重机和悬臂式起重机是货捆作业法的主要装卸机械。

(5)网袋作业法。该方法是将粉粒状货物装入纤维编织成的集装袋、将各种袋装货物装入纤维编织网或将各种块状货物装入钢丝绳编成的网。集装网袋一般体积小、自重轻,回送方便,可一次或多次使用,适用于粉粒状货物、各种袋装货物、块状货物、粗杂物品的装卸作业。

(6)挂车作业法。该方法先将货物装到挂车里,然后将空车拖上或吊到铁路平板车上的装卸作业。通常将此作业完成后形成的运输组织方式称为背负式运输,是公铁联运的常用组织方式。

3.散装作业法

(1)重力法。该方法是利用货物的势能来完成装卸作业的,主要适用于铁路运输,汽车也可利用这种装卸作业法。重力法卸车主要指底门开车或漏斗车在高架线或卸车坑道上自动开启车门,煤或矿石依靠重力自行流出的卸车方法。

(2)倾翻法。该方法是将运载工具的载货部分倾翻,从而将货物卸出,主要用于铁路敞车和自卸汽车的卸载,汽车一般是依靠液压机械装置顶起货厢实现卸载的。

(3)机械法。该方法是采用各种机械,使其工作机构直接作用于货物,如通过舀、抓、铲等作业方式达到装卸目的。

(4)气体输送法。该方法是利用风机在气体输送管内形成单向气流,依靠气体的流动或气压差来输送货物。

第四节　仓储技术

仓储是指通过仓库对物资进行储存、保管以及进行相关的物流作业,是物流活动的基础要素。仓库是保管、储存物品的建筑物和场所的总称。它不仅是物流系统中的重要基础设施,而且是物流运营过程中的重要节点。

一、仓储的作用

1.储存和保管货物的职能

仓储具有储存和保管货物的职能,这也是仓库最基本的功能。货物在仓库里通过相应仓储设备的存放和保管,保证货物的完好。

2.流通加工的职能

虽然建立仓储场所会增加新的成本,但是仓库是保证社会再生产、加快商品流通、节约流通费用的重要手段。同时,在货物进入市场前完成整理、包装、质检、分拣等程序,不仅可以防止伪劣产品流入市场,而且可以缩短后续环节的工作时间。

3.调节供需的职能

物流过程是由一系列"供给"和"需求"组成的,仓库在物流中起着"蓄水池"的作用。它调节着供给和需求的关系,使其在时间和空间上协调一致。例如,在市场需求不确定时,储备一定量的产品可以有效地防止缺货成本的产生,提高客户服务水平,并在一定程度上保证了下游生产的运行节奏,使得生产计划更好地实施,并降低生产成本。

4. 调节生产和营销的职能

通过仓储,可以将生产单位的产品集中起来,根据需要分散到各地,能够有效防止缺货现象的发生,缩短货物运送时间和反映客户需求的时间。同时,仓储还可以将小批量、分散的产品运输任务集中,优化运输路线,从而降低成本。

二、仓储作业流程

仓储作业包括商品从入库到出库之间的装卸、搬运、储存养护和流通加工等一切与商品、设备、人力相关的作业。仓储作业的具体流程,如图 3-3 所示。

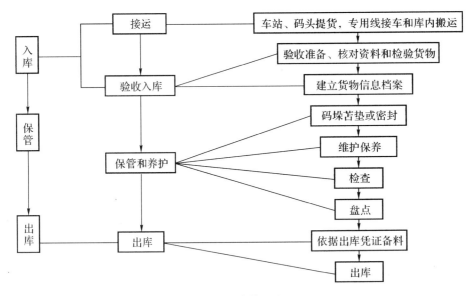

图 3-3 仓库作业流程

1. 货物入库

货物入库包括货物接运、验收和办理入库手续。

(1)货物接运的主要任务是及时准确地从交通运输部门提取入库货物,包括验收准备;核对证件,进行购买订单核对;实物检验,处理验收发生的问题;货物入库登记。

(2)验收的主要任务是对货物进行损坏检查,并确认所接收的货物是否同订购的一致。

(3)办理入库手续是将货物从收货装卸平台移动到仓库的存储区,包括确认货物及其储存位置,将货物移到合适的位置,并更新仓库储存记录。

2. 货物储存

根据货物受环境影响的程度和保管条件不同可将其分别放置。良好的储存策略可以减少出入库移动的距离,缩短作业时间,提高空间利用率,降低运行费用。常见的储存方法有:

(1)定位储存。不同要求的货物存放在固定的储位。

（2）随机储存。每种货物随机储存。

（3）分类储存。按产品的特性和大小进行分类储存。

（4）分类随机储存。每一类货物都有固定的存放储区，但每种货物的储位是随机的。

（5）共同储存。根据各种货物进出库的时间，不同货物可共用相同的储位。

为了有效掌握货物的数量和质量，仓储人员必须定期或不定期地进行盘点，将即将到期和超过使用期的物品进行分类标识和处理，同时，配合需求变动和品项变化及时调整仓储区域与储位分配。

3. 货物出库

货物出库是将订单信息通过拣货单传给仓储人员，仓储人员从存货区将客户订购的物料拣出。常见的货物出库方式有两种：一种是用料单位凭存货单位的出库凭证到仓库自提；另一种是仓库凭存货单位的出库凭证备料后，委托运输公司送货或直接送货。在货物出库后，仓库信息系统会及时进行更新。

三、仓库

现代仓库的主要设备包括储存设备、物料搬运设备、订货拣取设备、流通加工设备和物流周边配合设备等。从不同的侧面来分析，仓库可以有不同的分类标准。表 3-3 从三个方面介绍仓库的分类。

1. 储存设备

储存设备包括仓储设备（如单元负载式、水平和垂直旋转式、轻负载式等自动仓库）；重型货架（如普通重型货架、直入式钢架、重型流动棚架等）和多品种少量储存设备（如轻型货架、轻型流动货架和移动式货柜等）。

2. 物料搬运设备

物料搬运设备包括动力型搬运设备和非动力型搬运设备。动力型搬运设备包括自动化的搬运设备、机械搬运设备、输送带设备、分类输送设备、堆卸托盘设备和垂直搬运设备等；非动力型搬运设备包括手推车、平板拖车、滚轮车、重力型传送带等。

3. 订单拣取设备

订单拣取设备包括一般性订单拣取设备和自动分拣设备等。

4. 流通加工设备

流通加工设备类型很多，与配送有关的主要包括：裹包集包设备、外包装配设备、印花条码标签设备、拆箱设备、称重设备等；与原材料加工有关的有剪板机、切割机等。

5. 物流周边配合设备

物流周边配合设备包括楼层流通设备、装卸货平台、装卸载设施、容器暂存设施和废料处理设施等。

评价仓库性能的主要指标有：库容量、出入库频率、库容量利用系数、库存周转次数、单位面积库容量、平均劳动生产力、装卸作业机械化程度、机械设备利用系数等。

表 3-3　仓库的分类

按仓库分类标准划分	仓库种类
按仓库用途划分	采购供应仓库
	批发仓库
	零售仓库
	储备仓库
	中转仓库
	加工仓库
	保税仓库
按保管货物的特性划分	原料仓库
	产品仓库
	冷藏仓库
	恒温仓库
	危险品仓库
	水面仓库
按仓库的管理体制划分	自用仓库（第一方或第二方物流仓库）
	公用仓库（第三方物流仓库）

四、货架

货架是物流发展到一定程度的产物，从字面上理解，泛指存放货物的架子。在仓库设备中，货架是指专门用于存放成件物品的保管设备。货架的出现提高了生产效率，节省了仓储空间，为企业节约了成本。仓库功能的改善以及管理水平的提高，不仅要求提供数量众多、功能完善的货架，而且要求货架与机械化、自动化相适应。

1. 货架的分类

为满足不同的货物、储存单位、承载容器及存取方式的需求，货架按存取作业方式的不同可以分为以下三类。

（1）人工或叉车存取：包括托盘货架、流动式货架、阁楼式货架、可移动式货架、后推式货架、悬臂式货架、驶入式货架、可携带式货架、窄巷道式货架等。

（2）自动化设备配合存取：包括垂直旋转式货架和水平旋转式货架。

（3）全自动存取：包括整体式自动仓库货架和分离式自动仓库货架。

2.货架的作用

(1)货物能立体储存,充分利用仓库空间,提高仓库容量利用率,扩大仓库储存力。

(2)货物能分类储存,便于进行清点、划分、计量等十分重要的管理工作。

(3)能预定储存货物位置,货物存取方便,做到先进先出,流畅库存周转。

(4)可以采取防潮、防尘、防盗、防破坏等措施,提高货物存储的质量,存入货架中的货物,互不挤压,减免货物在储存环节中可能的损失。

(5)满足大批量、品种繁多货物的存储与集中管理需要,配合机械搬运设备来存取货物,节省人工及时间。

(6)满足现代化企业低成本、低损耗、高效率的物流供应链的管理需要。

【案例】快仓智能:发力"AI＋智能仓储"

在智能仓储领域,中国已经形成三足鼎立的格局,即上海的快仓智能、杭州的海康威视、北京的极智嘉。GGII(高工产研锂电研究所)的中国仓储 AGV 企业竞争力榜单显示,这三家企业一直占据前三甲位置,且据公开资料估算它们在该细分市场的总占有率超过80％。它们分别于 2014 年、2015 年、2016 年进入智能仓储机器人赛道,其中,快仓智能是最早入局,也是最早落地的大规模集成项目,目前仍是该细分市场中单仓部署智能机器人规模较大的企业。

加快行业布局

成立于 2014 年的快仓智能恰逢国家大力鼓励扶持"智能制造",这让快仓智能捕捉到了市场机会。快仓智能的策略是:驻场式调研不同行业的用户,了解它们的每一个仓储物流相关细节,抽取复杂的场景特征,做出标准化产品和定制化产品兼具融合的解决方案。

快仓智能将电商物流作为第一个深度扎根的行业,已与菜鸟网络联手在全球部署多个智能无人仓。位于江苏无锡的菜鸟天猫智能机器人仓是单仓部署机器人规模全球第二大的,基于 IoT&Edge computing、机器人、大规模的大智能体规划和调度等技术,在约35000 平方米的仓库里上千台智能仓储机器人 7×24 小时有序并行,打破原有 AGV 系统仅能单区执行的局限,在业内率先实现"货到人"＋"车到人"并行作业模式,高峰期平均每天完成天猫超市全品类 10 万单订单的入库、拣选、打包、分拨等,整体效率提升了 3 倍左右,同时也带来人工成本的降低、空间利用率的提升等。

争当行业领头羊

智能仓储机器人行业有很高的门槛,新的创业者容易遭遇发展障碍:第一,技术原始创新难,这个行业需要尖端的技术,而技术研发人才资源很难获取;第二,技术的成熟应用是有一定周期的,把一系列的新技术信息转化成产品,这个挑战很大。

"应该有成熟企业通过赋能产业链成为这个万亿级市场的灯塔,我们正在往这个方向努力。"快仓智能创始人杨威表示。自 2019 年以来,快仓智能在推动智能机器人与操作系统产品的标准化、平台化、SaaS 化上做了许多工作。同时,快仓智能开始打造"全球研发＋场景验证中心"，该中心远期目标是要做智能仓储机器人行业的创新发源地和"黄埔军校"。

业内人士认为，传感器、人工智能等相关技术的成熟，使得仓储行业进入前所未有的智能化阶段，全球范围大量的仓储科技创业公司涌现，快递业是它们服务的众多行业之一。中国快递仓储市场空间巨大，快递量连续五年居世界第一，但智能仓储普及率却远低于美国。截至 2018 年，亚马逊累计部署了 10 万台仓储机器人，超过中国仓储机器人主要企业同时间段内累计出货量。中国智能仓储机器人从业者们任重道远。

资料来源：快仓智能：发力"AI＋智能仓储"[EB/OL].（2019-10-29）［2021-05-01］. http://www.xinhuanet.com/enterprise/2019-10-29/c_1125168070.htm.

第五节　包装与集装技术

一、包装分类与功能

包装是为了保护物流过程中的产品完好地运送到用户手中，方便储运，促进销售，并满足用户和服务对象的要求。包装是指为了达到上述目的而采用容器、材料和辅助物的过程中施加一定技术方法等的操作活动。

1. 包装的分类

（1）包装按在流通过程中的不同作用，可分为销售包装和运输包装，其中，销售包装又可分为单个包装、内包装、中包装；运输包装又可分为单件运输包装和集合运输包装。

（2）包装按制品材料的不同，可分为纸制品包装、塑料制品包装、金属包装、竹木器包装、玻璃容器包装和复合材料包装等。

（3）包装按使用次数的不同，可分为一次用包装、多次用包装和周转包装等。

（4）包装按产品种类的不同，可分为食品包装、药品包装、机电产品包装、危险品包装等。

（5）包装按功能的不同，可分为运输包装、贮藏包装和销售包装等。

（6）包装按技术方法的不同，可分为防震包装、防湿包装、防锈包装、防霉包装等。

2. 包装的功能

（1）保护产品功能。保护产品在流通过程中完好是包装的首要功能，主要体现在防止破损，防止发生化学变化，防止受鼠咬、虫蛀，防止异物混入和污物污染，防止散失和丢失。

（2）方便储运功能。包装单元的尺寸、重量、形态必须为装卸、运输、储存提供便利。同时，还要有利于不同产品的区分及计量，包装及拆装要简便、快速，包装材料易于处理，不污染环境。

（3）促进销售功能。迎合消费者心理的包装会唤起其购买欲望，达到销售产品的目的。

（4）美化产品功能。良好的包装能起到美化产品的作用，并通过包装的装潢艺术吸引消费者的眼球。

（5）方便消费功能。合理的包装可以起到方便消费的作用。

二、包装材料和容器

包装材料和容器是构成包装实体的主要物资，包装材料的选择对保护产品十分重要。包装材料和容器种类很多，性能差异很大，选择包装材料和容器时应根据包装物品的特性和流通条件，做到既保证包装强度，又不浪费。同时，还要注意包装材料和容器对环境和人体的危害。

1. 包装材料的分类

（1）纸质包装材料。在包装材料中，纸的应用最广，消耗量最大。优点：价格低、质地细腻均匀、耐摩擦、耐冲击、容易黏合、不受温度影响，适用于机械化生产。缺点：防潮性、密闭性、透明性差等。

（2）木质包装材料。一般用作物品的外包装。优点：抗震、抗压等。缺点：易吸收水分、易变形开裂、易腐、易受白蚁侵害，且木质资源有限。

（3）金属包装材料。将金属压成薄片制作容器用作物品的包装，一般使用钢铁和铝材。优点：牢固、易于加工、不透气、防潮、避光、可再生使用等。缺点：成本高、在流通中易变形、易锈蚀等。

（4）塑料包装材料。在包装中的应用日益广泛，主要有塑料箱、塑料袋、塑料瓶、塑料盘、塑料绳等。优点：有一定的强度、弹性、耐折叠、耐摩擦、抗震、防潮、气密性好、耐腐蚀、易于加工等。缺点：易老化、有异味、废弃物难处理、易产生公害及环境污染等。

（5）玻璃包装材料。优点：无毒、无味、透明、美观、阻隔性好、不透气、原料丰富、价格低廉、可以多次周转使用、耐热、耐压、耐清洗、可高温杀菌、可低温贮藏等。缺点：自重大、易破损、运输费用高、印刷等二次加工性能差等。

（6）复合包装材料。将两种或两种以上具同物性的材料，通过各种方法复合在一起。优点：可以根据不同的需求复合制成所需的材料和容器。缺点：复合成本高，制成周期长。

2. 包装容器的分类

（1）包装袋。包装袋按盛装重量的不同，可分为集装袋、一般运输包装袋和小型包装袋。

（2）包装盒。包装盒为刚性或半刚性的容器，呈规则几何形状，可关闭。

（3）包装箱。包装箱为刚性或半刚性的容器，一般呈长方体箱形，内部容积较大，常用的包括瓦楞纸箱、木箱、托盘集合包装、集装箱、塑料箱等。

（4）包装瓶。包装瓶主要用于包装液体和粉状货物，按外形的不同可分为圆瓶、方瓶、高瓶、矮瓶、异型瓶等。瓶口与瓶盖的封盖方式有螺纹式、凸耳式、齿冠式、包封式等。

（5）包装罐（筒）。包装罐要求包装材料强度较高，罐体抗变形能力强。这是典型的运输包装，适合包装液体、粉状及颗粒状物品。其按容量大小可分为小型包装罐、中型包装罐和集装罐三种；按制造材料的不同可分为金属罐和非金属罐两种。

三、包装机械

包装过去主要是依靠人工作业的人海战术,进入大量生产、大量消费时代以后,包装的机械化也就应运而生。包装机械化从逐个包装机械化开始,然后向装箱、封口、捆扎等外包装关联作业推进。实现包装的机械化是提高包装作业效率、减轻工人包装作业强度、实现省力的基础。

目前,包装机械主要有液体、颗粒、粉剂自动包装机,塑料带捆扎机,自动封箱机,超声波自动封口机,真空包装机,封口机,打码机,吸塑包装机,贴体包装机,电磁感应封盖机以及自动贴标机等。

1.包装机械的作用

(1)提高包装质量。包装机械使用统一标准,且机器操作准确、包装紧密,保证了包装的质量。

(2)提高劳动生产率。用包装机械代替手工劳作,不仅大大提高了生产效率,而且使包装更加标准化、规范化。

(3)降低包装费用。大规模机械包装不仅降低了人工成本,而且提高了包装的合格率,大大降低了整体包装的费用。

(4)改善劳动条件。包装机械使工人从原来繁重的流水线工作转为简单的机器操作,降低了劳动强度,改善了劳动条件。

2.包装机械的分类

目前常用的分类方法是按包装工序进行分类的。包装工序中完成核心包装的有裹包、充填、灌装等,完成辅助包装的有洗涤、烘干、检测、输送和堆垛。

(1)裹包包装机械:用于包装块状产品。

(2)充填包装机械:用于包装粉状、颗粒状的固态产品。

(3)灌装包装机械:用于包装流体和半流体产品。

(4)封口机械:用于各种包装容器的封口。

(5)贴标机械:用于将商标纸或标签粘贴于包装件上。

(6)捆扎机械:用于捆扎产品及外包装。

(7)热成型包装机械:用于将产品封合在预成型的泡罩与底板之间。

(8)真空包装机械:用于抽出产品包装内的气体。

(9)收缩包装机械:通过对薄膜进行处理,紧裹产品,形成收缩包装件。

四、包装方法

1.一般包装法

一般包装法的步骤:首先选择适合包装物的内、外包装(盒)的形状尺寸;其次对内装物合理置放、固定和加固,对于松泡产品要进行体积压缩;最后进行包装外的捆扎。

2. 缓冲包装法

缓冲包装法是利用缓冲材料的缓冲作用,减少或避免被包装物品在装卸搬运、运输过程中受外界的冲击力、振动力等作用而造成损伤和损失。缓冲包装的设计要合理地选定缓冲材料并确定其衬垫厚度。缓冲包装法一般可分为全面缓冲、部分缓冲和悬浮式缓冲三种。

3. 防潮包装法

防潮包装法是采用防潮材料对产品进行包封,以防止包装内部水分的增加,达到抑制微生物的生长和繁殖,延长内装物的储存期的目的。

4. 防锈包装法

防锈包装法是在运输储存金属制品与零部件时,通过消除和减少致锈的各种因素,采取适当的防锈处理,以防止因锈蚀而降低价值或性能。

5. 防霉腐包装法

防霉腐包装法为防止细菌侵袭而采取的包装方法。该方法的实质是劣化某一环境因素,抑制或杀灭微生物,防止内装物霉变、腐烂,以达到保护物品的目的。防霉腐包装法包括防潮包装和耐低温包装两类。

五、集合包装技术

集合包装技术是一种先进的包装技术。它是指将一定数量的包件或产品装入具有一定规格、强度和长期周转使用的更大包装容器内,形成一个合适的搬运单元的包装技术。推行集合包装,有利于节约包装费用,提高经济效益。集合包装器主要有集装箱、托盘、集装袋等。

1. 集合包装的优点

(1)有利于实现产品装卸、运输的机械化作业,大大减轻装卸作业的劳动强度、节省劳动力,提高装卸作业效率。

(2)有利于加快流通各环节的作业速度,从而加快产品的全流通过程的速度。

(3)有利于产品运输的安全,减少货物在流通过程中破损,防止被盗和丢失。

(4)节约包装费用、降低运输成本。

(5)促进包装规格标准化。

2. 集合包装的基本原则

(1)通用化。集合包装与物流系统的设备与工艺相适应,各种集装工具之间要相互通用,以便在"门对门"运输过程中畅通无阻。

（2）标准化。为了流通方便,集合包装工具的外形、重量、刚度、耐久性试验方法、装卸搬运加固规则、编号及标准,都需按照统一标准进行。

（3）系统化。集合包装需要建立一个具有成套物流设施、工艺和管理,联系生产与生产、生产与消费在内的动态系统。

六、包装现代化

包装现代化是指在包装产品的设计、制造、印刷、信息传递等各个环节上,以最低的包装费用,采用先进、适用的技术和管理方法,使物资产品经过包装顺利地进入消费领域。

随着经济的高速发展,商品竞争愈趋激烈,产品种类繁多,人们的消费需求已从重视物质向重视精神满足的方向变化,广大消费者要求包装便于携带、取放、开启和处理。产品的生产与包装不断趋于以消费者需求为目的,这就促使了包装的现代化。要实现包装的现代化,就需要大力发展现代化的包装产品,加快开发现代化的包装机械设备和推广普及先进的包装技术,加快新型包装材料的研制和生产。在物资的运输包装方面,要充分发挥集装箱、集装袋、纸箱和托盘的作用,逐步实现包装集装化;同时,包装要和运输工具、储存、装卸手段相互配套,以便实现包装的系列化、规格化和标准化。

包装工业已经成为国民经济的一个重要产业,以先进的科学技术对包装工业进行技术改造,是促进我国包装工业发展的主要途径。目前,我国已经形成了由纸制品、塑料制品、玻璃制品、金属制品、包装印刷、包装机械、包装科研测试多门类构成的现代包装工业体系,它分布在国民经济的 20 多个部门,是一个横向型的跨部门、跨地区的大行业。因此,实现包装现代化有利于推动包装工业的发展,进而促进物流的现代化。

▶ 本章要点

1. 从物流的功能活动角度看,现代物流技术包括集装化技术、货物运输技术、货物仓储技术、货物包装技术、物流配送技术、流通加工技术及物流信息技术等。

2. 运输是物流的基本功能环节。目前,主要有 5 种基本的运输方式:公路运输、铁路运输、水路运输、航空运输和管道运输。

3. 公路运输的特点是公路建设的固定成本高,变动成本适中;铁路运输的特点是在设备、端点站、轨道等方面的固定成本比较高,变动成本低;水路运输的特点是船舶和设备的固定成本适中,变动成本低,具有运输大吨位货物的能力;航空运输的特点是固定成本低,变动成本高;管道运输的特点是固定成本最高(主要用于管道建设),变动成本最低。

4. 装卸是指在同一地域(地点)范围内,以改变物料的存放状态或支承状态为主要内容和目的的活动。搬运是指在同一场所内,对物品进行水平移动为主的物流作业。在实际操作中,装卸与搬运是密不可分的,两者是伴随在一起发生的。

5. 装卸搬运的合理化原则:防止无效搬运、充分利用重力、提高装卸搬运的灵活性、实现规模效应、实施系统化处理。

6. 装卸搬运方法有单件作业法、集装作业法和散装作业法。

7. 仓储是指通过仓库对物资进行储存、保管以及进行相关的物流作业,是物流活动的基础要素。仓储作业包括商品从入库到出库之间的装卸、搬运、储存养护和流通加工等一切与商品、设备、人力相关的作业。

8.仓库是保管、储存物品的建筑物和场所的总称。它不仅是物流系统中的重要基础设施,而且是物流运营过程中的重要节点。现代仓库的主要设备包括储存设备、搬运设备、订货拣取设备、流通加工设备和物流周边设备等。

9.包装是为了保护物流过程中的产品完好地运送到用户手中,方便储运,促进销售,并满足用户和服务对象的要求。

10.包装的方法包括一般包装法、缓冲包装法、防潮包装法、防锈包装法和防霉腐包装法。

11.集合包装技术是一种先进的包装技术。它是指将一定数量的包装件或产品装入具有一定规格、强度和长期周转使用的更大包装容器内,形成一个合适的搬运单元的包装技术。

▶ 思考题

1.什么是物流技术?物流技术包括哪几个方面?

2.运输包含哪几种形式?各类运输各有什么特点?

3.公路运输的基本设施是什么?它在哪些方面优于其他几种运输方式?

4.简述装卸搬运在物流活动中的作用和意义。

5.简述主要的装卸搬运方法。

6.装卸搬运工作应遵循什么原则?

7.简述仓储作业流程。

8.货架在物流活动过程中有哪些职能?

9.简述包装的功能。

10.什么是包装现代化?如何更好地实现包装现代化?

11.谈谈你对物流技术未来发展趋势的认识。

第四章

物流系统控制

学习目的

第四章
数字资源

通过本章学习,你需要:

1. 掌握物流系统基本概念;

2. 理解物流系统控制的基本概念;

3. 了解物流控制手段的类型;

4. 理解物流系统的成本构成与控制策略;

5. 了解物流系统质量指标、管理理念和策略;

6. 了解物流系统价格管理的相关问题;

7. 理解物流系统中的库存管理策略;

8. 了解物流系统运输管理的相关问题。

【开篇案例】一汽大众佛山工厂的智慧物流系统

一汽大众佛山工厂的智慧物流系统主要集成了移动机器人控制系统 RCS、仓储管理系统 iWMS(由智能设备供应商提供)、一汽大众的 FIS 系统以及 PLP 系统。

PLP 系统是一汽大众的物流总控平台,它通过 Web Service 接口,将零件包装信息、零件主数据、超市入库单据等入库相关数据下达至 iWMS 系统,运维人员使用 iWMS 系统通过 REST 协议将具体的作业任务传送给 RCS 系统,RCS 系统再向机器人下达搬运动作指令。iWMS 可实时给上层业务系统反馈执行结果,保证信息的可视化追踪。

而一汽大众的 FIS 系统控制工厂所有的车辆生产排程,它根据生产计划,将生产每辆汽车所需的零件清单统计后下发给生产和物流系统。生产和物流系统据此安排产线资源和物流资源,从而保证生产全过程信息的一致性以及生产信息跟踪的及时性,PLP 系统同时也会下发一份生产计划给 iWMS 系统,iWMS 系统同样据此生成超市的零件拣选出库计划,保证超市零件能按时拣选出库并精准送至产线各个工位。

RCS 系统负责可控制范围内的全部机器人的任务分配、调度及运行维护。RCS 系统可建立机器人的"世界模型",将厂区、仓储地图转换成机器人能够识别的模型数据,从而实现任务的最优分配、路径的最优规划,使系统能发挥最佳的工作效能。另外,RCS 系统可以监控移动机器人的运行状态,当机器人出现故障,系统将会自动生成信息发送预警通知至运维人员处,并给出相应的处理意见,真正做到智能运维,实时反馈。

FIS 系统、PLP 系统、iWMS 系统和 RCS 系统组成了整套智慧物流系统,多系统协同联动,实现数据互通。智慧物流系统的架设,可以对一汽大众佛山工厂生产基地的生产管理流程持续提供重组和优化的数据支撑,为企业提高生产管理水平打下坚实基础,使生产管理更加信息化、自动化、数字化和科学化,有利于实现建立"智能工厂"的目标。

资料来源:喜崇彬.一汽大众佛山工厂的智慧物流系统[J].物流技术与应用,2020,25(10):108-112.

第一节　物流系统概述

一、物流系统的基本概念

物流系统是指在一定的时间和空间里,由所需位移的物料、包装设备、装卸搬运机械、输送工具、仓储设施、相关人员以及通信联系等若干相互制约的动态要素构成的具有特定功能的有机整体。物流系统的目的是实现物资的空间效益和时间效益,在保证社会再生产顺利进行的前提条件下,实现各种物流环节的合理衔接,并取得最佳的经济效益。

物流系统具体要实现 5S 目标:①优质服务(service):无缺货、无损伤和丢失现象,且费用便宜;②迅速及时(speed):按用户指定的时间和地点迅速送达;③节约空间(space saving):发展立体设施和有关的物流机械,以充分利用空间和面积,缓解城市土地紧缺的问题;④规模适当(scale optimization):物流网点的优化布局,合理的物流设施规模、自动化和机械化程度;⑤库存控制(stock control):合理的库存策略,合理控制库存量。

物流系统是社会经济大系统的一个子系统或组成部分。同时,根据运行环节,其自身又可以划分为物资的包装、装卸、运输、储存、流通加工、回收复用、情报以及管理等诸多子系统。这些子系统共同构成了物流系统。并且,物流各子系统又可分成下一层次的系统,如运输系统又可以进一步细分为水运系统、空运系统、陆路运输系统及管道运输系统等。物流子系统的组成不是一成不变的,它由物流管理目标和管理分工自成体系组成。因此,物流子系统不仅具有多层次性,而且具有多目标性。

随着计算机科学和自动化技术的发展,物流管理系统也从简单的方式迅速向自动化管理演变,其主要标志是自动化物流设备,如自动导引车(automated guided vehicle,AGV)、自动存储/提取系统(automated storage/retrieve system,AS/RS)、空中单轨自动车(SKY-rail automated vehicle,SKY-RAV)、堆垛机(stacker crane)等,及物流计算机管理与控制系统的出现。

发展至今,物流系统是典型的现代机械电子相结合的系统。现代物流系统由半自动化、自动化以至具有一定智能的物流设备和计算机物流管理和控制系统组成。任何一种物流设备都必须接受物流系统计算机的管理控制,接受计算机发出的指令,完成其规定的动作,反馈动作执行的情况或当前所处的状况。智能程度较高的物流设备具有一定的自主性,能更好地识别路径和环境,本身带有一定的数据处理功能。

现代物流设备是在计算机科学和电子技术的基础上,结合传统的机械学科发展而来的机电一体化的设备。从物流系统的管理和控制来看,计算机网络和数据库技术的采用是整个系统得以正常运行的前提。仿真技术的应用使物流系统设计处于更高的水平。物流已经成为并行工程的基础和计算机集成制造系统(computer integrated making system,CIMS)的组成部分。

二、物流系统的模式

物流系统和一般系统一样,具有输入、转换及输出三大功能。物流系统和环境相依存,通过输入和输出实现与社会环境的交换。

1.物流系统的要素

物流系统和一般的管理系统一样,都是由人、财、物、信息和组织与管理等要素组成的有机整体。

(1)人是物流的主要因素,是物流系统的主体。人是保证物流得以顺利进行和提高物流管理水平的最关键的因素之一。物流系统的计划、控制、实施都是由人做出的,提高人的素质,发挥人的主观能动性,是建立一个合理化的物流系统,并保证其高效运行的根本。

(2)财是物流系统中不可缺少的资金要素。物流过程是以货币为媒介实现交换的过程,因此,物流过程也是资金运动过程。这种资金运动同时贯穿于物流服务过程。现代社会物流系统建设也是资本投入的一大领域。物流系统的实现离不开资金要素。

(3)物是物流系统中的基础要素。物流系统的物,既包括各种物流实体,又包括物流系统中的各种设施、装备和工具。物流实体主要指物流劳动对象,如原材料、成品、半成品、能源等物资条件。物流设施、装备和工具包括:物流站、货场、物流中心、物流线路、建筑、公路、铁路、港口,各种加工、运输、装卸机械设备以及维护保养工具等。这些都是物流系统中物的要素。物是组织物流系统运行的基础条件,没有物,物流系统便成了无本之木。

(4)信息是物流系统的决策要素。物流系统的一切活动,都依赖于信息,对信息的采集、分析和处理,为物流系统决策提供了依据。离开了信息,物流这部"机器"就会停止运转。

(5)组织与管理是物流系统的支持要素。组织与管理是物流系统的"软件",起着连接、调运、运筹、协调、指挥各要素的作用,组织与管理是以物流系统的体制、制度、标准为支撑条件,来保证物流环节协调运行,从而保证物流系统的实现。

2.物流系统的基本模式

以上要素对物流发生的作用和影响,构成了对物流系统的"输入"。物流系统所拥有的各种手段和特定功能,在外部输入要素的作用下,对输入进行必要的转化活动,使系统产生满足外部环境要求的"输出"。物流系统要素的相互关系构成物流系统的基本模式,如图 4-1 所示。

（1）输入。它是通过提供人、财、物和信息等手段对某一系统发生作用,统称为外部环境对物流系统的输入。

（2）处理(转换)。它是指物流本身的转化过程。从输入到输出之间所进行的生产、供应、销售、服务等活动中的物流业务活动称为物流系统的处理或转化。具体内容有:物流设施设备的建设;物流业务活动,如运输、储存、包装、装卸、搬运等;信息处理、技术措施及组织管理工作。

（3）输出。物流系统与其本身所具有的各种手段和功能,对环境的输入进行各种处理后所提供的物流服务称为系统的输出。具体内容有:效益、服务、污染和信息。

（4）限制(制约)。外部环境对物流系统施加一定的约束称之为外部环境对物流系统的限制(制约)。具体内容有:资源条件,能源限制,资金与生产能力的限制;价格影响,需求变化;仓库容量;装卸与运输的能力;政策的变化等。

（5）反馈。物流系统在把输入转化为输出的过程中,受系统各种因素的限制,不能按原计划实现,需要把输出结果返回给输入,进行调整;即使能按原计划实现,也要返回信息,用以对工作做出评价,这称为信息反馈。具体内容有:各种物流活动分析报告、各种统计数据报告、典型调查、市场信息与有关动态等。

在物流系统中,输入、输出及转换活动往往是在不同的领域或不同的子系统中进行的。即使是在物流大系统中,系统的目的往往也不同,所以,物流系统的输入、输出、处理(转换)、限制(制约)、反馈等功能,根据物流系统的性质,具体内容有所不同。

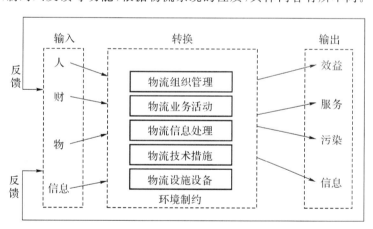

图 4-1　物流系统的基本模式

三、物流系统的特征

物流系统结构分析的是物流系统内各实体因素、各环节之间的联结状况。要更深入认识物流系统,还必须进一步做综合性的考察,即分析物流系统的特征。物流系统具有以下特征。

1. 目的指向性

物流系统是为解决生产和消费空间的矛盾,这是物流系统区别于其他经济系统的目标特征。物流过程虽然和其他经济系统一样需要输入人、财、物和信息资源,但经过调控、运转、消耗输出的不是有形的另一特质的物资产品,而是无形的劳动服务,且这种服务的内容、要求、方式是用户事先规定了的,即约定在先,服务在后。目标功能的特殊性,揭示了评价物流效益应把用户的满意度作为首要标准。相应地,物流管理的重点是过程和严格的目的指向性。

2. 时空序列性

物流是由众多立体型的子系统连接而成的具有时间序列型的总系统。运输、装卸搬运、包装、储存、流通加工、配送等环节都是由流体、载体、组织者及路线信息这些实体要素结合成具有特定功能的立体子系统,这些立体子系统又按照不同的具体需求联结成先后有序的总系统,如图4-2所示。这一特征要求物流管理要特别强化空间布局和时间序列观念。

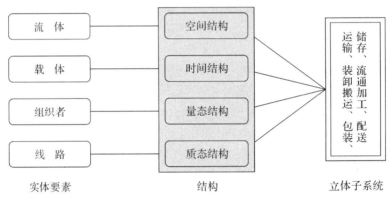

图 4-2 物流系统的结构状态

3. 开放动态性

物流系统不仅内部有复杂的结构,而且和外部环境也有着广泛的联系。一般的物流系统总是联结多个生产企业和用户,随需求、供应、渠道、价格的变化,系统内的要素及系统的运行经常发生变化。这就是说,国民经济的发展状况、社会物资的生产与需求状况、科学技术的水平、生产力的布局、商流及企业间的合作关系,都随时随地地影响着物流,物流受到社会生产和社会需求的广泛制约。物流系统是具有满足社会需要、适应环境能力的开放动态系统。为适应经常变化的社会环境,必须对物流系统的各组成部分不断地改进、完善,这就要求物流系统具有足够的灵活性与可变性,不断地根据外部环境的变化调整自己的要素组合和结构,通过自我调控实现从无序向新的有序的转换,求得和外部环境相适应。在有较大的社会变化的情况下,物流系统甚至需要重新进行系统的设计。

4. 人—机复合性

物流系统是由人和形成劳动手段的设备、工具所组成的。它表现为物流劳动者运用运输设备、装卸搬运机械、仓库、港口、车站等设施,作用于物资的一系列生产活动。在这一系列的物流活动中,人是系统的主体。因此,在研究物流系统的各个方面问题时,应该把人和物有机地结合起来,作为不可分割的整体以考察和分析,而且应该始终把如何发挥人的主观能动作用放在首位。

5.大跨度性

物流系统是大跨度系统,具体表现在两个方面:一是地域跨度大,二是时间跨度大。在现代经济社会中,物流经常会跨越不同地域。通常采取依存的方式解决产需之间的时间矛盾,这样时间跨度往往也很大。大跨度系统带来的主要是管理难度较大,对信息的依赖程度较高。

6.可分离性

作为物流系统,无论其规模多么庞大,都可以分解成基于各个相互联系的子系统。这些子系统的多少和层次的阶段,是随着人们对物流的认识和研究的深入而不断扩充的。系统与子系统之间,子系统与子系统之间,存在着时间和空间上及资源利用方面的联系;也存在总的目标、总的费用以及总的运行结果等方面的相互联系。

7.复杂性

物流系统运行对象——"物",遍及全部社会物资资源,资源的大量化和多样化带来了物流的复杂化。物流占用大量的流动资金,参与物流的人员及物资资源数量庞大,物资供应经营网点遍及世界各地。这些人力、物力、财力资源的组织和合理利用,是一个非常复杂的问题。同时,在物流活动的全过程中,始终贯穿着大量的物流信息。物流系统要通过这些信息把各个子系统有机地联系起来。如何把信息收集全面、处理好,并使之指导物流活动,亦是非常复杂的事情。物流系统的边界是广阔的,其范围横跨生产、流通和消费三大领域,给物流组织系统带来了很大的困难。而且随着科学技术的进步、生产的发展、物流技术的提高,物流系统的边界范围还将不断地向内深化、向外扩张。

8.多目标函数性

物流系统的总目标是实现宏观和微观的经济效益。但是,系统要素间有着非常强的"背反"现象,常被称为"交替损益"或"效益背反"现象,在处理时稍有不慎就会出现系统总体恶化的结果。通常,对物流数量,人们希望最大;对物流时间,人们希望最短;对服务质量,人们希望最好;对物流成本,人们希望最低。显然,要满足上述所有要求是很难办到的。所有这些相互矛盾的问题,在物流系统中广泛存在,而物流系统又恰恰要求在这些矛盾中运行。要使物流系统在诸方面满足人们的要求,显然要建立物流多目标函数,并在多目标中求得物流的最佳效果。

四、物流系统的研究技术

物流系统综合了物流学和系统科学,它是系统的基本理论和方法在物流领域中的应用,对物流系统的研究,要综合运用各学科的基本理论和方法,形成一个新的科学技术体系,主要技术内容如下。

1. 系统仿真技术

系统仿真技术是利用系统模型在仿真的环境和条件下,对系统进行研究、分析和试验的方法。物流系统活动范围非常广,各子系统功能部分相互交叉,互为因果,复杂的物流系统设计很难做试验,而物流系统的系统仿真,可以研究真实系统的现象或过程,设计出使物流费用最小的物流网络系统。

2. 系统最优化技术

系统优化问题是系统设计的重要内容。所谓优化,就是在一定的约束条件下,求出使目标函数为最大(或最小)的解。物流系统是一个多参数多目标的复杂系统,物流系统参数多数是可变参数,且相互制约,互为条件。系统最优化就是在参数发生变化时,根据系统的目标,有效地确定可变参数的值使系统经常处于最优状态。

系统最优化主要通过建立数学模型来处理系统问题,如物资调运的最短路径问题、最大流量、最小输送费用(或最小物流费用)及物流网点合理选择、库存优化策略等模型。常用物流系统优化的方法有数学规划法、动态规划法、探索法、分割法等。

3. 网络技术

网络技术是现代化管理方法中的一个重要组成部分。网络技术的应用,可以统筹安排物流系统中各个环节。特别是对于关系复杂、多目标决策的物流系统研究,网络技术分析是不可忽视的基本方法。网络技术以时间为基础,用表达工作之间相互联系的"网络图"来反映整个系统的全貌,并指出影响全局的关键所在,从而对整体系统做出比较切实可行的全面规划和安排。

4. 分解协调技术

分解协调技术,就是将复杂的大系统分解为若干相对简单的子系统,对各子系统进行局部优化;然后,根据大系统的总任务、总目标的要求,使各分系统、分系统与外部环境相互协调配合;在各子系统局部优化的基础上,通过协调控制,实现大系统的全局最优化。例如,物流系统可分解为运输子系统、储存子系统、包装子系统、装卸子系统、配送子系统、流通加工子系统以及信息子系统等若干子系统。对物流系统的各子系统局部优化,并从系统的整体利益出发,不断协调各子系统及物流环境的相互关系,达到物流系统的费用省、服务好、效益高的总目标。

除以上几种物流技术方法外,预测、决策论和排队论技术方法也广泛地应用于物流系统的研究。随着物流系统的深入研究,将会出现更多更有效的物流技术,使物流形成一个新的科学技术体系。

五、物流系统控制的基本内容

为了清晰地描述物流系统所控制的相关内容以及考虑的问题,我们用图 4-3 来进行说明。从功能角度来说,物流系统主要包括两个部分:存储系统和运输系统。存储系统是针对物流的储备而存在的,它的存在一方面使得物流的交货响应能力提高,另一方面也带来一些存储成本,包括场地成本、资金占用、人工成本等;运输系统是针对物流的移动而存在的,它的作用就是使物流在某一恰当的时间,以恰当的方式到达一个恰当的地点,运输系统的成本和效率与运输批量大小、批次、运输方式等直接相关。物流系统从企业运营环节来说,物流系统包括采购、生产、销售等,每一个环节都与物流的存储和运输有关。从管理内容来说,物流系统可以从成本、质量和价格等多个角度进行管理。

图 4-3　物流系统控制的基本内容

本章主要从两个维度对物流系统控制进行分析,一个是从管理内容展开讨论,即成本、质量和价格管理;另一个是对物流系统功能进行讨论,即库存和运输管理。

第二节　成本管理

成本管理是物流系统控制中的重要管理环节,成本的大小直接影响物流系统运行的绩效和整个企业的运行成本,并最终与企业的竞争能力直接相关。根据物流系统在不同企业中的重要程度不同,其成本管理的重要性,也有所不同。对于一些实物运输量较大的企业,物流成本的高低直接与企业的生存发展能力有关,物流成本的高低直接影响价格竞争优势的强弱。

一、物流成本相关学说

1.物流成本冰山说

物流成本冰山说是日本早稻田大学教授、权威的物流成本研究学者西泽修于 1970 年首先提出来的。其含义是指人们对物流费用的总体内容并不掌握,提起物流费用,大家只看到露出海水上面的冰山的一角,而潜藏在海水里的整个冰山却看不见,海水中的冰山才是物流费用的主体部分。一般情况下,企业会计科目中,只把支付给外部运输、仓库企业的费用列入成本,实际上这些费用在整个物流费用中犹如冰山的一角。物流基础设施建设和企业利用自己的车辆运输、利用自己的库房保管货物、由自己的工人进行包装和装卸等费用都没列入物流费用科目内。一般来说,企业向外部支付的物流费用是很小的一部分,而企业内部发生的物流费用却占据了实际物流成本的主要比重。

2．"黑大陆"学说

由于物流成本管理存在的问题及有效管理对企业盈利和发展的重要作用，1962 年，著名的管理学家彼得·德鲁克在《财富》杂志上发表了题为"经济的黑色大陆"一文，他将物流比作"一块未开垦的处女地"，强调应高度重视流通及流通过程中的物流管理。德鲁克曾经讲过"流通是经济领域的黑暗大陆"。德鲁克泛指的是流通，但由于流通领域中物流活动的模糊性特别突出，它是流通领域中人们认识不清的领域，所以"黑大陆"学说主要针对物流而言。

"黑大陆"学说的基本思想与"物流成本冰山说"类似，主要指物流管理领域未知的东西很多，理论与实践都还不成熟。从某种意义上来说，"黑大陆"学说是一种战略分析的结论，带有较强的哲学抽象性，这一学说对于研究物流成本领域起到了启发和激励作用。

3．物流成本交替损益规律

物流成本交替损益规律又可称作成本效益背反规律、二律背反效应。物流系统的效益背反包括物流成本与服务水平的效益背反和物流功能之间的效益背反。

（1）物流成本与服务水平的效益背反。物流成本与服务水平的效益背反是指物流服务的高水平必然带来企业业务量和收入的增加，同时也带来企业物流成本的增加，使得企业效益下降，即高水平的物流服务不仅伴随着高水平的物流成本，而且物流服务水平与物流成本之间并非呈线性关系，在没有很大技术进步的情况下，企业很难同时做到提高物流服务水平和降低物流成本。

（2）物流功能之间的效益背反。物流功能之间的效益背反是指物流各项功能活动处于一个统一且矛盾的系统中，在同样的物流总需求和物流执行条件下，一种功能成本的削减会使另一种功能成本的增加。因为各种费用相互关联，必须考虑整体的最佳成本。

4．"第三利润源"学说

第三利润源即物流领域，随着市场竞争日益激烈，企业能够占有的市场份额也是有一定限度的，当达到一定限度不能再扩大利润的时候，如何寻找新的利润增长点？这时发现如果能有效降低在企业成本中占据相当高比例的物流费用，就等于提高了企业的利润。所以这时就开始把物流管理称为继资源、人力领域之后的第三利润源。

从"第三利润源"学说中，人们应该认识到：物流活动和其他独立的经济活动一样，它不仅是总成本的构成因素，而且是单独盈利因素，物流也可以成为"利润中心"。

二、总成本分析

在分析一个企业的物流系统成本时，要有总成本的概念。在具体的成本控制工作中，要根据企业业务特点的不同，采取不同的成本最小化策略。在企业物流业务的外包决策中，应该基于战略思路来选择总成本最小的决策。

1. 总成本的构成

物流系统的总成本构成如图 4-4 所示。从物流费用的支出性质来说,既包括支付给外部协作方的费用,也包括企业内部消耗的与物流有关的费用。从物流费用消耗的环节来说,包括采购环节、生产环节和销售环节。图 4-4 中的物流冰山比较形象地表示了物流费用的整体状况。它好像浮在海面上的冰山,一部分露在上面,而很大一部分则沉在水下。物流费用也一样,人们比较关注对外支付的物流费用,而对企业内部消耗的物流费用往往容易忽视。但实际上,我们在讨论物流系统成本管理的时候,必须站在全局的角度来分析总的物流费用成本。

物流费用在企业运行全过程中产生,包括原材料采购过程中的各项物流费用、生产过程中的物流费用、产品从工厂到配送中心到用户的物流费用等。这些费用的具体内容包括运输费、包装费、装卸费、保管费、人工费、折旧费、修理费、动力费等。

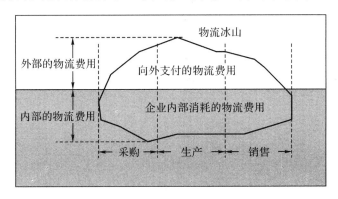

图 4-4　物流费用的成本构成

2. 会计业务中的成本核算

在传统的会计业务处理中,其反映的物流费用往往只是物流总成本的一部分,有时是比较小的一部分,如生产过程的搬运费、包装相关的人员和设备费用等往往不记入物流费用。也就是说,通常的会计业务处理中的物流成本计算是很不全面的。

会计业务中成本管理的另一个问题是费用归并问题。通常的会计实践是以标准的或正常的记账方法为基础来进行费用归并。一般情况下,费用被归并为工资、租金、折旧和管理费用等,在这种分配方式下,很难进行关于运营责任的分配和确认。在一般的会计实践中,为了解决这个问题,通常采取分解费用并落实到组织的各个细分单位,这种分解有助于解决总成本分析的问题,但是不能彻底解决分摊问题。而且,按照这种组织分摊的思路,成本往往被分解到各责任部门,但事实上,很多与物流绩效相关的各种费用,常常是跨部门的,如库存管理,从资金占用和仓储费的角度,希望降低库存量,这样虽然会降低库存成本,但是可能会导致延迟交货,并有可能使运输成本上升,最终可能使物流总成本上升。

由此可见,按照传统的会计业务处理方式,很难对物流系统成本进行整体的管理。

3.统计方法中的成本核算

统计方法中的物流成本核算是指在不影响当前财务会计核算体系的基础上,通过对有关物流业务的原始凭证和单据进行再次归类整理,对现行成本核算资料进行解剖分析,从中抽出物流成本的部分,然后再按物流管理的要求对上述费用按不同的物流成本核算对象进行重新归类、分配、汇总,加工成物流管理所需的成本信息。

与会计核算方法的物流成本计算相比,由于统计方法的物流成本核算没有对物流耗费进行系统、全面、连续的计算,因此,虽然其计算较简单,但结果的精确度受到一定的影响。

4.以活动为基础的成本管理

以活动为基础的成本管理方法,就是试图将所有的有关费用与具体的增值活动联系起来,比如,将不同的成本分摊给某一个客户或产品。以活动为基础的成本管理的特点是将费用分配到消费一定资源的活动中,而不是分摊给一个组织部门或预算单位,从而避免不恰当地将成本均摊到不同的业务活动中。因为这些活动具有不同的程序,消耗不同的资源数量,因此,用均摊的方法将导致利润率计算的失真。比如,如果我们以一个订单处理为成本归集对象,那么我们通过将相关成本归集到这个订单处理的活动过程,就可以判断这个订单是否能为企业带来利润。

从成本与物流活动的关系看,可以把成本分为直接成本、间接成本和日常费用。直接成本是指那些为完成物流工作而特别引起的费用;间接成本是指一些与具体物流活动没有直接对应关系的费用,如在固定设备、运输、库存等方面的固定投入,这些成本一般通过某种方式被分摊到物流作业中;日常费用是物流系统中日常发生的一些费用,如照明、动力等。尽管物流系统的总成本应包括以上这些方面,但是在具体的成本考核过程中,要注意一个原则,即对被考核对象,只考核它能够控制的因素。

三、成本最小化策略

通常情况下,可以将物流总成本从库存和运输两个方面进行分析和管理。

就库存而言,应包括所有有关库存的运行成本和客户订货的所有费用。具体来说,库存运行成本包括存储、资金成本、保险、过时淘汰和税费等,客户订货费用包括全部的库存控制费用,订货准备、交易活动和管理活动的费用。

运输的总成本包括租用运输工具的费用和附加费用,以及各类与运输方式和规则有关的风险费用和管理费用。如果是企业自己解决运输问题,则运输总成本中应包括与直接成本、间接成本和日常费用相关的各个项目。

1.运输节约与运输成本最小化

运输节约来自集中运输,其手段就是通过建立仓库来调节运输流量。这些仓库包括单一的仓库,也包括仓库网络。当通过仓库集中转运的运输总成本低于直接运输的时候,就需要建立仓库点。总运输成本与仓库数量的关系,如图 4-5 所示。随着运输网络中仓库集运点的增加,总运输费用会减少,但是在超过一定数量的仓库设置后,总运输成本会上升。这种成本上升的原因在于能够被转运的数量减少。因此从仓库集运的角度看,应该存在一个运输成本最小化的仓库布置的合理数量。

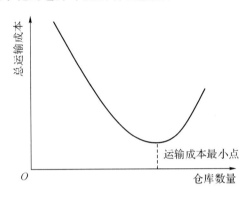

图 4-5　总运输成本与仓库数量的关系

2. 库存成本最小化

如果运输主要与货物的空间转移有关,那么,库存的存在主要与时间因素相关,在物流系统中提前部署库存可以改进服务响应时间。仓库数量与总库存成本的关系,如图 4-6 所示。随着仓库数量的增加,总库存成本会上升,同时由于仓库网络的布置,单个仓库的临时库存储备要求降低,所以总成本的升速减缓。

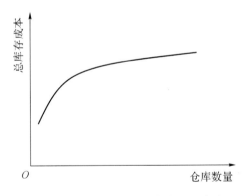

图 4-6　总库存成本与仓库数量的关系

3. 总成本最小化

物流系统的总成本包括运输总成本和库存总成本,把两者的曲线叠加在一起,就可以得到总成本的曲线,如图 4-7 所示,从中可以看到总成本最小化的点。

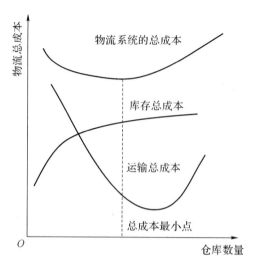

图 4-7　物流总成本与仓库数量的关系

4. 服务与成本

仓库数量的增加虽然能够改善对客户的服务响应度和服务能力,但同时也会直接导致成本的增加,在具体物流系统中,必须考虑服务和成本之间的平衡,从而获得比较合理的方案。

四、外购的决策

物流系统的外购决策就是将本来由自己进行的物流活动交给外部企业来进行。物流系统成本控制与是否外购的决策直接相关。传统的外购决策中,经济因素考虑得比较多,而现在,一些大企业更多地将注意力集中在战略因素上。

1. 经济因素

经济因素地考虑主要与交易费用有关。所谓交易费用,就是那些与执行一项特定任务有关的费用。当内部处理的交易费用高于从外部购买服务的费用时,企业往往会考虑外购服务。如果内部成本低于外购成本时,物流活动建议在内部处理。在以下这些情况中,供应商的讨价还价能力较强导致服务价格偏高,而内部成本会显得相对较低,比如,当外部服务供应商的数量比较少时,服务需要专用设备,提供服务的供应商处于某种有利地位。

对于物流的外购决策来说,物流数量的大小直接影响外购决策的结果。比如,一项库存需求变化较大的业务,如果按库存峰值的状态来设计自有仓库,那么在库存较少的情况下,仓库的固定成本摊到单位产品的成本就会很高。在这种情况下,租用外部仓库通常是一种合理的选择。

2. 战略因素

在外购决策中，最主要考虑的战略因素就是能力问题。具体来说，就是从外部资源对本企业的核心和非核心业务的贡献角度来评估外购决策。从战略因素看，比较困难的问题就是确定企业的哪些活动与核心能力有关。通常情况下，一个企业不会让外面的厂商完成其内部的核心的业务，否则就有可能被削弱核心竞争力。如果一项内部完成的活动所取得的能力，不能扩展企业的核心能力，那么把这项活动外包可能会比较有利。

3. 成本收益分析

当厂商提供给客户的服务适合或超过客户的期望时，客户的需求将会增加，相应地，企业的收益也会增加。从理论上讲，如果一家企业愿意支付所需的成本，那么几乎任何物流服务水平都可以达到。但是，从成本收益平衡角度讲，一个厂商应该追求的是高水平的合理的服务，而不是一味地迎合客户需求。企业的物流总成本和服务绩效指数之间的关系，如图4-8所示，服务绩效指数地提高需要成本的投入，同时在服务绩效指数已经较高时，较小的服务绩效指数提高需要较多的成本投入。

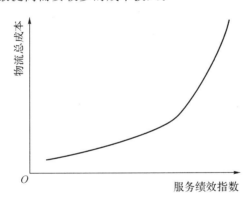

图 4-8　物流总成本与服务绩效指数的关系

第三节　质量管理

一、物流质量的概念

1. 物流质量的主要内容

物流质量包括商品质量、服务质量、过程质量、系统质量。具体来说，主要包括以下内容。

（1）商品质量。物流的对象是一些具有具体质量的物体，它要求符合一定的等级、规格、尺寸、特性、外观等。这些质量在生产过程中形成，在物流过程中得以转移和保护，并最终实现对客户的商品质量承诺。对客户的商品质量承诺，既需要由生产来形成，又需要由物流过程来保证。

（2）服务质量。物流业务中有比较强的服务特征，其服务质量要求因客户的不同而有所不同。这些服务质量的内容包括：批量和数量的满足、交货期的满足、较高的服务响应度和运输方式的满足、成本水平的满足，其他的有关信息提供、纠纷处理等的服务满足。

（3）过程质量。过程质量是指在物流运行的各环节、工种、岗位上的具体工作的质量。这些过程质量是实现和保证商品质量、服务质量的基础。

（4）系统质量。物流质量不仅取决于单项工作的质量，同时与整个物流系统的质量因素有关。这些系统的因素包括：人的因素、体制的因素、设备的因素、工艺方法的因素、计量与测量的因素、环境因素等。通过改善这些因素，物流管理的质量能有效地提高。

2. 物流质量管理的特点

物流质量管理的特点如下：

（1）管理的内容比较全面。物流质量管理包括商品质量管理、服务质量管理、过程质量管理和系统质量管理等多个方面，并以最终的交货成本和交货可靠性为目的，具有较强的全面性。

（2）管理的范围比较广泛。物流质量管理所覆盖的范围包括物流对象的包装、装卸、搬运、存储、配送、流通加工等多个环节，需要进行全过程的质量管理。只有保证过程中各个环节的质量，才能最终保证物流的总体质量。

（3）与全员的积极参与相关。物流质量的保证，还与参与相关工作的部门和人员有关，需要这些部门和人员之间的相互配合。只有在这些部门和人员的共同努力下，才能使物流的质量得到保证。

二、质量管理指标

物流管理的质量管理指标，可以分为总体质量指标、存储质量指标和运输质量指标。

1. 总体质量指标

总体质量指标是与物流服务的整体目标相关的质量管理指标，以下是一些总体质量指标。

（1）服务水平指标 F

$$F = \frac{满足要求次数}{用户要求次数} \tag{4.1}$$

或者以缺货率 Q 来表示

$$Q = \frac{缺货次数}{用户要求次数} \times 100\% \tag{4.2}$$

（2）满足程度指标 M

$$M = \frac{满足要求数量}{用户要求数量} \tag{4.3}$$

（3）交货水平指标 J_1

$$J_1 = \frac{按交货期交货次数}{总交货次数} \tag{4.4}$$

（4）交货期质量指标 J_2

$$J_2 = 规定交货期 - 实际交货期 \tag{4.5}$$

（5）商品完好率指标 W

$$W = \frac{交货时完好的商品量}{物流商品总量} \times 100\% \tag{4.6}$$

（6）物流吨费用指标 C

$$C = \frac{物流费用}{物流总量} \tag{4.7}$$

2. 存储质量指标

（1）仓库吞吐能力实现率 T

$$T = \frac{期内实际吞吐量}{仓库设计吞吐量} \times 100\% \tag{4.8}$$

（2）商品收发正确率 S

$$S = \frac{（某批吞吐量 - 出现差错总量）}{同批吞吐量} \times 100\% \tag{4.9}$$

（3）商品完好率 W_1

$$W_1 = \frac{（某批商品库存量 - 出现缺损的商品量）}{同批商品库存量} \times 100\% \tag{4.10}$$

（4）仓库容量利用率 R

$$R = \frac{存储商品的实际数量或容积}{库存数量或容积} \times 100\% \tag{4.11}$$

（5）设备完好率 W_2

$$W_2 = \frac{期内设备完好台数}{同期设备总台数} \times 100\% \tag{4.12}$$

（6）设备利用率 L

$$L = \frac{全部设备实际工作时数}{设备总工作能力时数} \times 100\% \tag{4.13}$$

（7）仓储单位成本 C

$$C = \frac{仓储费用}{库存量} \tag{4.14}$$

3. 运输质量指标

（1）正点运输率 Z

$$Z = \frac{正点运输次数}{运输总次数} \times 100\% \tag{4.15}$$

（2）满载率 M

$$M = \frac{车辆实际装载量}{车辆装载能力} \times 100\% \tag{4.16}$$

（3）运力利用率 Y

$$Y = \frac{实际吨公里数}{运力往返运输总能力} \times 100\% \qquad (4.17)$$

三、现代质量管理的理念

随着时代进步,质量管理的理念逐步发展完善,其核心为全面质量管理。

1. 全面质量管理的定义

全面质量管理是一个组织以质量为中心,以全员参与为基础,目的在于通过让消费者满意和本组织所有成员及社会受益而达到长期成功的管理途径。在全面质量管理中,质量这个概念和全部管理目标的实现有关。

2. 全面质量管理的核心特征

（1）全过程管理。全面质量管理要求对产品生产过程进行全面控制。

（2）全企业管理。全企业管理的一个重要特点是强调,质量管理工作不局限于质量管理部门,要求企业所属各单位、各部门都要参与质量管理工作,共同对产品质量负责。

（3）全员管理。全面质量管理要求把质量控制工作落实到每一名员工身上,让每一名员工都关心产品质量。

3. 全面质量管理的工作程序

PDCA 管理循环是全面质量管理最基本的工作程序,即计划—执行—检查—处理 (plan,do,check,act)。这是美国统计学家威廉·爱德华兹·戴明(William Edwards Deming)发明的,因此也称为戴明循环。这四个阶段大体可分为八个步骤:①计划 P,包括确定目标和方针、制订活动计划;②执行 D,实施计划与措施;③检查 C,实施结果与目标对比;④处理 A,对实施结果总结分析、未解决问题转入下一循环。这些过程不是运行一次就结束的,而是周而复始地进行,一个循环完了,解决一些问题,未解决的问题进入下一个循环,呈阶梯式上升。

四、消费者服务

从消费者满意的角度来分析物流系统是非常有意义的。对于一个企业来说,它的重要任务就是将各种服务与消费者的期望结合起来,从而建立一种有利可图的交易活动。物流业务同样也只有与消费者的期望结合起来,才能真正提高运行绩效。

1. 消费者服务的定义

消费者服务是一个过程,在这个过程中,相对低廉的成本投入创造了重要的价值增值。对于物流系统来说,其内在的价值也就在于此。

2.基本服务

对于物流服务来说,其基本服务内容包括三个方面:可得性、作业完成和可靠性。

(1)可得性。可得性是指当消费者需要货物时,企业能够交付货物的能力。可得性可以通过各种方法实现,最基本的方法是根据消费者订货的预测进行库存准备。这时仓库的数量、地点和储存策略等都是在物流系统管理中需要考虑的问题。

(2)作业完成。作业完成是指通过一系列活动,完成消费者对货物的需求。对作业完成的衡量角度包括速度、一致性、灵活性和故障处理水平等。

(3)可靠性。可靠性就是可靠地实现已计划的存货可得性,并完成相关作业的能力。

3.增长的消费者期望

随着市场竞争日趋激烈,以及技术手段的不断提高,消费者对物流服务的期望正在不断提高。这些期望包括对交货期、交货质量的更高要求。

4.增值服务

增值服务是在满足消费者的基本服务的基础上,提供的特殊服务。增值服务涉及大量的业务活动。这些服务一般可以围绕着消费者的个性要求,企业的促销活动、制造过程、服务速度等展开。

五、市场需求

战略的形成源于对消费者与市场的了解。但是,消费者并不是提供市场信息的唯一来源,另一最佳来源是其他公司。通过了解竞争对手,企业便能更好地了解市场,并知道如何在市场中获取竞争优势。

1.标杆及标杆管理的定义

标杆(benchmark)是指运营表现被视为业界典范的组织。标杆管理则是指公司间相互分享信息,从而促使彼此共同进步。

2.标杆管理的类型

(1)过程标杆管理。过程标杆管理(process benchmarking)是指发起公司将其精力集中在观察与研究目标公司的业务流程上。

(2)财务标杆管理。财务标杆管理(financial benchmarking)的目标是进行财务分析与比较成果,进而评价公司的整体竞争力。

(3)绩效标杆管理。绩效标杆管理(performance benchmarking)是指发起公司通过将产品与服务和目标公司进行比较,来评估自己的竞争地位。

(4)产品标杆管理。产品标杆管理(product benchmarking)是指发起公司通过观察其他公司的设计,可产生新的理念,并将该理念运用于产品与服务设计中。

(5)战略标杆管理。战略标杆管理(strategic benchmarking)是指发起公司通过观察其他公司是如何竞争的,比较公司在各个方面的竞争力。

(6)职能标杆管理。职能标杆管理(functional benchmarking)是指发起公司将其标杆管理的重点放在单一职能上,以改进该项职能的运作。

3. 领导与管理标杆管理的工作

同其他质量管理工作一样,标杆管理也是一个需要细心管理的过程。因此,管理层必须对标杆管理的过程、参与者及目标有所了解。标杆管理过程的管理包含建立、支持及维持标杆管理项目。所有质量管理方法都是很关键的培训,对标杆管理同样尤为重要。

第四节 价格管理

商品的价格中包括了物流服务价格,商品的价格形式和价格水平直接与物流管理有关。

一、价格的分类

对于供货厂商来说,可以从物流的角度,将价格基本分为两类:一类是离岸价格,或者称产地交货价。即厂方只负责在生产地或其他地方交货,从交货地到目的地的运输问题,不在本价格考虑范围之内。另一类是到货价格。即厂方负责将货物交到客户的指定地,其报价中已经包括了从工厂到客户指定地的运输费用。由于存在不同的交货地点,因此到货价格往往有多种定价方式,如单一区域定价、多个区域定价、基地点定价等。

1. 单一区域定价

单一区域定价,即不管买方处于什么地方,他们都只需要按一个价格支付。这种价格一般反映了厂方交货的平均成本。但是,在这样处理的情况下,必然有一部分客户在补贴其他一部分客户的运输成本,因为不同的客户交货地,其运输费用也不同。

2. 多个区域定价

多个区域定价,就是为不同的区域制订不同的价格,这种定价的依据在于距离的远近。这样做的目的是比较合理地分配运输成本。

3. 基地点定价

基地点定价,即确定一个基地点,货物到目的地的价格由基地点基本价格和从基地点到目的地的运输成本组成。这种价格的计算与实际交货的路径无关,也就是说,不管采用何种运输方式、运输路线,客户所负担的费用只与从基地点到目的地的运费有关。

二、定价与物流运作

定价问题与物流运作的很多方面有关,比较典型的包括数量折扣问题、提货折扣问题、促销定价问题和歧视定价问题。

1. 数量折扣问题

数量折扣就是根据客户订购数量的大小,给予不同的折扣,以鼓励客户购买更多数量的商品。在这种折扣情况下,大宗客户将比小客户获得更为有利的交易条件。对于厂商来说,大批量订单的单位商品物流处理成本会比小批量订单低一些。因此,大批量订单往往可以得到更大的折扣。当然,很多情况下,厂商的数量折扣不仅仅与物流成本有关,还与促销情况有关。

2. 提货折扣问题

提货折扣就是由客户自行提货,供应商在标准价格的基础上给予一个折扣,并同时不再承担从厂方到目的地的运费。这种价格对于客户来说,可以自行安排运输,尤其对于就近的客户来说,这种折扣安排更具有吸引力。对于厂方来说,可以避免处理小批量订单的麻烦。

3. 促销定价问题

促销定价就是使用短期促销来刺激购买者。许多厂商通过促销来刺激消费,这种促销行为会带来消费量的涌动,这种涌动对物流管理带来新的要求。

4. 歧视定价问题

不同地区的差异定价和其他价格折扣,都可能存在价格歧视的问题,这种价格歧视有可能导致消费者的不满,从而给企业带来不利的影响。

三、运输定价策略

物流价格中,很大一部分来自运输。对于供应商来说,运输价格制订合理与否直接影响其市场销售业绩。从定价的依据来分,可以将运输定价策略分为服务成本定价、服务价值定价、组合定价、折扣定价和净费率定价。

1. 服务成本定价

服务成本定价,就是通过对成本的累计计算,再加上毛利率来进行定价。这种定价方式代表了基本的或最低的运输收费,一般用于低价值货物或在高度竞争情况下使用。

2. 服务价值定价

服务价值定价,就是根据客户感觉到的服务价值进行定价。比如,不同货物其价值不同,对于一些高价值的货物,客户有可能愿意接受高一些的服务价格来获得一些额外的服务。

3. 组合定价

组合定价,就是在最低的服务成本定价和最高的服务价值定价之间找到一个中间价格。这种价格的确定,与市场行情有关。

4.折扣定价

折扣定价,就是指对基本价格做出一定的让步,直接或间接降低价格,以期达到规模运输,或与客户建立长期合作关系。

5.净费率定价

为了避免复杂的运费计算,有些服务商提供简单的价格表,这些价格中包括运输的各项费用。

第五节 库存管理

库存成本在货物的物流成本中占据重要的份额,同时对货物的生产销售等产生重要影响。合理的库存能在保证供应的前提下,大幅降低成本。本节主要就库存的基本概念、库存控制系统和库存管理模型进行讨论。

一、库存的基本概念

1.存货的风险

对于一个企业来说,保留存货是有一定风险的,这些风险包括:当企业将资金投入存货时,这些资金存在机会成本,或者说企业实际上承担了利息费用;另外,库存的产品有可能丢失或变成陈旧物。这些因素都对企业的存货管理构成压力。

企业在存货方面的风险结构和风险大小与它在配送渠道中的地位直接相关。我们通常把配送渠道中的企业分为制造商、批发商和零售商。一般来说,制造商的存货负担包括原材料和零部件、在制品和制成品等,它的库存品种一般比零售商的库存品种要少一些,但是其库存的承担时间会较长。零售商的库存问题主要是品种比较多,也就是说其承担的风险涉及面比较广。批发商的风险特点介于制造商和零售商之间,同时由于一些商品的销售季节性,它需要预先备货,因此,在一定时期内会承担较长时间的库存风险。

2.存货的功能

存货的功能主要如下:

(1)产地专业化。产品从原材料、零部件到成品的过程,往往分布在各地进行,以获得比较经济的基于专业化的成本节省。这种专业化利益的实现,需要以一定的存货成本为代价。

(2)经济运行。企业在生产某种产品时,往往具有一定的经济批量要求,即当以某种数量生产时,其成本最低,而这种经济批量往往与客户的订货数量不一致,这种不一致需要通过库存来调节。

(3)平衡供求。在一些产品中,生产的速度往往与需求的周期性变化不一致。一般来说,生产的数量往往比较稳定,而需求有可能有季节性的变化,这种季节性的变化,需要通过库存来进行平衡。

（4）缓冲不确定因素。在实际管理中存在着未来的供货补给不确定性和客户需求的不确定性，这些不确定性可以通过库存的设置来缓冲。

3. 物流存储系统

我们可以把物流业务中有关存储的活动看作一个系统，即物流存储系统。该系统主要涉及两方面：

（1）系统输入和输出。为了满足生产的需要，库存物资需要不断地发往客户单位，这种物资的流出，可以看作物流存储系统的输出。输出的方式可以是间断式或连续式。间断式是指输出数量不是连续变化的，而是会发生阶段性的突变；连续式是指输出数量是连续变化的，相对比较平稳。

（2）存储系统费用。存储系统费用是库存管理中的重要经济指标，这些费用主要包括订货费、保管费、缺货损失费等。①订货费是指为了补充库存，办理一次订货所发生的有关费用，包括订货过程中发生的订购手续费、联络通信费、人工核对费、差旅费、货物检验费、入库验收费等。订货费往往与一批货物的数量多少没有太大的关系，因此，从订货费的角度讲，订货批量越大越好。批量越大，单位产品摊销的订货费就越低。②保管费是指每单位货物存储时间所需花费的费用。当订货量越大时，平均库存量就越大，从而存储保管费的支出就越大。因此，从保管费的角度讲，订货批量越大越不好。③缺货损失费是指中断供应影响生产和交货的损失费用。从缺货损失费的角度讲，存储量越大，缺货的可能性就越小，因而缺货损失费也越低。

4. 合理存储

合理存储包括合理存储量、合理存储结构、合理存储时间和合理存储网络四个方面的内容。

（1）合理存储量是指能在下一批货物到来之前，保证本期货物正常供应的存货数量水平。影响合理存储量的因素包括需求量、商品生产时间、交通运输条件、管理水平和设备条件等。

（2）合理存储结构是指商品的不同品种、规格之间保持合理的存储量比例的结构。由于外部环境的变化，对存储结构合理性的要求也会发生变化，所以企业需要根据情况变化，及时调整存储结构。

（3）合理存储时间与销售速度有关，同时也与商品的特点有关，合理存储时间的确定应考虑多方面的因素。

（4）合理存储网络是指布局合理的仓库网点。这些网络的合理布局有利于降低库存，提高交货速度等。

二、库存控制系统

1. 库存控制系统的任务

库存控制系统是解决订货时间和订货数量问题的联动系统。一个运行良好的库存控制系统一般应该满足以下要求：以相对较低的成本来保证足够的物料和货物需求；对货物的储存时间和流量进行监控;及时向管理部门提供有价值的报告。

库存控制系统所要考虑的问题包括:

(1)对需求进行预测,并根据实际情况对预测误差进行处理;

(2)选择库存模型,如经济订货批量(economic order quantity,EOQ)、经济订货周期(economic order interval,EOI)、经济生产批量(economic production lot,EPL)、物料需求计划(material requirement planning,MRP)、制造资源计划、准时制、配送需求计划(distribution requirement planning,DRP)、企业资源计划(enterprise resource planning,ERP)等;

(3)测定存货成本,包括订购、存储、缺货成本等;

(4)记录和盘点货物的方法;

(5)验收、搬运、保管和发放物品的方法;

(6)用以报告例外情况的信息程序。

2. 库存控制系统的常见种类

(1)连续库存系统。这个系统以经济订货量和订货点的原理为基础。在该系统中,当存货量降到一定水平时,需要进行补充供应,以保证一定数量的存货水平。

(2)双堆库存系统。其特点是没有连续的库存记录,属于固定订货量系统。当存货消耗一堆时开始订货,其后的需求由第二堆来满足。

(3)定期库存系统。在这个系统中,存货量按固定的时间间隔进行检查。

(4)非强制补充供货库存系统。这个系统是连续系统和定期系统的混合物。库存水平按固定的时间间隔进行检查,但订货要在库存余额降到预定的订货点时才进行。

(5)物料需求计划库存系统。在这个系统中,生产某种物品所需物料(包括材料和零件)的存货水平根据最终物品的需求决定。

3. 各库存控制系统的特点

所有的库存控制系统都有各自的优缺点,其使用范围也不同。例如,连续系统最适合于高价物品,对于这类物品要经常检查;双堆库存系统适用于不重要的或价值较低的、无须经常检查的场合;定期库存系统适用于零售领域和供货渠道较少的场合。各库存控制系统的特点,如表 4-1 所示。

表 4-1　各库存控制系统的特点

因素	库存系统				
	连续	双堆	定期	非强制性补货	物流需求计划
订货数量	固定	固定	可变	可变	可变
订货点	固定	固定	可变	可变	可变
检查周期	可变	可变	固定	固定	固定/可变
需求率	固定/可变	固定/可变	固定/可变	固定/可变	固定
前置时间	固定/可变	固定/可变	固定/可变	固定/可变	固定/可变
保险存货量	中	中	大	很大	小/无

三、确定型库存模型

所谓确定型库存模型,就是假设货物需求是不随时间变化而变化的,因此需求量、提前订货时间是已知的相对确定的值。实际上,当我们所面临的货物需求问题,其参数波动性不大时,一般可以适用确定型库存模型。

1. 经济订货批量模型

经济订货批量模型(EOQ)适用于整批间隔进货,不允许缺货的情况。具体来说,就是某种物资单位时间的需求量为常数,存储量以单位时间消耗该常数量库存数的速度下降,经过一定时间后,存储量下降为零,此时开始订货并随即到货,库存量由零上升为最高库存量,然后开始下一个存储周期,形成多周期存储模型。存储量变化的特点,如图 4-9 所示,其中,D 表示单位时间需求量,Q^* 表示经济订货批量(最优单次订货批量),T^* 表示经济订货周期(最优订货间隔)。

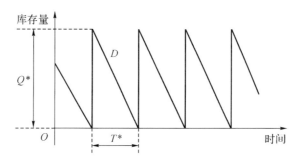

图 4-9　经济订货批量模型

在上述模型中,由于需求量和提前订货时间都是确定已知的,因此,可以根据最小总费用的原则来确定订货批量和进货间隔期。这个订货批量就是经济订货批量。具体的计算方法如下。

在 EOQ 模型中,存储某种物资,不允许缺货,其存储参数是:

◆ T:存储周期或订货周期;

◆ D:单位时间需求量;

◆ Q:每次订货批量;

◆ C_1:存储物资单位时间的存储费用;

◆ C_2:每次订货的费用;

◆ t:提前订货时间为零,即订货后瞬间全部交货。

则有:

◆ 在一个存货周期中的最高库存为 $Q=DT$;

◆ 在一个存货周期中的平均库存为 $0.5Q$;

◆ 在一个存货周期中的总费用为 $C=0.5QTC_1+C_2$。

如图 4-10 所示，单位时间内的总费用

$$C_Z = 0.5QC_1 + \frac{C_2}{T} = 0.5QC_1 + C_2\frac{D}{Q}$$

单位时间的订货费用随着订货批量的增大而减小，单位时间的存储费用随着订货批量的增大而增大，从图 4-10 中可以看到单位时间的总费用存在一个最低点。为了求得这个最低点，需要用微分求极值的方法计算，在这里我们不讨论具体的计算方法，只说明最后的计算结果。

- 经济订货批量 $Q^* = \sqrt{2C_2D/C_1}$；
- 经济订货周期 $T^* = \sqrt{2C_2/(DC_1)}$；
- 最小存储总费用 $C^* = \sqrt{2C_1C_2D}$。

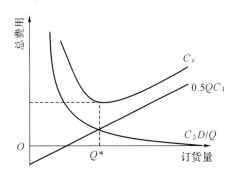

图 4-10　经济批量订货模型中总费用和订货量的关系

需要说明的是，在上述的分析计算中，做了一个假设，即订货和到货同时发生，两者之间的时间间隔为零。而在实际情况中，两者之间往往需要一定的时间间隔，为了保证供应的连续性，需要提前订货。具体做法是，当库存降到某一水平时，就开始订货，在订货以后到到货以前的这段时间，继续消耗原有库存；在库存为零之前，到货完成，从而保证货物的供应。

2. 非瞬时进货模型

在企业的实际运作过程中，经常会出现这样的情况，即从订货点开始的一段时间内，一方面按一定进度进货，另一方面按生产需要出库，入库完毕时，库存达到最大值。这种进货方式，就是非瞬时进货模型，或者说是分批均匀进货模型。与典型的 EOQ 模型相比，本模型可以节省存储费用。具体模型参数如下：

- D,T,C_1,C_2 含义同前，不允许缺货；
- P 表示单位时间的进货量，D 表示单位时间的出库量，$P>D$；
- t_P 表示进货批量 Q 的时间，批量 Q 满足在 T 周期内的消耗需求，即 $Q=Pt_P=DT$。

由于一边进货，一边出库，所以在 t_P 时间内的库存增长速度是 $(P-D)$，最高库存为 $(P-D)t_P$，平均库存量为 $(P-D)t_P/2$；一个存储周期的存储总费用为 $C_1(P-D)Tt_P/2 + C_2$。

由于 $t_P = D/(PT)$，$T = Q/D$，得单位时间内的总费用 $C_Z = 0.5C_1(P-D)Q/P + C_2D/Q$，通过微分求极值得到：

- 经济订货批量 $Q^* = \sqrt{2C_2D/C_1} \times \sqrt{P/(P-D)}$;
- 经济订货周期 $T^* = \sqrt{2C_2/(DC_1)} \times \sqrt{P/(P-D)}$;
- 最小存储总费用 $C^* = \sqrt{2C_1C_2D} \times \sqrt{(P-D)/P}$。

3. 允许缺货的 EOQ 模型

在实际运行过程中,存在各种客观原因,完全不缺货的情况是难以做到的;同时为了做到不缺货,往往需要增加库存水平,从而增加存储费用,因此也是不经济的。在实际情况中,一旦发生缺货,往往会导致两类结果,一类是缺货后可以延期交货,另一类是失去消费者。在这里我们只讨论允许延期交货的情况,在这种情况下,企业虽然要支付缺货损失费,但是可以减少存储费用,延长订货周期,从而使总费用降低。

(1) 整批瞬时进货(允许延期交货)

具体模型参数如下:

- D, Q, T, C_1, C_2, P 含义同上;
- t_1 为正常供货时间,t_S 为缺货时间,$T = t_1 + t_S$;
- Q_S 表示缺货数量;
- C_3 表示缺货单位时间和单位数量所支付的缺货损失费用。

单位时间内的总费用为

$$C_Z = \frac{C_1(Q-Q_S)^2}{2Q} + \frac{C_2D}{Q} + \frac{C_3Q_S^2}{2Q}$$

经计算可得:

- 经济订货批量 $Q^* = \sqrt{2C_2D/C_1} \times \sqrt{(C_1+C_3)/C_3}$;
- 经济缺货量 $Q_S = \sqrt{2DC_2/C_3} \times \sqrt{C_1/(C_1+C_3)}$;
- 经济订货周期 $T^* = \sqrt{2C_2/(DC_1)} \times \sqrt{(C_1+C_3)/C_3}$;
- 单位时间的最小存储费用 $C^* = \sqrt{2DC_1C_2} \times \sqrt{C_3/(C_1+C_3)}$。

(2) 分批均匀进货(允许延期交货)

经计算可得:

- 经济订货批量 $Q^* = \sqrt{2C_2D/C_1} \times \sqrt{(P-D)/P} \times \sqrt{(C_1+C_3)/C_3}$
- 经济缺货量 $Q_S = \sqrt{2DC_2/C_3} \times \sqrt{(P-D)/P} \times \sqrt{C_1/(C_1+C_3)}$;
- 经济订货周期 $T^* = \sqrt{2C_2/(DC_1)} \times \sqrt{P/(P-D)} \times \sqrt{(C_1+C_3)/C_3}$;
- 单位时间的最小存储费用 $C^* = \sqrt{2DC_1C_2} \times \sqrt{(P-D)/P} \times \sqrt{C_3/(C_1+C_3)}$。

上述公式中,可以看到分批均匀进货实际上是前述几个模型的一般形式。当 P 和 C_3 很大时,就是整批瞬时进货且不允许缺货模型;当 P 很大而 C_3 有限时,就是整批瞬时进货且允许缺货模型;当 P 有限而 C_3 很大时,就是分批均匀进货且不允许缺货模型。

四、随机型库存模型

在确定型库存模型中,有两个基本假设:一是假设需求量保持不变,即出库的速度是均匀的;二是假定订货能够按时到达。在实际情况中,这两种假设都不完全成立,如订货有可能延迟并导致缺货现象,需求有可能发生突然增加的现象而导致缺货等。为了消除这些随机波动的影响,需要对需求量和订货点进行分析,并确定安全库存量。

如图 4-11 中 A 的情况,当库存量降低到订货点的水平,就按一定数量进行订货。订货后如按时到货,就不需要使用安全库存;如果订货后不能按时到货,就需要动用安全库存,其情形如图 4-11 中的 C。如果在订货和到货期间,发生过量使用的情况,库存会加速下降,这时就需要动用更多的安全库存,其情形如图 4-11 中的 B。

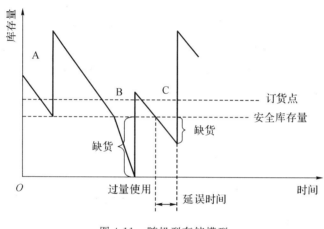

图 4-11 随机型存储模型

1. 订货点的确定

由于需求量和提前订货时间随机波动,因此订货点可以利用历史数据分析,获得平均的货物消耗速度和平均的提前订货时间(或最大提前期),同时为了抵消随机波动的影响,需要增加安全库存量。计算方法如下:

订货点库存量=单位时间平均需要量×平均提前订货时间+安全库存量

或者:

订货点库存量=单位时间平均需要量×最大提前订货时间+安全库存量

2. 安全库存量的确定

(1)安全库存量可以根据需求量和提前订货时间随机变化情况确定,具体计算方法如下:

安全库存量=安全系数×$\sqrt{最大提前订货时间×需求量变化偏差值}$

其中,安全系数决定于生产中允许缺货的概率,允许缺货的程度越小,安全系数就越大。需求量变化偏差值根据需求波动的上下幅度来确定。

(2)安全库存量也可以根据预定服务水平确定安全库存量。如果提前订货时间和实际需求量的变化服从某种统计分布,且统计资料比较可靠,就可以运用统计方法,从满足预定的某一服务水平(不缺货概率)角度出发,来确定必要的保险存储量。

第六节　运输管理

运输是物流作业中最重要的因素之一,原材料和货物都需要通过运输来实现空间上的转移。运输方式有多种选择,不同的运输方式其费用、风险和效果等都不相同。对于一个物流管理者来说,正确地安排运输,可以提高整个物流系统的运行效率和绩效。

一、运输基本问题

1.运输的功能

运输的功能包括产品转移和产品存储两大部分。

(1)产品转移,实际上就是产品在价值链的各个环节进行转移,其中包括从原材料到成品的采购和制造过程,也包括从工厂向最终客户方向的转移。这种产品的转移需要消耗各种时间资源、财务资源和环境资源,同时有效的产品转移能使产品提高价值。产品转移的主要目的就是以最低的时间、财务和环境资源成本,将产品从原产地转移到规定地点,同时使得货物的路途损失最小,另外,在转移过程中应满足客户在交货方式和信息沟通上的要求。

(2)产品存储,是运输的一个特殊功能,即将车辆作为临时的存储工具。比如,当产品需要短暂的停留时,如果卸货和装货的费用大于临时占用运输工具的费用,就需要发挥运输工具的储存作用。合理地发挥运输工具的储存作用,有利于降低物流系统的总成本。

2.运输的原理

运输的原理包括规模经济原理和距离经济原理两种。

(1)规模经济原理,就是随着装运规模的扩大,会使得单位重量的运输成本降低。规模经济性之所以存在,是因为转移一担货物有关的固定成本不会随着总运输重量的增加而增加。因此,单位重量所承担的固定费用可以降低。

(2)距离经济原理,就是每单位距离的运输成本随着距离的增加而减少。这是因为一些相对固定的费用被更长的运输距离分担,这些相对固定的费用包括货物装卸费用、调度费用等。

在评估各类运输方案时,这些原理是必须考虑的重要因素。

二、运输服务的提供者

1.单一方式经营人

单一方式经营人就是只利用一种运输方式服务的承运人,该承运人的业务主要集中在一项业务上,从而获得比较高的专业化效率。但是这些专业化方式也给多式联运带来较多问题,对于一个托运人来说,他需要和每个单一的承运人进行洽谈和交易,使得交易

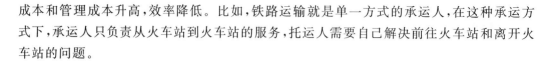

成本和管理成本升高,效率降低。比如,铁路运输就是单一方式的承运人,在这种承运方式下,承运人只负责从火车站到火车站的服务,托运人需要自己解决前往火车站和离开火车站的问题。

2.专门化承运人

对于小批量物品的运输,直接交给铁路或航空等单一方式经营人,往往会由于固定的最低费用率太高而变得不合算;同时,如果需要多式联运的话,托运人就需要花大量的精力来处理与各承运人的协调问题。因此,在这种情况下,委托专门化承运人是比较有效的方法。这些专门化承运人主要从事小批量装运服务和包裹递送服务,如专业快递公司和邮局都属于这一类承运人。这些公司的服务包括基本包裹递送服务和增值包裹递送服务。基本的包裹递送服务具有比较大的普遍性,一般根据重量和距离来收取费用,增值包裹递送服务主要包括在快速递送和优先服务方面的增值服务。

3.多式联运经营人

多式联运经营人将各种不同的运输方式综合起来,从而利用各种运输手段的内在经济性,在最低的成本下提供综合性服务。这种服务从客户的角度来看,是一站式的运输服务。比如,公路铁路联运就是一种比较常见的多式联运组合,它将汽车在短途运输方面的灵活性和火车在长途运输方面的低成本性综合起来,从而获得较优的运输效果。多式联运的类型包括公路铁路联运车、集装箱船舶运输、航空货运和卡车运输协调方式等。由于两种运输方式的结合具有较好的经济潜力,所以多式联运概念对托运人和承运人都具有较大的吸引力。从发展情况来看,多式联运的快速发展与集装箱的广泛应用有密切联系。

4.非作业性质的中间商

非作业性质的中间商一般不拥有、不经营运输设备,但是向其他厂商提供经纪服务。一个典型的非作业性质的中间商先从各种托运人手中汇集一定数量的托运货物,然后以一定的货运量水平购买城市之间的运输。中间商收取的运输费用往往低于公共的承运人,它的利润主要来自托运人支付的费用和批量购买城市之间运输的费用之间的差额。这些非作业性质的中间商类型包括货运代理人、托运人协会、经纪人等。

三、运输决策

通过正确的运输决策,可以提高运输资源的利用率。

1.运输分析决策

运输分析的主要工作就是规划路线和计划运输设备的使用时间,从而在满足客户需求的基础上,使车辆和人员的使用效率最高。运输决策根据其影响的时间长短,可以分为战略性决策和战术性决策。战略性决策涉及长期的资源分配,一般主要确定能使用几个月或几年的固定的运输路线。战术性决策主要是针对短期资源的配置,如每天和每周的路线。运输分析的目标就是在满足客户要求的前提下使运输成本最低。比较典型的运输分析问题包括：发送者如何将货物分组来形成运输路线？发送的顺序如何？车辆如何调度？等等。

2. 运输分析数据

运输分析所需的数据包括三类：道路网络数据、运输需求数据和运输能力数据。道路网络数据包括道路结点之间的联系、道路距离、运输时间以及任何特定的限制，如重量限制或过路费等。运输需求数据说明客户对转载货物和运输的周期性要求，一般以平均需求量为基础来确定运输能力，同时留有一定的余地以适应最高需求时期。运输能力数据包括车辆的数目、车辆的限制、运作成本和其他限制条件等。

3. 运输分析技术

路线和时间的分析计划是运输分析的重要问题，其分析技术可以分为试错方法、精确方法和迭代方法。

试错方法利用经验约束技术，通过顺序增加和删除停靠站来制订路线。精确方法是利用线性规划的方法来确定最佳路线，这种方法运算量比较大，一般需要计算机来进行运算。对于一些比较复杂的问题，则对计算机的容量和运算速度提出了很高的要求。迭代方法是利用仿真、成本计算或图表能力的组合来支持决策者的决策程序，并由决策制定者对方案进行确认评价，根据评价结果进行策略调整，通过多次迭代，获得相对最优的结果。迭代方法比较依赖于决策者的经验和技巧。

评价运输方案的好坏，可以从两个方面来进行评价：包容性和精确性。包容性是指对特殊情况或例外情况的适应能力，这种能力使得方案能比较有效地应用于实际场合。精确性是指方案的绩效接近最优效果，这些效果包括更低的车辆运作费用、更好的客户服务、更高的车辆运行效率等。

4. 运输优化经典分析方法

(1)表上作业法。表上作业法是指用列表的方法求解线性规划问题中运输模型的计算方法。它是线性规划的一种求解方法，其实质是单纯形法，故也称运输问题单纯形法。当某些线性规划问题采用图上作业法难以进行直观求解时，就可以将各元素列成表格，作为初始方案，然后采用检验数来验证这个方案，否则就要采用闭合回路法、位势法等方法进行调整，直至得到满意的结果。

在寻求运费最少的调运方案中，首先可根据问题列出调运物资的供需平衡表及运价表；其次确定一个初始的调运方案；最后根据判定法则判定该初始方案是否为最优方案，如果不是，则再对该方案进行调整，直至达到最优。一般来说，每调整一次得到新的方案都会比之前的方案运费减少一些，这样反复迭代调整几次，即可找到最优方案。

(2)匈牙利方法。匈牙利方法是由数学家 Konig Denes 所提出的矩形性质定理，可有效解决运输管理中将有限资源（人力、运力、财力）分配给多项任务，或将不同运输任务在车队之间分配的问题。一般模型为：

$$\min Z = \sum_{i=1}^{m} \sum_{j=1}^{n} C_{ij} x_{ij}$$

$$s\,t.\ \sum_{i=1}^{m} x_{ij} = 1$$

$$\sum_{j=1}^{n} x_{ij} = 1$$

该式中，C_{ij} 代表工作时间或工作成本等系数，变量 $x_{ij} = 1$ 代表第 j 个工作被分配给了第 i 个司机；变量 $x_{ij} = 0$ 代表第 j 个工作没有被分配给第 i 个司机。

（3）网络分析法。网络分析法又称统筹法、关键路线法或计划评审法，其基本原理是将组成系统的各项任务的各个阶段和先后顺序，通过网络形式统筹规划。该方法的具体表现形式为网络图。

网络图有三个基本组成元素：工序、事项和线路。

工序是指一项需要有一定的人力、物力参加，在一定时间内完成的活动过程。

事项是指工序的开工和完工事项。

线路是指从起点开始顺着箭头所指的方向，连续不断地到达终点的一条通道。

本章要点

1. 物流系统是指在一定的时间和空间里，由所需位移的物料、包装设备、装卸搬运机械、输送工具、仓储设施、相关人员以及通信联系等若干相互制约的动态要素构成的具有特定功能的有机整体。物流系统具体要实现 5S 目标：优质服务（service）、迅速及时（speed）、节约空间（space saving）、规模适当（scale optimization）、库存控制（stock control）。

2. 物流系统由人、财、物、信息和组织与管理等要素组成，包括输入、转换、输出、制约及反馈五个环节。

3. 物流系统有目的指向性、时空序列性、开放动态性、人—机复合性、大跨度性、可分离性、复杂性和多目标函数性等八个特征。

4. 当前常用的研究物流系统的研究技术有：系统仿真技术、系统最优化技术、网络技术和分解协调技术。

5. 从功能角度来说，物流系统主要包括两个部分：存储系统和运输系统。存储系统是针对物流的储备而存在的，它的存在一方面使得物流的交货响应能力提高，另一方面也带来一些存储成本，包括场地成本、资金占用、人工成本等；运输系统是针对物流的移动而存在的，它的作用就是使物流在某一恰当的时间，以恰当的方式到达一个恰当的地点，运输系统的成本和效率与运输批量大小、批次、运输方式等直接相关。从企业运营环节来说，物流系统包括采购、生产、销售等，每一个环节都与物流的存储和运输有关。从管理内容来说，物流系统可以从成本、质量和价格等多个角度进行管理。

6. 在分析一个企业的物流系统成本时，要有总成本的概念。在具体的成本控制工作中，要根据企业业务特点的不同，采取不同的成本最小化策略。在企业物流业务的外包决策中,应该基于战略思路来选择总成本最小的决策。人们比较关注对外支付的物流费用,而对企业内部消耗的物流费用往往容易忽视。但实际上,我们在讨论物流系统成本管理的时候,必须站在全局的角度来分析总的物流费用成本。

7.运输节约来自集中运输,其手段就是通过建立仓库来调节运输流量。这些仓库包括单一的仓库,也包括仓库网络。当通过仓库集中转运的运输总成本低于直接运输的时候,就需要建立仓库点。随着运输网络中仓库集运点的增加,总运输费用会减少,但是在超过一定数量的仓库设置后,总运输成本会上升。这种成本上升的原因在于能够被转运的数量减少。因此,从仓库集运的角度看,应该存在一个运输成本最小化的仓库布置的合理数量。

8.在物流系统中提前部署库存可以改进服务响应时间。随着仓库数量的增加,总库存成本会上升,同时由于仓库网络的布置,单个仓库的临时库存储备要求降低,所以总成本的升速减缓。

9.物流系统的外购决策就是将本来由自己进行的物流活动交给外部企业来进行。物流系统成本控制与是否外购的决策直接相关。传统的外购决策中,经济因素考虑得比较多,而现在,一些大企业更多地将注意力集中在战略因素上。

10.物流质量包括物流对象、物流手段、物流方法、物流过程的质量。物流管理的质量管理指标,可以分为总体质量指标、存储质量指标和运输质量指标。

11.对于一个企业来说,保留存货是有一定风险的。于此同时,存货也具有产地专业化、经济运行、平衡供求、缓冲不确定因素等功能。合理存储包括合理存储量、合理存储结构、合理存储时间和合理存储网络等四个方面的内容。

12.所谓确定型存储模型,就是假设货物需求是不随时间变化而变化的,因此,需求量、提前订货时间是已知的相对确定的值。实际上,当我们所面临的货物需求问题,其参数波动性不大时,一般可以适用确定型存储模型。具体如经济订货批量(EOQ)模型、非瞬时进货模型、允许缺货的 EOQ 模型等。随机型存储模型的主要问题是订货点的确定、安全库存量的确定等。

13.运输的功能包括两大部分:产品转移和产品存储。产品转移,实际上就是产品在价值链的各个环节进行转移,其中包括从原材料到成品的采购和制造过程,也包括从工厂向最终客户方向的转移。这种产品的转移需要消耗各种时间资源、财务资源和环境资源,同时有效的产品转移能使产品提高价值。产品转移的主要目的就是以最低的时间、财务和环境资源成本,将产品从原产地转移到规定地点,同时使得货物的路途损失最小,另外,在转移过程中应满足客户在交货方式和信息沟通上的要求。产品存储,是运输的一个特殊功能,即将车辆作为临时的存储工具。比如,当产品需要短暂的停留时,如果卸货和装货的费用大于临时占用运输工具的费用,就需要发挥运输工具的储存作用。合理地发挥运输工具的储存作用,有利于降低物流系统的总成本。运输的原理包括规模经济原理和距离经济原理。

思考题

1. 什么是物流系统,它与物流有何区别?

2. 什么是物流系统控制?

3. 如何分析物流系统? 从哪些角度来进行讨论?

4. 物流系统成本管理中需要注意哪些问题?

5. 运输管理的基本原理是什么? 在物流系统管理中,主要通过什么手段来降低运输成本?

6. 仓库的部署与物流成本的关系如何?

7. 物流质量包括哪些方面?

8. 确定型存储模型的特点是什么?

第五章

物流信息系统

学习目的

通过本章学习,你需要:

1. 掌握物流信息系统的基本概念;

2. 了解物流信息系统的结构和功能;

3. 了解条形码和射频等物流信息采集技术;

4. 了解全球定位系统、地理信息系统和地理位置服务等空间物流信息技术;

5. 了解电子数据交换技术;

6. 了解物联网和人工智能等应用于物流管理领域的新兴信息技术。

第五章
数字资源

【开篇案例】基于北斗卫星导航的公路物流信息系统

(1)北斗卫星定位系统的应用原理

北斗卫星定位系统是由我国自主研发的集通信和定位功能于一体的卫星定位系统,拥有与 GPS 相当的定位精度和双向定位通信服务,我国的科研、军事、经济等众多领域已经得到了广泛应用。在北斗卫星定位系统的应用下,用户可以在任意时间,获取任意地点的地理位置信息,并与检测点进行双向通信。系统主要由空间站、地面控制中心和用户终端等部分组成,卫星空间站具有信号转发装置,能够实现双向无线中继通信,由地面控制中心计算用户终端位置,负责系统监控管理,使用户终端能够获得转发定位信号。

北斗卫星定位系统采用两颗卫星实现精准定位,将两颗卫星已知坐标分别作为圆心,半径为卫星到用户终端的距离,由此形成两个球面,通过捕获两球面的圆弧交点,确定用户终端位置。高程地图则以地心为球心,半径为地心到地表的高度,圆弧与地表的交点为用户终端位置。

(2)基于北斗卫星定位系统的现代物流软件

物流行业在社会经济中占有重要地位,特别是"互联网＋"经济模式的快速发展,对物流配送效率提出了更高要求。在传统技术条件下,难以实现对物流配送环节中的车辆动态信息进行实时监控和精确控制,由此导致物流企业的运输能力没有被充分发挥,成本浪费现象较为严重。为解决这一问题,卫星定位系统和现代软件在物流配送过程中得到了广泛应用,采用我国自主研发的北斗卫星定位系统,设计物流配送软件,可以充分发挥北斗卫星定位系统的优势,弥补传统技术条件的不足。

基于北斗卫星定位系统设计的现代物流软件,采用 SaaS 服务模式,以位置信息为中心,向物流系统和用户提供服务。SaaS 服务模式是一种以租用软件为主体的新服务模式,可以减少软件开发成本,减轻系统维护管理负担,满足现代物流软件的设计与应用需求。在此基础上,综合运用云计算技术、3G 视频技术、RFID 技术等,通过北斗 GPS 双模兼容定位终端实现空间数据信息服务、车载监控管理和信息转化等功能,为物流企业的运输管理提供支持。利用被动定位算法集成 ARM 软件,再加上射频 RF 芯片的使用,实现自主导航定位功能,解决传统技术条件下,物流企业对运输车辆的定位管理问题。此外,该软件设计采用 SOA 框架技术,构建云平台通信系统,处理云计算业务,对物流车辆进行监管,并采用适用的 eTrans-ORB 对象请求代理中间件,满足业务处理需求。因此,基于北斗定位系统设计的现代物流软件运用到多种定位和通信方面的先进技术,完成设计开发后,软件技术水平可以达到国际领先水平。

(3)系统总体设计

基于北斗卫星设计的现代物流软件主要有车载设备定位系统、监控中心系统、服务器等部分组成。其中,车载设备定位系统负责对车辆进行动态定位,并将车辆点位信息发送给监控中心,由监控中心根据车辆运行信息,制定并发布各项调度指令。服务器负责物流车辆监控和通信功能的业务处理,对车辆动态信息进行汇总分析,响应用户查询请求,以多种形式返回查询结果。

除功能设计外,现代物流软件系统还要满足易于操作、易于扩展和维护以及运行稳定等性能需求。在截面设计上,应做到简洁实用,方便用户操作,用户可以通过触摸屏等方式,向服务器发送请求,并在较短时间内,得到服务器的快速响应。

基于北斗卫星系统设计实现现代物流软件,能够为物流运输过程中的车辆定位、导航及控制管理提供全方位支持,从而优化运输路线,提高物流配送效率,降低物流运输成本,帮助物流企业获得更高的经济利润。北斗卫星系统不仅可以弥补 GPS 系统在通信设计方面的不足,提高系统运行效率,而且能够为定位精度提供保障。

资料来源:高琦.北斗卫星定位系统在现代物流软件中的应用分析[J].通讯世界,2018(1):301-302.

第一节　物流信息系统的概述

物流在现代经济发展中发挥着越来越大的作用。随着信息技术的发展,物流信息系统在企业中得到了广泛运用。物流信息系统利用现代信息技术对物流活动中的各种信息进行实时、集中、统一的管理,使物流、资金流、信息流三者同步进行,及时反馈物流市场、客户和物品的动态信息,为客户提供实时的信息服务,为企业提供管理决策依据。

一、物流信息系统的概念

物流信息系统(logistic information system，LIS)作为企业信息系统中的一类，可以理解为通过对与物流相关信息的加工处理来达到对物流、资金流的有效控制和管理，并为企业提供信息分析和决策支持的人机系统。它具有实时化、网络化、系统化、规模化、专业化、集成化、智能化等特点。物流信息系统以物流信息传递的标准化和实时化、存储的数字化、物流信息处理的信息化等为基本内容。

物流信息系统整合了传统物流的功能性业务，如运输、仓储、配送、增值服务等内容。以信息网络技术为支撑的物流信息系统，优化供应链、降低流通成本、增加产业附加值、实现管理创新，通过物流信息系统的建设，可以提高物流企业以及生产流通企业的效率，带来巨大的经济效益。

物流信息系统强调从系统的角度来处理物流企业经济活动中的问题，把局部问题置于整体之中，力求整体最优化，并能使信息及时、准确、迅速送到管理者手中，提高管理水平。在解决复杂的管理问题时，物流信息系统可广泛应用优化模型进行定量分析，同时，把大量的事务性工作交由计算机完成，使人们从烦琐的事务中解放出来，有利于管理效率的提高。

二、物流信息系统产生的背景

1. 物流信息系统产生的商业背景

在竞争日益激烈的环境下，如何整合上游供应商和下游客户，缩短物流过程，降低产品库存，加速对市场的反应，这是所有企业都要面对的问题。然而，在过去，很多企业对商品的物流环节的管理相对比较薄弱，对物流没有统一的规划，导致物流与信息流和资金流不能有序流通，当市场发生变化时，不能快速地进行产品调整。

针对这些问题有必要为供应商、制造商、分销商和经销商提供一套物流信息系统，用物流信息系统将库存管理、供应链管理和分销管理整合起来，将物流、信息流、资金流在制造商、供应商、分销商、经销商和客户组成的网络中协调和集成管理，从而实现商品在流通领域中的全过程管理，优化企业之间的合作关系，进而提高企业的竞争能力。

2. 物流信息系统产生的技术背景

随着人们对物流理解的深入，物流不仅仅是把货物从一个地方移动到另一个地方，更重要的是把货物移动的相关信息准确地传递给合作伙伴和最终客户。并且，物流管理者根据需要及时动态地进行优化调整，信息技术在这一点上起着关键的作用。

计算机网络的日益发展，使人们对通过网络获取信息的依赖性逐渐变强，这不仅体现在获取和提交信息量的增大，更体现在对获取信息的实时性和方便性的迫切需求上。为此，人们从硬件、软件、网络、技术和决策等方面做出了不懈努力。

(1)在硬件方面，出现了更多便携式的移动设备，如笔记本电脑、掌上电脑、个人数据助理(personal digital assistant，PDA)等，这些移动设备称为可移动计算机。

（2）在软件方面，出现了诸如 Palm OS、Windows CE、WebOS、Android、IOS 等适用于移动客户端的操作系统以及针对移动条件的数据库管理软件。数据仓库概念的提出和普及也为信息分析奠定了基础，并为数据驱动型的决策支持提供了数据基础。

（3）在网络方面，发展了各种无线通信网络，并综合利用固定网络和无线网络来传输数据，实现了固定网络和无线网络的无缝连接。手机的普及使得移动终端逐渐代替传统计算机设备，移动设备的便携和不受通信线路限制的特点，极大地优化了通信、信息传输和技术应用的服务和体验。

（4）在技术方面，物联网、可穿戴设备、云计算等技术的发展和推广大大提高了物流数据的收集、存储、整理和分析等能力。

（5）在决策方面，以应用服务和人工智能为导向的技术极大地促进了计算机网络技术的变革和发展，加速了数据时代的到来，帮助人们更准确、客观、智能地进行物流决策。

3.物流信息系统产生的社会背景

电子计算机技术的迅速发展、网络的广泛延伸，使整个社会进入了信息时代。在这个网络时代，只有融入信息社会，企业才可能有较大的发展。更何况，信息技术的发展已经为信息系统的开发打下了坚实的基础。企业作为社会的一员，物流作为一种社会服务行业，必然要建立属于物流业自己的信息系统。

随着社会经济的发展和科学技术的进步，生产专业化程度进一步提高，产业组织和企业组织更趋复杂，这也呼唤着物流信息系统的出现，并要求不断加以革新，顺应发展。人们生活水平也在不断提高，生活方式也逐渐趋向多元化和个性化，购买行为的变化会直接影响物流信息系统的建设。

三、物流信息系统的分类

物流信息系统有多种类型，可以从不同角度对物流信息系统进行分类，比较典型的分类，如图 5-1 所示。

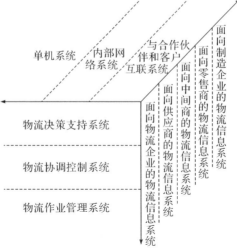

图 5-1　物流信息系统的分类

1. 按管理决策的层次分类

物流信息系统按管理决策的层次不同,可以分为物流作业管理系统、物流协调控制系统和物流决策支持系统,各系统功能,如图 5-2 所示。

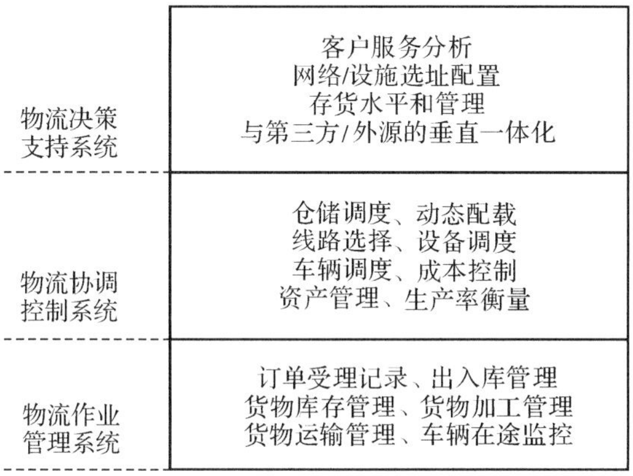

```
物流决策          客户服务分析
支持系统          网络/设施选址配置
                 存货水平和管理
                 与第三方/外源的垂直一体化
---------------
物流协调          仓储调度、动态配载
控制系统          线路选择、设备调度
                 车辆调度、成本控制
                 资产管理、生产率衡量
---------------
物流作业          订单受理记录、出入库管理
管理系统          货物库存管理、货物加工管理
                 货物运输管理、车辆在途监控
```

图 5-2　物流信息系统管理按决策层次划分

2. 按系统的应用对象分类

供应链上不同的环节、部门所实现的物流功能不尽相同。按系统应用对象的不同,物流信息系统可以分为面向制造商的物流信息系统,面向零售商、中间商、供应商的物流信息系统,以及面向物流企业的物流信息系统。

3. 按系统采用的技术分类

物流信息系统的实现有多种形式。按系统采用的技术不同分类,物流信息系统可以分为单机系统、内部网络系统以及与合作伙伴和客户互联系统。

(1)单机系统。在这种模式下,系统的应用往往只局限于料账管理、打印报表和简单的统计。物流信息系统与企业的其他系统,如财务、人事等系统的运作各不相干、各自独立运行。这时,物流企业虽然解决了手工制作单证的问题,但内部数据往往难以实现共享,存在大量重复的劳动,可能造成同样的数据需要在不同的系统中重复输入的情况。

(2)内部互联(内部网络系统)。这类系统在物流企业中常常采用大型数据库技术及网络技术。内部局域网建成后,物流企业各部门间的信息流动基本实现无纸化,内部数据可以较好地实现共享。物流企业内部不同地区的子公司之间可以采用企业内联网(Intranet)技术,借助增值网络,将企业分布在不同地理区域的机构有机地结合在一起,同时结合互联网技术,随时随地地向客户和公司的管理层提供所需的各种信息,从而保证供应链的各个环节有机结合。

(3)外部互联(与合作伙伴和客户互联系统)。在这种模式中,企业内部网络系统与外部合作伙伴及客户的管理信息系统的接口已经做好,数据可通过专门的通信通道进出物流企业,形成了物流企业的外联网(Extranet)。这种系统将企业内部网络和互联网有机结合在一起，充分利用互联网技术所带来的便利，以较低的成本和能够迅速扩张的能力，为公司的管理层和合作伙伴和客户提供各种信息。

四、几种典型的物流信息系统

1.决策支持系统

决策支持系统是一个能对决策提供支持的交互式计算机系统。它能为决策者提供有价值的信息及创造性思维与学习的环境，并能支持决策者对半结构化问题的求解。一般情况下，决策支持系统可分为智能决策支持系统、分布决策支持系统和群体决策支持系统。

决策支持系统以日常业务处理系统的数据为基础，利用数学的方法或模型，对业务数据进行综合分析，预测未来业务的变化趋势，在企业发展、市场经营战略等重大问题上为领导层提供决策帮助。通过综合应用决策科学的理论和方法，并与计算机技术和管理科学有机结合，决策支持系统能够为企业决策者提供各种定量分析，从而减轻了管理者从事低层次信息处理和分析的负担，使得他们专注于最需要决策智慧和经验的工作，提高决策的质量和效率，同时有效地提高决策者的决策能力，提高决策的科学性、可信度和可行性。

决策支持系统具有如下特点：它是以模型管理为主，实现定量处理；系统的运行不仅需要企业外部、内部的原始数据，还需要按照决策问题的要求进行处理后的数据，因此，不仅需要数据库的支持，还需要数据仓库的支持，不仅需要单一的数据，还需要多方的数据；对用户来说，系统只是支持而不是替代，即系统能为用户提供多个备选方案，并按照设定的评价指标集对方案进行评价，但是最终方案的选择还是用户；决策支持系统的支持能力是有限的。

2.运输管理系统

运输管理系统主要处理各种运输问题，它应当支持多网点、多机构、多功能作业的立体网络运输，特别是网络机构庞大的运输体系。运输管理系统能够协助管理人员进行资源分配、作业匹配、路线优化等操作，同时，运输管理系统与 RF、GPS/GIS 系统实现无缝连接，在充分利用条码的系统内可以实现全自动接单、配载、装运和跟踪。这里需要补充的是，运输信息系统还应有基本资料的管理（包括车辆信息、行使路线信息等基本资料的维护）、油料管理（包括油料的采购、库存转移和领用管理）、物料管理（包括对物料的采购、领用和破损处理等）和成本管理（包括控制车队日常运营成本时产生效益的主要手段和途径）。

3.采购管理系统

采购管理系统可以实现所有与采购有关的信息管理和数据处理。采购管理系统通常包括采购单管理、供应商管理、采购单到期提醒、采购单数据处理、采购变更处理以及周期报表生成等功能模块。

采购管理系统的主要业务流程及功能：当收到一个采购请求时，采购部门需要确定能够满足此需求的供应商。系统首先根据订单的物料清单查询库存量,并查询数据库中相关的供应商,如果数据库中没有合意的供应商,则根据现实信息新建一个供应商信息。经过向供应商询价、核价等过程,采购人员通过系统做出采购计划并制作采购单,等待供应商发货。系统根据采购单到期的日期提前提醒供应商,以保证物料能及时到货。如若订单取消,系统可记录取消采购单相关的信息。系统可在一定周期内,根据采购单的类别(紧急采购单或一般采购单),提供采购单周期的资料查询。

4. 库存信息系统

库存信息系统是物流信息系统中应用较为广泛的系统,也可以说是各类型物资及物流管理信息系统的基础系统。无论进行何种管理,库存信息都是首先要掌握和收集的。库存信息系统主要有以下几个应用方面的目的:一是便于掌握各分销地点的库存量及生产企业库存量;二是对具体的某一仓库进行库存管理;三是在高层货架仓库中建立库存信息分系统等。

5. 配送信息系统

配送信息系统是物流信息系统的重要组成部分,配送的成败决定着企业和经营部门对市场的占有程度和控制程度。美国通用电气公司的综合信息及销售管理系统是经典的配送信息系统:该公司将分布于各个州的销售部门、产品仓库及制造厂联结起来,及时掌握和分析库存情况,一旦有订货,则由中央计算机进行集中信息处理,在15秒内即可处理完毕,然后通过网络将发货信息传递到距离用户最近(或运费最低)的配送点命令发货。由此可见,配送信息系统的主要目的是:向各分销点或营业点提供配送物资的信息,根据订货查询库存及配送能力,发出配送指令、结算指示及发货通知,汇总及反馈配送信息等。

6. 订单处理系统

一个企业从发出订单到收到货物的时间称为订货提前期,而对于供货方,这段时间称为订货周期。在订货周期中,企业要相继完成5项重要活动:订单准备、订单传输、订单录入、订单履行、订单状况报告,这就是订单处理的流程。

在订单处理流程的任一环节缩短了时间,都可以为其他环节争取时间或者缩短订货周期,从而保证了客户服务水平的提高。生产企业的订货周期就是购买者的订货提前期,如果生产企业的订货周期比较短,并且很稳定,那么,购买者就可以降低再订货点,减少保险库存,节约大量的存货成本。由此可见,生产企业订货周期的长度及波动性对于购买企业的成本和灵活性具有重大影响,是购买企业在选择供应商时的重要参考指标,它直接影响企业的市场竞争力。从客户的角度来看,评价企业对客户需求的反应灵敏程度,是通过分析企业的订货周期的长短和稳定性来实现的。因此,完善的订单处理系统对企业而言是十分重要的。

7. 财务管理系统

财务管理系统可能包含于其他物流信息管理的子系统中,也可以看成物流信息系统中的独立单元。财务管理系统主要管理所有与物流费用有关的信息和资料。对企业发生的所有物流,包括运输、库存、行政、办公等费用计算,根据规范的合同文本、货币标准、收费标准自动生成结算凭证,为企业以及物流公司的自动结算提供完整的结算方案。

五、物流信息系统在物流管理中的作用

商流和物流是流通的重要组成部分,两者关系密切。在过去两者合二为一,但在物流发展过程中,商流和物流逐渐产生了分离,如图 5-3 所示。

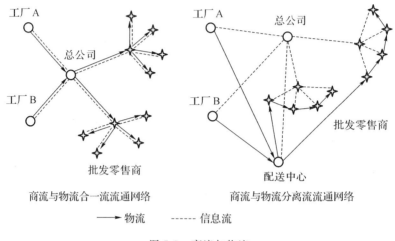

商流与物流合一流通网络　　　　　商流与物流分离流通网络

——— 物流　　------ 信息流

图 5-3　商流与物流

在现代物流中,物流主要是信息沟通的过程,物流的效率依赖于信息沟通的效率,商流、物流和信息流是分不开的,商流和物流都是在信息流的控制下运作的,信息流控制物品、资金流动的时间、方向、大小和速率。

现代物流趋向商流和信息流一体化,通过构建现代物流中心或信息处理中心这一全新的现代物流体系,使商流、物流和信息流在物流信息系统的支持下实现互动,从而能提供准确和及时的物流服务。

物流信息系统可以同时完成对物流的确认、跟踪和控制,它不仅使企业自身的决策快、反应快、灵活机动,对市场的应变能力强,而且增强了和客户的沟通联系,能最大可能地满足客户的需要,为客户创造更多的价值,因而易锁定原有的客户,吸引潜在的客户,从而增强企业的竞争优势。

物流信息系统的引进和完善为物流企业有效地解决了单点管理和网络化业务之间的矛盾、成本和客户服务质量之间的矛盾、有限的静态资源和动态市场之间的矛盾、现在和未来预测之间的矛盾。它通过直接切入物流企业的业务流程来实现对物流企业各生产要素进行合理组合和高效利用,降低经营成本,直接产生明显的经营效益。它有效地把各种零散数据变为商业智慧,赋予了物流企业新型的生产要素——信息,大大提高了物流企业的业务预测能力和管理能力,通过"点、线、面"的立体式综合管理,实现了物流企业内部一体化和外部供应链的统一管理,有效地帮助物流企业提高服务质量,提升物流企业的整体效益。

第二节　物流信息系统的结构与功能

一、物流信息处理的流程

在物流管理活动中,信息处理的结果起着十分重要的作用。进行物流管理时,需要大量准确的信息,信息的遗漏和错误都将影响相应决策的制定和执行,从而影响物流管理的效果和企业的效益。

物流信息处理是指按照应用的需要,采用一定的方法与手段对信息进行采集和输入、存储、传输、加工和输出这一过程的总称。应用的需要是进行信息处理的依据,输出是信息处理的归宿。物流信息处理流程,如图5-4所示。

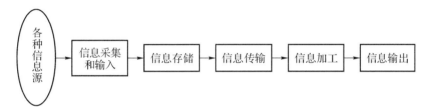

图 5-4　物流信息处理流程

1. 信息采集和输入

物流信息采集是指通过采集子系统从系统内部或外部将信息采集到预处理系统中,并处理成为系统要求的格式和形式,然后通过输入子系统输入物流信息系统中。这一过程是其他功能得以发挥作用的前提和基础,如果一开始采集和输入的信息不完全或不正确,在接下来的过程中得到的结果就可能与实际情况完全相左,这会导致严重的后果。因此,在衡量一个信息系统性能时,应注意它采集信息的完善性、准确性、校验能力,以及预防和抵抗破坏的能力等。

2. 信息存储

物流信息经过采集和输入阶段后,在其得到处理之前,必须在系统中存储下来。即使在处理之后,若信息还有利用价值,则也要将其保存下来,供以后使用。物流信息系统的存储功能就是要保证已得到的物流信息不丢失、不走样、不外泄、整理得当、随时可用。无论哪一种物流信息系统,在涉及信息的存储问题时,都要考虑存储量、信息格式、存储方式、使用方式、存储时间、安全保密等问题。如果这些问题没有得到妥善解决,信息系统是无法投入使用的。

3. 信息传输

物流信息在物流系统中,需要准确、及时地传输到各个职能环节,否则信息就会失去其价值。这就需要物流信息系统具有克服空间障碍的功能。物流信息系统在实际运行前,必须要充分考虑所要传递的信息种类、数量、频率、可靠性要求等因素。只有这些因素符合物流系统的实际需要时,物流信息系统才有实际使用价值。

4.信息加工

物流信息系统的最根本目的就是要将输入的数据加工处理成物流系统所需要的物流信息。数据和信息是有所不同的,数据是得到信息的基础,但数据往往不能直接利用,而信息是从数据加工得到,它可以直接被利用。只有得到了具有实际使用价值的物流信息,物流信息系统的功能才算得以发挥。

5.信息输出

信息输出是物流信息系统的最后一项功能,也只有实现了这个功能,物流信息系统的任务才算完成。信息的输出必须采用便于人或计算机理解的形式,在输出形式上力求易读易懂,直观醒目。

这5项是物流信息系统的基本功能,缺一不可。而且,只有5个过程都没有出错,最后得到的物流信息才具有实际使用价值,否则会造成严重的后果。

二、物流信息系统的结构

从系统的观点出发,构成物流信息系统的要素有硬件、软件、数据库与数据仓库、相关人员,以及物流企业管理思想和理念、管理制度与规范等。

1.硬件

硬件包括计算机、服务器、通信设施等,它是物流信息系统的物理设备、硬件资源,是实现物流信息系统的基础,它是构成物流信息系统运行的硬件平台。物流信息系统的物理结构,如图 5-5 所示。

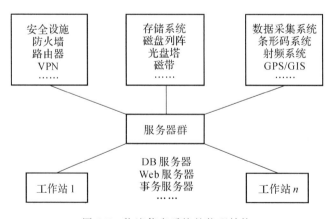

图 5-5　物流信息系统的物理结构

2. 软件

在物流信息系统中,软件一般包括系统软件、实用软件和应用软件。

(1)系统软件主要有操作系统、网络操作系统等,它能控制、协调硬件资源,是物流信息系统必不可少的软件。

(2)实用软件的种类很多,对于物流信息系统而言,主要有数据库管理系统、各种开发工具等,主要用于管理数据资源、开发应用软件、实现通信等。

(3)应用软件是面向问题的软件,与物流企业业务运作相关,实现辅助企业管理的功能。不同的企业可以根据应用的要求来开发或购买软件。

3. 数据库与数据仓库

数据库与数据仓库是用来存放与应用相关的数据,是实现辅助企业管理和支持决策的数据基础,目前大量的数据存放在数据库中。随着物流信息系统应用的深入,采用数据挖掘技术的数据仓库也应运而生。

4. 相关人员

系统的开发涉及多方面的人员,包括企业高层领导、信息主管、中层管理人员、业务主管、业务人员、系统分析人员、系统设计人员、程序设计人员、系统维护人员等。不同人员在物流信息系统开发过程中起着不同的作用。对于一个物流企业来说,应该配备什么样的专业队伍,既取决于企业对物流信息系统的认识,也取决于企业对物流信息系统开发的管理模式。

5. 物流企业管理思想和理念、管理制度与规范

在物流行业中,新的管理思想和理念不断产生,如供应链管理理念、第三方物流等。物流企业本身的决策者和管理者及其客户所能接受和贯穿的管理思想和理念的程度决定物流信息系统的结构,是物流信息系统的灵魂。

物流企业管理制度与规范通常包括组织结构、部门职责、业务规范和流程、岗位制度等,它们是物流信息系统成功开发和运行的管理基础和保障。

三、物流信息系统的主要功能

物流信息系统是把各种物流活动与某个一体化过程连接在一起的通道,一体化过程建立在四个功能层次上:交易系统、管理控制、决策分析和战略计划系统。

交易系统是用户启动和记录个别的物流活动的最基本的层次;管理控制要求把主要精力集中在功能衡量和报告上,功能衡量对于提供有关服务水平和资源利用等的管理反馈来说是必要的,管理控制以可估价的策略上的、中期的焦点问题为特征,它涉及评价过去的功能和鉴别各种可选方案;决策分析是主要把精力集中在决策应用上,协调管理人员鉴别、评估和比较物流战略和策略上的可选方案,但与管理控制不同的是,决策分析强调有效,而不是强调效率;战略计划系统主要集中在信息支持上,以开发和提炼物流战略,这类决策往往是决策分析层次的延伸,通常更加抽象、松散,并且注重于长期,包括通过战略联盟使协作成为可能,厂商的能力和市场机会的开发和提炼以及消费者对改进的服务所做出的反应。所以,物流信息系统的功能可概括为:

(1)市场交易活动功能。交易活动主要包括记录接货内容、安排储存任务、作业程序选择、制订价格及相关人员查询等。物流信息的交易作用就是记录物流活动的基本内容。主要特征是:程序化、规范化和交互式,强调整个信息系统的效率性和集成性。

(2)业务控制功能。物流服务的水平和质量以及现有管理个体和资源的管理,要有信息系统做相关的控制,应该建立完善的考核指标体系来对作业计划和绩效进行评价和鉴别,这里强调了信息系统作为控制工作和加强控制力度的作用。

(3)工作协调功能。在物流运作中,加强信息的集成、流通与共享,有利于工作的时效性,提高工作的质量与效率,减少劳动强度,这里,物流信息系统发挥了重要的作用。

(4)决策和战略支持功能。物流信息系统可以协助工作人员和管理层进行活动的评估以及成本—收益分析,从而更好地进行决策。

第三节　物流信息自动采集技术

在现代物流管理领域中,信息流和实物流是分离的,但信息流终究要为实物流服务,实现信息流和实物流的互联,主要依赖于自动识别和采集技术,包括条形码技术、射频识别技术、磁识别技术、声音识别技术、图形识别技术、光字符识别技术、生物识别技术等。在物流领域主要是指条形码技术和射频识别技术,它们应用,显著地提高了物流管理的效率。

一、条形码信息采集技术

条形码最早出现于 20 世纪 40 年代,历经多年发展,是比较成熟的标准化的物流信息编码和采集技术。

1.条形码的概念

条形码是一种可印刷的机器语言,是由一组按特定编码规则排列的条、空组成的图形符号,可表示特定的信息内容。条形码自动识别系统由条形码标签、条形码生成设备、条形码识读器和计算机组成。条形码标签绝大多数是纸质基材,由信息系统控制打印生成,具有经济、抗电磁干扰能力强等特点。在物流过程中,识读器根据条、空对光的反射率不同,利用光电转换器件,获取条形码所示信息,并自动转换成计算机数据格式,传输给计算机信息系统。条形码信息采集技术具有录入速度快、可靠性高、实用性强等优点。

在物流领域中,条形码是通过标准化来实现数据共享的。条形码技术的标准化是指在条形码技术的社会实践中,对重复性事物和概念,制定、发布和实施统一的标准。通过推行条形码技术标准化,有利于充分发挥条形码在国际贸易中的通用语言效能。在标准化实践中,条形码的码制是指条形码符号的类型,每种类型的条形码符号都是由符合特定编码规则的条和空组合而成,都有固定的编码容量和条形码字符集。条形码从产生到现在,种类有几百种之多,但常用的只有十几种,而国际上公认的只有三种,即 EAN 码、交叉 25 码和 UCC/EAN-128 码。这三种码制基本上能够满足物流应用的要求。

2.一维条形码

一维条形码由一个接一个的"条"和"空"排列组成,条形码信息靠条和空的不同宽度和位置来传递,信息量的大小是由条形码的宽度和印刷的精度来决定的,条形码越宽,包容的条和空越多,信息量越大;条形码印刷的精度越高,单位长度内可以容纳的条和空越多,传递的信息量也就越大。这种条形码技术只能在一个方向上通过"条"与"空"的排列组合来存储信息,所以叫它"一维条形码"。

通常,任何一个完整的一维条形码都是由静区、起始字符、数据字符、中间分隔字符(主要用于 EAN 码)、校验字符、终止字符等组成的。一维条形码符号中的数据字符和校验字符是代表编码信息的字符,扫描识读后需要传输处理,左右两侧的空白区、起始字符、终止字符等都是不代表编码信息的辅助符号,仅供条码扫描识读时使用,不需要参与信息代码传输。

(1)EAN 码。EAN 码是国际物品编码协会在全球推广应用的商品条形码,是定长的纯数字型条形码,它表示的字符集为数字 0～9。在实际应用中,EAN 码有两种版本,标准版(EAN-13 码)和缩短版(EAN-8 码)。我们日常购买的商品包装上所印的条形码一般都是 EAN 码。①标准版商品条码采用 EAN-13 码制,由 13 位数字组成。其结构如图 5-6 所示,由左侧静区、起始字符、左侧数据字符、中间分隔字符、右侧数据字符、校验字符、终止字符、右侧静区组成。②缩短版商品条形码采用 EAN-8 码,是 EAN-13 码的压缩版,由 8 位数字组成。与标准版商品条形码相比,缩短版商品条形码没有制造厂商代码,仅有前缀码、商品项目代码和校验码。

图 5-6　EAN-13 条形码的符号结构

(2)交叉 25 码。交叉 25 码(code 2 of 5 interleaved)在仓储和物流管理中被广泛采用。交叉 25 码是一种连续型、非定长、具有自校验功能,且条、空都表示信息的双向条形码。条形码符号由左侧静区、起始字符、数据字符、终止字符和右侧静区构成。

(3)UCC/EAN-128 码。UCC/EAN-128 码是一种可变长度的连续型条码,它用一组平行的条、空及其相应的字符表示。由左侧静区、起始字符、数据字符、校验字符、终止字符和右侧静区构成。UCC/EAN-128 码有 A、B、C 三套字符集,覆盖了全部 128 个 ASCⅡ码字符。UCC/EAN-128 码是由国际物品编码协会、美国统一编码委员会(uniform code council,UCC)和自动识别制造商协会共同设计而成的。我国制定的贸易单元 128 条码国家标准等采用了 UCC/EAN-128 码。UCC/EAN-128 码能够表达更丰富的信息,主要用于对应用标识的表示,如产品批号、数量、规格、生产日期、有效期、交货地等。条形码应用标识由应用标识符和数据两部分组成,应用标识符指明了在应用标识符后面出现的数字表达的含义,由 2~4 位数字组成。应用标识符标准规范不仅是一个标准,更是信息交换的工具,它将物流与信息紧密结合起来,成为连接条形码与 EDI 的纽带。

3.二维条形码

一维条形码自出现以来,发展速度很快,极大地提高了数据录入和采集的效率。但是,一维条形码所携带的信息量有限,在应用中,更多的是对"物件"进行标识,而不是对"物品"进行描述。一维条形码必须依赖数据库的支持才能表达更多的信息,这在一定程度上限制了它的应用。现代高新技术的发展,迫切要求条形码在有限的几何空间内表达更多信息以满足各种需要,二维条形码(如图 5-7 所示)正是在这种形势下,于 20 世纪 90 年代产生的。目前,二维条形码主要有 PDF417 码、Code 49 码、Code 16K 码、Data Matrix 码和 MaxiCode 码等,主要分为层排式和棋牌式两大类。二维条形码主要用于以下方面:电子商务中的单证;证件(如护照、身份证、驾驶证等);物流中心、仓储中心等的物品盘点;商业机密、政治情报、军事机密、私人信函等。

二维条形码的优点体现在:

(1)信息密度大。二维条形码利用垂直方向的尺寸来提高条形码的信息密度,通常情况下其密度是一维条形码的几十倍到几百倍,这样就可以把产品信息全部存储在一个二维条码中,要查看产品信息,只要识读设备扫描二维条形码即可,不需要依赖数据库,真正实现了用条形码对"物品"的描述。

(2)纠错能力强。二维条形码可以表示数以千计字节的数据,如果没有纠错功能,当二维条形码的某部分损坏时,该条形码便变得毫无意义,因此,二维条形码引入了错误纠正机制。这种纠错机制使得二维条形码成为一种安全可靠的信息存储和识别方法,这是一维条形码无法比拟的。

(3)编码范围广。多数二维条形码都具有字节表示模式,即提供了一种表示字节流的机制。它能够设法将各种数字化信息(如文字、图像、声音、指纹等)转换成字节流,然后再将字节流用二维条形码表示。

(4)保密性能好。加密机制的引入是二维条形码的又一优点。二维条形码可以采用密码防伪、软件加密及利用所包含的信息,如指纹、照片等进行防伪,因此,具有极强的保密、防伪性能。

(5)成本低廉。利用现有的点阵、激光、喷墨、热敏/热转印、制卡机等打印技术,即可在纸张、卡片、PVC,甚至在金属表面印出二维条形码。

PDF 417

Code 49

Data Matrix

MaxiCode

图 5-7 二维条形码

4. 条形码采集与传输系统

条形码所载信息由条形码识别系统采集到物流信息系统中。条形码自动识别系统主要构成元素包括:能够自动读入条形码的装置——条形码自动阅读器(扫描器和译码器);把读入的信息传送到处理器的通信系统;识别条形码的处理器。

(1)条形码的读入。自动识别的第一步是条形码的读入。条形码的读入由扫描器和译码器完成。扫描器利用光电转换技术对条形码符号进行扫描,获取条形码信息。物流信息系统中使用的扫描器主要有以下三种:①手动式条形码阅读器。如手持式光笔条码阅读器、手持式 CCD 条形码阅读器和手持式激光条形码阅读器。②固定式条形码阅读器。扫描器固定不动,条形码在扫描前移动通过时进行扫描,可对条形码远距离自动识别,不需要任何人工操作,因此在物流识别与跟踪中广泛使用。③全向式条形码阅读器。这种阅读器如同摄像头,当条形码进入摄像区域时,条形码的整体信息直接被摄入。其特点是阅读器与符号之间不必相对移动,无论条形码以什么角度进入阅读区域都能正确读入。

为满足对物流信息采集的连续性、实时性和多采集点的要求,有必要采用一定结构的条形码数据采集系统。经常使用的多通道管理器可对多点条形码信息进行管理。此外,运用射频识别(radio frequency identification,RFID)技术可使数据采集系统具有更好的柔性。

(2)信息的解译。译码器分析阅读器读入的信号,并译解出条形码的编码信息。衡量一个译码器优劣的主要指标是误码率和首读率。误码率表示对一组数据进行识别,其中可能出现一个错误数据的概率。首读率是对一组条形码进行一次性识别,其中识别成功的概率。一个符合质量标准的译码器,在条形码符号印刷质量比较好的情况下,误码率要求在 $10^{-9} \sim 10^{-8}$,首读率在 90% 以上。

(3)条形码信息的传输。阅读并被译解的信息通常需要传送到中央处理计算机进行处理。一般在条形码译码器内部,可由单片机或专用集成电路来完成译码与传送。它与中央处理计算机采用串行接口或键盘接口。由于条形码识别与生产控制流程、信息管理作业等相关,因此还需要建立相应的条形码数据采集系统,将各点位获取的条形码信息通过网络传输,集中进行处理。

二、射频信息采集技术

2003 年 11 月 4 日,全球最大的连锁超市集团——美国沃尔玛公司宣布一项重大决策,要求其 100 家最大的供货商于 2005 年 1 月 1 日前在商品包装上必须使用 RFID 标签;余下的 8 万多家供货商最迟在 2006 年 1 月 1 日前采用该技术。从历史上看,条形码技术正是由沃尔玛等全球连锁超市推动发展起来的,所以此举很可能是射频识别技术在商业物流中的应用即将普及,并取代条形码技术主流地位的一个明显征兆。

此外,IBM、Intel 及 Microsoft 等业界巨头厂商也纷纷宣布发展射频识别技术;国际上的许多相关组织机构以及各国政府也积极制定相关的标准和政策。这些似乎一直表明,射频识别技术的商业应用已经进入实用化、快速发展的阶段。

1. RFID 的概念

无线电技术在自动识别领域的应用技术被称为射频识别技术（RFID）。射频识别技术的基本原理是电磁理论,利用无线电波对记录媒体进行读写。射频识别系统的优点是不局限于视线,识别距离比光学系统远,射频识别卡具有可读写能力,可以携带大量数据、难以伪造并具有一定的智能性。射频识别特别适合于物料跟踪、运载工具识别等要求非接触数据采集和交换的场合。

射频识别技术是自动识别技术中最优秀、应用领域最广泛的技术之一,具有环境适应性强、可全天候使用、免接触、抗干扰能力强、可以穿透非金属物体进行识别处理等优点,在物流管理中有着广阔的应用前景。

2. RFID 系统的构成和基本工作原理

最基本的 RFID 系统由三部分构成:①射频标签(tag):也称为非接触 IC 卡、RF 卡、ID 卡等,由耦合元件及芯片组成,每个标签具有唯一的电子编码(EPC),附着在要标识的目标物体上。②阅读器(reader):也称为读写器、读出装置等,是用来读取(有时还可以写入)标签信息的设备。③天线(antenna):在标签和阅读器间传递射频信号。此外,一个完整的 RFID 应用系统还包括:①中间件(application interface):又称 RFID 管理软件,它能够为后台业务系统提供强大的支撑,从而驱动更广泛、更丰富的 RFID 应用。②应用系统硬件(application hardware):主要由无线终端、无线网关和服务器构成。终端一般是一台手提电脑加扫描器,具有无线通信功能。③应用系统软件(application software):记录数据、实现物流管理等功能。

RFID 技术的基本工作原理:标签进入磁场后,接收解读器发出的射频信号,凭借感应电流获得的能量发送出存储在芯片中的产品信息(passive tag,无源标签或被动标签),或者主动发送某一频率的信号(active tag,有源标签或主动标签);解读器读取信息并解码后,发送至中央信息系统进行有关数据的处理。

3. RFID 标签的类型

射频标签具有多种类型,并且有多种不同的分类方式,主要包括:

(1)按供电方式的不同可分为有源卡和无源卡。有源卡是指内有电池提供电源,其作用距离较远,但寿命有限、体积较大、成本高,且不适合在恶劣环境下工作;无源卡内无电池提供电源,它利用波束供电技术将接收到的射频能量转化为直流电源为卡内电路供电,其作用距离相对有源卡短,但寿命长,且对工作环境要求不高。

(2)按载波频率的高低可分为低频射频卡、中频射频卡和高频射频卡。低频射频卡的频率主要有 125kHz 和 134.2kHz 两种,中频射频卡的频率主要有 13.56MHz,高频射频卡的频率主要为 433MHz、915MHz、2.45GHz、5.8GHz 等。低频射频卡主要用于短距离、低成本的应用中,如多数的门禁控制、校园卡、动物监管、货物跟踪等;中频射频卡用于门禁控制和需传送大量数据的应用系统;高频射频卡应用于需要较长的读写距离和高读写速度的场合,其天线波束方向较窄且价格较高,在火车监控、高速公路收费等系统中应用。

（3）按调制方式的不同可分为主动式和被动式。主动式射频卡用自身的射频能量主动地发送数据给读写器；被动式射频卡使用调制散射方式发射数据，它必须利用读写器的载波来调制自己的信号，该类技术适合用在门禁或交通应用中，因为读写器可以确保只激活一定范围之内的射频卡。在有障碍物的情况下，用调制散射方式，读写器的能量必须来回穿过障碍物两次。由于主动式射频卡发射的信号仅穿过障碍物一次，因此主动式射频卡主要用于有障碍物的应用中，距离更远（可达 30 米）。

（4）按作用距离的远近可分为密耦合卡（作用距离小于 1 厘米）、近耦合卡（作用距离小于 15 厘米）、疏耦合卡（作用距离约 1 米）和远距离卡（作用距离从 1 米到 10 米，甚至更远）。

（5）按芯片的不同可分为只读卡、读写卡和 CPU 卡。

4. RFID 系统的分类

根据功能的不同，RFID 系统可分为 4 种类型：电子防盗系统（electronic article surveillance，EAS）、便携式数据采集系统、物流控制系统、定位系统。

（1）EAS 系统。EAS 技术是一种设置在需要控制物品出入的门口的 RFID 技术。这种技术的典型应用场合是商店、图书馆、数据中心等地方，当未被授权的人从这些地方非法取走物品时，EAS 系统会发出警告。在应用 EAS 技术时，首先在物品上黏附 EAS 标签，当物品被正常购买或者合法移出时，在结算处只要通过一定的装置使 EAS 系统失活，物品就可以被取走。物品经过装有 EAS 系统的门口时，EAS 系统能自动检测标签的活动性，发现活动性标签，EAS 系统会发出警告。EAS 技术的应用可以有效防止物品的被盗，不管是大件的商品，还是很小的物品。应用 EAS 技术，物品不用再锁在玻璃橱柜里，可以让消费者自由地观看、检查商品，这在自选日益流行的今天有着非常重要的现实意义。

（2）便携式数据采集系统。便携式数据采集系统是使用带有 RFID 阅读器的手持式数据采集器采集 RFID 标签上的数据。这种系统具有比较大的灵活性，适用于不宜安装固定式 RFID 系统的应用环境。手持式阅读器（数据输入终端）可以在读取数据的同时，通过无线电波数据传输方式（RFDC）实时地向主计算机系统传输数据，也可以暂时将数据存储在阅读器中，再一批批地向主计算机系统传输数据。

（3）物流控制系统。在物流控制系统中，固定布置的 RFID 阅读器分散布置在给定的区域，并且阅读器直接与数据管理信息系统相连，信号发射机是移动的，一般安装在移动的物体或人身上。当物体或人流经阅读器时，阅读器会自动扫描标签上的信息，并把数据信息输入数据管理信息系统进行存储、分析、处理，达到控制物流的目的。

（4）定位系统。定位系统用于自动化加工系统中的定位以及对车辆、轮船等进行定位。阅读器放置在移动的车辆、轮船上或者自动化流水线中移动的物料、半成品、成品上，信号发射机嵌入操作环境的地表下面。信号发射机上存储着位置识别信息，阅读器一般通过无线或者有线的方式连接到主信息管理系统获取位置信息。

5. RFID 技术在物流管理中的应用

物流行业广泛采用条形码标签。这种标签的缺点是识读成功率低，识读距离比较近，必须逐一扫描。这在某种程度上影响了物流速度,而 RFID 技术的优点恰恰弥补了条形码技术的不足。因此,RFID 技术的应用给物流行业带来了革命性的变化。

(1)零售环节。RFID 技术可以改进零售商的库存管理,实现适时补货,有效跟踪运输与库存,提高效率,减少差错。FRID 技术能对某些时效性强的商品的有效期限进行监控;商店能利用 RFID 系统在付款台实现自动扫描和计费,从而取代人工收款。RFID 标签在供应链终端的销售环节,特别是在超市中免除了跟踪过程中的人工干预,并能够生成 100% 准确的业务数据,因而具有很大的吸引力。RFID 技术还有助于解决零售业两个最大的难题:商品断货和损耗。

(2)仓储环节。在库存管理中,射频识别技术广泛应用于存取货物与库存盘点。它可实现自动化的存货和取货操作。在仓库管理中,将供应链计划系统中的各项计划与射频识别技术相结合能够准确高效地完成各种业务操作,如存、取货物,装箱运输等。当 RFID 技术应用于库存盘点时,可大幅降低人力,实现商品登记自动化,使盘点工作不再需要人工检查或扫描条码,更加快速准确。

(3)生产环节。在生产制造环节应用 RFID 技术,可以实现在生产线上对原材料、零部件、半成品和成品的自动识别与跟踪,减少人工识别成本和出错率,从而达到提高生产效率和经济效益。尤其是采用 JIT 准时制生产方式的自动化流水线上,采用 RFID 技术后,产品生产流程的各个环节均被置于严密的监控和管理之下,可实现流水线均衡、稳步生产,同时也加强了对质量的控制与追踪。

(4)配送/运输环节。RFID 技术不仅可以准确高效地对配送过程中的货物进行分拣、中转、及时送达,还可以方便快捷地记载货物配送信息,提高物流业的服务、管理水平,减少人工,降低配送成本。RFID 技术还可有效应用于高速公路的自动收费系统,让车辆快速通过收费站的同时自动完成收费,可充分体现其非接触识别的优势。射频识别技术已在不停车高速公路自动收费系统(electronic toll collection,ETC)得到广泛应用。

第四节　空间数据管理技术

物流活动常处在运动和分散的状态,因此,全球定位系统、地理信息系统、无线电通信移动定位系统等技术能够将物品移动的空间数据进行有效的管理。为使读者初步了解物流信息的动态跟踪技术,本节简要介绍北斗卫星导航系统、全球定位系统、位置信息服务和地理信息系统的基本原理及其在物流信息系统中所起的作用。

一、北斗卫星导航系统

北斗卫星导航系统(BDS),简称北斗系统,是中国自主发展、独立运行的全球卫星导航系统,是联合国全球卫星导航系统国际委员会已认定的供应商,与美国全球定位系统、俄罗斯格洛纳斯卫星导航系统、欧洲建设中的伽利略卫星导航系统构成全球四大导航系统。北斗系统可在全球范围内全天候、全天时为各类用户提供高精度、高可靠服务,并且具备短报文能力,已经初步具备区域导航、定位和授时能力,为分米、厘米级别,测速精度 0.2 米/秒,授时精度 10 纳秒。截至 2020 年,全球范围内已经有 137 个国家与北斗卫星导航系统签下了合作协议。随着全球组网的成功,北斗卫星导航系统未来的国际应用空间将会不断扩展。

1.北斗系统的建设与发展

我国北斗系统的建设坚持自主创新、分步建设、不断完善的"三步走"发展战略,先后经历了北斗一号系统、北斗二号系统、北斗三号系统三个发展阶段。

(1)北斗一号系统。北斗一号系统于1994年启动建设,也称北斗卫星导航试验系统,2000年,发射了两颗地球静止轨道卫星,建成系统并投入使用,采用有源定位体制,为中国用户提供定位、授时、广域差分和短报文通信服务,其中短报文通信服务是北斗系统的特色服务之一。2003年,该系统发射了第3颗地球静止轨道卫星,进一步增强了系统性能。

(2)北斗二号系统。2004年,北斗二号系统工程建设启动,2012年底,完成了14颗卫星(5颗地球静止轨道卫星、5颗倾斜地球同步轨道卫星和4颗中圆地球轨道卫星)发射组网。北斗二号系统在兼容北斗一号技术体制基础上,增加了无源定位体制,为亚太地区用户提供定位、测速、授时、广域差分和短报文服务。

(3)北斗三号系统。2009年,北斗三号系统建设正式启动。该系统继承了北斗有源服务和无源服务两种技术体制。2018年,该系统面向"一带一路"沿线及周边国家提供基本服务。2020年6月,该系统完成了35颗卫星发射组网,为全球用户提供服务,并可为亚太大部分地区提供更优的服务。

2.北斗系统的组成

北斗系统基本组成包括空间段(卫星星座)、地面段(地面监控)和用户段(接收机)。

(1)空间段。北斗系统空间星座由5颗地球静止轨道卫星、27颗中圆地球轨道卫星和3颗倾斜地球同步轨道卫星组成。

(2)地面段。地面段负责系统导航任务的运行控制,主要由主控站、时间同步/注入站、监测站等组成。主控站是北斗系统的运行控制中心,主要任务包括以下几方面:

①收集各时间同步/注入站、监测站的导航信号监测数据,进行数据处理,生成导航电文等;

②负责任务规划与调度、系统运行管理与控制;

③负责星地时间观测比对,向卫星注入导航电文参数;

④卫星有效载荷检测和异常情况分析等。

时间同步/注入站主要负责完成星地时间同步测量,向卫星注入导航电文参数。监测站对卫星导航信号进行连续观测,为主控站提供实时观测数据。

(3)用户段。用户段是指多种类型的北斗终端,包括与其他导航系统兼容的终端。用户设备部分主要功能是能够捕获按一定卫星截止角所选择的待测卫星,并跟踪这些卫星的运行。当接收机捕获到跟踪的卫星信号后,即可测量出接收天线至卫星的伪距和距离的变化率,解调出卫星轨道参数等数据。根据这些数据,接收机中的微处理计算机就可以进行定位计算,计算出用户所在地理位置的经纬度、高度、速度、时间等信息。

3. 北斗系统的特点

（1）北斗系统空间段采用三种轨道卫星组成的混合星座，与其他卫星导航系统相比，高轨卫星更多，抗遮挡能力更强，尤其是低纬度地区性能优势更为明显。

（2）北斗系统提供多个频点的导航信号，能够通过多频信号组合使用等方式提高服务精度。

（3）北斗系统创新融合了导航与通信能力，具备定位导航授时、星基增强、地基增强、精密单点定位、短报文通信和国际搜救等多种服务功能。

4. 北斗系统应用与产业化

北斗系统是一种民用和军用兼顾的全球卫星导航系统，可同时为多用户提供时空通信服务，具有高精度、全球覆盖、全天候、连续、实时等特点。其中，北斗系统在交通运输和航空航天、海洋作业和渔业、测量和勘探、水文监测、气象预报、森林防火、通信系统、农业生产、救灾减灾等民用领域得到广泛应用。

（1）在交通运输和航空航天方面，北斗系统广泛应用于地面车辆的导航、跟踪和物流运输管理、城市智能交通管理；船舶的水上航行和进港引导、远洋船舶的跨洋航行；飞机的飞行导航、进场着陆和空中交通管制；以及重点运输过程监控管理、公路基础设施安全监控、港口高精度实时定位调度监控等领域。

（2）在海洋作业和渔业方面，北斗系统应用于海上钻井平台的拖航就位、海洋测量、海洋资源的普查和渔业生产。北斗系统为渔业管理部门提供船位监控、紧急救援、信息发布、渔船出入港管理等服务。

（3）在测量和勘探方面，北斗系统广泛应用于大地测量、物理和资源勘查、地壳运动、地籍测量等。

（4）在水文监测方面，北斗系统成功应用于多山地域水文测报信息的实时传输，提高灾情预报的准确性，为制定防洪抗旱调度方案提供重要支持。

（5）在气象预报方面，北斗气象测报型终端设备和大气海洋及空间监测预警示范应用形成实用可行的系统应用解决方案，实现气象站之间的数字报文自动传输。

（6）在森林防火方面，北斗系统成功应用于森林防火。短报文通信功能在实际应用中发挥了较大作用。

（7）在通信系统方面，北斗的双向授时应用于电力时间同步，为电力事故分析、电力预警系统、保护系统等高精度时间应用创造了条件。

（8）在农业生产方面，北斗的实时精密定位将应用于土地和大田的整理和管理，将其装在拖拉机和收割机等农业机械上，以分米级的定位精度实现对农田的精密耕作。

（9）在救灾减灾方面，基于北斗系统的导航定位、短报文通信以及位置报告功能，提供全国范围的实时救灾指挥调度、应急通信、灾情信息快速上报与共享等服务，显著提高了灾害应急救援的快速反应能力和决策能力。例如，北斗系统在南方冰冻灾害、四川汶川和青海玉树地震、舟曲特大泥石流抗灾活动中发挥了重要的作用。

二、全球定位系统

全球定位系统(global positioning system,GPS),是美国于 1973 年开始研制的第二代被动式无线电导航系统,是美国继阿波罗登月飞船和航天飞机之后的第三大航天工程,历经 20 年,耗资 300 多亿美元。它是一种全天候空间基准导航系统,能够为全球绝大多数地区或近地空间的用户连续地提供高精度的三维位置、速度和时间信息。1994 年,系统全面建成,美国政府宣布从 2000 年 5 月 1 日起,取消对 GPS 的保护政策,向全世界用户免费开放。

1. GPS 的组成结构

GPS 全球定位系统由三部分组成:空间星座部分——GPS 卫星星座,地面控制部分——地面监控系统,用户设备部分——GPS 信号接收机。

(1)GPS 卫星星座。它是由 21 颗工作卫星和 3 颗备用卫星组成的,记为(21+3)GPS卫星星座。

(2)地面监控系统。GPS 工作卫星的地面监控系统主要由 1 个主控站、3 个信息注入站和 5 个监测站组成。对于导航定位来说,GPS 卫星是一个动态已知点。卫星的位置是依据卫星发射的星历——描述卫星运动及其轨道的参数算得的。每颗 GPS 卫星所播发的星历,是由地面监控系统提供的。地面监控系统另一重要作用是保持各颗卫星处于同一时间标准——GPS 时间系统。这就需要地面站监测各颗卫星的时间,求出时间差,然后由地面注入站发给卫星,卫星再由导航电文发给用户设备。

(3)GPS 信号接收机。GPS 信号接收机的任务是:能够捕获到按一定卫星高度截止角所选择的待测卫星的信号,并跟踪这些卫星的运行,对所接收到的 GPS 信号进行变换、放大和处理,以便测量出 GPS 信号从卫星到接收机天线的传播时间,解译出 GPS 卫星所发送的导航电文,实时地计算出观测站的三维位置,甚至三维速度和时间,最终实现利用GPS 进行导航和定位的目的。

2. GPS 的工作原理

(1)三角测量法。GPS 的工作原理并不复杂,它采用"三角测量法"来定位(如图 5-8 所示)。三角测量法需要有 3 个坐标已知的参考点,并且知道被测点到参考点之间的距离,

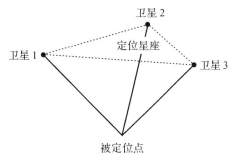

图 5-8　三角测量法定位

以参考点为圆心、以被测点到各参考点的距离为半径画圆周,3 个圆周的唯一交点即被测点的确切位置。这种方法不仅可以用于二维平面定位,也可以用于三维空间定位。

在 GPS 中,3 个参考点就是 3 个悬在空中的卫星,如果它们的位置已知,被测点到它们之间的距离就可以通过接收从卫星发来的无线电波测量出来,被测点在地球上的位置则可由地面接收装置中的计算机计算出来。对于陆上和海上二维位置(经度和纬度)来说,只要观测 3 颗卫星就可以;对于空间的三维位置(经度、纬度和高度),需要采集 4 颗卫星的信号才能计算确定(需要 4 颗卫星是因为在定位计算中使用时间差而非信号传播时间,所以需要联立 4 个方程)。

(2)测定相隔距离。从 GPS 工作原理可知,地球上所测地点的位置,可以根据它与至少 3 颗人造卫星的相隔距离来确定。那么,问题就归结为如何测定它到空间中一个飘浮移动的物体的距离大小。从计算方法上讲,此问题似乎很简单,即所求距离等于速度与通过时间的乘积。根据 GPS 运行的实际情况,经过这段距离的是无线电信号,因此,这里的速度就是光速。这样,问题又归结为如何测定无线电信号通过这段距离的时间。只要测定从人造卫星处发出的信号到达所测地点接收器所需的时间长短,就能计算出相隔距离。

3. GPS 在物流管理中的应用

GPS 系统的建立给导航和定位技术带来了革命性变化,它从根本上解决了人类在地球上的导航和定位问题,可满足不同用户的需要。目前,GPS 的诸多功能在物流领域的运用已被证明是卓有成效的,尤其是在货物配送领域中。由于货物配送过程是实物空间位置转移的过程,所以对可能涉及的货物的运输、仓储、装卸、送递等处理环节,对各个环节涉及的问题,如运输路线的选择、仓库位置的选择、仓库的容量设置、合理装卸策略、运输车辆的调度和投递路线的选择等,都可以通过运用 GPS 进行有效的管理和决策分析。这无疑将有助于配送企业有效地利用现有资源、降低消耗、提高效率。具体来看,GPS 在货物配送中主要运用了下列几方面的功能。

(1)精确导航。GPS 帮助人们准确测定所在地点的位置,但是,有时候知道从一地怎样准确地到达另一地显得更加重要。GPS 起初的设计目标就是为船只和飞机提供导航信息。毫无疑问,这项技术不仅适用于海运和空运,同样也适用于陆运。GPS 可以为物流配送提供精确的导航服务。

(2)疏导交通。GPS 能随时随地提醒驾驶者注意险情、道路拥挤等情况,还能提示该怎么走最合理,能使驾驶者快速地到达目的地。科学家预言,不久的将来装有 GPS 引导系统的飞机、火车、轮船、汽车等效能工具将会出现在地球的任何一个角落,人们不再为道路、航线、港口、车站拥挤而烦恼,也用不着为自己托送的货物究竟到了什么地方而迷茫,GPS 引导系统都会给人们指导释疑。GPS 可以为物流配送选择更为合理的路线,节省配送时间。

(3)车辆跟踪。GPS 导航系统与地理信息系统(geographic information system,GIS)、无线移动通信系统(GSM)及计算机车辆管理信息系统相结合,可以实现对车辆的跟踪功能。目前,人们已开发出把 GPS/GIS/GSM 技术结合起来对车辆进行实时定位、跟踪、报警、通信等的技术,能够满足掌握车辆基本信息、对车辆进行远程管理的需要,有效避免车辆的空载现象,同时,客户也能通过互联网技术,了解货物在运输过程中的详细情况。

（4）货物配送路线规划。货物配送路线规划是 GPS 导航系统的一项重要辅助功能。①动态线路规划。由驾驶者确定起点和终点，由计算机软件按照要求自动设计最佳行驶路线，包括最快的路线、最简单的路线、通过高速公路路段次数最少的路线等。②人工线路设计。由驾驶员根据自己的目的地设计起点、终点和途经点等，自动建立线路库。线路规划完毕后，显示器能够在电子地图上显示设计线路，并同时显示汽车运行路径和运行方法。

三、位置信息服务

位置信息服务（location based service，LBS），有时也被称为"定位服务"或"基于位置的服务"。LBS 是通过电信移动运营商的网络获取移动终端用户的位置信息（经、纬度坐标），在电子地图平台的支持下，为用户提供紧急呼叫、道路救援和驾驶方位指示等空间地理位置的信息服务，如中国移动提供的动感位置查询服务。

1. LBS 的工作原理

LBS 的工作原理为：移动电话测量不同基站的下行导频信号，得到不同基站下行导频的到达时刻（time of arrival，TOA），根据该测量结果并结合 3 个基站的坐标，采用三角测量法，就能够计算出移动电话所处的位置。三角测量法在实际操作中往往要考虑更多的基站（3 个以上），因此，算法要复杂很多。一般来说，移动台测量的基站数目越多，测量精度越高，定位效果越好。LBS 的定位较慢，精度较差，目前只有一部分商业应用。

2. LBS 的特点

（1）定位手段的多样性。除广泛使用的 GPS 系统外，基于手机或基于通信网络的无线定位技术也得到广泛应用。

（2）通信手段的广泛性。基于 GSM、GPRS、CDMA 等网络的 SMS、MMS、HTTP 都可作为 LBS 服务器数据交换的方法。此外，众多无线通信专网，以及有线电话、寻呼网、卫星通信等均可成为 LBS 的通信手段。

（3）用户终端的多样性。与通信手段相对应的 GPS 车载硬件、手机、PDA 等均可成为 LBS 的用户终端。由于手机终端的灵活性、方便性以及普及性，因此，手机作为 LBS 系统的终端具有很高的实用价值。

GPS 定位和 LBS 定位在工作原理、精度、收费模式等方面存在着明显的区别，如表 5-1 所示。

表 5-1　GPS 定位和 LBS 定位的区别

对象	GPS 定位	LBS 定位
原理	卫星定位	基站网络定位
精度	3～20 米	50～2000 米
是否收费	免费	收费
盲区对比	对卫星依赖大，至少捕捉 3 颗卫星，导致盲区较大。室内、车里、阴天定位信号较弱	在移动网络覆盖区域内均可实现

3. LBS 在物流管理中的应用

(1)运输车辆导航。车辆导航是位置信息服务最为广泛的应用领域之一。在提供位置信息服务之前,车辆一般都是使用专用的 GPS 设备来导航的。这种专门的定位系统的优点是定位精度高,可达 10～20 米,缺点是造价比较贵,且在建筑物遮挡或山洞隧道等地方无法正常工作。随着城市基础设施的现代化以及定位技术的成熟,用户可以通过位置信息服务进一步增强车辆导航定位能力。

(2)物流数据共享。货运行业业务覆盖地域广、车辆多,需要位置服务信息的用户多,要求数据共享的程度高。

(3)运输过程监控。现代物流监控不仅要确定物体的位置,同时还要保障货物运输最优安排、准确及时运送,要求时刻跟踪货物的位置和状态,信息量大,网络压力也大。LBS 平台可为企业提供物流实时监控、配送路线优化以及车辆运行监视等服务。

四、地理信息系统

地理信息系统是 1963 年由罗杰·汤姆林森(Roger Tomlinson)提出的,20 世纪 80 年代开始走向成熟的一个综合应用系统。它把各种信息同地理位置和有关的视图结合起来,在物流管理中有着广泛的应用。

1. GIS 的概念

地理信息系统(GIS),有时又称为"地学信息系统"或"资源与环境信息系统",是一种特定的十分重要的空间信息系统。它是在计算机硬、软件系统支持下,对整个或部分地球表层(包括大气层)空间中的有关地理分布数据进行采集、储存、管理、运算、分析、显示和描述的技术系统。地理信息系统处理、管理的对象是多种地理空间实体数据及其关系,包括空间定位数据、图形数据、遥感图像数据、属性数据等,用于分析和处理在一定地理区域内分布的各种现象和过程,解决复杂的规划、决策和管理问题。

2000 年以来,基于互联网技术的地理信息系统——Web GIS 得到迅速发展。全球任一客户均可通过互联网访问 GIS 服务器,根据用户的权限可以进行浏览空间数据、制作专题图,以及进行各种空间检索和空间分析,甚至是更改数据的操作。

2. GIS 的功能

在具体的应用领域中,GIS 可以帮助分析解决下列问题:

(1)定位(location):研究的对象位于何处? 周围的环境如何? 研究对象相互之间的地理位置关系如何?

(2)条件(condition):有哪些地方符合某项事务(或业务)发生(或进行)所设定的特定经济地理条件?

(3)趋势(trend):研究对象或环境从某个时间起发生了什么样的变化? 今后演变的趋势是怎样的?

(4)模式(pattern):研究对象的分布存在哪些空间模式?

（5）模拟（modeling）：如果发生假设条件时，则研究对象会发生哪些变化？引起怎样的结果？

GIS 最明显的作用就是能够把数据以地图的方式表现出来，把空间要素和相应的属性信息组合起来就可以制作出各种类型的信息地图。专题地图的制作从原理上讲虽然并没有超出传统的关系数据库的功能范围，但是把空间要素和属性信息联系起来后，应用功能大大增强了，应用范围也扩展了。

3. GIS 的优势

与单纯的数据库及计算机辅助设计（computer aided design，CAD）技术相比，GIS 具有独特的技术优势。

（1）图形显示输出上的优势。GIS 提供良好的图形展示界面。除了 CAD 的显示、出图功能以外，GIS 也能根据属性资料做不同的主题展示，将图形根据需要任意缩放。此外，GIS 制图可以解决传统单一主题叠合问题，将统一坐标系下的不同主题有效结合。

（2）分析功能上的优势。CAD 等绘图软件着重于图形的绘制，不具备图形特征的相关属性内容，各点之间不具备拓扑关系，分析功能缺乏。一般的统计软件虽能处理大量的统计资料，但是缺乏处理图形的能力。只有 GIS 才能够将两者有机结合，使得图形资料能够灵活应用，任意叠合、分割、截取和统计分析。而且，GIS 的空间分析功能能够对点、线、面做不同的空间分析，获取相关信息。在物流的最短路径分析、配送区域分割中具有独特作用。

（3）模型模拟上的优势。GIS 的强大功能还表现在它能够根据不同的模型对地面目标物体进行模拟，完全在可视化的操作界面下模拟和了解物流业务的开展情况。

4. GIS 在物流管理中的应用

物流管理则是以满足消费者的需求为目的，将企业在采购、制造、运输、销售等过程中有关市场的情况统一起来进行思考，进而据此决策的一项战略措施。GIS 按照地理特征的关联，将多方面的数据以不同层次联系构成现实世界模型，在此模型上使用空间查询和空间分析进行管理，并通过空间信息模拟和分析软件包进行空间信息的加工、再生，为空间辅助决策的分析打下基础。由于物流对地理空间有较大的依赖性，因此采用 GIS 技术建立企业的物流管理系统可以实现企业物流的可视化、实时动态管理。

GIS 在物流管理领域中的应用主要是指利用 GIS 强大的地理数据功能来完善物流分析技术，合理调整物流路线和流量，合理设置仓储设施，科学调配运力，提高物流业的效率。目前，人们已开发出了专门的物流分析软件用于物流分析。完整的 GIS 物流分析软件集成以下模型：

（1）车辆路线模型。用于解决在一个起始点、多个终点的货物运输中，如何降低物流作业费用，并保证服务质量的问题。物流分析中，在一对多收、发货点之间存在着多种可供选择的运输路线的情况下，应该以物资运输的安全性、及时性和低费用为目标，综合考虑，权衡利弊，选择合理的运输方式并确定费用最低的运输路线。

（2）设施定位模型。用于确定一个或多个设施的位置。在物流系统中，仓库和运输路线共同组成了物流网络,仓库处于网络的节点上,节点决定着线路,如何根据供求的实际需要并结合经济效益等原则,在既定区域内设立多少个仓库、每个仓库的位置、每个仓库的规模及仓库之间的物流关系等,运用此模型均能很容易地得到解决。

(3)网络物流模型。用于解决寻求最有效的分配货物路径问题,也就是物流网点布局问题。例如,将货物从 N 个仓库运往 M 个商店,每个商店都有固定的需求量,因此,需要确定由哪个仓库提货送给哪个商店所耗费的运输代价最小,还包括决定使用多少辆车、每辆车的路线等。

(4)分配集合模型。分配集合模型可以根据各个要素的相似点把同一层上所有或部分要素分成几个组,可以解决确定服务范围和销售市场范围等问题。例如,某一分公司要设立 X 个分销店,要求这些分销店不仅要覆盖某一区域,而且要使每个分销店的消费者数目大致相等。

(5)空间查询模型。该模型可以查询以某一商业网点为圆心,某半径内配送点的数目,以此判断哪一个配送中心距离最近,为安排配送做准备。

第五节　电子数据交换技术

电子数据交换(EDI)是指商业贸易伙伴之间信息的标准化、格式化交换,能够提高企业之间的交易效率。EDI 技术与条形码、射频、GPS、GIS 等信息技术的配合使用,不仅能够提高企业自身的物流运作效率,而且能够极大地提高企业之间的物流运作效率。

一、EDI 的含义

电子数据交换始于 20 世纪 60 年代,EDI 的含义是指商业贸易伙伴之间,将按标准、协议规范化和格式化的经济信息通过电子数据网络,在单位的计算机系统之间进行自动交换和处理。它是电子商业贸易的一种工具,将商业文件按统一的标准编制成计算机能识别和处理的数据格式,在计算机之间进行传输。

国际标准化组织(international standards organization,ISO)于 1994 年确认了 EDI 的技术定义:"根据商定的交易或电文数据的结构标准实施商业或行政交易从计算机到计算机的电子传输。"这表明 EDI 应用有它自己特定的含义和条件,即:

使用 EDI 的是交易的双方,是企业之间的文件传递,而非同一组织内的不同部门;

交易双方传递的文件是特定的格式,采用的是报文标准,即联合国的 UN/EDIFACT;

双方各有自己的计算机系统;

双方的计算机(或计算机系统)能发送、接收并处理符合约定标准的交易电文的数据信息;

双方计算机之间有网络通信系统,信息传输是通过该网络通信系统自动实现的,信息处理是由计算机自动进行的,无须人工干预、人为介入。

所传输的数据是指交易双方互相传递的具备法律效力的文件资料,可以是各种商业单证,如订单、回执、发货通知、运单、装箱单、收据发票、保险单、进出口申报单、报税单、缴款单等,也可以是各种凭证,如进出口许可证、信用证、配额证、检疫证、商检证等。

二、EDI 系统的基本结构

EDI 数据标准化、EDI 软件与硬件、通信网络是构成 EDI 系统的三要素。

1. EDI 数据标准化

EDI 数据标准由各企业、各地区代表甚至国际标准化组织(ISO)共同讨论、制订的电子数据交换共同标准,可以使各组织之间的不同文件格式通过共同的标准,获得彼此之间文件交换的目的。

2. EDI 软件与硬件

实现 EDI,需要配备相应的 EDI 软件和硬件。EDI 软件具有将用户数据库系统中的信息,译成 EDI 的标准格式,以供传输和交换。由于 EDI 标准具有足够的灵活性,可以适应不同行业的众多需求,然而,每个公司有其自己规定的信息格式,因此,当需要发送 EDI 电文时,必须用某些方法从公司的专有数据库中提取信息,并把它翻译成 EDI 标准格式,进行传输,这就需要 EDI 相关软件的帮助。EDI 软件可分为转换软件、翻译软件和通信软件三大类。

3. 通信网络

通信线路一般最常用的是电话线路,如果传输时效及资料传输量上有较高要求,可以考虑租用专线(leased line)。通信网络是实现 EDI 的手段。EDI 通信方式有多种,包括点对点、一点对多点、多点对多点、网络连接等方式。通过增值网络传送 EDI 文件,可以大幅降低相互传送资料的复杂度和困难度,大大提高 EDI 的效率。

三、EDI 系统功能模型和工作原理

在 EDI 中,EDI 参与者所交换的信息客体称为"邮包"。在交换过程中,如果接收者从发送者处所得到的全部信息包括在所交换的邮包中,则认为语义完整,并称该邮包为完整语义单元(complete semantic unit,CSU)。CSU 的生产者和消费者统称为 EDI 的终端用户。

在 EDI 工作过程中,所交换的报文都是结构化的数据,整个过程都是由 EDI 系统完成的。

1. 用户接口模块

业务管理人员可用此模块进行输入、查询、统计、中断、打印等,及时地了解市场变化,调整策略。

2. 内部接口模块

内部接口模块是 EDI 系统和本单位内部其他信息系统及数据库的接口。一份来自

外部的 EDI 报文,经过 EDI 系统处理之后,大部分相关内容都需要经内部接口模块送往其他信息系统,或查询其他信息系统才能给对方 EDI 报文以确认的答复。

3.报文生成及处理模块

报文生成及处理模块有两个功能:

(1)接受来自用户接口模块和内部接口模块的命令和信息。按照 EDI 标准生成订单、发票等各种 EDI 报文和单证,经格式转换模块处理之后,由通信模块经 EDI 网络发给其他 EDI 用户。

(2)自动处理由其他 EDI 系统发来的报文。在处理过程中要与本单位信息系统相连接,获取必要的信息并给其他 EDI 系统答复,同时将有关信息传送给本单位其他信息系统。

如因特殊情况不能满足对方的要求,经双方 EDI 系统多次交涉后不能妥善解决的,则把这一类事件提交用户接口模块,由人工干预决策。

4.格式转换模块

所有的 EDI 单证都必须转换成标准的交换格式,转换过程包括语法上的压缩、嵌套、代码的替换以及必要的 EDI 语法控制字符。在格式转换过程中,控制程序要进行语法检查,对于语法出错的 EDI 报文应拒收并通知对方重发。

5.通信模块

通信模块是 EDI 系统与 EDI 通信网络的接口,包括执行呼叫、自动重发、合法性和完整性检查、出错报警、自动应答、通信记录、报文拼装和拆卸等功能。

除以上这些基本模块外,EDI 系统还必须具备一些基本功能。

(1)命名和寻址功能。EDI 的终端用户在共享的名字当中必须是唯一可标识的。命名和寻址功能包括通信和鉴别两个方面。在通信方面,EDI 是利用地址而不是名字进行通信的,因而要提供按名字寻址的方法,这种方法应建立在开放系统目录服务 ISO 9594(对应 ITU-T X.500)基础上。在鉴别方面,EDI 存在通信实体鉴别、发送者与接收者之间的相互鉴别等。

(2)安全功能。EDI 的安全功能应包含在上述所有模块中。它包括以下一些内容:①终端用户以及所有 EDI 参与方之间的相互验证;②数据完整性;③EDI 参与方之间的电子(数字)签名验证;④否定 EDI 操作活动的可能性;⑤密钥管理与验证。

(3)语义数据管理功能。完整语义单元(CSU)是由多个信息单元(IU)组成的。其 CSU 和 IU 的管理服务功能包括:①IU 应该是可标识和可区分的;②IU 必须支持可靠的全局参考;③CSU 应能够存取指明 IU 属性的内容,如语法、结构语义、字符集和编码等;④CSU 应能够跟踪和对 IU 进行定位;⑤CSU 对终端用户提供方便和始终如一的访问方式。

四、基于互联网的 EDI

由于增值网(value added network,VAN)的安装和运行费用较高,许多中小企业难以承受,因此,它们大都使用传真和电话进行贸易往来。即使使用 EDI 的大公司也不能完全做到节省费用,因为它们的许多贸易伙伴并没有使用 EDI。互联网提供了一个费用更低、覆盖面更广且服务更好的系统,使小型公司和企业都能使用 EDI。随着互联网安全性的提高,已表现出部分取代增值网而成为 EDI 网络平台的趋势。

随着互联网的发展,EDI 与互联网相结合产生以下几种方式。

1. 基于电子邮件的 EDI

基于电子邮件的 EDI 是最早把 EDI 带入互联网的方式。它用图像信号处理(image signal processing,ISP)代替传统 EDI 依赖的增值网,降低了信道使用的费用。但是,简单的电子邮件协议:①缺少保密性,E-mail 在互联网上传送明文;②具有可抵赖性,E-mail 很容易伪造,并且发送者可以否认自己是 E-mail 的作者;③无法确认是否交付,电子邮件协议不能保证你正确交付了 E-mail,无法知道是否丢失。电文加密、电子认证和应用级的确认,解决了部分问题。

2. 基于 Web 的 EDI

Web-EDI 方式被认为是目前基于互联网的 EDI 中最好的方式。标准 IC 方式的 EDI 不能减少那些仅有很少贸易单证的中小企业的费用,Web-EDI 的目标是允许中小企业只需通过浏览器和互联网连接去执行 EDI 交换。Web 是 EDI 消息的接口,典型情况下,其中一个参与者一般是较大的公司,针对每个 EDI 信息开发或购买相应的 Web 表单,改造成适合自己的 IC,然后把它们放在 Web 站点上,此时,表单就成为 EDI 系统的接口。各种基于互联网的 EDI 的方式,尤其是 Web-EDI 方式地使用,使传统 EDI 走出了困境,特别是使中小企业能够接受。

3. 基于 XML 的 EDI

XML 称为可扩充标记语言,是 HTML 的变体。HTML 只确定网页的外观,而 XML 将表明页面的数据代表什么内容,这样可以更方便地将网页转换成商务文件。XML-EDI 方式着重解决转换问题,其原理是引进模板的概念,模板描述的是报文的结构以及如何解释报文,这样无须编程就能实现报文的转换。目前,这一语言的标准还在制定中。随着 XML 的发展和完善,这种方式可能会成为未来 EDI 的主要传输方式。

五、EDI 在物流管理中的应用

1. 发货人

为了方便运输商预先安排车辆调配计划,以及收货人制订接收计划,发货人在接到订单后,会通过 EDI 把货物清单和运送时间安排等相关信息发送给运输商和收货人。

发货人把货物的品种、包装以及数量等相关信息使用 EDI 发送给运输商和收货人的同时,他们还会根据客户订单的要求,以及自己制订的货物运送计划,进行分拣配货、打印标签贴在货物包装箱上以及发货等。

2. 运输商

运输商主要通过扫描读数仪来读取货物的标签,从发货人处提取货物;此外,在确认运输货物时,还需要核对先前收到的货物运输相关数据。

运输商在使用 EDI 向收货人发送相关货物信息之前,就已经在物流中心对运输的货物进行整理、集装、列出送货清单以及货物跟踪管理等。收货人收到货物后,需使用 EDI 向发送人反馈关于运费的信息以及完成运输业务的相关情况。

3. 收货人

如运输商收取发货时一样,收货人也是使用扫描读数仪对收取的货物标签进行读取,同时,再核对先前收到的运输数据,进一步确认之后再开出收货发票,把货物入仓。而后,收货人把收货确认信息使用 EDI 发送给发货人和运输商。

第六节　新兴信息技术

一、物联网

物联网(internet of things,IoT)这个词,起源于传媒领域,国内外普遍公认的是 MIT Auto-ID 中心的凯文·艾什顿教授于 1999 年在研究 RFID 时最早提出来的。2005 年 11 月 27 日,在突尼斯举行的信息社会峰会上,国际电信联盟(ITU)发布了《ITU 互联网报告 2005:物联网》,正式提出了物联网的定义,并对该定义的覆盖范围做了较大拓展。中国在 1999 年也提出了这一类概念,叫作传感网。与其他国家相比,我国的技术研发水平处于世界前列,具有同发优势和重大影响力。物联网作为新一代信息技术的重要组成部分,近年来在物流管理领域也有广泛应用。

1. 物联网的含义

物联网,即物物相连的互联网。物联网是指利用 RFID、红外射线扫描仪、GPS 等各类技术和器械,按照制定的标准规则,把任意产品和网络相连接,通过对内容消息传输,达到智能化甄别、追踪、监视和管控的一类网络。

这里包含两层意思:其一,物联网的核心和基础仍然是互联网,是在互联网基础上的延伸和扩展的网络;其二,其用户端延伸和扩展到了任何物品与物品之间进行信息交换和通信,也就是物物相联。

物联网通过智能感知、识别技术与普适计算等通信感知技术,广泛应用于网络的融合中,也因此被称为继计算机、互联网之后世界信息产业发展的第三次浪潮。

2. 物联网的关键技术及应用模式

物联网的三项关键技术:①传感器技术。这是计算机应用中的关键技术。目前为止,绝大部分计算机处理的都是数字信号。自有计算机以来就需要传感器把模拟信号转换成数字信号,计算机才能处理。②RFID 技术。这是一种传感器技术,RFID 技术是融合了无线射频技术和嵌入式技术为一体的综合技术,RFID 在自动识别、物品物流管理等领域有着广阔的应用前景。③嵌入式系统技术。这是综合了计算机软硬件、传感器技术、集成电路技术、电子应用技术为一体的复杂技术。经过几十年的演变,以嵌入式系统为特征的智能终端产品随处可见,小到人们身边的 MP3,大到航天航空的卫星系统,嵌入式系统正在改变着人们的生活,推动着工业生产以及国防工业的发展。如果把物联网用人体做一个简单比喻,传感器就相当于人的眼睛、鼻子、皮肤等感官;网络就相当于人的神经系统,用来传递信息;嵌入式系统就相当于人的大脑,在接收到信息后要进行分类处理。这个例子形象地描述了传感器、嵌入式系统在物联网中的位置与作用。

物联网的两种基本应用模式:① 对象的智能标签。通过近场通信(near field communication,NFC)、二维码、RFID 等技术标识特定的对象,用于区分对象个体。例如,在生活中我们使用的各种智能卡。条形码标签的基本用途就是用来获得对象的识别信息,此外,通过智能标签还可以用于获得对象物品所包含的扩展信息。例如,智能卡上的金额余额,二维码中所包含的网址和名称等。② 对象的智能控制。物联网基于云计算平台和智能网络,可以依据传感器网络获取的数据进行决策,改变对象的行为进行控制和反馈。例如,根据光线的强弱调整路灯的亮度,根据车辆的流量自动调整红绿灯间隔等。

3. 物联网在物流管理中的应用

物联网和现今物流管理相结合的模式是信息化物流的基本模式,有效利用物联网技术可以优化物流管理模式,使各项业务以最佳的状态进行协同配合,达到快速、高效、准确的物流管理。具体应用主要有:

(1)采集商品数据。物联网感知技术,主要包含传感技术、互联网技术、卫星遥感技术等,可以及时采集商品数据以及产品调度信息。获得这些信息后,它可以打造物流数据库,为进一步打造智慧物流夯实基础。

(2)形成商品即时数据反馈系统。物联网感知端获取的实时数据,可完成对商品数量、流向以及剩余商品信息的监控,尤其是对商品安全信息的采集,可完成对特殊商品的安全高效监管。通过商品的 RFID 技术和 GPS 技术,可实现收集商品的 LBS 信息,物流管理者既可以实现对每个商品的精细化数据收集分析,也能对有问题的商品进行追踪和找回,对商品管理以及防范危险事件发生都起到了关键作用。

(3)对物流业务进行全面重构升级。物联网手段可以缩减物流有效层次;实现业务模块化分离,将实地营销交给其他业务公司进行处理;促使物流管理朝着科学化方向发展;将业务开展紧密依靠物流管理分析系统提供的数据分析结果,形成数据驱动的运作思路。

(4)构建以云计算为核心的云端管理分析系统。在物流管理过程中,物联网设备产生的数据是海量的,传统的统计计算手段已不能满足对物流数据智能化分析的需要。通过构建以云计算为核心的云端管理分析系统,可以利用机器学习算法、人工智能技术,实现对物流数据的智能化分析,以完成对商品的全面分析、预警调度,帮助管理者高效的管理调度商品,实现物流管理信息的智能化。

二、人工智能

1956 年夏季,一批有远见卓识的年轻科学家在聚会时共同研究和探讨用机器模拟智能的一系列相关问题,并首次提出了"人工智能(artificial intelligence,AI)"这一术语,它标志着"人工智能"这门新兴学科的正式诞生。近年来,在促进智能物流建设的道路上,人工智能发挥了巨大作用。

1. AI 的含义

AI 是研究、开发用于模拟、延伸和扩展人的智能的理论、方法、技术及应用系统的一门新的技术科学。它是计算机科学的一个分支。它企图了解智能的实质,并生产出一种新的能以人类智能相似的方式做出反应的智能机器。该领域的研究包括机器人、语言识别、图像识别、自然语言处理和专家系统等。人工智能自诞生以来,理论和技术日益成熟,应用领域也不断扩大。人工智能可以对人的意识、思维的信息过程进行模拟。它虽然不是人的智能,但能像人那样思考,也可能超过人的智能。可以设想,未来人工智能带来的科技产品,将会是人类智慧的"容器"。

2. AI 的分类与应用场景

人工智能按照发展阶段可以分为弱人工智能、强人工智能、超人工智能。其中,弱人工智能是停留在某些特定领域的智能,包括感知、记忆与存储;强人工智能是多领域的综合智能,包括认知与学习、决策与执行;超人工智能是超越人类的智能,包括独立意识与创新创造。

从人工智能的应用场景来看,当前人工智能仍是以特定应用领域为主的弱人工智能,如图像识别、语音识别等生物识别分析,智能搜索、智能推荐、智能排序等智能算法等。商业模式主要集中在应用感知智能技术,如身份认证,基于人脸识别的门禁、打卡及安防,以语音识别、语义理解为核心的智能客服、语音助手等。

涉及垂直行业,人工智能多以辅助的角色来辅佐人类进行工作,诸如目前的智能投资顾问、自动驾驶汽车等,而真正意义上的完全摆脱人类且能达到甚至超过人类的人工智能尚不能实现。预计随着认知智能技术的加速突破与应用,运算能力、数据量的大幅增长以及算法的提升,人工智能市场将加速爆发,未来人工智能＋汽车、人工智能＋医疗等产业均将创造巨大的商业价值。

3. 人工智能在物流管理中的应用

人工智能在物流管理中的应用主要有以下两方面。

(1)构建智慧物流体系:①无人仓。当前巨型仓库遍布全国各地,提升仓库的能效是构建智慧物流的重要工作内容。许多企业已经在尝试用自动化的工业机器人完成原本由人力完成的工作。这些机器人可以准确地自动拣选商品并打包,大大节省了人力,提高了效率。②无人机。在仓库与仓库之间,以及仓库内部,目前可以通过自动小车进行货物传送。一些世界领先的供应链企业,如亚马逊,已经进行了无人机测试,并将其投入物流配送中。③无人售货商店。用户可以自由出入,挑选、购买、提走货物,无需耗时排队。基于人工智能的识别系统,无需人为干预,就可以为消费者带来更好、更安全的服务。

(2)形成智慧供应链解决方案:①销量预测与动态定价。"需求驱动的供应链"对电商平台来说是比较良性的发展,如何帮助供给侧生产与需求侧进行匹配,更高效和低成本的满足消费者的愿望是改良传统供应链的关键环节。该问题需要企业结合智慧供应链战略,围绕数据挖掘、人工智能、数据再造等技术驱动方法解决。②路径优化与区域选址。物流企业每天都会接到大量的送货和取货需求,在设计一条最佳路线时,如何在满足所有需求的前提下,压缩成本并保证效率;如何同时协调送货时间、送货方向、道路条件、车辆安排等因素;如何选址建立物流中心更好地满足区域配送需求等问题就需要用到很多运筹优化和机器学习方面的技术。

▶ 本章要点

1.物流信息系统作为企业信息系统中的一类,可以理解为通过对与物流相关信息的加工处理来达到对物流、资金流的有效控制和管理,并为企业提供信息分析和决策支持的人机系统。

2.物流信息系统有多种类型,可以按管理决策的层次、系统的应用对象、系统采用的技术进行分类。

3.物流信息系统结构主要包括:硬件、软件、数据库与数据仓库、相关人员和物流企业管理思想和理念、管理制度与规范。物流信息系统主要功能包括:市场交易活动功能、业务控制功能、工作协调功能、支持决策和战略支持功能。

4.条形码技术和射频识别技术是物流信息自动采集的主要技术。条形码是一种可印刷的机器语言,是由一组按特定编码规则排列的条、空组成的图形符号,可表示特定的信息内容,能够提高物流信息的标准化水平和采集的效率。射频识别技术是自动识别技术中最优秀、应用领域最广泛的技术之一,在物流管理中有着广阔的应用前景。

5.全球定位系统和地理信息系统可以为物流管理提供物流运动和地理信息的空间信息技术。在物流定位、配送路线规划、物流跟踪等方面有着广泛的应用前景。

6.EDI是指商业贸易伙伴之间,将按标准、协议规范化和格式化的经济信息通过电子数据网络,在单位的计算机系统之间进行自动交换和处理。它是电子商业贸易的一种工具。EDI技术与条形码、射频、GPS、GIS等信息技术的配合使用,不仅能够提高企业自身的物流运作效率,而且能够极大地提高企业之间的物流运作效率。

7.物联网和人工智能技术可以为物流管理收集全过程数据,并用更高效、智能的方法分析和揭示数据背后的含义,辅助管理者决策。在供应链优化、智慧预测计划、智能选址及路径优化等方面有着广泛的应用。

思考题

1. 什么是物流信息系统？物流信息系统如何分类？

2. 简述物流信息系统的基本结构和主要功能。

3. 请对条形码技术与射频技术的优劣势进行比较。

4. 全球定位系统和地理信息系统可以为物流管理提供哪些物流数据？

5. 物流信息采集技术、空间数据管理技术、电子数据交换技术之间存在什么样的关系？

6. 物联网和人工智能在物流管理中的具体应用有哪些？

第六章

供应链管理

学习目的

通过本章学习,你需要:

1. 掌握供应链管理的基本概念;

2. 理解供应链战略管理的基本理念;

3. 了解供应链中的牛鞭效应;

4. 了解 CPFR 协作规划、预测和补货模型;

5. 了解平衡计分卡和 SCOR 供应链运作参考模型;

6. 了解供应链中的物流管理。

第六章
数字资源

【开篇案例】苹果公司的供应链成本控制

苹果手机凭借着高价格、低成本独树一帜,成为智能手机市场的领头羊。除了创新和设计,企业的成本控制起到了很大的作用。苹果公司之所以能成为全球电子科技巨头,是因为其卓越的成本控制术,对供应链的牢牢把控,高价格和低成本为其创造了巨大的利润空间。苹果公司对供应链的成本控制包括以下几个方面。

(1)简化产品线,降低供应链管理的难度

苹果公司供应链成本控制的第一个方面是进行合理地产品规划。曾经的苹果产品线相当复杂,没有重点。1997 年,乔布斯再次掌舵苹果时,苹果那一年亏损达到 10 亿美金。供应链管理一片混乱:产品线过于冗杂,每一条产品线上还有多种型号的产品,例如光台式电脑就有 12 种型号,还有各种游戏机、相机等,造成了大量的库存积压;在运营管理上,生产和供应链管理效率低下,成本居高不下。面对这一困境,苹果所做的决策就是将其在产品设计上推崇的极简主义延伸到了供应链管理上。在 2001 年以后,苹果的存货占总资产的比率一直保持在 1% 左右。产品线的简化使得供应链的各个环节的管理都得到了简化,包括计划、研发、执行、采购生产、物流、销售等,有效地控制了交易成本;同时苹果公司的订单开始呈现品种单一、数量巨大的特点,既可以引发规模效应,又可以大大降低供应商成本。

（2）集中资源，专注研发设计

苹果公司集中资源投入核心业务，聚焦于研发设计，合理地进行了产品线的规划。其一，由于苹果公司简化了产品线，因此可以将相对多的资源集中在每一条产品线上，提高效率，而且可以减少整体的研发支出；其二，苹果收购了大量规模较小的科技公司，涉及语音搜索、地图、云技术、开发工具、音乐服务等。以指纹识别技术为例，苹果公司在 2012 年 7 月以 3.56 亿美元收购了指纹感应器制造商 AuthenTec。几年后，苹果成为智能手机中首创指纹识别的公司。比起自己重新研发专门的技术，苹果公司更多地采取并购小规模科技企业的形式。从长远的角度看，这种并购策略可以帮助苹果公司网罗更多的人才与技术，降低研发费用，提高研发投入产出比，并在行业中形成技术壁垒。

（3）非核心业务外包，建立全球生产供应链

对于非核心业务即生产环节，苹果公司将生产制造组装等外包到全球，建立全球生产供应链。在砍去了大部分产品线后，苹果在一段时间依然摆脱不了运营低效，原因是当时苹果公司仍然独立承担着零部件的生产和装配工作。这种供应链模式在 IT 产业分工日渐精密、技术和设备要求日渐提高、从纵向产业结构演化为横向产业结构的趋势下早已不合时宜。苹果采取的策略是大规模裁减公司的制造资产，将非核心业务外包给其他公司，采用代工生产模式，亲自把控原材料，统一原材料采购，在保证了零部件的质量同时压缩了成本。

（4）存货周转天数短，现金储备强大，锁住供应商

存货周转率是评价供应链管理的重要指标，加快库存周转一般可以提高现金周转率，从而实现企业现金流的健康与投资回报率的提升。根据数据计算，停止生产以后，苹果公司出售全部库存的手机、平板、电脑等只需 7 天；三星电子则需要漫长的 51 天。因此，苹果公司总是能快速的收回投资和利润，从而用于新一轮的投资和生产。这种速度也为它巨额的现金储备奠定了基础。大量的现金储备使得苹果能更加深度地参与供应链，在资金和技术上帮助供应商发展，给予这些厂商专项资金支持，拉拢控制上游零件供应商以及代工厂商。单一的产品线，使得苹果单款产品的订单采购量大增，从而使其对供应商拥有更加强大的议价能力。

（5）加强品牌营销

除了对研发设计的牢牢把控外，苹果公司还非常重视品牌营销。苹果公司建立了线上线下多种销售渠道，其中，最有特色的是苹果的体验式专卖店。现在苹果在全球的直营零售店有 400 多家，一直在塑造品牌文化上的软实力，并且渗透各个地区。当其他许多实体零售店都很难持续经营，不得不选择减少线下渠道、投奔线上的时候，苹果公司的体验式专卖店却在全球各个地区不断扩张，并且在装修风格、员工培训等方面都极具品牌特色。这种形式有助于提升用户体验，增加消费者对品牌的忠诚度。苹果公司的营销强调品牌文化，并将之转化为品牌溢价。

综上几点，可以借助微笑曲线总结苹果公司的供应链管理模式。微笑嘴型的一条曲线，两端朝上，在产业链中，附加值更多体现在两端，设计和营销、品牌运营，处于中间环节的制造附加值最低。苹果公司位于上游的产品技术件研发及设计，以及位于下游的营销、品牌服务等创造的附加价值较大，而位于中间的零部件生产、配件组装等环节创造的附加

值较低,利润率也较低。整个流程苹果公司负责的主要是上游的研发设计、后期营销、品牌运作,中间的生产制造全部外包。苹果公司之所以将成本控制的重点放在中间环节的供应链成本控制上,是因为从供应商零件采购到代工,直至分销商销售,是附加值低的生产制造部分,付出的成本回收少,故而要控制住这些环节的成本。于是,苹果公司选择将这一部分外包到全球,利用全球任何国家(地区)的比较优势,通过供应链协同的形式把这些国家(地区)纳入自己的全球战略布局中。

资料来源:刘戈.基于微笑曲线的供应链成本控制研究:以苹果公司为例[J].财务监督.2017(22):99-105.

第一节　供应链基础

第二次世界大战后到 20 世纪 80 年代中期是世界经济快速发展的阶段。从 20 世纪 40 年代到 70 年代初,由于需求的旺盛,因此,企业努力追求生产的规模经济和大批量生产,其管理的重点在于对原料、劳动力等做有效率的运用。从 20 世纪 70 年代初期到 80 年代中期,由于生产的快速发展,一些产业出现供过于求的情况,因此,企业的竞争优势转变为品质的提高、成本的降低和技术的改进。同时,一些发达国家的企业开始在全球范围内寻找市场、原材料和加工能力。到 20 世纪 90 年代,全球经济一体化和消费者需求多样化的特点日益明显,企业间的竞争也在不断加剧。

在企业扩张过程中,传统的管理模式是"纵向一体化(vertical integration)",即强调对制造资源的直接占有和对制造过程的直接控制。在经济相对稳定的环境中,"纵向一体化"的方式是较为有效的,但面对快速变化的竞争环境,这种方式带来一些明显的缺陷,比如:过重的投资负担;新建项目的周期过长导致市场时机的延误;企业被迫陷入其不擅长的业务;企业在众多业务领域直接面对竞争对手;企业面临较大的行业风险等。

从 20 世纪 80 年代后期开始,开始兴起"横向一体化(horizontal integration)",即企业在把握本身的产品方向和市场的前提下,通过业务外包(outsourcing)的方式与其他企业进行合作,从而降低产品成本、提高产品质量、加快产品上市周期,在整体上提高其竞争力。"横向一体化"的企业中包括许多供应商、制造商和分销商,这些企业实际上共同组成了一条合作"链",这条"链"上的相邻企业之间是一种需求和供应的关系。这条"链"通常被称为"供应链"。为了使供应链上的相关企业能协调运行,便产生了供应链管理这一新的管理模式。同时,信息技术的发展,尤其是网络技术的发展,为跨功能、跨部门的作业流程管理,以及超越组织边界、整合供货商和消费者等,提供了越来越强大的技术支持,使供应链管理进入一个新的层次。

一、供应链管理

在一个典型的供应链里,首先需要购买原材料,在一个或多个工厂生产产品,然后运到仓库临时存储,最后运送给零售商或客户。因此,为了减少成本并提高服务水平,有效的供应链战略应该考虑供应链中不同层次上各个环节的交互作用。供应链由供应商、制造企业、仓库、配送中心和零售网点组成,原料、在制品和成品在这些组织或设施之间流动。

戴维·亚姆奇—利瓦伊(David Simchi-Levi)等人将供应链管理定义为:供应链管理是用于有效集成供应商、制造商、仓库和销售商的一系列方法,通过这些方法,生产出来的产品以恰当的数量,在恰当的时间,被送往恰当的地点,从而实现在满足服务水平的同时,系统的成本最小化。

这一定义主要包含如下几层含义:

(1)凡是对成本有影响并在满足消费者需求过程中起作用的环节,都在供应链管理考虑之列:从供应商和制造商开始,经过仓库和配送中心,直到分销商和零售商。

(2)供应链管理的目标是整个系统的效率和效益。

(3)供应链管理围绕供应商、制造商、仓库和分销渠道的有效集成,因此,供应链管理涵盖企业的战略层和运作层,包含所有层次的活动。

根据物流作业的不同特点,供应链管理具体内容包括:采购与供应管理、生产作业管理、分销与需求管理、仓储与库存管理、运输与配送管理、第三方物流管理、协同管理等。

二、供应链结构

为便于理解供应链体系中企业与企业之间的相互关系,可通过简化的结构模型进行分析。

1. 链状模型

完整的产品形成过程,包括从自然界的资源开始,经过供应商、制造商、销售商,到达最终消费者手中。被消费后的产品最终回到自然界,从而完成物资循环,如图 6-1(a)所示。通常将自然界包含在模型中并没有太大意义;另外,供应商和制造商的区别也是相对而言的,供应商相对于它的上家来说是制造商,制造商相对于它的下家制造商来说则是供应商,所以一般采用如图 6-1(b)所示的模型,供应链上各个成员抽象为链上的节点。

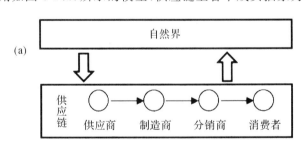

图 6-1 链状供应链模型

供应链中包含物资、资金和信息的流动,物资流一般沿着供应商、制造商、分销商到用户的方向流动;资金流的方向则相反;信息流在两个方向上都有流动,但从满足用户需求上来说信息流的起点应在用户端。供应链的方向以物资流的方向来定义。

显然,这一链状模型是一个简化模型。在实际供应链中由于存在许多供应商、制造商和分销商,且相互之间往往存在着交叉关系,因此,用网状模型表示供应链更为确切。

2.网状模型

实际的供应链关系,如图6-2所示,供应链上的某节点企业往往有多家供应商向它供货,同时它也可以为多个企业或用户提供产品。对于供应链系统中,某些节点是物流的流入点(入点),某些节点是物流的流出点(出点),一个系统中,可以有多个入点和多个出点。一个企业可以同时承担入点和出点功能,例如,一个企业同时具有供应和分销功能。

在许多情况下,供应链中存在着核心企业,如图6-2中最终产品制造商被看成核心。虽然,在这里核心公司是最终产品的制造商,但是,事实上供应链中任何环节所处的公司都可看作核心公司,这取决于管理者审视供应链的角度。

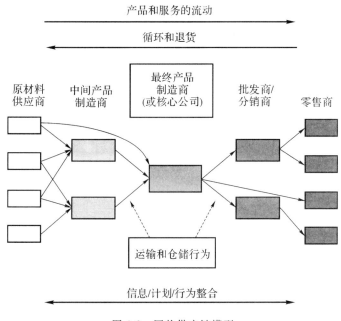

图 6-2　网状供应链模型

三、供应链运行模式

供应链运行主要包括三种模式:后推(push)模式、前拉(pull)模式和推拉结合。

1.后推模式

后推模式又称预测型模式,图6-3介绍了该模式的几个典型阶段及其顺序。制造商通过市场预测,按照当前的库存情况和预设的安全库存水平,确定补货量;分销商和零售商根据预设的安全库存水平和历史记录确定预先订货量,并通过各种促销手段将货物卖给消费者。这个过程是以供应链后端(制造商)开始推动,根据其预测来安排整个供应链中的产品存量,因此,称为后推模式。

图 6-3　后推模式

2.前拉模式

前拉模式又称响应型模式,图 6-4 描述了根据客户订单进行生产或装配的步骤。零售商收集消费者购买产品的记录,结合其存货基准,确定补货量;供应链的后端(制造商)根据这些记录数据和产品需求预测,来确定产品制造量。在这个过程中,供应链的运行来自前端(消费者)的需求拉动,因此,称为前拉模式。

图 6-4　前拉模式

3.推拉结合

后推模式和前拉模式各有特点:前拉模式市场反应比较快,库存水平较低,但对管理能力要求较高,并需采用一些新技术手段,如 POS、EDI 等;后推模式库存量较高,对市场变化反应速度较慢,但管理相对比较容易、管理成本较低。对具体企业来说,需根据产品特点、市场情况、自身条件选择供应链的运行模式。对于企业而言,单纯使用上述其中一种可能都不合适,在企业实践中往往将推拉结合,只是推拉的比例和程度有所异同。实施推拉结合模式的关键在于选择后推前拉的结合点,如图 6-5 所示,通过市场的需求不确定性和企业生产的规模经济性两个维度来分析如何选择适合企业的模式结合点。

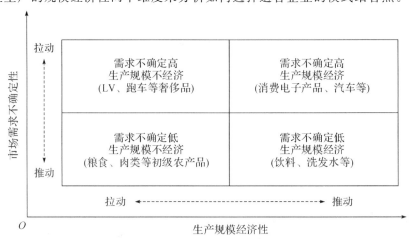

图 6-5　推拉结合

【案例】推拉结合的供应链管理：中化化肥

中化化肥有限公司(简称"中化化肥")是中国最大的化肥生产商之一,总产能达千万吨。中化化肥在分析识别本企业产业链各个环节的构成和相互关系的基础上提出在供应链上游,即采购和生产环节实行推动式管理,通过集中采购实现规模效应,降低供应链的整体成本;在供应链下游,即销售和客户管理环节实行拉动式管理,加大营销力度,从渠道、品牌、服务着手,提高销量表现;在推动式和拉动式管理之间,由总部的专业管理机构统筹,协调推动和拉动的需求关系,促进整体的信息共享、计划衔接、利润合理分配等,实现推拉平衡。

1.上游推动式运作,实施集中采购,提高效率,降低成本

(1)制订规模化采购和生产计划,实施集中采购

采购委员会依据以往的销售记录,结合控股生产企业的生产能力,提前制订采购计划并组织规模化生产,保障销售订单下达时,产品库存能够及时供应,提高了企业的市场反应速度和周转效率。

(2)加强评价和考核,实现供应商有效管理

采购委员会建立合格供应商数据库,对各经营单位合格供应商名录进行审批,对各战略供应商的引进和退出进行审批;统一制定供应商维护及评价的准则。各个经营单位在公司整体供应商管理框架和授权范围内,组织实施供应商的开发、维护、评价等具体管理工作。

供应商的评价从供应商的资质评估、采购成本、交货周期、产品质量、采购深度等多方面进行评分,并根据评分结果将供应商分为战略供应商、核心供应商、一般供应商、补充供应商四个等级。不同等级的供应商都对应不同的管理策略和资源配置,包括采购优先级、采购规模、预付款授信额度、交易条件等,激发了供应商的合作积极性。

2.下游拉动式运作,建立全供应链的快速响应机制

(1)组建专业营销团队

总部方面建立内部协同管理团队,涵盖市场策划、销售管理、运营管理、人力资源管理、财务管理、综合管理六大职能;分公司在原有三级管理机构的基础上,按照产品线分别组建专业销售及服务团队。

(2)重新制定销售人员的绩效激励制度

新的绩效激励制度将销售人员的实际收入与个人销售业绩紧密挂钩,减少固定工资比重,大幅提高绩效工资比重,各级管理人员的绩效工资与所带团队的整体表现挂钩,使得基层管理人员更加注重培养团队的凝聚力。另外,新的制度在考核指标设置方面不再过分偏重结果考核,在销售量指标之外也对客户拜访、客户信息收集、农化服务等过程管理指标给予一定权重,使得销售网络在完成当期销售任务的同时也更加注重对渠道和客户的关系维护。

（3）产品品规梳理

根据实际销售情况及市场需求，进行产品品规梳理，逐步建立覆盖全面、有所侧重的产品体系，固化自有品牌的差异化定位，以中化作为主推品牌，其他品牌作为主推品牌的补充，选择优质供应商进行贴牌生产和销售。

（4）加强渠道建设

总部牵头，加强对核心渠道客户的帮扶，帮助客户实现营销转型。在重点市场导入营销转型操作模式，开展经销商会、农民会、农化服务等促销活动，同时针对不同客户和零售终端，建立不同的促销推广举措，搭建立体化的促销系统。

资料来源：张曈.中化化肥 推拉结合的供应链管理[J].企业管理，2018(7)：26-28.

第二节　供应链战略

随着竞争的加剧，商业运作日趋复杂。企业日渐发现无法在企业内部完成所有的经营职能。通常，一家企业如果能够利用其他企业拥有的资源和技术知识，那么，就可以更好地实现自身的职能。因此，战略联盟和业务外包已经成为企业赢得竞争优势的重要战略选择。然而，企业进行联盟和外包时，仍然需要维持并不断提高有别于其他企业的独特能力，只有这样，企业才能寻找到自身在供应链中的独特价值。

一、供应链管理中的战略联盟

1. 战略联盟的概念

战略联盟（strategic alliance）是公司之间典型的、多方位的目标导向型的长期伙伴关系，它们共享收益、共担风险。战略联盟会为合作双方带来长期的战略利益。在许多情况下，战略联盟既可以避免全面收购带来的问题，又可以比市场交易带来更多的资源承诺。

企业或许拥有履行某项任务的资源，但供应链上的另一家企业很可能能够更好地完成这项任务。供应链上的位置、企业资源和技能专长，共同决定谁是供应链中最适合履行某项职能的企业。当然，仅仅知道供应链上谁最适合履行某项职能并不够，必须采取措施使这项职能的确是由最适合的企业来完成。

2. 战略联盟的框架

在选择合适的战略联盟时，企业会面临许多战略性难题。要确定某种特定的战略联盟是否适合你的企业，必须考虑这一联盟如何有助于解决下列问题：

（1）增加产品的价值。与联盟企业之间的伙伴关系可以增加现有产品的价值。例如，合作关系能够改善产品上市时间、修理次数，这些将有助于提高市场对企业的认知价值。类似地，拥有互补生产线的企业之间的伙伴关系可以增加双方企业的产品价值。

（2）改善市场进入。良好的伙伴关系非常有益，它可以带来更好的广告宣传效果，或者更多进入新市场渠道的机会。例如，消费品的制造商可以相互合作，共同关注大型零售商的需求,增加双方的销量。

（3）强化运作管理。企业之间合适的联盟可以通过降低系统成本和周转次数来改善双方的运作。设备和资源可以得到更加有效的利用。例如,拥有季节性互补产品的公司可以更有效地利用仓库和运输车辆。

（4）增强技术力量。技术共享的伙伴关系可以提高合作双方的技术基础。同时,新旧技术之间转移的困难可以由一方的专业技术加以解决。例如,供应商可能需要某一项特定升级的信息系统来为某些特定的消费者服务。如果与已经具备该系统专业技术的企业结成联盟,就会使该供应商更容易解决这些技术难题。

（5）促进战略成长。许多新机遇具有较高的进入壁垒。伙伴关系可以使企业共享资源和专业技术来克服这些壁垒,并发现新的机遇。

（6）提高组织技能。联盟为组织学习提供了大量机会。除相互学习之外,合作各方必须更深入地了解自身,以确保联盟的运作。

（7）建立财务优势。除解决上述竞争性问题之外,联盟还有助于建立财务优势。一方面联盟的销售收入会提高,另一方面联盟的管理成本有可能因为合作一方或双方的专业技能而降低。当然,联盟也会因风险共担而限制投资方向。

二、供应链管理中的核心能力

战略联盟是企业获取竞争优势的有潜力的战略选择,但是,企业仍然需要经营自己的核心能力或核心竞争力——将其与竞争对手区分开来的能力。这些核心能力不能因为联盟而削弱,如果为了合作成功而将资源从核心能力上转移出去,或者在技术、战略力量上妥协,就会造成反面结果。同样,与竞争对手之间的关键性差异不应该丢弃,但在关键技术共享或竞争导致进入壁垒降低时,这种情况就有可能发生。

很明显,确定这些核心能力非常重要。然而,这也相当困难,它取决于业务和企业的性质。核心能力不一定对应着大量的资源投入,它可以是无形的东西,如管理技能或品牌形象。确定公司的核心能力,要考虑该公司内部的能力如何在上述七个关键方面中,使企业区别于其他竞争者。

三、供应链管理中的外包战略

1. 业务外包的概念

企业在供应链中建立战略联盟时,一方面要保持和提升自身独特的核心能力,另一方面,也意味着企业需要将不擅长的业务外包给供应链上更为专业的企业。

供应链管理强调的是把主要精力放在企业的关键业务上,充分发挥其优势,根据企业的自身特点,专门从事某一领域、某一业务,在某一点形成独特的核心能力,同时与全球范围内合适的企业建立战略合作关系,企业中非核心业务外包给其他企业或由合作企业完成,这就是所谓的"业务外包"。

2. 外包的收益

在整个 20 世纪 90 年代,进行战略外包,即把关键部件的生产进行外包是一个快速降低成本的有效措施。进行业务外包的主要收益如下:

(1)规模经济。进行外包的一个重要目标是通过将许多不同的购买者的订单集中起来,以获得规模效益,从而降低生产成本。确实,这种集中使供应商在采购和生产过程中充分利用了规模经济。

(2)风险分摊。外包可以将需求的不确定性转嫁给合同生产商。而合同生产商的优势是它们能将来自不同采购者的需求进行集成,从而通过风险分摊的机制来降低需求的不确定性。这样,合同生产商就能够在保证甚至提高服务水平的同时降低部件的库存。

(3)降低资本投入。进行外包的另一个重要原因,是将需求不确定性以外的资本投入也转嫁给合同生产商。当然,合同生产商会进行这个投资的原因是它能在几家客户之间分摊这部分费用。

(4)专注于核心竞争力。通过认真地选择外包业务,采购者能够专注于它的核心能力,即它区别于竞争对手并能被用户识别的特殊才干、技能和知识结构。例如,耐克公司将重点放在创新、营销、分拨和销售上,而不是生产上。

(5)提高灵活性。①能更好地应对消费者需求变化的能力;②利用供应商的技术、特长缩短产品开发周期的能力;③获得新技术和创新能力。这三个方面对技术更新非常频繁的行业而言是成功的关键。

3. 外包的风险

外包策略能够带来上述优势的同时,也存在着一些风险:

(1)失去竞争知识。将关键部件外包出去可能会给竞争对手可乘之机。同样,外包也意味着公司将失去根据自己而不是供应商的时间表引入新技术的机会。最后,将不同部件的生产外包给不同的供应商会阻碍新的想法、创新,并且需要跨职能团队实现的解决方案的开发。

(2)产生目标冲突。供应商和购买者之间往往具有不同甚至相互冲突的目标。例如,当购买者将不同部件的生产外包出去时,希望提高灵活性,这需要具备根据市场需求调整产品,以更好实现供需平衡的能力。但这个目标恰恰与供应商所希望达到的"长期、稳定和平衡的订货"这一目标相矛盾。

【案例】中国即时配送物流现状

近两年,外卖行业中以商超、生鲜为主的新零售行业发展相当迅速,即时物流作为运力需求的供应方已然成为其中不可或缺的一环。在即时物流的应用中,主要存在两种模式,一些零售平台采用自己的配送平台,此外还存在一些承担外包配送的物流企业。

即时配送行业的规模在 2020 年达到了 1700 多亿元,如此庞大的市场蛋糕,吸引了各类玩家的眼球。在中国即时物流产业链图谱中,在需求方市场上,即时物流的企业主要有:外卖平台"美团外卖""饿了么",零售平台"苏宁小店""多点"和"京东到家",以及生鲜平台"盒马鲜生""每日优鲜"等;在供给方市场上,即时物流的企业主要有:"点我达""达达""UU 跑腿"等。在外卖市场双雄争霸的"美团外卖"和"饿了么",分别有自己的即时配送平台即"美团配送"和"蜂鸟配送",且两者的日均订单量分别达到 2180 万、1200 万(2020 年)。零售平台"京东到家"也有自己的配送平台"达达快送"。值得一提的是,据 2019 年第一季度即时配送行业数据,蜂鸟配送、达达快送和美团配送的市场份额占比分别为 28.4%、25.6%和 24.8%,几乎占据了我国 80%的配送市场份额。其他竞争者持续涌入赛道,如圆通、韵达等快递公司开始组建自己的同城配送体系;本身就是即时物流企业的"UU 跑腿""闪送"也开始陆续承接代买、代送服务;生鲜平台中"盒马鲜生""叮咚买菜"上线了自主配送服务。甚至连网约车平台也想要在即时配送市场中分一杯羹。由于两轮电动车配送市场已经饱和,因此,四轮汽车已开始加入赛道,例如,"哈啰出行"最近上线了"哈啰快送"业务,曹操出行推出"曹操帮忙",滴滴打车也推出了跑腿服务。

资料来源:马向阳,王瑞娜."万千好物、即时可得":"达达"如何构建商业模式[EB/OL].(2021-01-12)[2021-05-01].https://www.cmcc-dut.cn/Cases/Detail/5090.

第三节　供应链合作伙伴关系构建

在过去,经常发生如下情况:供应商和下游客户(如经销商和零售商)间表现出竞争且不合作的姿态。当下还有一些企业依然如此,它们的目的是通过降低成本,或者依靠供应链上伙伴的损失来获取更高的利润。然而,这些企业没有意识到,这样做只是改变了同一条供应链中上下游企业之间的利润分配,实际上并没有使供应链获得更多的竞争优势。为产品付出的所有成本在进入市场时,都会通过最终消费者愿意付出的价格得到反映。处于市场领先地位的企业已经意识到上述做法的荒谬,并开始转变观念,将供应链视为一个整体,通过增加产品的总价值,降低产品的总成本,来提升供应链的竞争力。企业必须真正明白现在的竞争已经不仅仅发生在企业和企业之间,而是发生在供应链和供应链之间。因此,供应链中的企业只有建立起紧密的合作关系,才能使整个供应链获得竞争优势,从而使供应链上的所有成员都获得利益。

一、供应链中的牛鞭效应

在供应链中,如果每个节点企业仅考虑自身目标的最优化,而不考虑对整个供应链的影响,就会产生协作障碍。另外,因供应链中信息传递所具有的固有特征而产生的"牛鞭效应(bullwhip effect)",也会造成供应链中各企业之间的协作问题。

1. 牛鞭效应

在过去十几年中,供应商和零售商已经注意到,尽管某种具体产品的消费者需求的变动并不大,但它们在供应链中的库存和延期交货水平的波动却很大。例如,在研究"帮宝适"市场需求时,宝洁公司的经理们注意到了一个很有意思的现象。正如预料,该产品的零售数量相当稳定,没有哪天或哪月的需求会特别高于或低于其他时期。然而,这些经理们注意到了分销商向工厂下达的订单的变动程度比零售数量的波动要大得多。这种沿着供应商上游推进需求变动程度增大的现象称为"牛鞭效应"。

图 6-6 列举了一个简单的四阶段供应链：单个零售商、单个批发商、单个分销商和单个制造工厂。零售商观察消费者需求，然后向批发商订货，批发商向分销商订货，分销商向制造工厂订货。图 6-7 提供了不同成员的订单与时间之间的函数关系，清楚地表明了往供应链上游前进需求变动程度增大的现象。

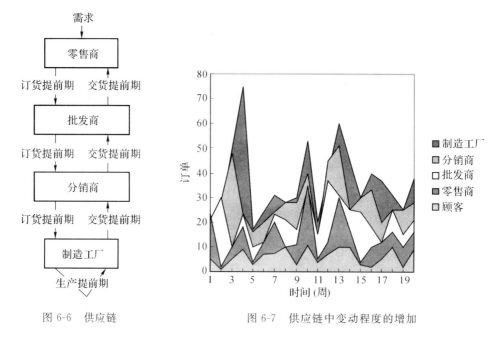

图 6-6　供应链　　　　　　　　图 6-7　供应链中变动程度的增加

为理解需求变动程度增大对供应链的影响，考虑图 6-6 中的批发商，批发商接受零售商的订单，并向其供应商——分销商订货。为确定订货量，批发商必须预测零售商的需求。批发商如果不能获知消费者的需求信息，就必须依据零售商向其发出的订单进行预测。

因为零售商订单变动程度明显大于消费者需求的变动程度，如图 6-7 所示，为实现与零售商同样的服务水平，批发商被迫持有比零售商更多的安全库存，或者需要具备更高的能力。这种分析同样适用于分销商和制造商，结果导致这些供应链的成员需要维持更高的库存水平，从而产生更高的成本。

2. 应对牛鞭效应的策略

牛鞭效应使需求信息沿着供应链逐级放大，导致需求信息出现越来越大的波动。这种波动导致了库存成本增加、响应消费者需求的速度变慢等不利影响。虽然牛鞭效应很难完全克服，但是也存在着一些降低牛鞭效应的策略，包括降低不确定性、降低消费者需求变动程度、缩短提前期以及建立战略合作伙伴关系。

（1）降低不确定性。减少或消除牛鞭效应最常用的方法是通过集中需求信息，即为供应链的各阶段提供实际的消费者需求的全部信息，来降低整个供应链的不确定性。

（2）降低消费者需求变动程度。通过降低消费者需求的变动性来减少牛鞭效应的影响。例如，如果我们可以减少零售商所观察到的消费者需求的变动程度，那么即使出现了牛鞭效应，批发商所观察到的需求变动性也会相对减少。我们可以采用诸如"天天低价"等策略降低消费者需求的变动性。当零售商推行天天低价策略时，他们提供的是稳定的商品价格，而不是带有周期性促销的价格。通过消除价格促销，零售商可以消除由促销引起的需求的急骤变化。因此，天天低价策略能够形成更加稳定的、变动程度更小的消费者需求模式。

（3）缩短提前期。需求预测越提前，面临的需求不确定性就越大。提前期的延长对供应链上各个阶段的需求变动产生显著影响。因此，缩短提前期能够大大地降低整个供应链的牛鞭效应。

（4）建立战略伙伴关系。通过建立战略伙伴关系可以降低牛鞭效应。战略伙伴关系的建立改变了信息共享和库存管理的方式，能够降低牛鞭效应的影响。例如，在供应商的库存管理中，制造商管理其零售店的库存，从而决定在每一期自己该持有多少库存量以及应该向零售商发运多少商品。因此，在供应商的库存管理中，制造商不需要依赖零售商发出的订单，可以比较彻底地避免牛鞭效应的发生。

二、供应链合作关系的影响因素

战略联盟或合作伙伴关系的建立并不容易，失败的比率高达60%。美国企业家联合会对455名首席执行官进行了调查，发现战略联盟失败主要有以下8个原因：①过于乐观；②沟通不力；③缺少利益共享；④见效慢；⑤缺少财务支持；⑥对运营原则理解错误；⑦文化交流存在障碍；⑧缺少联盟的经验。建立牢固的供应商合作伙伴关系需要双方大量的工作和彼此的承诺，因此，要建立真正的合作伙伴关系并不容易。下面列出一些比较典型的成功建立合作伙伴关系的因素。

（1）建立信任。信任对任何合作伙伴和联盟都至关重要。信任能够使组织之间互换有价值的信息，投入时间和资源去理解彼此的业务，获得超出个体所能实现的结果。

（2）分享企业愿景和目标。所有的合作伙伴都应该明确各自的预期和目标，并将它们分解到合作当中。合作双方必须分享并接受对方的愿景和目标。许多联盟和合作伙伴关系之所以破裂，是因为它们各自的目标没有很好地统一。

（3）共同的利益和需求。当企业之间有一致的需求时，双方的合作能促使双赢的结局。共同需求不仅会产生有利于协作的环境，还为创新提供了机会。当合作双方分享利益时，它们的合作就会积极和长久。联盟就像婚姻，如果只有一方高兴，那么不会持续很长时间。

（4）高层管理的支持。找到一个合适的合作伙伴需要大量的时间和艰苦的工作。找到以后，双方需要投入大量时间、人员和精力去建设成功的合作伙伴关系。没有参与，就没有承诺，承诺必须从高层开始。当高层管理人员支持合作伙伴关系时，这种关系就可以成功。由企业高层所表现出来的合作和参与程度，就相当于为复杂问题的解决定了基调。

（5）信息共享和沟通渠道。为使信息顺畅地流动，应该建立正式的和非正式的沟通渠道。如果具备高度的信任，信息系统就可以完全针对客户的需求，为彼此提供高效的服务。

（6）绩效标准。"你无法改进你不能评价的事情"，这句谚语也非常适用于处理买家与供应商的关系。良好的运营绩效评价体系提供易于理解的测评指标，容易衡量，并关注买家和供应商共同价值的实现。

（7）持续改进。对供应商的运营评价是建立在相互认可的评价体系之上，这为持续改进提供了机会。买家和供应商都必须持续地改进他们的能力，以满足客户在成本、质量、运送和技术方面的要求。

三、供应链合作伙伴的选择

不同的企业对于供应链系统来说，所提供的增值作用不同；同时在能力比较方面，不同的企业具有的竞争力也不同，这些能力包括产品的生产质量、交货期、柔性、成本等。根据增值作用和竞争能力的不同可以将企业分为四类：一般性、关键性、竞争性、战略核心伙伴企业，如图 6-8 所示。

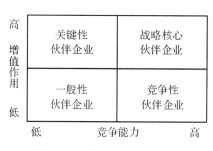

图 6-8　合作伙伴的类型矩阵

在供应链系统的合作伙伴企业选择和关系建立过程中，应根据需求的不同采取不同的策略。对于长期需求，应选择战略核心企业，并建立紧密的合作关系；对于中期需求，应根据具体情况选择竞争性企业或关键性企业作为合作对象；对于短期需求，则可以考虑选择一般性企业作为合作对象。

供应链合作伙伴的评价和选择应考虑生产质量、交货期、柔性、成本等多方面因素的综合，具体方法包括招标法、采购成本比较法、直觉法、基于活动的成本分析法、层次分析法、神经网络算法等。评价和选择的过程是与环境状态变化相适应的动态过程。

四、CPFR 协作规划、预测和补货模型

1. CPFR 的概念

供应商管理库存（vendor managed inventory，VMI）和联合管理库存（joint managed inventory，JMI）是供应链管理中的两种比较成功的模式，对减缓牛鞭效应有着积极作用。但 VMI 和 JMI 存在着缺陷：如 VMI 没能调动下级节点企业的积极性；JMI 没能实现真正的集成，使得库存水平较高，订单落实速度慢。针对 VMI 和 JMI 的不足，1995 年，Wal-mart、Wamer-Lamhert、SAP、Manugistics 和 Benchmarking Parters 等 5 家公司联合成立了零售供应和需求链工作组，进行协同计划、预测及补货（collaborative planning forecasting and replenishment,CPFR)的研究和探索,其目的是开发一组业务流程,使供应链中的成员能够利用它实现从零售商到制造商之间的功能合作。

CPFR 是一种协同式的供应链业务流程管理模型,它能同时降低销售商的存货量,增加供应商的销售量。CPFR 的最大优势是能及时准确地预测由各项促销措施或异常变化带来的销售高峰和波动,从而使双方都能做好充分准备,赢得主动权。同时,CPFR 采取"双赢"原则,以库存管理为核心兼顾供应链上其他方面的管理。因此,CPFR 能实现供应链伙伴间更为广泛深入的合作,主要体现在以下几个方面:

(1)面向客户需求的合作框架。

(2)基于同一销售预测报告制订生产计划。供应链上各公司根据这个共同的预测报告制订各自的生产计划,从而使供应链的管理得到集成。

(3)供应过程约束限制的解除。供应商减少甚至去掉库存,大大提高企业的经济效益,另外贯穿于产品制造、运输及分销等过程的企业间资源的优化调度问题也得以解决,最终为供应链合作伙伴带来丰厚的收益。

2. CPFR 模型实施步骤

自愿性行业间商务标准(voluntary interindustry commerce standards,VICS)将 CPFR 的实施分为 9 个步骤,如表 6-1 所示。CPFR 为销售商和供应商提供了一个共享关键信息、共同计划的框架。在 CPFR 模型指导下,供应链合作伙伴制订统一的预测。供应商和销售商通过一起工作形成共同预测;或者首先形成各自的预测,然后使用这些预测形成共同预测。这一协调和信息共享机制使销售商和供应商能够优化他们的供应链活动,由此,很自然地基于销售商的需求来制订生产计划。CPFR 协作的本质是形成更好的需求预测。这一改善的预测能够提高供应商的供货水平、改善库存水平、降低缓冲库存。成功实施 CPFR 能够同时实现提高销售和降低库存的目标。

表 6-1　CPFR 过程模型步骤

CPFR 过程模型 9 个步骤	
步骤 1	建立协作关系
步骤 2	制订共同的商务计划
步骤 3	制订销售预测
步骤 4	识别销售预测例外情况
步骤 5	例外情况的协作和解决
步骤 6	制订订货预测
步骤 7	识别订货预测例外情况
步骤 8	例外情况的协作解决
步骤 9	生成订单

资料来源:FLIEDNER G. CPFR:an emerging supply chain tool[J]. Industrial Management and Data Systems,2003,103(1):14-21.

3. CPFR 的收益

CPFR 提供的信息共享机制为供应链合作伙伴带来了许多收益。吉思·弗利德纳(Gene Fliedner)列出了几条显著的收益：

(1)销售商收益,即销售收入增加、更高的服务水平、更快的订单响应速度、更低的产品存货、更少的过时产品和变质产品。

(2)生产商收益,即销售收入增加、更高的订单满足率、更低的产品存货、更高的周转率、降低产能要求。

(3)共享供应链收益,即直接的物资流动(如可以减少仓库数量)、改善预测精度、更低的系统成本。

【案例】京东和美的实现协同计划、预测及补货(CPFR)

在对京东和供应商协同的实际业务调查时发现,业务多关注采购环节,较少关注供应商商品的生产环节,导致需要补货时发现供应商库存不足。因此,实现京东和供应商在计划和预测层面实现信息共享,将供应链协作延伸到生产环节,显得十分必要。2014年底,京东和美的达成了战略合作关系,双方将在物流配送、大数据分析、智能设备等方面进行深度合作,目标即打造京东和美的供应链的深度协同,实现京东和美的在销售计划、订单预测、物流补货等方面数据的充分共享,建立协同型供应链。

京东和美的进行的协同型计划、预测及补货项目,基于 EDI 电子数据交换技术实现数据有效及时的共享,构建了从计划到预测及补货流程的全面协同。业务流程分为三个方面:

(1)协同销售计划

京东提前一个月向美的报备提货计划,美的接收并反馈供货计划,双方即以供货计划作为下个月采购及供货依据。然后美的根据供货计划制订每周排产计划,并共享给京东。

(2)协同订单预测

美的完成商品入库后,同步库存数据给京东。京东应用自动补货系统,以仓到仓支援关系及供应商库存等为限制因素,计算出各仓补货建议,并将补货建议共享给美的,美的根据发货要求进行调整并反馈给京东。

(3)协同订单补货

美的评审后的补货建议自动形成京东采购单,美的接收系统自动发起仓库入库预约,收到预约号后进行发货,并反馈京东发货单,京东仓库收到货物后回传美的收货确认。

项目实现供应商共享京东大数据及智慧采购的能力,具体体现在:①共享京东大数据分析能力:在销售计划协同中,长期备货计划是模拟历史销量数据、参考促销等因素得到对未来销量的预测,为美的的生产计划提供参考。②共享京东智慧采购能力:在订单预测协同中,应用智能补货系统,根据美的的实际库存,并参考销量预测、备货周期、送货市场等,计算出各仓的建议补货量,实现一键下单。

资料来源:赵建萍,李朝霞.京东和美的:供应链实现数据充分共享[J].条码与信息系统,2016(4):23.

第四节　供应链绩效评价

"没有规矩,不成方圆",这句谚语同样适用于供应链管理。美国战略绩效管理委员会在 1998 年给出的一份报告中指出,采用绩效评价的公司更有可能成为行业的领导者,成功处理重大变革的可能性是其他公司的 2 倍。

供应链的有效管理需要供应链绩效评价体系作为保障。供应链上各公司的绩效评价体系往往存在着较大差异,另外,很多公司在评价绩效时往往单一地考虑本公司利益,而忽视供应链上合作伙伴的利益,因此,设计和实施能够协调和平衡供应链所有成员的绩效评价体系并非易事。绩效评价体系对供应链中所有成员来说必须既清楚又便于交流;同时,经理们还要进行持续地合作,这样才能实现对供应链所有成员都有利的结果。

一、供应链绩效评价体系

供应链绩效评价体系必须能够有效连接供应链中的各个合作伙伴,以便为终端客户创造突破性价值。供应链绩效评价体系必须能够覆盖整个供应链,以确保每个供应链成员的利益,使它们都能为整个供应链的战略目标做出贡献。在一个成功的供应链里,成员们都会一致认同供应链的绩效评价体系,其关注点应该是为最终客户创造价值,因为客户的满意度决定着供应链所有成员的销售和利润。

为了评价供应链的实施给企业群体带来的效益,所用到的方法就是对供应链的运行状况进行必要的度量。供应链绩效评价在以下几个方面起着积极作用:①对整个供应链的运行效果做出评价;②对供应链内各节点成员企业做出评价;③对供应链内企业与企业之间的合作关系做出评价;④对企业起到激励作用。

供应链绩效评价有着多种体系,如传统的基于成本、收入和利润率的评价体系,平衡计分卡,标杆法,供应链运作参考模型等。这里仅简要介绍典型且有效的供应链绩效评价体系:平衡计分卡和供应链运作参考模型。

二、平衡计分卡

1992 年,卡普兰(Kaplan)和诺顿(Norton)推出了通过平衡计分卡(balanced score card,BSC)评价绩效的方法。这是一种将公司的绩效评价与战略计划和目标结合起来的方法,因此也改进了管理决策。这一模式得到了广泛应用,1998 年 60% 的财富 1000 强公司都使用过 BSC。很多公司声称使用 BSC 后获得了有目共睹的成功,这些公司包括美孚石油、AT&T、英特尔、毕马威会计师事务所等。

BSC 为经理们提供了一个正式的战略制定和实施框架,使财务结果和非财务结果之间达到平衡,并兼顾长期和短期规划。图 6-9 显示的 BSC 框架由四个角度组成:

(1)财务角度。从收入增长、产品组合、成本下降、生产率、资产利用率和投资战略等方面进行评价。

(2)内部业务流程角度。着重于机构内部主要业务流程绩效评价,包括质量、灵活性、流程的创新成分以及时间基准评价。

（3）客户角度。着重于对客户需求和满意度的评价,包括客户满意度评分、客户流失、获取新客户、客户的价值特征、客户的利润度以及生产份额。

（4）学习与成长角度。针对机构人员、系统和程序的评价,包括无形资产、员工的再培训、信息技术和系统的提高、员工的满意度等。

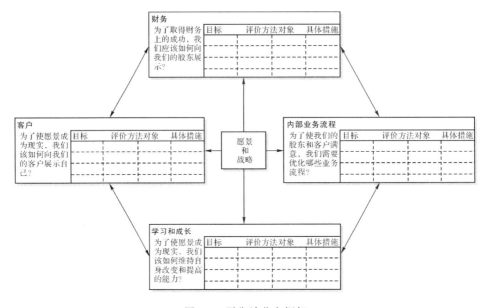

图 6-9　平衡计分卡框架

资料来源:KAPLAN R. S. ,NORTON D. P. Using the Balanced Scorecard as a Strategic Management System[J]. Harvard Business Review,1996,74(1):75-87.

平衡计分卡绩效评价体系将上述四个角度的内容联系在一起。针对公司战略计划的每个目标进行评价体系设计,包括产出评价体系和取得这些产出的动力评价体系。在这个过程中,资深管理者可以引导公司内部能力的发展方向,使其朝着公司的目标发展。正确的计分卡设计应该支持公司的战略,由一套连接紧密、相互一致、相互补充的评价体系构成。

制定平衡计分卡的过程从定义公司的战略开始,一旦理解了公司的战略,并得到了资深管理者的认同,下一步就可以把这些战略目标转化成绩效评价体系。BSC 四个角度的每一方面都要求4~7 项绩效评价指标,这样一张计分卡中对每个战略就有大约 20 项相关评价指标。如果公司对自己所期望达到的目标不明确,没有意识到那些有着正确绩效评价的计分卡是和公司所推行的战略密切相关的,那么,公司即便采用了 BSC,仍然有可能会失败。

公司在设计一个协作的供应链时也可采用 BSC,把计分卡的内部参照系扩展到包括内部职能和供应链合作伙伴的职能。这样,公司的员工就有了明确的目标:着重于公司的绩效对整个供应链成功所做的贡献。布鲁尔和斯潘推出的一些评价体系把公司的界线扩展到了供应链,如表 6-2 所示。把这些和其他以供应链为基础的评价体系加到传统的、更注重内部评价的平衡计分卡中,有助于公司达到目标,同时对公司所在的供应链也有好处。

表 6-2　供应链平衡计分卡评价

客户	供应链上客户服务点的数量； 对客户订单的响应时间； 客户对供应链价值的认识
内部业务流程	供应链里的增值时间/总时间； 选择数量/订单处理周期
财务	供应链中在采购、持有库存、质量不合格和运送失败上的成本； 供应链所达到的目标成本百分比； 供应链所带来的利润百分比； 现金到现金的周转时间； 供应链资产的回报率
学习和成长	从产品准备完备到交付给客户之间的时间； 共享数据的数量/总数据； 客户需求的替代科技的数量

三、供应链运作参考模型

另一个在整合供应链和评价供应链成员运营绩效上广为认可的方法就是供应链运作参考模型(SCOR 模型)。该模型由国际供应链协会在 1996 年推出,这是一个由全球 800 家对供应链管理感兴趣的公司组成的非营利性机构。该协会的成员们一直在对内部成员和外部购买 SCOR 模型软件的公司所使用的模型进行评价和更新。从图 6-10 中可以看出,SCOR 模型把卖家的运送运作和买家的采购活动连接起来,这样就可以把供应链成员的运作整合起来。

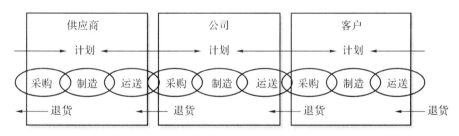

图 6-10　SCOR 模型

全球很多行业的制造和服务公司都把 SCOR 模型作为供应链管理诊断和流程改进的工具。那些成功使用 SCOR 模型的著名公司包括英特尔、IBM、3M、思科、西门子、拜耳等。SCOR 模型把供应链的运作划分为五个过程——计划、采购、制造、运送和退货。

(1)计划。需求和供应计划包括根据需求平衡资源;供应链计划的设立/沟通;对商业规则、供应链运营、数据搜集、库存、资本资产、运输和规则需求的管理。

(2)采购。资源储备,按订单生产和设计,包括计划运送时间;收货、验货、产品运输;批准给供应商付款;考察、选择供应商;评价供应商的绩效;管理进货库存和供应商协议。

(3)制造。面向库存生产,按订单生产、按订单设计,包括安排生产活动;生产、检测、包装、分段运输、产品交付；对按订单设计的产品的最终定稿；对在制品、设备、设施和生产网络的管理。

（4）运送。对库存、按订单生产及按订单设计的产品的订单、仓储、运输和安装的管理，包括从订单的询价、报价到安排运输和选择承运商的所有订单步骤的管理；从产品接收、挑选到产品的出库、运输的仓储管理；对客户开具发票；管理成品库存和进口/出口需求。

（5）退货。把采购的物料退还给供应商，以及接受客户对最终产品的退货，包括同意和安排退货；收货、查验、对次品或多余产品的处理；退货更换或担保；管理退货库存。

SCOR 模型中有三个级别标准化流程细节。级别一，用户可从 SCOR 结构工具箱挑选合适的流程属性来描述它们的供应链，可以从级别一的 13 个衡量指标中选择（见表 6-3）。级别二，SCOR 流程通过流程类别得到了更详细的表述。在每一流程类别里都有用户指定的流程种类。级别三，流程图通过流程元素或专门任务对级别二里的流程进行定义，显示输入、流程元素和输出。最后，公司内部对供应链管理实践的贯彻情况属于级别四或以外的级别。

实施 SCOR 模型并不是一项简单的任务，需要公司内部和供应链成员间投入大量时间，并进行有效沟通。尽管如此，那些使用 SCOR 模型的公司还是觉得这样做非常有益。例如，百时美施贵宝下属公司美赞臣营养品公司负责全球生产的总监乔·威廉先生说，SCOR 在对照其他公司评价本企业业务单元在供应链运营中的贡献起着重要作用，但是，进行这一评价是"一项大工程"，他说，"SCOR 在某种意义上具有一定的权威性，在对某些方面的阐述上具有公开性"。

表 6-3　SCOR 绩效属性和级别一衡量指标

绩效属性	绩效属性定义	级别一衡量指标
配送可靠性	供应链配送绩效：正确产品以正确的地点、时间、状态、包装、质量、文件配送给正确消费者的程度	①配送绩效； ②实现率； ③完美订单履行
响应度	供应链提供产品给消费者的速度	④订单履行提前期
灵活性	供应链响应市场变化的敏捷性	⑤供应链响应时间； ⑥生产灵活性
成本	运作供应链的成本	⑦供应链管理成本； ⑧货物销售成本； ⑨价值增值生产力； ⑩保修/退货处理成本
资产管理效率	组织管理资产以满足消费者需求的有效性	⑪现金到现金周转期； ⑫可供应存货天数； ⑬资产周转率

资料来源：STEPHENS S. Supply Chain Operations Reference Model Version 5.0：A New Tool to Improve Supply Chain Efficiency and Achieve Best Practice[J]. Information Systems Frontiers，2001，3(4)：471-476.

由以上信息可以看出,SCOR模型可用于对供应链结构的描述、度量和评价。所设计的模型可以在供应链成员间进行有效的沟通、绩效评价和流程整合。一个标准化的参考模型有助于管理团队关注管理结果,提高对于内外部客户的服务质量,提升整个供应链的绩效。实际上,使用SCOR模型可以和实际运作企业一样,对任何供应链进行组织、评价并设立标准,为供应链的参与方带来持续的改进和竞争优势的提高。

【案例】宝钢出厂物流的SCOR模型分析

1.宝钢出厂物流现状分析

目前,宝钢通过管理层面与技术层面的不断改进和提高,已经在一体化出厂物流方面取得了一定的成绩和优势,这些优势包括:丰富的物流管理人才储备;先进的物流管理信息平台;强大的运输潜能;集团公司一体化管理力度加大。而宝钢目前亟待解决的出厂物流问题包括以下方面:①仓库的规划与合理利用。目前,宝钢仓库往往出现空置面积较多或者堆存空间不够的现象,这与钢铁产品的需求不稳定有关。②提高配载效率。目前,宝钢的火车配载以人工操作为主,需要设计一个决策支持系统来帮助配载人员减少装载方案确定时间、减少车皮等待装卸时间、降低车皮的空载率。③合理利用和科学管理框架资源。目前在生产运行过程中,框架配置的一些不合理方面逐步凸显,已成为影响框架总体运行效率进一步提高的一个因素。

2.出厂物流SCOR模型的现状分析建议

选取具有代表性的"铁路库集配载"为例,建立流程图,统计各功能所需时间,并据此判断出"产品装车","计算配载方案"和"选择出库产品"是流程瓶颈所在,需要加以改进。

3.出厂物流改进

(1)流程改进一

根据当前的仿真流程和流程瓶颈,首先对"选择出库产品"这一功能进行改进,引入"智能配载系统"取代当前的人工计算方法,这将使得"计算配载方案"这一功能由原来的20分钟降到15分钟,并且由于使用了计算机计算配载方案,出厂计划可以直接由"9672系统"下载到本地计算机,取消了原来的"打印出厂计划"这一过程。

通过这一流程的改变,可以使整个订单的完成率达到100%,订单总执行时间减少了近10小时,平均执行时间从2.1小时降到了1.5小时,管理员利用率从49%降到了36%,即可以进一步减少管理员的数量。并且,此时的"产品装车"已经成了铁路库出厂物流的瓶颈。

(2)流程改进二

为了避免订单高峰期导致的订单完成率下降,将原先被动的"等待末端库送来产品"改为根据配载结果"通知末端库发货",这样可以保证送来的产品可以立即被装车,省去了催货的情况;然后引入了另一个应用程序"能装车系统",通过计算机计算和定位产品应该在火车中摆放的坐标,并生成行车操作指令,指导行车以最高效率装载产品,这样不但省略了人工"选择出库产品",还可以将"产品装车"时间缩短为原来的一半,同时,可以将"通知末端库发货"和"计算装车顺序"改为并行流程,大大减少了等待时间。通过对新的流程的仿真,订单完成率上升到了 96.25%,订单平均处理时间降到了 0.87 小时(如表 6-4 所示)。

表 6-4　当前流程与两次改进流程数据汇总

绩效指标	当前流程	改进流程一	改进流程一 (订单高峰)	改进流程二 (订单高峰)
订单完成率	82.5%	100%	63.75%	96.25%
订单总执行时间	0002:21:33:49	0002:12:16:58	0003:23:54:41	0002:19:02:00
订单平均执行时间	2.10 小时	1.50 小时	1.88 小时	0.87 小时
动态等待时间	0000:23:13:57	0005:14:04:23	0023:15:58:00	0015:07:18:11
平均动态等待时间	0.58 小时	3.35 小时	7.10 小时	4.60 小时
人员利用率	44.00%	37.50%	47.50%	38.25%

将用于供应链建模的 SCOR 模型移植到出厂物流体系的研究中,并使用 ARIS 软件搭建仿真平台,该方法的创造性使用使得深入地、定量地研究出厂物流一体化成为可能。

资料来源:沈益军.宝钢出厂物流的 SCOR 模型分析[J].物流科技,2007(6):65-68.

第五节　供应链中的物流管理

这里讨论的物流,是指供应链范围内企业之间的物资转移活动(物资流动)。为了提高供应链的运行效率,管理者需要采取各种管理策略以实现供应链各企业间的协调合作。

一、库存管理

1. 库存

面对市场消费需求的变化和供应链不同企业之间的不协调和不确定问题,企业往往通过设置库存来缓和矛盾。库存具有四种功能:地域专业化、库存分离、供需平衡以及降低不确定性的影响。

在实践中,企业内部往往存在较多反复出现的库存需求,一般称为多周期库存需求,这些按其本身的属性又可以分为独立需求和相关需求。独立需求是指库存需求独立于人们的主观控制能力之外的随机的、不确定的和模糊的需求。相关需求是指需求的数量和时间可以根据其他的变量数据推算出来。对于库存控制来说,主要解决三个问题:确定库存检查周期、确定订货量和确定订货时间。

2. 供应链管理中的库存问题

在供应链系统中,库存以原材料、半成品、成品、在制品、在途品存在于供应链的各个环节,传统的库存管理注重于优化单一企业的库存成本,但是在供应链系统中,这种传统的库存管理方式显然不能使供应链系统中的库存水平最优。供应链系统中的库存管理通常存在如下问题:

(1)库存控制存的问题。在供应链环境下,库存控制存在着以下几个问题:①缺乏准确的交货信息。②对客户服务水平理解上存在偏差,许多企业采用订货满足率来评估客户服务水平,这是一种比较好的客户服务考核指标;但这种指标并不能帮助制造商发现哪家供应商的交货迟了或早了。③信息传递系统的效率低,供应链各个节点之间的信息传递存在延误和不准确性。④供应链的系统观念缺乏,合作和协调性不足,结果往往使一些制造商不得不维持较高的库存量。⑤库存控制策略简单化,许多企业对所有的物资采用统一的库存控制策略,供应和需求的不确定性并没有体现在物资的分类上。

(2)供应链中的需求变异加速放大原理与库存波动。美国的李效良(Hau L. Lee)教授提出的供应链中的需求变异加速放大原理指出:当供应链中的企业根据其下游企业的需求量来确定其生产决策时,需求信息的不确定性就会沿着供应链逆流而上,而其不确定性会逐级放大,达到最上游的供应商时,其需求的变异系数远大于位于供应链下游的经销商和零售商。传统的库存管理模式不能解决需求变异放大的问题。

(3)供应链不确定性与库存的关系。供应链的不确定性包括企业之间、部门之间的衔接不确定性和企业内部的运作不确定性。加强供应链各企业间的信息共享是降低不确定性的重要手段,具体来说,企业间的信息共享,使得企业间信息不对称问题得以减少,企业在需求相对稳定的情况下,就可以大大降低库存水平;同时企业间的信息共享,使得原来对于一个单独企业来说是外生变量的下游需求变得确定,从而使企业的生产决策管理变得方便、降低运作不确定性。

3. 供应链中的库存管理策略

为了发挥供应链管理的作用,其库存管理的策略也与传统的库存管理方法有所区别。

(1)供应商管理库存。供应商管理库存(VMI),其本质上是用户和供应商之间的合作性策略。具体来说,一般情况下,供应商为了适应不可预测的需求变化,需要建立库存,用户也需要建立库存来应付其内部需求和供应链的不确定性,这种行为实际上导致了重复库存的问题,同时由于变异放大原理,因此需求信息在供应链中会被进一步扭曲。在VMI模式下,以双方成本最低为目标,在双方相互同意的框架下,由供应商来管理库存,同时,这个协作框架被不断监督和修正,从而保证该库存管理策略的持续改进。

(2)联合库存管理。联合库存管理是指供应商和用户同时参与、相互协调、共同制订库存计划,加强供应链各节点企业的同步运作,消除需求变异放大的现象,降低了供应链中的不确定性。

(3)多级库存优化。联合库存管理是供应链中单级的局部优化管理模式,而多级库存优化则是全局性的库存管理优化模式,强调供应链资源的全局优化。多级库存管理有非中心化(分布式)策略和中心化(集中式)策略。非中心化策略是各库存点独立地采取各自的库存策略,虽然操作比较简单,但是其实施效果与供应链中的信息共享水平有很大关系,在共享度低的情况下,很难实现供应链系统的最优。中心化策略是指同时决定所有库存点的控制参数,结合各库存点的相互关系,通过协调来实现供应链系统中的库存最优,这种管理方法在供应链层次较多的情况下,操作难度较大。

(4)工作流管理。工作流管理是针对企业战略性库存决策问题所提出的库存管理策略。这种策略认为:库存是企业之间或部门之间没有实现无缝连接的结果,库存管理本质上不是针对物料的管理,而是针对企业业务流程的工作流管理,强调通过企业业务过程的调整来解决库存问题。这种策略强调了企业间的战略合作和协调。

二、采购管理

1.传统采购模式

在传统采购模式下,采购企业比较重视通过向多个供应商的询价,在价格比较的基础上确定选择供应商,对质量和交货的控制主要依靠事后把关。这种管理模式体现以下特征:

(1)采购双方的信息不对称。在传统模式下,采购方为了在供应商价格比较中获得有利地位,往往尽量保护自己的信息;同样,供应方为了在与其他供应商竞争中获胜,也会尽量对自己的信息保密。这样在采购双方之间就形成信息不对称的关系,不能进行有效沟通。

(2)质量控制的难度大。在传统模式下,采购方难以在产品生产过程中了解和参与质量控制,而主要依靠事后的验收控制来进行质量把关。显然这种缺乏合作的质量管理方法,难以有效控制采购物品的质量。

(3)供求双方竞争多于合作。在传统模式下,供求双方的合作是短期的。缺乏长期的考虑和安排,往往会在许多具体问题上缺乏合作和协调,导致供应关系中的不确定性增加。

(4)对客户需求的反应较慢。在传统模式下,供应和采购双方之间缺乏信息沟通,当市场需求发生变化时,采购方要改变已经确定的采购合同,难度较大、成本较高,这种情况导致供应采购双方对市场需求变化的反应迟钝。

2.供应链管理中的采购特点

(1)订单驱动的采购管理模式。与传统的以库存补充要求为驱动的管理特点不同,在供应链管理中,用户需求订单驱动制造订单的产生、制造订单驱动采购订单的产生、采购订单再驱动供应商,这种订单驱动模式使供应链系统能及时响应客户需求,降低整体库存水平。

(2)从传统采购控制向外部资源管理转化。在传统采购模式下,采购管理者对质量、交货期等的控制主要以事后控制为主;在供应链系统中则强调事中控制。在长期的、互利的合作关系基础上,由采购方和供应方共同来解决问题,具体的做法包括采购方向供应方提供质量管理的信息和技术支持、参与供应方的产品设计和质量控制、协调供应商资源、改善供应商网络的层次结构等。

（3）从一般买卖关系向战略合作伙伴关系转化。传统的基于一般买卖关系的采购模式无法解决一些涉及全局的、战略性的供应链企业的相互关系，而战略合作伙伴关系的建立，使得企业间的采购和供应关系变得透明，减少了信息失真问题，降低了采购成本和风险，并为共同合作解决问题提供了条件。

3. 准时采购策略

准时采购策略的基本思路是：在恰当的时间、地点，以恰当的数量和质量，提供恰当的物品，其目的就是通过持续改进来消除库存和不必要的浪费。其中，供应商数量和关系选择、质量控制是它的核心内容。准时采购实际上是供应链系统中订单驱动的采购模式得以有效进行的重要手段。

准时采购策略的特点包括：一般选择较少的供应商，以便于管理供应商、降低采购成本，与供应商建立长期的稳定关系；对供应商的质量和合作能力要求较高；强调交货的准时性，并通过生产条件改善和有效管理运输等提高交货的准时性；对信息共享的要求较高；采购批量灵活。

为了准时采购管理能有效实施，需要重视三个方面的工作：选择最佳的供应商，并实施有效管理；建立和保持供应商和采购方的紧密合作；实行有效的采购过程质量控制。其中对供应商的管理是准时采购管理的关键环节，在准时采购中，供应商和采购方的关系是建立在一种战略"双赢"的基础上，其强调信息交流和共享机制，同时通过合理的供应商评价和激励机制来维护和强化这种长期的战略双赢关系。

4. VMI 采购策略

VMI 采购策略的基本思想是：采购和库存管理不是由需求方操作而是由供应方操作，由供应商根据需求方提供的需求信息预测未来的需求量来制订自己的生产计划和送货计划，主动小批量多频次地向需求方补充货物库存。VMI 采购模式中最吸引人的是：核心企业不再需要管理烦琐的库存运作。VMI 采购模式与传统采购模式的不同之处，如表 6-5 所示。

表 6-5　VMI 采购与传统采购模式的比较

比较项目	VMI 采购模式	传统采购模式
采购订单	根据实际需求向供应商下订单	根据需求预测向供应商下订单
计划	供应商同需求方一起制订和修改	需求方全权制订和修改
存货补充	供应商控制补货时间和订单批量	需求方控制库存的补货时间和订单批量
库存透明度	双方随时可以看到对方的库存水平和产品出库情况	上下游之间库存状况不清楚
商品流动方式	需求拉动	订单推动

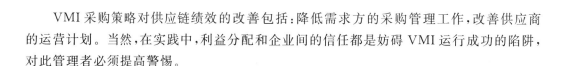

VMI采购策略对供应链绩效的改善包括:降低需求方的采购管理工作,改善供应商的运营计划。当然,在实践中,利益分配和企业间的信任都是妨碍 VMI 运行成功的陷阱,对此管理者必须提高警惕。

三、消费者响应

在竞争激烈的环境中,消费者的选择余地变得越来越大,如何改善与客户的关系,将客户整合到企业的价值创造活动中,成为提高客户响应和客户满意的关键。而供应链系统的运行目的本质上是为了有效地满足客户需求,因此,如何在供应链前端正确、及时地采集客户需求信息,并将它在供应链系统中有效传递和共享,使供应链中的各企业的物流系统能够围绕客户需求同步运行是供应链管理的重要问题。

1. 在供应链前端收集客户信息

在传统的管理模式下,客户需求的确定常常是通过估计和预测的,而缺乏对客户需求变化的及时响应,也缺乏供应链系统与客户之间的交互能力。在网络环境下,通过在销售终端采集消费者的直接消费信息、通过信息技术的处理,整理客户需求的特点,并将这些信息通过供应链中的信息传递系统在供应链各企业共享,从而使供应链的各企业能及时根据市场变化调整经营策略和行为。网络环境提供了客户与供应链的交互能力,客户可以将自己的需求直接通过网络方便地传递给供应链系统,同时有可能实时地掌握产品的进展情况,这样实际上就把客户整合到了产品价值创造的过程中,整个供应链的客户响应度和提供产品的客户满意度都大大提高了。

2. 全球供应链需求信息网络

为了使市场的变化信息实时地在供应链系统中共享传递,需要建立供应链系统的需求信息网络,使得供应链中分布于全球各地的成员企业能够直接地、方便地、及时地获得市场需求信息,这样就从根本上解决了需求变异放大的问题,并实现供应链各企业的同步运作。

为了建立供应链的全球需求信息网络,不仅需要基础的网络技术条件,而且需要建立有效的供应链管理机制,在供应链系统的各企业之间建立战略层次的合作协调关系,通过合适的评价激励机制使需求信息的共享成为现实。

四、物流渠道

物流渠道是指供应链系统物品运送的途径和方式。物流渠道的合理性和运送效率是非常重要的。在整合的物流管理系统中,物流渠道管理与库存管理、采购管理、客户服务是密切相关的。

1. 物流渠道设计

物流渠道设计是指在战略性考虑的基础上,通过网络分析,优化供应链各节点企业

（包括制造工厂、分销中心、仓库等）的位置和数量,使物流系统优化,获得较低的运输成本和库存成本。其本质上是为了实现用户成本和用户响应度的综合最优。

物流渠道设计包括局部渠道设计和全局渠道设计。局部渠道设计一般用于分销网点的布置,通常以总成本最低来进行网络优化。全局渠道设计是基于供应链整体的设计方法,其主要的决策问题同时考虑供应链上游的供应商选择和下游的经销商选择问题,在上游的渠道设计中较多考虑运输费用、技术合作、供货可靠性和协作管理成本等,在下游的渠道设计中还要考虑消费市场特点等。

2. 第三方物流

第三方物流是指将企业的一些物流运输业务和其他的一些相关业务(如仓库管理、客户订单处理等)外包给专门的物流管理机构来进行,从而降低企业的物流管理成本、提高供应链运行效率,并使企业能够集中精力于自己的核心业务。

第三方物流实际上是一个集成的物流管理模式,它将企业的小批量运输业务与其他企业的运输业务相集成,以专业服务的手段,实现物流运输的高效率。显然,在供应链管理中,第三方物流管理,使得供应链的小批量库存策略变得现实,从而提高了供应链的柔性。同时,第三方物流降低了物流运输的不确定风险,改善了供应链企业的市场响应度和服务质量。

3. 第四方物流

第四方物流于1998年由美国埃森哲咨询公司率先提出,是专门为第一方、第二方和第三方提供物流规划和咨询、物流信息系统、供应链管理等活动。它是一种虚拟物流,不承担具体的物流运作活动,不是物流的利益方,而是通过拥有的信息技术、整合能力以及其他资源提供一套完整的供应链解决方案,以此获取一定的利润。

第四方物流作为一个供应链的集成商,是供需双方及第三方物流的领导力量。它是帮助企业实现降低成本和有效整合资源,并且依靠优秀的第三方物流供应商、技术供应商、管理咨询以及其他增值服务商,为客户提供独特的和广泛的供应链解决方案。

4. 延迟化策略

延迟化策略是为适应大规模消费者定制生产的要求而采取的策略。在大规模消费者定制的运行模式下,分销中心如果存储大量消费者定制的个性化产品,则势必造成库存增加,而且在市场需求发生变化的时候会导致反应迟钝。延迟化策略则是采用模块化技术,将消费者的个性化产品推迟到消费者所在地区再进行模块化组装,而在分销中心只存放产品的通用部件。分销网络设计也同样采取模块化的设计思路。

5. 在线信息管理

在网络环境下,物流的运送信息可以实现及时地传送到网络,从而使企业在线的物流信息管理成为可能,并最终提高物流运输的效率和灵活性。

本章要点

1. 供应链管理是用于有效集成供应商、制造商、仓库与销售商的一系列方法,通过这些方法,生产出来的产品以恰当的数量,在恰当的时间,被送往恰当的地点,从而实现在满足服务水平的同时,系统的成本最小化。

2. 战略联盟是公司之间典型的、多方位的目标导向型的长期伙伴关系,它们共享收益、共担风险。战略联盟是企业获取竞争优势的有潜力的战略选择,但是企业仍然需要经营自己的核心能力或核心竞争力。这些核心能力不能因为联盟而削弱。

3. 供应链管理强调把主要精力放在企业的关键业务上,充分发挥其优势,根据企业的自身特点,专门从事某一领域、某一专门业务,在某一点形成自己的核心能力,同时将企业中非核心业务外包给其他企业或由合作企业去完成。

4. 沿着供应商上游推进需求变动程度增大的现象称为"牛鞭效应"。牛鞭效应使供应链成员被迫持有较高的安全库存,或者具备更高的能力。

5. CPFR 是一种协同式的供应链业务流程管理模型,它能同时降低销售商的存货量,增加供应商的销售量。CPFR 的实施分为 9 个步骤:建立协作关系、制订共同的商务计划、制订销售预测、识别销售预测例外情况、例外情况的协作和解决、制订订货预测、识别订货预测例外情况、例外情况的协作解决、生成订单。

6. 供应链的有效管理需要供应链绩效评价体系作为保障。平衡计分卡和供应链运作参考模型是两种典型且有效的供应链绩效评价体系。供应链绩效评价平衡计分卡包括企业内部和外部合作关系的评价,使公司员工明确关注公司绩效对整个供应链绩效所做的贡献。SCOR 供应链运作参考模型是得到广泛认可的供应链整合和供应链绩效评价模型。SCOR 模型把供应链的运作划分为 5 个过程——计划、采购、制造、运送和退货。SCOR 模型由一系列分为多个级别的指标体系构成。

思考题

1. 什么是供应链? 什么是供应链管理?

2. 简述供应链战略管理的基本理念。

3. 简述牛鞭效应产生的原因以及它对供应链管理造成的影响。

4. 用于评价供应链绩效的平衡计分卡应该如何设计?

5. SCOR 模型体现了哪些供应链管理的先进思想? 如何实施 SCOR 模型?

第七章

电子商务环境下的物流管理

学习目的

通过本章学习,你需要:

1.掌握电子商务环境下物流系统的特征;

2.了解物流对电子商务的影响及作用;

3.掌握物流配送中心的含义、职能以及系统管理;

4.理解电子商务环境下的物流管理战略。

第七章
数字资源

【开篇案例】京东自建物流服务

京东(JD)是中国最大的自营式电商企业,2015年第一季度在中国自营式 B2C 电商市场的占有率为 56.3%。京东的物流配送服务包括 211 限时达、次日达、极速达、京准达、夜间配送以及无人机。

京东选择自建物流也缘于第三方物流的弊端:调查显示,40%的电商企业对于第三方物流表现出不满意。究其不满意的原因:第一方面,80%归结于第三方物流无法对于企业客户的需求变化进行快速及时的响应。第二方面,缘于竞争对手和其他物流公司带来的压力。目前,各个大型电子商务企业都在大力推动自建物流体系,如阿里的菜鸟网络,苏宁电器、国美电器进军电子商务也开始自建物流等。不仅是竞争对手,快递行业也开始反攻,开始跨界电子商务。2010 年,中国邮政携 TOM 亲耕"邮乐网"上线;2011 年 4 月,中铁快运打造公共网络交易平台"快运商城"正式上线运行。此外,"三通一达"(圆通、申通、中通、韵达)以及顺丰等多家民营快递公司也都透露了涉足电子商务的筹谋,开始积极进军电子商务领域等。第三,京东商城不断增长的订单量也满足了自建物流的要求,销售额增长奇迹与物流配送水平落后的差距给京东商城带来压力,自建物流还能降低物流成本,提高消费者体验。

2009 年,京东网上商城陆续在天津、苏州、杭州、南京、深圳、宁波、无锡、济南等 23 座重点城市建立了城市配送站,最终,配送站将覆盖全国 200 座城市,均由自建快递公司提供物流配送、货到付款、移动 POS 刷卡、上门取换件等服务。此外,京、沪、粤三地仓储中心也已扩容至 8 万平方米,仓储吞吐量全面提升,分布在华北、华东、华南的三大物流中心覆盖了全国各大城市。2009 年 3 月,京东网上商城斥资 2000 万元人民币成立了上海圆迈快递公司,上海及华东地区乃至全国的物流配送速度、服务质量得以全面提升。2010 年 4 月初,京东商城在北京等城市率先推出"211 限时达"配送服务,除此之外,还有次日达、极速达、京准达、夜间配送以及无人机。2010 年 5 月 15 日,在上海嘉定占地 200 亩的京东商城"华东物流仓储中心"内,投资上千万的自动传送带投入使用。工人们手持 PDA,开着小型叉车在数万平方米的仓库内调配商品。这是京东截至当时最大的仓储中心,承担了一半销售额的物流配送,也是公司将融到的 2100 万美元的 70% 投放到物流建设的结果。在这里,京东每日能正常处理 2.5 万个订单,日订单处理能力达到 5 万单。在此基础上,公司于 2011 年在嘉定建成了一座 15 万至 18 万平方米的超大型仓储中心。

除了注重自建物流体系外,京东还积极与第三方物流相结合。随着京东业务阵营逐渐扩展到二级城市或三级城市,这些城市的物流系统的需求也显著提升。然而,如果在全国每个二级城市都建立自己的物流或运输公司,成本至少要在数百亿。更何况,现在二级城市的利润不足以维持物流中心的运营。京东商城在自营配送到达不了的区域内,选择与当地的快递公司合作,来完成货物的配送任务。

另外在配送大家电时,京东还选择与厂商进行合作,因为大家电的物流配送成本较高,假设京东自行运送则成本将高于利润。例如,从上海发到武汉的大家电,平均成本是每件 40 多元,但若与当地厂商合作,在其租赁库房,每件的配送成本只有 48 元/件,则能省下 90%。而厂商拥有自己的合作伙伴,并都建有自己的服务网点。京东与厂商的合作不仅能节约成本,也能用厂商的知名度来替自己做宣传。

在逆向物流方面,京东公司也采取与快递公司合作的模式。从 2010 年开始,京东的消费者所购买的货品遇到任何需要退换的问题,京东商城都提供免费上门取件服务。而这一服务本来是由京东自己承担,只能在 40 个城市提供此服务。现今,京东与圆通快递合作,将此服务扩大到全国。

资料来源:任翔.京东物流案例分析[J].中国科技期刊数据库科研,2018(5):192-193.

第一节　电子商务的基本问题

一、电子商务的基本概念

电子商务(electronic business,EB)是经济和信息技术发展并相互作用的必然产物。关于电子商务的概念,在不同的时期,中外学者、专家从不同的角度提出过不同的定义。至今为止,还没有一个较为全面、具有权威性的、被大多数人所接受的电子商务的定义。以下是一些较为系统和全面的定义:

(1)《中华人民共和国电子商务法》中所称电子商务,是指通过互联网等信息网络销售商品或者提供服务的经营活动。

(2)联合国经济合作与发展组织(Organization for Economic Cooperation and Development,OECD)的定义:电子商务是发生在开放网络上的包含企业之间、企业与消费者之间的交易。

（3）美国政府的"全球电子商务纲要"中的定义：电子商务是指通过互联网进行的各项商务活动，包括广告、交易、支付、服务等活动，全球电子商务将涉及世界各国。

（4）加拿大电子商务协会的定义：电子商务是通过数字通信进行商品和服务的买卖以及资金的转移，它还包括公司间和公司内部利用电子邮件、电子数据进行交换、文件转移、传真、电视会议、远程计算机联网所能实现的全部功能（如市场营销、金融结算、销售以及商务谈判）。

（5）全球信息基础设施委员会电子商务工作组的定义：电子商务是运用电子通信作为手段的经济活动，通过这种方式人们以对带有经济价值的产品和服务进行宣传、购买和结算。这种交易的方式不受地理位置、资金多少或零售渠道的所有权影响，任何个人和组织都能自由地参加广泛的活动。电子商务能使产品在世界范围内进行交易，并向消费者提供多种多样的选择。

（6）IBM公司的定义：电子商务是在计算机网络环境下的商业化应用，不仅仅是硬件和软件的结合，也不仅仅是一般意义下的强调交易的狭义的电子商务，而是把买方、卖方、厂商及其合作伙伴在因特网、企业内部网和企业外部网结合起来的应用。

（7）HP公司的定义：电子商务是通过电子化手段来完成商业贸易活动的一种方式，它使我们能够以电子交易为手段完成物品服务等的交换，是商家和客户之间的联系纽带。

以上的定义没有对错之分，人们只是从不同角度，从广义和狭义上，各抒己见。因此，可以这样说：从宏观上讲，电子商务是计算机网络的又一次革命，旨在通过电子手段建立一种新的经济秩序，它不仅涉及电子技术和商业交易本身，而且涉及在诸如金融、税务、教育等领域的应用；从微观上讲，电子商务是指各种具有商业活动能力的实体（生产企业、商贸企业、金融机构、政府机构、个人消费者等）利用网络和先进的数字化传媒技术进行的各项商业贸易活动。

【案例】2019年中国电子商务发展现状

2019年，中国电子商务发展与规范并举，依托数字技术加快探索新发展空间。市场规模全球领先、产业结构持续优化、经济社会效益不断提升。国家统计局电子商务交易平台调查显示，2019年全国电子商务交易额达34.81万亿元，比上年增长6.7%。

按交易主体分：对单位交易额为20.46万亿元，比上年增长1.5%；对个人交易额为13.3万亿元，比上年增长15.5%。对个人交易中，商品类交易额和财务类交易额的增速分别为17.1%和12.8%。

按交易对象分：商品类交易额为25.50万亿元，比上年增长5.3%；服务类交易额为8.26万亿元，比去年增长11.0%；合约类电子商务交易额为1.05万亿元，比去年增长10.1%。

2019年，全国网上零售额达10.63万亿元，比上年增长16.5%。其中，实物商品网上零售额为8.52万亿元，增长19.5%，占社会消费品零售总额的比重为20.7%，对社会消费品零售总额增长的贡献率为45.6%。

从市场主体看：根据商务大数据监测，重点网络零售平台（含服务类平台）店铺数量为

1046.0万家,同比增长3.4%。其中,实物商品店铺数为900.7万家,占比为46.2%。

从消费群体看:根据中国互联网络信息中心数据,全国网络购物用户规模已达7.10亿人,较2018年底增长1.0亿人。

从商品品类看:根据商务大数据监测服装鞋帽纺织品、日用品、家用电器和音响器材网络零售额排名前三,分别占实物商品网络零售额的24.5%、15.3%和12.4%。中西药品、化妆品、烟酒、家具等实现较快增长,增速均超过30%。

此外,B2C电商交易规模超越C2C并大幅增长,占据网络购物市场主导地位。网络购物发展早期,由于市场的信任机制和管理机制尚不完善,线下实体厂商触网动力不强,因此,网络购物的销售方主要以小型代理商或者个人店铺为主。随着网络购物市场的日益成熟,产品品质和服务水平逐渐成为影响用户消费决策的重要原因。2008年,阿里巴巴集团推出淘宝商城,为品牌方入驻建立了一套规则和体系,为品牌方触网提供一个系统、完善的平台,并于2012年正式更名为天猫,定位是为品牌方、生产商和消费者提供一站式解决方案的B2C电商平台。从市场份额来看,B2C网络购物市场中,天猫的市场份额位居第一,京东占比有所增长。与2015年相比,2016年京东、苏宁易购、唯品会的份额有所增加。从增速来看,2016年京东、苏宁易购、唯品会的增速高于B2C网络购物市场31.6%的整体增速。

资料来源:商务部电子商务和信息化司.中国电子商务报告(2019)[R/OL].(2020-07-02)[2021-05-01].http://dzsws.mofcom.gov.cn/article/ztxx/ndbg/202007/20200702979478.shtml.

二、电子商务的功能和特点

电子商务之所以得到广泛的发展,是因为它相对传统的商务活动而言有许多的功能和特点。

1.电子商务的功能

电子商务的功能模块主要包括:内容管理(content management)、协同处理(cooperative processing)和电子交易(electronic transaction)三项。三项功能相互交叉组合,从而使电子商务具有了广告宣传、咨询洽谈、网上订购、网上支付、电子账户、服务传递、意见征询、交易管理等功能。

(1)内容管理。内容管理就是管理需要在网上发布的各种信息,通过充分利用信息来增加品牌价值,扩大公司的影响,主要包括对外进行广告宣传,提供产品和服务的相关信息;对内进行信息传播,通过互联网将公司的政策、信息等传递给利益相关者。

(2)协同处理。协同处理能支持群体人员的协同工作,通过提供自动处理业务流程来减少公司运营成本和产品开发周期,具体包括企业内各个部门及企业外合作伙伴的联系及通信,企业内部资源管理。

(3)电子交易。电子交易能完成网上交易,并提供交易前、交易中、交易后的各种服务,主要包括网上订购、网上支付、交易管理等功能。

2. 电子商务的特点

(1)方便性。在电子商务的环境下,客户不再受到地域和时间的限制,能够非常便捷地完成过去复杂的商务活动。对客户和消费者而言,可以快速搜索到所需要的产品和服务的供应商,并根据相关资料进行比较,从而实现满足自身需要的产品和服务。对于供应商而言,可以将自己的产品、服务的品种、特性公布在网站上,并能够及时获得反馈,扩大了与潜在客户的交流渠道。

(2)高效性。电子商务交易的双方从洽谈、签约、货款的支付以及交货通知等整个交易过程都可以在网络上进行,通畅、快捷的信息传递提高了交易的效率。互联网贸易中的商业报文标准化,使商业报文能在世界各地瞬间完成传递与自动处理活动。而传统的贸易方式用信件、电话、传真传递信息,必须有人的参与,每个环节都要花费不少时间。有时因人员合作和工作作息等问题,会延误传输而失去最佳商机。电子商务克服了传统贸易方式的不足,极大地缩短了交易的时间,使整个交易非常快捷与方便。

(3)低成本。电子商务使买卖双方的交易成本大大降低,如买卖双方通过网络进行商务活动,减少了交易的中间环节;卖方可通过互联网进行产品介绍、宣传,避免了在传统方式下发广告、印刷品等大量的费用;互联网使得买卖双方即时沟通供需信息,使无库存生产和无库存销售成为可能,从而使库存成本可以降为零;通过互联网把公司总部、代理商以及分布在其他国家的子公司、分公司联系在一起,及时地对各地市场做出反应,即时生产,快捷配送提供交货服务,从而降低成本。

(4)协调性。商务活动是一种协调过程,它需要雇员和客户,制造商、供应商以及其他商务伙伴间的协调,企业通过电子商务将供应商、制造商、客户连接起来,形成对客户需求的快速响应,既能迅速满足客户的个性化需求,又能降低商品的数量和资金积压。因此,协调性是电子商务的重要特性。

三、电子商务的应用类型

电子商务作为一种交易平台和环境,有效地拓展了服务范围和业务范围,可以形成从政府到市场、从市场到企业生产、从企业生产到消费者的多方网络化连锁关系,打破行业间的界限,行业之间联手引入各自的消费群体,交叉推介、互为代办,形成成本低、花费少、见效快、效率高的电子商务活动网络,形成电子商务连锁经营的模式,最大可能地实现生产需求、交换的一体化、透明化。

电子商务基本的结构模式,通常按照参与交易的对象进行分类,主要是企业对企业(B2B)、企业对消费者(B2C)、企业对政府机构(B2G)、消费者对政府机构(C2G)、消费者对消费者(C2C)。而随着互联网的普及,满足海量消费者的个性化需求成为企业新的发展趋势,消费者到企业(C2B)模式也应运而生。此外,线上到线下(O2O)则是互联网技术与服务业经营管理结合的产物。

1. B2B 结构模式

B2B 结构模式是指商业机构(或企业)利用互联网和各种商务网络向供应商(企业)订

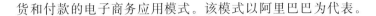

货和付款的电子商务应用模式。该模式以阿里巴巴为代表。

2. B2C 结构模式

B2C 结构模式是指以互联网为主要服务提供手段,实现公众消费和提供服务,并保证与其相关的付款方式的电子化的电子商务运营模式。该模式以京东、天猫等为代表。

3. B2G 结构模式

B2G 结构模式是指利用互联网完成政府与企业之间的政府采购、税收、商检、管理条例发布等各项事务的电子商务应用模式。

4. C2G 结构模式

C2G 结构模式是指由政府利用电子商务手段进行福利费发放、自我估税和个人税费征收的电子商务运营模式。

5. C2C 结构模式

C2C 结构模式是指利用互联网完成个人与个人之间的信息交换和交易,如个人的网上拍卖等。该模式以淘宝为代表。

6. C2B 结构模式

C2B 结构模式是指由消费者先提出需求,生产企业按需求进行定制化生产的电子商务运营模式。具体可分为,以小米手机为代表的"众筹"定制形式,以团购和预售为代表的聚合需求形式,以 Priceline、猪八戒网为代表的要约形式,以戴尔、海尔为代表的模块定制形式,以及在模块定制基础上进一步发展的个性化定制和基于大数据指导生产线研发、设计、生产、定价的大数据定制。

7. O2O 结构模式

O2O 结构模式是指将线下商务与互联网结合在一起,让互联网成为线下交易的前台的电子商务运营模式。

电子商务的分类并不是绝对的、完全独立的,按照交易对象划分的 B2B、B2C、C2G 和 B2G 等是可以集成在一起,如图 7-1 所示。实际上,企业建立了自己的网站和相应的信息系统也就完成了电子商务的物理系统的建设,而其电子商务系统运行效率取决于企业整个供应链系统信息流的集成能力。

需要指出的是,电子商务是以计算机为主体的网络方式的革命,它通过电子手段建立一种新的经济秩序,不应该仅仅被看作一种互联网的在线销售模式,更重要的是,企业与企业之间、企业与消费者之间,企业与政府行政部门之间,甚至政府与市民之间的信息交流实现了数据化的处理过程。

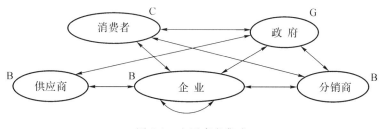

图 7-1 电子商务集成

四、电子商务的发展及现状

电子商务产生于 20 世纪 60 年代,发展于 20 世纪 90 年代,经历了由局部的、在专用网上的电子交易,到开放的、基于互联网的电子交易过程。特别是近年来,互联网的快速发展给电子商务注入了新的活力,为电子商务提供了新的发展空间。

1. 电子商务发展的历史

从 20 世纪 60 年代起,商业电子化的发展主要经历了两个阶段。

(1)20 世纪 60—90 年代:基于 EDI 的电子商务

电子商务实际上在网络出现以前就已存在。1994 年之前,企业层面的电子商务主要是通过 EDI 进行的。电子数据交换(EDI),指的是商业交易信息(如发票和订单)以一种业界认可的标准方式在计算机与计算机间的传输。对于某些交易来说,在减少交易错误和缩短处理时间方面,EDI 发挥了重大作用,因此,人们形象地称之为"无纸贸易"或者"无纸交易"。虽然如此,但其仍然有很大的成本消耗。

首先,EDI 通常经过专有增值网络进行,这需要花费一大笔投资;其次,EDI 离不开分布式软件,这种软件既昂贵又复杂,给参与者增添了很大的负担;再次,EDI 是批量传输的,影响了实时生产、采购和定价。正是这些原因,EDI 才没有大规模普及,在中国尤其如此。

(2)20 世纪 90 年代以来:基于互联网的电子商务

20 世界 90 年代中后期,互联网迅速走向普及,之前一直排斥在互联网之外的商业贸易活动正式进入互联网王国,电子商务成为互联网应用的最大热点。在此阶段,电子商务又有三个不同的应用时期。

第一应用时期:基础电子商务。在这一时期,买家和卖家开始尝试在没有中介的情况下开展交易。成功的先行者把它们的网站当作主要的销售渠道(如思科和戴尔),它们通常是技术公司,面向懂技术的消费者,没有或只有很少的渠道冲突。对其他大多数公司而言,它们仍然只把网站当作展示产品目录和市场推广材料的地方。

第二应用时期:商务社区。在此时期,第三方目的网站(third-party Web destination)开始把交易双方带到共同的社区之中。商务社区创造了市场透明度,一旦买主和卖主开始定期在社区中会面,各种各样的可能性就会出现。这一阶段还拥有很大的发展空间。

第三应用时期:协同式商务。这是一种崭新的开始,商业合作伙伴间的几乎每一个业务流程都可以借助网络加以改善或重组。与 B2C 商务相比,B2B 商务涉及的关系要复杂得多。用建筑上的事情作比,B2C 商务像是等待一所房子完工之后买下它,而 B2B 商务则更像从事一个庞大的建筑项目,需要在专业工作者之间协调多项流程。我们把这样的工作称为"协同",它虽然面临的障碍很多,但也蕴藏着更大的机会。

2.我国电子商务的发展现状

1996 年国家信息化工作领导小组的成立,标志着中国电子商务之梦的起点。从 20 世纪 90 年代初开始,我国相继实施了"金桥""金卡""金税""金贸""金卫""金智"等一系列"金字工程",并且进展顺利,为我国电子商务的发展营造了良好的外部环境。

2008 年中国电子商务市场规模约为 3 万亿元,同比增长 41.7%,金融危机并未影响电子商务的发展。发展至今,中国电子商务经历了 1996—1999 年的萌芽期、2000—2002 年的雏形期、2003—2005 年的回暖期、2006—2007 年的稳定期、2008—2010 年的群雄期和 2011 年后的融合期等阶段。

截至 2019 年,我国电子商务交易额达 34.81 万亿元,全国网上零售额达 10.63 万亿元,全国农村网络零售额达 1.7 万亿元,海关跨境电子商务管理平台零售进出口商品总额达 1862.1 亿元,电子商务服务业营收规模达 4.47 万亿元,电子商务从业人数达 5125.64 万人,快递服务企业业务量累计完成 635.2 亿件。

我国互联网用户正呈现高速增长态势。截至 2020 年 6 月,我国网民规模达 9.40 亿人,较 2016 年 12 月增长 2.09 亿人,互联网普及率达 67.0%。4G、5G 所带来的网络带宽的优化及终端功能的丰富,为移动互联网的发展提供了沃土,并将进一步拉动经济及电子商务的发展。

发展至今,处于融合期的中国电子商务发生着翻天覆地的变化,更萌生了诸如"双十一"、余额宝、农村电商等具有中国特色的电子商务景象。"双十一"改变着人们购物狂欢的方式,余额宝改变着人们的日常支付方式,农村电商则推动着电子商务向农村的发展,其中,农村淘宝为农村人口提供了购物的便利,淘宝村更是成了我国农村脱贫的重要途径。随着融合期的进一步推进,以及"互联网+"概念的普及,电子商务生态系统正成为中国电子商务发展的趋势和方向。

第二节　电子商务与物流的关系

一、电子商务对物流发展的影响

公司的经营始终是信息流、资金流及物流这三个要素紧密结合在一起的。三个环节的流畅运行才形成了整个商业系统的良性循环。电子商务作为商务活动的新形式,有其便捷性和协同性的特点,对于物流服务有更高质量、更快反应的要求,从而极大地促进了物流的发展。

1.电子商务改变物流的运作方式

电子商务可使物流实现网络的实时控制。在电子商务的实际运作过程中,通过网络可及时准确地掌握产品的销售信息与消费者信息。此时,存货管理应采用拉式方法,按所获得信息组织产品生产和对零售商供货,可以有效地实现对物流的实时控制,实现物流的合理化。例如,在电子商务方案中,可以利用信息网络,通过信息沟通,将实物库存暂时用信息代替,将信息作为虚拟库存,为生产厂商和下游的经销商、物流服务商提供服务,共享库存信息,这样就能够在不降低供货服务水平的同时尽量减少实物库存。在传统的物流活动中,虽然也有依据计算机对物流实时控制,但这种控制都是以单个的运作方式来进行的,而不能把生产厂商到消费者整个链条上的信息进行共享。

2.电子商务将改变物流企业的竞争状态

电子商务的发展决定了物流跨时域性与跨区域性的特点。在这种情况下,需要一个全球性的物流系统来保证商品实体的合理流动。然而,对于一个企业来说,即使其规模再大,也是难以达到这一要求的。即使规模达到了这样的要求,也很难保证经济效益。在这种情况下,物流企业应相互联合起来,在竞争中形成一种协同合作的状态,从而实现物流高效化、合理化和系统化。

3.电子商务促进物流基础设施的改善

电子商务高效率和全球性的特点,要求物流也必须达到这一目标。而物流要达到这一目标,良好的交通运输网络、通信网络等基础设施则是最基本的保证。除此之外,相关的政策、观念等都要不断地改善。

4.第三方物流业成为物流的主要形式

第三方物流(third part logistics,3PL)是指由物流劳务的供方、需方之外的第三方去完成物流服务的物流运作方式。第三方物流将在电子商务环境下得到极大发展,这是由电子商务的跨时域性与跨区域性所决定的。这种模式下,物流成本在商品交易成本中占很大比重,尤其在跨国(地区)交易中,没有良好的物流系统为双方服务,这种成本增加的幅度会更大,而各自组建自己的物流系统,不仅难度很大,而且双方在出入境时仍然存在衔接不畅的问题。一些第三方物流企业可以给双方提供最佳的服务,实现门到门的送货。

在电子商务时代,B2C的物流支持都要靠配送来提供,B2B的物流业务也主要外包给第三方物流。同时,电子商务使制造业与零售业实现"零库存",实际上是把库存转移给了物流的配送中心,因此,物流配送中心成为整个社会的仓库。由此可见,物流业的地位大大提高了。

5.第四方物流成为物流的发展趋势

第四方物流(forth party logistics,4PL)是一个提供全面供应链解决方案的供应链集成商。电子商务的发展无形中提升了消费者的期望,从而促使企业对自身供应链战略的重新评估,加上日益加剧的市场竞争,共同推动了第四方物流的产生。第四方物流不仅控制和管理特定的物流服务,还对整个物流过程提出方案,电子商务的发展便利了该程序的集成,从而为消费者提供迅速、高效、低成本、个性化的服务。

第四方物流在第三方物流的基础上发展起来,却又与第三方物流有所不同。第三方物流偏重对物流运作和物流资产外部化,从而降低企业的投资和成本;而第四方物流则偏重对整个供应链进行优化和集成,从而降低企业的运行成本。

信息共享是第四方物流成功运行的必要条件,信息流能否与物流保持同步已成为检验物流服务水平高低的关键因素。可以说,电子商务方便性、高效性、低成本和协调性的特性为第四方物流提供了良好的条件。

【案例】平台型物流服务商——菜鸟物流的优势

菜鸟物流作为互联网思维下的新模式,主要的优势在于以下几点。

(1)阿里巴巴所拥有的大数据资源

在网络化的现代,拥有大数据这一资源和技术无疑会增加菜鸟物流在运作过程中的稳定性及准确性。通过大数据可以计算出货物从发货到收货的最省时、省力、省资源的路线和方式,不单单降低了运输成本,也减少了运输时间,从而带给消费者更便捷的购物体验。

(2)菜鸟物流所拥有的智能化服务

菜鸟物流通过电子面单、智能仓储等智能化服务,为商家减轻了大量的负担,也使仓储变得更加便捷。电子面单服务可以帮助商家快速处理大量的订单,区别于传统纸质面单,电子面单更高效环保。电子面单,能使一件包裹在上亿的包裹中被识别、处理、录入、配送。通过数据系统可以自动在发货商家、快递公司与消费者更新数据信息,智能化的下单大大节约了录单时间,提升了整体的发货效率且准确率更高。智能仓储利用智能化的系统和机器人,从买家下完订单到包裹生成的过程中,将不必要的人力转化为智能机器代替,不仅节约时间还节约了人力成本。菜鸟先进的仓储配送服务,也是传统物流所不能达到的。

(3)菜鸟物流减轻"最后一公里"的负担

"最后一公里"是物流中最后也是最重要的一步。菜鸟物流推出菜鸟驿站服务,减轻了快递商家和消费者的负担。其流程简便,当快递到达菜鸟驿站后,菜鸟系统自动将取货短信发送到消费者的手机中,消费者再凭借短信进行自提取货。这种方式使不愿意透露身份信息和不能随时收取快递的消费者得到了益处。

资料来源:李宁,范婷婷.菜鸟物流的模式及发展分析[J].现代商业,2017(4):20-21.

二、物流在电子商务中的地位和作用

1. 物流是电子商务的重要组成部分

电子商务的任何一笔交易,都包含着信息流、商流、资金流和物流,如图 7-2 所示。

信息流包括商品信息的提供、广告促销、技术支持、售后服务等内容,也包括询价单、报价单、付款通知单、转账通知单等,还包括交易方的支付能力和支付信誉。

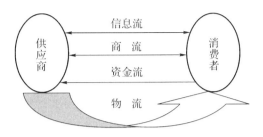

图 7-2　供应商和消费者的交互关系

商流是指商品在购、销之间进行交易和商品所有权转移的运动过程,具体是指商品交易的一系列活动。

资金流主要是指资金的转移过程,包括付款、转账等过程。

在电子商务环境下,信息流、商流、资金流都可以通过计算机和网络通信设备来实现。

物流是指物资实体的流动过程,具体指运输、储存、配送、装卸、保管和物流信息管理等活动。在电子商务中,一些电子出版物,如软件、音像制品等可以通过网络以电子的方式传送给消费者,但绝大多数的商品仍要通过其他途径才能完成从供应商到消费者的物流过程。

2. 物流是实现电子商务的重要保证

电子商务提供了一个虚拟的网上经营环境,但交易的实现却离不开物流系统,物流是实现电子商务的重要环节和基本保证。

在生产制造企业的电子商务中有三部分物流包含其中:其一是企业采购、供应物流,即企业生产前的原材料、设备的准备;其二是生产过程中的生产制造物流,即原材料、半成品及产成品的企业内部物流;其三是产品以销售为目的的销售物流。

在商贸企业中,可以通过电子商务订购、促销,但需要通过物流获得生产厂商的产品,并提供给消费者。物流的效率决定商贸企业的成败。

而对直销企业而言,决定成功与否的关键是要建立一个覆盖面大、反应迅速、成本有效的物流网络和系统。

合理化、现代化的物流,通过降低费用从而降低成本、优化库存结构、减少资金占用、缩短生产周期,保证现代化生产的高效运行。相反,缺少了现代化的物流,生产将难以顺利进行,无论电子商务是多么便捷的贸易形式,仍将是无米之炊。

三、电子商务环境下物流系统的特征

高效的物流系统是电子商务成功的重要保证,同时电子商务的发展,以互联网为代表的信息技术的运用,对传统物流系统产生巨大的冲击。

与传统物流系统相比,电子商务环境下的物流系统具有以下特征。

1. 整个系统具有无限的开放性

电子商务是构建在互联网上的,整个物流系统的物流节点都通过公司网络互相连接,与合作节点互换信息、协同处理业务。基于互联网的开放性,节点的量几乎可以无限多。每个节点都可以与其他节点发生联系,快速进行交换数据。某个节点的变动不会影响其他节点,整个系统具有无限开放性和拓展能力。在传统物流信息下,节点之间的信息交换的范围和速度受到制约,因而也就制约了物流的范围和速度。

2. 物流节点普遍实行信息化管理

物流连接社会生产、生活的各个部分,使之成为一个有机整体,每个参与物流过程的环节构成物流系统化的基础。素材只有经过筛选和加工才能变成有效的信息,信息只有经过消化吸收才能转化为生产力。信息化管理在电子商务的条件下不仅仅是广泛利用自动化、机械化设备操作方面,更重要的是利用自动化设备收集和处理商流和物流过程中产生的信息,并对物流信息进行分析和挖掘,最大限度地利用有效的信息对物流进行指导和管理。

3. 信息流在物流过程中起引导和整合作用

信息流贯穿于商务活动的始终,引导着商务活动的发展。商流是物流的前提,物流是商流的继续,是商流最终实现的保证。物流要完成商流活动中物资实体的流通过程,它同样需要信息流的引导和整合。在紧密联系的网络系统中,每个节点回答上游节点的询问,向下游节点发出业务请求,根据上下游的请求和反馈,提前安排货物输送过程。信息流在物流过程中起到了事先测算流通路程、即时监控输送过程、事后反馈分析的作用。在环环相扣的物流过程中,虚拟的场景和路程简化了操作程序,极大地减少了失误和误差,使得每个环节之间的停顿时间大幅降低。

4. 系统具有明显的规模优势

网络将各个分散的节点联结为紧密联系的有机整体,在一个相当广泛的区域内发挥作用。在电子商务系统中,系统不以单个点为中心,系统功能分散到多个节点处理,各节点间交叉联系,形成网状结构。大规模联合作业降低了系统的整体运行成本,提高了工作效率,也降低了系统对单个节点的依赖性,抗风险能力明显增强。如果某个节点出现意外,其他节点可以很快替补。

四、电子商务对物流系统的要求

电子商务的发展对物流系统提出了多方面的要求。

1. 电子商务物流系统要求物流的运作方式——信息化、网络化

电子商务要求物流处理的全过程处于受控状态,能够采集、处理运输、递送等各个环节的信息,并通过信息网络进行汇集,对网络实施有效地控制,实现物流的信息化和网络化。同时要求通过互联网实现一个地区、一个国家直至全球范围整体的、系统的实时控制。

2. 电子商务物流系统要求物流的运作水平——标准化、自动化

标准化是现代物流发展的基础。一方面,信息社会要求所有的物品以至运输工具都要采用标准的标识码技术,对盛装容器、运输包装等进行标准规范,便于信息的自动采集和自动处理;另一方面,要求配置机械化、自动化设备,对各种物品和容器实施高效的自动化分拣处理,缩短物品的流通时限。

3. 电子商务物流系统要求物流的快速反应能力——高速化、系统化

物流系统的快速反应是物流发展的动力之一,速度就是效率和效益,这是电子商务制胜的关键。用户轻松地进行网上交易之后,商流和资金流以电子速度在网上流动,它要求实物商品从受理、分拣、配送、运输直至递送到用户手中也能高速流动,这就要求物流系统拥有较高效的配送中心和快捷的运输方法。物流系统化管理是指为了实现既定的物流系统目标、提高向消费者和用户供应商品的效率,而对物流系统进行计划、组织、指挥、监督和调节的活动。物流系统管理的高度化发展,能有力地促进物流活动的合理化和纵深化发展。现代物流的系统化管理有以下 6 个特征:①以客户满意为第一目标;②重点关注整个物流渠道的商品运动;③以优化企业的整体效益为目的;④既重视效率更重视效果;⑤以信息技术支持商品的实时供给;⑥对商品运动的一元化管理。

4. 电子商务物流系统要求物流的动态调配能力——个性化、柔性化

电子商务创造了个性化的商务活动,在网络营销过程中,它可以根据各个用户提供不同的产品和服务。在这样的背景下,作为支持电子商务的物流必须也能根据用户的不同要求,提供个性化的物流服务,要求物流系统具有动态调配能力和柔性化的组织水平。

5. 电子商务物流系统要求物流的经营形态——社会化、全球化

传统的物流业中某种物流系统往往是由某一企业来进行组织和管理,而电子商务有跨行业、跨时空的特点,要求从社会化的角度对物流实行系统的组织和管理,实现物流经营的社会化和全球化。一方面要求物流企业相互联合起来,在竞争中形成一种协同作业;另一方面要求物流业向第三方综合代理多元化、综合化以及第四方供应链集成的方向发展。

第三节 电子商务环境下的供应链管理战略

一、电子商务对供应链管理的影响

企业运用电子商务的技术优势可以迅速快捷地收集和处理大量供应链信息。利用这些信息资源,供应商、制造商和销售商得以制订切实可行的需求、生产和供货计划,使信息沿着整个供应链顺畅流动,有助于整个产业运行的组织和协调。电子商务应用到供应链管理过程中,主要可以产生以下几个方面的影响。

1. 与客户建立新型的关系

电子商务使供应链管理者通过与其客户和供应商之间构筑信息流和知识流来建立新型的客户关系,基于电子商务的供应链管理直接沟通加强了供应链中企业与客户间的联系,并且在开放的公共网络上可以与最终消费者进行直接对话,从而有利于满足客户的各种需求,留住现有客户。

2. 开辟了解消费者和市场需要的新途径

收集、分析电子商务交易中有关消费者的信息成为企业获得消费者和市场需求信息的有效途径。特别是对于全球经营的一些企业来说,电子商务的发展可以使业务延伸到世界的各个角落。

3. 开发高效率的营销渠道

企业利用电子商务与其经销商协作可以建立零售商的订货和库存系统。通过信息系统可以获知有关零售商商品销售的信息,并在此基础上,进行连续库存补充和销售指导,从而与零售商一起提高营销渠道的效率,提高消费者的满意度。

4. 构筑企业间或跨行业的价值链

通过利用每个企业的核心能力和行业共享的做法,电子商务开始用来构筑企业间的价值链。当供应链上的企业开始利用第三方服务的时候,供应链上的生产商、零售商以及由物流、信息服务业组成的第三方服务供应商形成了一条价值链。

5. 具有全球化资源配置和管理能力

与市场全球化相对应,企业间的竞争也在全球范围内展开,一个企业如果要获得竞争优势,必须在全球范围内分配利用资源,开展经营活动。企业为了实现竞争优势,通过采购、制造、物流等方面的规模经济效应,寻求降低成本,但全球供销渠道大量性和多样化,增加了全球物流活动的复杂性。电子商务模式下的供应链管理增强了企业全球化资源配置和管理能力。

6. 改变传统的供应链构成

信息技术正在改变传统供应链的构成并模糊产品和服务之间的区别。电子商务使供应链管理覆盖了从产品设计到客户服务等全过程,特别是按照需求方自动作业来预测需求量,给客户提供了个性化的产品和服务,使资源可以在供应链上合理流动来缩短交货周期,降低库存,提高企业竞争力。

7. 推动产业集群转型升级

产业链作为供应链的物资基础,逐渐发展成为产业集群,即产业内企业不但在空间地理上靠近,而且在纵向上构成完整的产业链,横向上构成竞争合作链。在电子商务的发展中,集群系统中各个经营者之间能够实现信息共通、平台共享,既有合作也有竞争,这样的方式能够促进各企业之间良性发展,也推动了企业间的合作。可以说,随着电商的发展,电子商务与传统产业集群结合已成为产业集群转型升级的重要渠道。

二、电子商务供应链管理与传统供应链管理的比较

电子商务给供应链管理带来了非常大的影响,它与传统供应链管理的主要区别反映在如下几点。

1. 不同类型的物流和承运

由于没有电子商务网络技术,因此在传统的供应链管理中,对货物的追踪只能通过集装箱、托盘或其他包装单元来进行,难以看到供应链的全部环节。而在电子商务供应链管理模式下,供应链的各个环节是完全透明的,借助网络信息技术,客户可以在任一时间追踪供应链上的货物位置。

2. 不同类型的客户

在传统供应链管理模式下,企业服务的对象是既定的,是大型的传统的客户,供应链服务提供商需要明确掌握消费者的类型及其所要求的服务和产品,以确定合理的供应链管理。没有信息技术,供应链服务提供商不能够提供及时的个性化需求,只能提供大批量的、变化性较小的服务。随着电子商务的到来,需要快捷、高速、划分细致的物流和商流方式,客户变成未知实体,他们根据自己的愿望、季节需求、价格以及便利性,进行产品订购,供应链服务提供商则利用信息技术,及时获得他们的需求,快速反应。

3. 不同的供应链运作模式

传统供应链是一种典型的推式经营,制造商为了克服商品转移空间和时间上的障碍,利用物流将商品送达市场或消费者,商流和物流都是推动式的。在电子商务供应链中,商品生产、分销以及仓储、配送等活动都是根据消费者的订单进行,商流、物流、资金流都是围绕市场展开的,物流为商流提供了有力保障,因此,电子商务供应链是拉式的。

4. 不同的库存和订单流

在传统供应链运作模式下,库存和订单流是单向的,买卖双方没有互动和沟通的过程。在电子商务供应链条件下,客户可以定制订单和库存,其流程是双向互动的,作为客户可以定制和监控,甚至修改其库存和订单,而作为制造商、分销商同样也可以随时根据消费者的需要及时调整库存和订单,以使供应链运作实现绩效最大化。

5. 不同的物流目的地

在传统供应链中,由于不能及时掌握商品流动过程中的信息,尤其是分散化消费者的信息,加上个性化服务能力不足,因此,物流只能实现集中批量化的运输和无差异性服务,运输的目的地是集中的。而电子商务供应链完全是根据个性化消费者的要求来组织商品

的流动,这种物流不仅要通过集运来实现运输成本的最低化,同时,也需要借助差异化的配送来实现高服务,其目的地是分散化的。

6. 不同的供应链管理要求

传统供应链管理强调的是物流过程的稳定和一致,否则物流活动就会出现混乱,任何物流运作过程中出现的波动和变异都有可能造成上下游企业的巨大损失。电子商务供应链管理却不同,由于其物流需求本身就是差异化的,物流是建立在高度信息管理基础上的增值活动,因此,物流必定会出现高度的季节性和不连续性,要求企业在管理物流活动中必须按照及时应对、高质量服务以及总体成本最优的原则来进行。

7. 不同的供应链管理责任

在传统供应链运作环境下,企业只是对其所承担的环节负责,诸如,运输企业只管有效运输和相应的成本等。供应链各个运作环节之间往往没有明确的责任人,供应链经营活动是分散的,其结果往往出现局部最优而整体绩效很差的情况。但电子商务供应链强调供应链管理是一种流程性管理,它要求企业站在整个供应链的角度来实施商品物流过程以及相应的成本管理。

8. 不同的物流信息管理系统

传统供应链管理中物流信息一般都是通过人工采集、传输、汇总,信息具有单向性,供求双方的信息是不对称的,物流信息管理系统一般都是单机系统,至多是一个局限于内部网络的局域网络系统。而电子商务环境下的供应链管理中的物流信息的采集可以由供求双方通过互联网进行在线采集,信息具有双向性和对称性,信息管理系统是一个对供求双方开放的基于互联网的系统,信息具有高度的实时性、准确性和有效性。

9. 不同的资金结算方式

在传统供应链管理中,资金结算大都是通过现金、支票或转账方式进行;而在电子商务环境下的供应链管理中,交易都是在线进行,以在线电子支付为主要结算方式。

三、电子商务环境下供应链管理战略的主要内容

企业供应链涉及的领域是多方面的,有产品、生产、财务与成本、市场营销、策略流程、支持服务、人力资源等,利用电子商务技术,供应链中的节点企业能更好地实现信息共享,加强供应链整合的力度,为供应链提供更大的增值。因此,做好电子商务环境下的供应链管理战略对当今的企业来说是至关重要的,供应链管理战略主要有以下几点。

1. 建立互信机制,激励合作伙伴间的协作

在信息化供应链的构建中,基于信任的合作是最根本的理念。随着市场的不确定性越来越大,供应链中单独成员很难预测未来的所有变化,而无法预见未来则增加了企业的经营风险。因此,在供应链内部,各成员企业要想灵活地适应环境,就必须在相互依赖与

各自独立之间找到平衡,建立互信机制,激励合作伙伴间的协作,成为彼此信任、彼此忠诚的供应链网络,从而为供应链的长久生存和成员企业的共同发展打下坚实的基础。政府或者行业协会也应制定相应的信用等级评比制度,为供应链合作伙伴提供协助。

2. 集成供应链,建立供应链合作网络

在建立互信机制的基础上,企业需要进一步集成供应链,即把供应商、生产厂家、分销商、零售商等在一条链路上的所有环节都联系起来并进行优化。其实质在于企业与其相关企业形成融会贯通的网络整体,对市场进行快速反应。

供应链的集成,改变了过去仅仅在供应链中将费用从一个口袋转移到另一个口袋的做法,它优化了整个供应链的执行,给最终客户提供了最优的价值。另外,它还多方位地影响了市场,比如,形成了宽口径、短渠道的物流体系,大大提高了流通效率;促进了流通现代化和信息技术在各领域的广泛应用;使产品竞争压力由消费者通过流通体系向生产者快速传递,迫使生产者提高产品品质,降低成本,以满足市场需求。

3. 加速企业信息化进程

信息化是电子商务供应链管理的基础,信息化为企业带来的最大价值是将以生产为核心的传统经营方式转换成以消费者为中心的企业经营模式。应用网络信息技术,连接企业中相关的每一个个体,迅速反应,快速决策,应对不断变化的环境,从而为企业创造无限商机。

信息化供应链管理作为一种新兴的管理理念,实施中最主要的障碍来自企业传统观念的阻力,观念的转变和更新是实施信息化供应链管理的前提。为此,我国企业必须建立电子商务意识,应主动意识到供应链管理给企业带来的真正价值,并清楚认识到电子商务环境下的供应链与传统供应链管理的区别,电子商务对供应链管理及企业经营发展所起到的重要影响,清楚了解企业信息化对发展供应链管理以及企业参与国际竞争的重要性。企业对电子商务环境下的供应链管理的观念应该从不了解到接受,再到应用于实践。

4. 业务流程重组,企业组织结构再造

我国绝大多数企业的组织结构仍以传统的职能为中心,难以适应电子化供应链管理的要求,因而必须研究基于供应链管理流程重构问题,建立以流程为中心的组织,确定相应的供应链管理组织系统的构成要素及相应采取的结构形式,企业组织形式应从金字塔式结构向扁平化、小型化、网络化转变,以便对外界环境变化能迅速做出反应。

第四节 电子商务物流配送与配送中心

电子商务下的配送中心是信息化、现代化、社会化的配送中心。配送中心采用网络化的计算机技术和现代化的硬件设备、软件系统及先进的管理手段,减少了生产企业库存,加速资金周转,提高物流效率,降低物流成本,又刺激了社会需求,有利于整个社会的宏观调控,也提高了整个社会的经济效益,促进市场经济的健康发展。

一、电子商务物流配送基本情况

1. 配送的含义

配送是指在经济合理区域范围内,根据客户要求,对物品进行拣选、加工、包装、分割、组配等作业,并按时送达指定地点的物流活动。

配送是物流中一种特殊的、综合的活动形式,是商流与物流的紧密结合,既包含了商流活动和物流活动,也包含了物流中若干功能要素的一种形式。在物流系统中,配送是"承担将货物从物流节点送交收货人"任务的关键环节。

配送几乎包括了所有的物流功能要素,是物流的一个缩影,是某个小范围内全部物流活动的体现。一般的配送集装卸、包装、保管、运输于一身,通过这一系列活动完成将货物送达的目的。特殊的配送还包括加工活动,涉及的范围更广。配送的主体活动与一般物流有所不同,一般物流主要是运输及保管,而配送主要进行运输及分拣、配货,分拣和配货是配送的独特活动,以送货为目的的运输是实现配送的主要手段,从这一主要手段出发,常常将配送简化地看成运输的一种。但运输和配送两者存在着区别(如表 7-1 所示),所有物品的移动都是运输,而配送则专指短距离、小批量的运输。因此,可以说运输是整体,配送则是指整体中的一部分,而且配送的侧重点在于一个"配"字,它的主要意义也体现在"配"字上,"送"只是为最终实现资源配置的"配"而服务的。

运输功能要素包括供应及销售物流中的车、船、飞机等方式的运输,生产物流中的管道、传送带等方式的运输。配送功能要素是物流进入最终阶段,以配货、送货的形式最终完成社会物流并实现资源配置的活动。配送活动一度被看成一种运输形式,被作为运输活动的末端对待,而未被看作独立的功能要素。但是,配送作为一种现代流通方式,集经营、服务、社会集中库存、分拣、装卸搬运等多功能于一体,已不是单纯的送货运输所能涵盖的,因此现已将配送视为独立功能要素。

表 7-1 运输和配送在移动意义上的区别

运输	配送
长距离大量货物的移动	短距离少量货物运输
据点间的移动	企业送交消费者
地区间货物的移动	地区内部货物的移动
卡车一次向一地单独运送	卡车一次向多处运送,每处只获得少量货物

2. 电子商务物流配送的含义和特点

电子商务物流配送的含义:电子商务物流配送是采用网络化的计算机技术和现代化的硬件设备、软件系统及先进的管理手段进行的配送活动,是信息化、现代化、社会化的物流配送,也可以说是一种新型的物流配送。

电子商务物流配送的特点:在传统的物流配送企业中,大量的人从事简单的重复劳动,效率低下且错误率高。在网络化管理的新型物流配送企业,这些机械的工作都交给了计算机和网络,既减少了生产企业的库存,加速资金周转、提高物流效率、降低物流成本,又刺激了社会需求。这种新型物流配送除了具备传统物流配送的特征外,还应具备以下基本特征:

第一,高效性。企业可以利用现代网络建立一套完整有效的自动信息系统,将一些程序化的活动通过自动信息传递系统来实现。企业可根据用户的需求情况,通过自动信息传递系统调整库存数量和结构、调节订货数量和结构,进而调整配送作业活动。而对于一些非程序的活动,可通过自动信息传递系统进行提示或预报,进行调节配送,提高信息的传输和配送效率。这些自动化的信息极大节约了人力成本,同时也提高了运行效率和决策效率,保证物流配送的高效性。

第二,低成本性。电子商务不仅使配送双方节约了成本,而且也降低了整个社会的配送成本。首先,基于电子商务的信息共享,企业更为迅速地掌握了消费市场的动态变化,使配送双方可以有效地减少库存的规模,库存管理的成本和费用得以下降。同时,电子商务配送可以使双方通过网络进行结算,降低了双方的结算成本。

第三,个性化。通过电子商务,企业可以记录用户需求、配送习惯等,从而确立用户下一次对配送的具体要求。经过筛选和运算,可以使配送服务者迅速了解每一个用户的信息和习惯,从而满足用户提出的特殊配送要求。因此,电子商务不仅使普通的大宗配送业务得到发展,而且能够顺应用户需求多样化的发展趋势和潮流。

二、配送中心的含义、类型和功能

1.配送中心的含义

2007 年 5 月 1 日,正式实施的《中华人民共和国国家标准:物流术语》(GB/T 18354—2006)中关于配送中心是这样定义的:从事配送业务且具有完善信息网络的场所或组织,应基本符合下列要求:

(1)主要为特定客户或末端客户提供服务。

(2)配送功能健全。

(3)辐射范围小。

(4)提供高频率、小批量、多批次配送服务。

王之泰在《新编现代物流学》中定义配送中心是从事货物配备(包括集货、加工、分货、拣选、配货)和组织对用户的送货(运输),以高效率地在一定区域范围内实现对生产、销售等物流活动提供支持的物流节点和组织。

配送中心,作为一个常用名称,有着多重解释。配送中心可以说是从供应者手中接受多种大量的货物,进行倒装、分类、保管、流通加工和情报处理等作业,然后按照众多需要者的订货要求备齐货物,以令人满意的服务水平进行配送的设施;也可以说是接受并处理末端用户的订货信息,对上游运来的多品种货物进行分拣,根据用户订货要求进行拣选、加工、组配等作业,并进行送货的设施和机构。不管从哪个角度来定义配送中心,可以肯定的是,配送中心是一种以物流配送活动为核心的经营组织,是配送活动的聚集地和发展地,同时也是物流运输的枢纽。

配送中心的出现是物流系统化和大规模化的必然结果。孙炜在《变革中的配送中心》一文中指出,"由于用户在货物处理的内容上、时间上和服务水平上都提出了更高的要求,为了顺利地满足用户的这些要求,就必须引进先进的分拣设施和配送设备,否则就建立不了正确、迅速、安全、廉价的作业体制。因此在运输界,大部分企业都建造了正式的配送中心"。

配送中心是物流领域中社会分工、专业分工进一步细化之后产生的。在新型配送中心未出现前,配送中心承担了某些转运的职能,以后这类中心中的一部分将向纯粹的转运站发展以衔接不同的运输方式和不同规模的运输,另一部分则增强了"送"的职能,而后向更高级的"配"的方向发展。

2. 配送中心的类型

对配送中心的适当划分有助于加深对配送中心的认识和理解。配送中心按运营主体的不同,大致有 4 种类型:以制造商为主体的配送中心,以批发商为主体的配送中心,以零售业为主体的配送中心,以仓储运输商为主体的配送中心。

(1)制造商配送中心。制造商为了自身生产和销售业务需要而投资建设的配送中心,这种配送中心里的商品全都是由自己生产制造的,从而降低流通费用,并提高售后服务质量。通过建立配送中心,制造商为客户提供了更好的货物运输递送服务。

(2)批发商配送中心。批发商作为制造商和消费者的中间纽带,需要按照不同部门和商品类别将制造商的商品集中起来,再以单一品种或搭配向零售商配送。对商品进行汇总和再销售,这是该类配送中心进行的一项重要活动。

(3)零售商配送中心。这是专门为某个集团企业组织供货的配送中心。零售企业发展到一定规模后,就会从增强核心竞争力的高度去研究建设配送中心的问题。例如,华联、联华、华润万家等大型连锁超市公司自建的配送中心,是以销售经营为目的、以配送为手段的企业供货枢纽。

(4)仓储运输商配送中心。运输配送能力是该类配送中心的优势,借助优越的地理位置(如公路、铁路、港湾枢纽),可快速实现货物的配送。该类配送中心只提供仓储管理和运输配送的专业化职能,基本不从事经营服务,属于专业配送中心,其专业化、现代化、机械化程度都非常高。

3. 配送中心的功能

配送中心是独立于生产领域之外,从事与商品流通有关的各种经济活动的企业,也是一种多功能、集约化的物流节点,是商流、物流、信息流的交汇点,是现代配送活动的集聚地和策源地。商品流通的全过程大致可分为购、销、存、运四个环节,配送中心是集多种流通功能于一体的现代化流通中心,承担着商品的进货、库存、分拣、加工、运输、送货、信息处理等作业,其功能远远超过了传统的仓储和运输的范围。

一个集约化配送中心通常应具备以下功能:

(1)集货功能。为了满足门店"多品种、小批量"的要货和消费者要求在任何时候都能买到所需商品,配送中心必须从众多的供应商那里按需要的品种较大批量地进货,以备齐所需商品,此项工作称为集货。配送中心通过集货功能,疏通销售渠道,协调产需矛盾,调剂商品余缺。

(2)储存保管功能。尽管配送中心不是以储存商品为目的,但是为了保证市场的需求,以及配货、流通加工等环节的正常运转,也必须保持一定的库存。这种集中储存,可大大降低库存总量,减少仓库基建费用,压缩社会商品库存,减少仓储费用和保管费用,减少资金占压。

(3)流通加工功能。物品在从生产领域向消费领域流动的过程中,为了促进销售、维护产品质量和提高物流效率而对物品进行的加工。例如,配送中心根据各商店的不同需求,按照销售批量大小,直接进行集配分货(如拆包分装、开箱拆零等),有时配送中心供应零售店的商品一部分可能较零星,品种繁多,需拆箱组配后再拼箱。流通加工功能提高了用户的服务水平和资源利用程度,增加了流通附加值。

(4)分拣功能。所谓分拣是指将一批相同或不同的货物,按照不同的要求(如配送给不同门店),分别拣开、集中在一起等待配送。例如,连锁超市配送中心的分拣任务就是按照门店(或客户)的订货单,把库存商品拣选后分别集中待配送。货物的分拣功能保证了配送中心可以按照客户要求及时有效地送达货物。

(5)配送功能。按照客户的订货要求,在物流据点进行分货、配货作业,并将配好的商品送交收货人。与运输相比,配送通常是在商品集结地——物流据点完全按照客户对商品种类、规格、品种搭配、数量、时间、送货地点等各项要求,进行分拣、配货、集装、合装整车、车辆调度、路线安排的优化等一系列工作,再运送给客户的一种特殊的送货形式。合理化的配送运输,可以提高运输工具的利用率,消除重复运输、空载运输带来的浪费。

(6)信息处理功能。配送中心有相当完善的信息处理系统,能有效地为整个流通过程的控制、决策和运转提供依据。无论是集货、储存、拣选、流通加工、分拣、配送等一系列物流环节控制,还是在物流管理和费用、成本结算方面,均可实现信息共享。而且,配送中心可与销售商进行信息直接交流,及时得到商店的销售信息,有利于合理组织货源,控制最佳库存。同时,配送中心可将销售与库存信息及时迅速地反馈给制造商,以指导商品生产计划的安排。可以说,配送中心是整个流通过程的信息中枢。

三、电子商务配送中心管理

电子商务的物流配送中心需要符合电子商务的特点,提高反应效率以及服务质量,因此,需要现代化的管理理念和管理方法。

1. 电子商务配送中心管理的内容

电子商务配送中心管理的主要内容是:

(1)设备管理。设备管理是指对配送中心所使用的各种设备、设施进行管理,包括使用设备的类型、数量,根据业务情况,添加新设备,淘汰旧设备,同时还要对设备进行维修、保养,统计设备的使用状况,根据现有情况对设备进行调整,以使设备达到最高的使用效率。

（2）配送作业管理。配送作业管理是指对配送中心开展的各项配送业务的作业活动进行统一管理。具体包括：进货入库作业管理、在库保管作业管理、加工作业管理、理货作业管理和配货、配装作业管理。配送作业管理是配送中心管理的主要内容，合理安排作业，对提高配送效率有至关重要的作用。

（3）客户管理。客户管理是指对配送新的客户进行管理，维持老客户的服务质量，同时挖掘新的、潜在的客户，分析客户需求，挖掘潜在需求，更好地为客户服务。

（4）业务管理。业务管理是指对配送中心各项业务活动的管理，如合同管理、各种文档管理以及计划的制订、实施过程等项目的管理。

（5）人力资源及财务管理。人力资源及财务管理是配送中心管理的支撑。

2.电子商务配送中心管理的目标

电子商务配送中心管理的目标是为客户提供高质量、高水平的现代物流配送服务，同时控制活动成本。即在规定的时间内，将物品以准确的数量、符合要求的质量、合适的价格送到准确的地点，递交给客户。

以我国目前配送中心发展的现状来看，要实现以上目标，电子商务配送中心除了要加强各配送中心内部的管理外，还应从以下方面提供相应的政策、法律等环境，以促进配送中心的合理发展。

（1）加强法律政策、相关基础设施的建设。国家需要对配送中心建设进行整体规划、合理布局，出台相应的适合配送中心物流运营的法律法规。由于物流配送中心的建设、运营涉及社会多个方面，因此，需要工商、税务、海关、交通运输等多方面的合作监管，以完善配送中心运营的整体环境。

（2）注重物流人才的培养和引进。我国在配送中心运营方面的实践经验不足，对配送中心的作用认识不够，因此必须加强物流人才的培养和引进，提高整个行业对配送中心的认识。

（3）构建管理信息系统。采用自建、合作等方式建立电子商务网站，引进条形码技术、射频识别技术（RFID）、电子订货系统（EOS）、电子数据交换（EDI）系统等电子商务技术，构建完善的信息系统，加强配送中心内部管理及外部信息联系。通常，电子商务配送中心应建立销售管理、采购管理、仓库管理、财务会计、辅助决策信息管理子系统。

3.配送中心的作业流程及管理

不同模式的配送中心作业内容有所不同，一般来说配送中心执行如下作业流程：进货→进货验收→入库→存放→标示包装→分类→出货检查→装货→送货。归纳而言，配送中心的作业管理主要有：进货入库作业管理、在库保管作业管理、加工作业管理、理货作业管理和配货作业管理。

（1）进货入库作业管理

进货入库作业主要包括收货、检验和入库三个流程。收货是指连锁店总部的进货指令向供货厂商发出后，配送中心对运送的货物进行接收。收货检验工作一定要慎之又慎，因为一旦商品入库，配送中心就要担负起保护商品完整的责任。一般来说，配送中心收货员应做好如下准备：及时掌握连锁总部（或客户）计划中或在途中的进货量、可用的库房空储仓位、装卸人力等情况，并及时与有关部门、人员进行沟通，做好以下接货计划：①使所有货物直线移动，避免出现反方向移动；②使所有货物移动距离尽可能短，动作尽可能减少；③使机器操作最大化、手工操作最小化；④将某些特定的重复动作标准化；⑤准备必要的辅助设备。

检验活动包括核对采购订单与供货商发货单是否相符，开包检查商品有无损坏、商品分类、所购商品的品质与数量比较等。数量检查有 4 种方式：①直接检查法，将运输单据与供货商发货单对比；②盲查法，即直接列出所收到的商品种类与数量，待发货单到达后再做检查；③半盲查法，即事先收到有关列明商品种类的单据，待货物到达时再列出商品数量；④联合检查法，即将直接检查法与盲查法结合起来使用，如果发货单及时到达就采用直接检查法，未到达就采用盲查法。

经检查准确无误后方可在厂商发货单上签字并将商品入库，及时登录有关入库信息，转达采购部，经采购部确认后开具收货单，从而使已入库的商品及时进入可配送状态。

（2）在库保管作业管理

商品在库保管的主要目的是加强商品养护，确保商品质量安全，同时还要加强储位合理化工作和储存商品的数量管理工作。商品储位可根据商品属性、周转率、理货单位等因素来确定；储存商品的数量管理则需依靠健全的商品账务制度和盘点制度来支撑。商品储位合理与否、商品数量管理精确与否将直接影响商品配送作业效率。

（3）加工作业管理

加工作业管理主要是指对即将配送的产品或半成品按销售要求进行再加工，包括：①分割加工，如对大尺寸产品按不同用途进行切割；②分装加工，如将散装或大包装的产品按零售要求进行重新包装；③分选加工，如对农副产品按质量、规格进行分选，并分别包装；④促销包装，如搭配促销赠品；⑤贴标加工，如粘贴价格标签、打制条形码。加工作业完成后，商品即进入可配送状态。

（4）理货作业管理

理货作业是配货作业最主要的前置工作之一，即配送中心接到配送指示后，及时组织理货作业人员，按照出货优先顺序、储位区域别、配送车辆趟次别、门店号、先进先出等方法和原则，把配货商品整理出来，经复核人员确认无误后，放置暂存区，准备装货上车。

理货作业主要有两种方式，一是"播种方式"，二是"摘果方式"。所谓"播种方式"，是把所要配送的同一品种货物集中搬运到理货场所，然后按每一货位（按门店区分）所需的数量分别放置，直到配货完毕。在保管的货物较易移动、门店数量多且需要量较大时，可采用此种方法。所谓"摘果方式"（又称挑选方式），就是搬运车辆巡回于保管场所，按理货要求取出货物，然后将配好的货物放置到配货场所指定的位置，或直接发货。在保管的商品不易移动、门店数量较少且要货比较分散的情况下，常采用此种方法。在实际工作中，可根据具体情况来确定采用哪一种方法，有时两种方法亦可同时运用。

（5）配货作业管理

配货作业过程包括计划、实施、评价三个阶段。

配货计划是根据配送的要求，事先做好全局筹划并对有关职能部门的任务进行安排和布置。全局筹划主要包括:制订配送中心计划;规划配送区域;规定配送服务水平;配送的性质和特点以及由此决定的运输方式、车辆种类;现有库存的保证能力;现时的交通条件。配送计划决定配送时间,从而选定配送车辆,规定装车货物的比例和最佳配送路线、配送频率。配货计划制订后,将到货时间、到货品种、规格、数量以及车辆型号通知各门店做好接车准备;同时向各职能部门,如仓储、分货包装、运输及财务等部门下达配送任务,各部门做好配送准备,然后组织配送发运。理货部门按要求将各客户所需的各种货物进行分货及配货,然后进行适当的包装并详细标明客户名称、地址、送达时间以及货物明细。按计划将各客户货物组合、装车,运输部门按指定的路线运送至各客户,完成配送工作。如果客户有退货、调货的要求,则应将退、调商品随车带回,并完成有关单证手续。

四、电子商务配送系统

配送系统作为物流系统的一个子系统,需要符合物流系统的整体要求,同时,它也相对独立存在,通过将配送活动各要素组合成一个有机体,以完成自己的目标、功能和作用。

1.电子商务配送系统的含义与特点

电子商务配送系统是依托网络技术、通信技术和计算机技术把配送活动的各要素联系在一起,为实现配送目的、功能和作用所形成的一个有机统一体。电子商务的发展为配送系统的建立不仅提供了技术基础,也提供了市场基础。相对于传统配送系统来说,电子商务配送系统具有如下几方面的特点:

(1)虚拟性。电子商务配送系统的一个重要特点就是虚拟性。企业对配送进行虚拟性的管理和操作,合理地调配资源,从而实现了高效率和合理化的配送。同时,它也完成了书写的电子化及传递的数据化,使配送双方均可在不同地域实现快速、准确、双向式的数据信息交换和电子支付。

(2)实时性。在电子商务配送中,配送的运作是以信息为中心的,信息决定着配送的运动方向和运动方式。在实际的配送过程中,电子商务技术使企业对配送实施有效的实时控制。同时,电子商务对配送的实时控制是以整体配送为中心来进行的。

(3)互动性。配送活动需要将多种要素有机地结合在一起,协调活动。配送既包括外部的配送活动,也包括内部的配送组织活动。电子商务配送系统协调这些活动,建立了企业与外部的联系,结合了企业内部各要素之间的联系,从而实现各个环节协调一致,实现配送的合理化。同时,互动性使个性化配送服务成为可能,为企业赢得更多的客户和市场。

(4)标准性。配送的标准化主要包括配送货物信息的标准化和配送作业流程的标准化。配送货物信息的标准化是指将货物的各种特征和属性信息化,使其有利于发送双方对货物的理解和认可,便于货物的使用、统计、配送及管理。配送作业流程的标准化是指配送的各个环节、各个层次应按照统一规定的流程来进行标准化作业,以保证各个作业环节的合理衔接和有序调整。此外,电子商务配送的标准化还包括配送技术的标准化和配送管理的标准化等。

2.电子商务配送系统的构成

（1）配送系统的基本模式

配送系统主要由环境、输入、输出、处理和反馈等方面构成。①环境，配送系统环境主要包括外部环境和内部环境。外部环境主要是指影响配送系统的一系列外部因素，包括用户需求、观念及价格等因素。内部环境主要是指影响配送系统的一系列内部因素，不仅包括系统、人、财、物的规模与结构，而且也包括系统的管理模式、策略和方法等。一般来说，外部环境是系统不可控的，而内部环境则是系统可控的。②输入，是指通过一系列对配送系统所发生的作用，包括原材料、设备和人员等。③输出，输入经过处理后的结果，即提供的配送服务，包括货物的转移、各种劳务、质量和效益等。④处理，是指配送的转换过程或配送业务活动的总称，包括运输、存储、包装、搬运和送货等，此外，还包括信息的处理及管理工作。⑤反馈，在上面的物种构成中，通过输入和输出使配送系统与外部环境进行交换，使系统适应外部环境。而处理则是系统内部的转换，使其功能更加完善、合理及科学。

（2）电子商务配送系统的构成

一般来说，电子商务配送系统主要由管理系统、作业系统、网络系统及环境系统等几部分组成。①管理系统。配送系统的计划、控制、协调和指挥等所组成的管理系统，是整个配送系统的支柱。管理系统包括配送系统的战略、功能目标，配送能力，配送需求预测和创造以及存货管理等。配送系统的战略目标是指与服务对象、消费者性质和地理位置相适应的配送服务；功能目标包括确定配送系统所达到的目标；配送能力的大小主要取决于企业投入人、财、物的数量及管理水平；配送需求预测和创造主要是对市场进行预测分析，以掌握和了解未来客户配送需求的规模及提供相应的服务，通过网络广泛地收集用户的需求及要求的服务，开展促销业务，以系统的高效率、低成本和高质量的服务创造配送要求；存货管理主要是通过预测、创造需求以及网络的特点，合理地确立存货的规模与结构，同时，存货的规模与结构要与客户的要求、作业能力保持一致。②作业系统。作业系统是配送实物作业过程中所构成的系统。在电子商务时代，配送实物作业应接受管理系统下达的信息指令来进行操作。作业系统主要包括货物的接收、装卸、存贷、分拣、配装及送货和交货等。③网络系统。网络系统是由接受、处理信息以及订货等所组成的系统。目前在配送中应用较多的电子商务网络系统主要有：POS系统（销售时点管理系统），即企业收集、处理和管理配送时点上的各种配送信息和用户信息的系统。VAN系统（增值网），即利用电信的通信线路将不同企业不同类型的计算机连接在一起，构成共同的信息交流中心。EOS系统（电子订货系统），即利用企业内终端电脑控货架或台账输入欲订购的货物，经网络传递到总部配送中心或供应商，完成订购手续，并验收货物。MIS系统（管理信息系统），负责货物的进、存及配送管理，并进行配送经营的辅助决策工作，如货物的自动补给系统等。EDI系统（电子数据交换系统），即在不同的计算机应用系统之间依据标准文件格式交换商业单证信息。对于配送企业以及需要进行配送的企业来说，在互联网上进行配送单证信息的传输不仅可以节约大量的通信费用，而且也可以有效地提高工作效率。④环境系统。环境系统主要是指配送的外部环境，主要包括宏观环境和微观环境。宏观环境主要包括经济、政治、技术、法律及社会文化环境等;微观环境主要包括需求环境、竞争环境及供给环境等。

本章要点

1.从不同角度,电子商务有着不同的定义。一般来说,从宏观上讲,电子商务是计算机网络的又一次革命,旨在通过电子手段建立一种新的经济秩序,它不仅涉及电子技术和商业交易本身,而且涉及诸如金融、税务、教育等领域;从微观上讲,电子商务是指各种具有商业活动能力的实体,利用网络和先进的数字化传媒技术进行的各项商业贸易活动。

2.通常按照参与交易的对象进行分类,电子商务基本的结构模式主要是企业对企业(B2B)、企业对消费者(B2C)、企业对政府机构(B2G)、消费者对政府机构(C2G)、消费者对消费者(C2C)。除此之外,随着互联网的普及,消费者到企业(C2B)模式和线上到线下(O2O)模式也应运而生。

3.电子商务相对传统的商务活动有许多特征和优点:方便性、高效性、低成本、协调性。

4.物流是电子商务的重要组成部分,是实现电子商务的重要环节和基本保证。与传统物流系统相比,电子商务环境下的物流系统具有以下特征:整个系统具有无限的开放性,物流节点普遍实行信息化管理,信息流在物流过程中起引导和整合作用,系统具有明显的规模优势。

5.电子商务的发展对物流系统提出了多方面的要求:要求物流的运作方式——信息化、网络化,要求物流的运作水平——标准化、自动化,要求物流的快速反应能力——高速化、系统化,要求物流的动态调配能力——个性化、柔性化,要求物流的经营形态——社会化、全球化。

6.电子商务应用到供应链管理过程中,对供应链管理的影响主要包括:与客户建立新型的关系,开辟了解消费者和市场需要的新途径,开发高效率的营销渠道,构筑企业间或跨行业的价值链,具有全球化资源配置和管理能力,改变传统的供应链构成,以及推动产业集群转型升级。

7.电子商务供应链管理与传统供应链管理的主要区别包括:不同类型的物流和承运,不同类型的客户,不同的供应链运作模式,不同的库存和订单流,不同的物流目的地,不同的供应链管理要求,不同的供应链管理责任,不同的物流信息管理系统,不同的资金结算方式。

8.电子商务环境下供应链管理战略的主要内容包括:建立互信机制,激励合作伙伴间的协作;集成供应链;建立供应链合作网络;加速企业信息化进程;业务流程重组,企业组织结构再造。

9.配送是指在经济合理区域范围内,根据用户要求,以最有效的方式对物品进行拣选、加工、包装、分割、组配等作业,并按时送达指定地点的物流活动。一般情况下,配送活动包括 7 个环节:进货→储存→分拣→配货→分放→配装→送货。

10.配送中心是从事货物配备(集货、加工、分货、拣选、配货)和组织对用户的送货,以高水平实现销售或供应的现代流通设施。配送中心按运营主体的不同,大致有四种类型:以制造商为主体的配送中心、以批发商为主体的配送中心、以零售业为主体的配送中心、以仓储运输业为主体的配送中心。

11.配送中心管理的主要内容是对配送中心的作业以及配送中心的设备进行管理。不同模式的配送中心作业内容有所不同,一般来说配送中心执行如下作业流程:进货→进货验收→入库→存放→标示包装→分类→出货检查→装货→送货。归纳而言,配送中心的作业管理主要有:进货入库作业管理、在库保管作业管理、加工作业管理、理货作业管理和配货作业管理。

12.电子商务配送系统是依托网络技术、通信技术和计算机技术把配送活动的各要素联系在一起,为实现配送目的、功能和作用所形成的一个有机统一体。电子商务的发展为配送系统的建立不仅提供了技术基础,也提供了市场基础。电子商务配送系统具有虚拟性、实时性、互动性、标准性的特点。

13.配送系统主要由环境、输入、输出、处理和反馈等方面构成。电子商务配送系统主要由管理系统、作业系统、网络系统及环境系统等几部分组成。

思考题

1.什么是物流系统,它与物流有何区别?

2.物流系统由哪些要素构成,其特征有哪些?

3.什么是配送中心,什么是配送系统?

4.电子商务下配送系统的构成要素有哪些,其特征有哪些?

5.在电子商务环境下,企业如何做供应链管理战略?

第八章

供应链金融

学习目的

通过本章学习,你需要:

1. 掌握供应链金融的基本概念;

2. 了解供应链金融的兴起;

3. 了解供应链金融与物流金融、商业信用融资、互联网金融之间的
联系与区别;

4. 了解供应链金融的三种典型模式;

5. 了解供应链金融业务风险分析的方法。

第八章
数字资源

【开篇案例】浙江商业银行的供应链金融业务

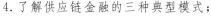

浙商银行股份有限公司(以下简称"浙商银行")于2004年8月成立,截至2016年6
月末,浙商银行在全国多地设立上百家分支机构,能够为全国多地提供金融服务。HY公
司主要承接以医疗净化为核心的医疗专业工程,是为多家医院提供专业服务整体解决方
案的供应商。HY公司上游企业为医疗器械小型制造商,这些制造商企业的经营规模普
遍较小,建设厂区的地点偏远分散,其下游为医院。作为整条供应链上的核心企业,HY
公司通过购买上游制造商的医疗设备等,来为下游各大医院提供服务。

HY公司所处的供应链存在应收账款无法及时回收,进而影响供应链上的合作关系
的问题。当下游医院向HY公司购买设备、医疗服务时,各大医院付款账期较长,不能及
时支付货款,就会导致HY公司产生大量的应收账款,无法快速回流资金。作为整条供应
链上的核心企业HY公司,因收不到下游的货款就不能及时向上游制造商支付价款。使
得上游企业也形成应收账款,而且上游是医疗器械小型制造商,经营规模普遍较小,用来
担保的资产较少,导致在银行融资困难。在收不到HY公司的价款也不能从银行及时获
得充足贷款时,使得购买制造设备所需材料的资金不充足,因此,上游企业就不能为核心
企业HY公司及时供应货物。

为了帮助HY公司解决这一困境,浙商银行为其定制了一个应收账款平台,即HY公
司将自己在下游公司处的应收账款抵押给浙商银行,银行在应收款平台上,严格对HY公

司进行资格审查,如果资格审查通过供应链融资要求,浙商银行将发放贷款。HY 公司获得贷款后,可以进一步从事经营活动,而下游公司需要向浙商银行缴纳相应的货款。具体流程,如图 8-1 所示。

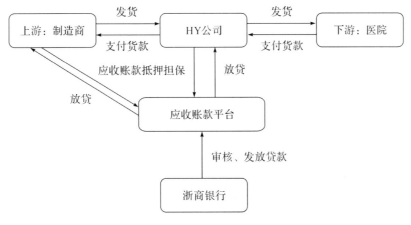

图 8-1 企业贷款流程

浙商银行的供应链金融业务将银企联合,主要利用应收账款平台减少应收账款流通障碍,充分支持了中小企业的发展,为国家实体经济服务,同时帮助浙商银行自身扩展了基础客户群。放眼未来,浙商银行依靠核心企业的信用与实力,可以将上下游的企业变成客户群,核心企业拉动中小企业共同发展,在不断努力下中小企业慢慢达到核心企业的地位,有自己的上下游企业,以自己为核心形成一条新的供应链,今后他们作为浙商银行的核心客户,又能带动它的上下游供应链企业,实现实体经济的良性发展。而 HY 公司面临的种种问题,将随着浙商银行推出的供应链金融下的应收账款平台迎刃而解。利用互联网、区块链技术对 HY 公司上下游的交易有清楚的记录,加快供应过程、省时、减少成本、信息公开透明,做到风险最小化。通过供应链金融,解决银行成本高、程序复杂的问题,可以有效解决中小企业资产较少,在银行信用水平较低,贷款困难的问题,银行与企业联手实现双赢。

资料来源:李唯滨,张一凡.浙江商业银行供应链金融如何为企业创造价值[EB/OL].(2020-09-09)[2020-05-01].https://www.cmcc-dut.cn/Cases/Detail/4610.

第一节 供应链金融的基本概念

一、何为供应链金融

目前,有关供应链金融的定义尚未形成统一的认识。本书认为供应链金融是指金融机构通过引入供应链核心企业、物流监管公司及资金流导引工具等风险控制手段,实现对供应链中信息流、物流、资金流的有效控制,从而为供应链中不同节点的企业提供融资、结算和理财等综合金融服务。

一个完整的商品供应链包括原材料采购、生产制造、最终产品销售等众多环节,涉及供应商、制造商、分销商、零售商以及最终用户等众多参与者。供应链管理是指对供应链中的物流、资金流和信息流进行计划、控制和管理,以达到供应链效率最大化。从现状看,供应链中物流和信息流的管理技能和手段已日臻完善,但对于资金流的管理,特别是资金流和物流的整合管理依然处于起步阶段。物流和资金流的分离管理制约了整条供应链的稳定性和运行效率。在当前的实践中,一些规模较大的供应链核心企业往往会利用其强势地位在交货、价格、账期等贸易条件方面对上下游企业提出苛刻要求。这导致上下游企业经常面临交付资金后不能及时收到货物,或货物销售了而资金不能立即回笼等情形,给上下游企业的正常运作造成了巨大的压力,结果往往导致整个供应链出现失衡。

供应链金融的目的是希望通过有效的金融安排,避免供应链因资金短缺而造成断裂,提高企业的投资收益和物流效率。其核心理念是金融机构通过借助供应链核心企业的信用或者业务合同为担保,同时依靠第三方物流企业的参与来共同分担贷款风险,改变了过去金融机构只针对单一企业主体进行信用评估的融资模式,开创了金融机构以整个供应链及具体业务的风险评估为基础进行授信决策的新融资模式。从金融机构的角度看,供应链金融是贸易融资的产品之一,通过以供应链为对象的系统性融资安排,供应链金融可以获得比传统业务风险更小,利润更丰厚的回报。从企业的角度看,供应链金融是一种融资的新渠道,提高了大企业的资金利用效率,解决了中小企业融资难的问题,可以促进中小企业与核心企业的长期战略协同关系,提升了供应链的竞争能力。图 8-2 显示了供应链金融融资模式和传统融资模式的区别。

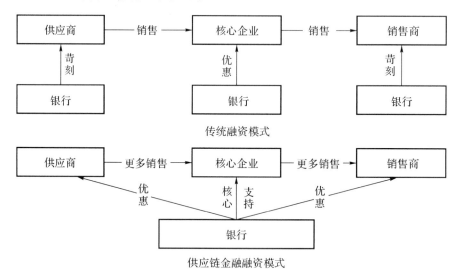

图 8-2　传统融资模式与供应链金融融资模式的比较

二、供应链金融与物流金融的区别与联系

物流金融是一个与供应链金融一样,经常被同时提及的概念。在目前的理论和实践中,物流金融有时会被认为是供应链金融的一部分或被看作供应链金融的另一个称谓。

实际上,物流金融和供应链金融既相互区别又相互联系。物流金融是特指包含金融服务功能的物流服务,指客户企业在生产和进行物流业务时,通过物流企业获得金融机构的资金支持;同时,物流企业为客户企业提供物流及相应的融资及结算服务,使物流产生增值服务的活动。

对比供应链金融和物流金融的定义可以发现,从提供服务的主体看,供应链金融的核心主体是金融机构,而物流金融的核心主体是物流企业;从服务的对象看,供应链金融的服务对象可以是供应链中有相互业务关系的多个企业,而物流金融的服务对象往往只涉及单一企业;从服务模式看,供应链金融的融资服务和物流服务不一定需要紧密结合,而物流金融则多提供金融和物流的一体化服务。通过以上对比可以发现,除了服务提供的主体不同之外,供应链金融比物流金融拥有更宽泛的外延,这也是为什么物流金融常被认为是供应链金融的一部分的原因。

在供应链金融的实践中,第三方物流企业往往扮演金融机构的代理人或服务提供商,为贷款企业提供仓储、配送、监管等服务,同时起到为金融机构防范融资风险的作用。在某些情况下,金融机构甚至不与贷款企业直接接触,而是授予第三方物流企业一定的授信①额度,由第三方物流企业独立地开展金融和物流服务。第三方物流企业会根据客户需求再分解授信额度给自己的客户,并为客户向银行提供信用担保。在上述情况下,供应链金融和物流金融之间的界限就变得愈发模糊。在本书中,我们忽略服务主体的差异,而将关注的重点放在供应链金融及物流金融的服务模式上。

【案例】顺丰金融的供应链金融模式

2015 年初,顺丰集团组建了金融服务事业部。顺丰金融的使命就是能够协助完成物流、信息流、资金流"三流合一"的过程,为消费者、机构客户提供更好的金融服务体验。顺丰金融背靠强大的物流体系,截至 2019 年,供应链金融业务线已基本形成,包括基于货权的仓储融资、基于应收账款的保理融资、基于客户经营条件与合约的订单融资和基于客户信用的"顺小贷"。

"四流合一"成为支撑丰富供应链金融业务线的基石,其中物流系统的构成包括顺丰速运、顺丰仓配、顺丰供应链以及顺丰家;信息流和资金流方面,由历史交易数据、支付交易数据、物流系统信息以及征信引入,来自 B2B 交易过程中沉淀下来的数据,被用于金融服务和评估;商流方面,涵盖顺丰优选和顺丰海淘等。

基于上述"四流",实现了在交易数据、物流信息、系统对接、监控系统四个方面的不断提升,从而为仓储融资、保理、订单融资等供应链金融各条业务线提供有力保障。

以顺丰金融信贷产品中的仓储融资为例:2015 年 3 月,全国上百个仓库为电商商家提供分仓备货,同时推出顺丰仓储融资服务。优质电商商家如果提前备货至顺丰仓库,不仅可以实现就近发货,还可凭入库的货品拿到贷款。庞大的物流配送网络,密集的仓储服务网点,再加上新兴的金融贷款业务,形成完整的物流服务闭环。这一模式极大地提高了客户的服务满意度和客户粘性。在客户信用评级的基础上,将顺丰仓储中的商品作为抵

---

① 授信是指银行向客户直接提供资金支持,或对客户在有关经济活动中的信用向第三方做出保证的行为。

押,从而获得质押贷款,解决客户商品采购等临时性资金需求,让客户在使用顺丰分仓备货的同时还可灵活地调整信贷额度,以解决资金短缺之急,并能灵活地随借随还,最大限度降低客户资金使用成本。根据企业的资质和抵押的货品情况,顺丰给予的贷款额度为100 万～3000 万元。

顺丰仓储质押业务可以实现动态质押,仓储数据实时在线更新功能,从而使得仓储质押业务方面实现动态变动授信额度的功能。与以往在仓单质押过程中需要提供很多数据相比,提供了非常精确的服务基础。

资料来源:物流企业主导的供应链金融模式(以顺丰金融为例)[EB/OL]. (2019-08-27)[2019-05-01]. https://www.sohu.com/a/336703397_99916973.

三、供应链金融与商业信用融资的区别与联系

商业信用融资,是以商品形式提供的借贷活动,在企业交易过程中普遍存在,构成了企业短期融资的重要组成部分。从广义概念看,商业信用融资主要包括赊购商品、预收货款和商业汇票;从狭义概念看,商业信用融资主要指赊购商品,而预收货款则相应地被称为"逆向商业信用融资"。基于企业间的合作关系,商业信用融资因其自然性融资的属性,而成为供应链金融中一种最为简单的形式。同时,作为供应链短期融资的重要来源,商业信用融资在商业和产业发展中发挥着润滑生产与流通、加速资本周转的作用,对供应链中处于弱势地位的中小企业进行短期融资意义重大。

同作为企业短期融资方式,商业信用融资与银行信贷融资的关系,即替代性或互补性,通常是学术界和实业界讨论的焦点。而供应链运作的全球化和服务外包化趋势则推动了商业信用融资与银行信用融资的融合发展,并吸引了第三方物流供应商的积极参与,从而使得供应链金融模式不断创新。

因此,商业信用融资与供应链金融关系如下:一方面,商业信用融资着眼于供应链内部,而供应链金融则联合了商业信用、银行信用以及第三方物流供应商,是供应链内外部融资的融合发展;另一方面,商业信用是供应链金融初期的模式,供应链金融的发展基于商业信用;此外,商业信用仍然是供应链金融的重要组成部分。

四、供应链金融与互联网金融的区别与联系

互联网金融借助移动支付、搜索引擎、大数据、云计算等的信息技术,具备资金融通、支付和信息中介等职能,是一种新兴金融业态,是传统金融行业与互联网精神相结合的产物。互联网金融具有低门槛和高度开放的特点,有代表性的包括以阿里巴巴、京东、eBay等为核心的"电商金融",为中小企业提供小额贷款。互联网金融按照服务的提供方可分为两种类别:一是传统金融机构将传统金融业务进行网络化、电商化,从而推出的网上银行和银行商城等;二是由非传统金融机构借助信息技术推出的金融服务,包括 P2P 网络借贷服务、众筹,及以电商平台为核心的融资服务等。

供应链金融与互联网金融有所共通:从服务对象来看,两者均服务于中小企业信贷市场;从效果来看,两者均推动了"金融民主化"进程,缓解了信息不对称的问题,降低了交易

成本;从依托工具来看,两者的风险管理都借助于信息技术。但具体来看,两者又有所不同:从起源来看,供应链金融源自商业银行的业务创新,而互联网金融则属于由技术创新所引发的金融业态创新;从推进的过程来看,供应链金融属于"以大带小",即利用核心企业的信用担保使得中小企业参与信贷市场中,互联网金融则借助移动支付、社交网络等互联网技术吸引个体参与金融市场中,以个体为单位逐渐扩大服务的广度和深度;从适用范围来看,由于供应链金融中银行"软信息"的获得依赖于其他参与方,在供应链金融适用于供应链及第三方物流企业的信息系统完善且先进的情况,互联网金融机构能够掌握真实可靠且大量的第一手用户信息,因此对服务对象信息系统的先进程度并无要求;从发挥作用的条件来看,供应链金融要求供应链中企业和银行拥有稳定的合作,企业间互相协作和监督,互联网金融则依赖于足够的数据;从风险管理的方式来看,供应链金融的风险管理本质上还是传统的风险评估与管理方法,信息技术只是起到了提高数据获取效率和质量的作用,互联网金融借助信息技术能够有效处理数据,主动识别并于事中控制风险,但线下风险控制能力较弱,且信息技术为互联网金融带来了独特的技术风险;从服务对象来看,供应链金融适用于发展稳定、核心企业能够提供信用担保的供应链中的中小企业,互联网金融则适用于"短小频急"的小微企业和个体。

因此,供应链金融和互联网金融具备各自的核心竞争力,互联网金融无法代替供应链金融,两者有交叉但不完全重合。

第二节　供应链金融的发展

一、供应链金融的由来

早在供应链管理思想出现之前,供应链金融中的多种基础性产品就已出现并得到大量应用。其中保理[①]在几个世纪以前的西方国家就已经很常见,当时流动性出现问题的供应商往往以很低的折扣将应收账款转让给金融机构或者其他第三方。而物流和金融的结合则可以追溯到公元前240年,当时的美索不达米亚地区就出现了谷物仓单[②]的融资业务。1916年,美国颁布《仓储法案》(US Warehousing Act of 1916),并以此为根据建立起一套仓单质押的系统规则,使得以农产品为代表的各类仓单可以广泛地签发和流通。这种仓单既可以作为结算手段在贸易中流通,也可以作为向银行贷款的抵押物。仓单的应用,一方面使农产品交易的时间得到了延长,农场主可以根据市场价格的变化,选择时机进行交易;另一方面,当农业生产需要资金时,农场主可以方便地将仓单质押给银行从而获得短期贷款。

---

① 保理是指卖方与保理商之间存在的一种契约关系,卖方将其现在或将来的基于其与买方订立的货物销售、服务合同所产生的应收账款转让给保理商,由保理商为其提供:贸易融资;销售分账户管理;应收账款的催收;信用风险控制与坏账担保等服务。

② 仓单是指仓库公司或仓库经理人在收存货主交来的货物时出给货主的收据,既是收到货物的证明,又是凭以提货的根据,是一种货物所有权凭证。

现代供应链金融起源于 20 世纪 80 年代企业分工的新一轮模式变化。在此之前,纵向一体化是制造业企业采用的主流模式。除了在外部市场上采购原材料之外,企业内部整合了生产、存储、运输以及销售的大部分职能。20 世纪 80 年代以来,分工模式从企业内分工转向企业间分工。企业开始专注于自己的核心业务环节,而将非核心的业务部分通过外包、采购等方式交给其他企业去做。企业间的分工模式导致贯穿整个产品价值链的管理变得非常复杂。在这种背景下,供应链管理应运而生。供应链管理把供应商、制造商、仓库、配送中心和渠道商等有效组织在一起,从而实现整个供应链系统成本最小。然而,长期以来,供应链管理研究和实践的重心放在物流和信息流层面,有关资金流或财务层面的管理普遍被忽视。这一状况导致供应链管理的成本和效率得不到充分发挥,影响了供应链的整体绩效。21 世纪以来,供应链管理的物流、信息流层面的技能和手段已经日臻完善,供应链研究和探索的重心逐渐转向了企业的资金供应链层面。

二、供应链金融的需求

1. 企业对供应链金融的需求

我国小微企业发展迅速,在经济发展中发挥着非常重要的作用,是发展的生力军、就业的主渠道、创新的重要源泉。截至 2020 年 8 月,企查查数据显示,我国在业/存续个体工商户共计 8920 万。市场监管总局数据显示,2019 年,中国个体从业人数已超过 1.76 亿,相当于每 8 个中国人就有 1 个是个体户。

央行和银保监会发布的《中国小微企业金融服务报告(2018)》显示:从服务覆盖面上看,截至 2018 年末,小微企业法人贷款授信 237 万户,同比增加 56 万户,增长 30.9%,但是贷款授信户数仍仅占小微企业法人总户数的 18%;从贷款余额上看,截至 2018 年末,我国小微企业法人贷款余额 26 万亿元,占全部企业贷款总额的 32.1%,但其中,单户授信 500 万元以下的小微企业贷款余额仅 1.83 万亿元,普惠小微贷款余额 8 万亿元。这些数据表明,中小微企业在融资中处于弱势地位,其所获得的融资支持与其对国民经济发挥的作用之间存在较大的差距。

清华大学 2018 年发布的社会融资成本指数显示,当前我国社会融资平均成本为7.6%,其中,中小企业和非上市民营企业的平均融资成本在 10%～20%。资金成本较低的银行贷款、企业发债、上市公司股权质押等渠道青睐于央企、上市公司等大型企业。大部分中小微企业难以获得这些融资渠道,而更多的依靠保理、小贷公司、网贷等资金成本较高的方式获得融资。

中小微企业的弱势地位,导致实际生产运营中面临严峻的资金约束。科法斯发布的《中国支付状况调查 2019》报告显示:2018 年企业提供的平均信用支付期限(赊销期限)从2017 年的 76 天增至 86 天,近年来持续攀升;其中,有 62% 的企业遭遇了支付逾期,55%的企业遭遇超长支付逾期(超过 180 天)的数额超过了企业年度营收的 2%,很可能使企业现金流遭遇困境。中小微企业因为在供应链中处于弱势地位,实际生产运营中的运营资金不断被挤占,所以不得不提供更长的信用支付账期,自身遭遇现金流困境的可能性大幅增加。

而"供应链金融"最大的特点就是在供应链中寻找出一个大的核心企业,以核心企业为出发点,为供应链上的相关企业提供金融支持,将资金有效注入处于相对弱势的上下游配套中小微企业,解决中小微企业融资难和供应链失衡的问题。因此,供应链金融已经成为解决供应链上中小微企业融资难题的重要路径。

除了被中小微企业迫切需要外,供应链金融也开始获得众多大型企业的青睐。对大企业而言,供应链金融不仅有助于补充被银行严格控制的流动资金贷款额度,而且通过对上下游企业引入融资便利,自己的流动资金需求水平可以实现下降。通过将银行信用融入上下游企业的交易行为,增强其商业信用,大型企业可以创造附加值,强化其与供应链相关企业的长期战略协同关系,从而提升供应链的竞争能力。

2. 金融机构对供应链金融的需求

从金融机构的角度看,依托核心企业开展供应链金融,无论是风险控制、降低业务成本,还是提高收益方面都更具优势。

在风险控制方面,供应链金融业务有较低放贷风险,主要包含如下三点原因:①供应链金融业务以与核心企业的真实交易作为背景,因此,金融机构可以跳出对节点企业的信用风险评估,而转变为对核心企业的信用状况和实力以及交易真实性和风险性进行评估,这实际上是将核心企业与节点企业的信用进行捆绑,将核心企业的信用延伸到了节点企业,节点企业的信用相应升级;②核心企业通过为节点企业提供信用担保、承诺回购质押货物以及承诺到期付款等方式参与了整个借贷过程,同时为了保证整个供应链资金流的顺畅,核心企业也会监督节点企业生产中的各个环节,能够有效提高节点企业履约能力及意愿,从而减小违约风险。③核心企业作为供应链中的信息交换中心、物流中心、结算中心,对节点企业的相关交易信息掌握较为充分,金融机构通过核心企业获取相关数据,可以有效降低信息获取成本,减弱借贷双方的信息不对称。

在降低业务成本方面,供应链上的节点企业往往数量众多,遍布全国各地,而出于多种因素金融机构不可能在每个城市设点经营,如果想要与众多的节点企业开展业务,并从中筛选出优质客户,需要耗费巨大的人力、物力、财力,导致业务开展成本将难以预算。而开展供应链金融业务则可以同时兼顾这么多的消费者,极大地减少了相关业务成本。

在提高收益方面,供应链金融业务实际上是现在竞争激烈的金融服务业中的一片"蓝海"。金融市场上,核心企业及各个一级、二级供应商已基本被各个金融机构瓜分完毕,想要从这些核心企业或一级、二级供应商方面着手提高市场份额往往很难。供应链金融其实是互联网金融的一种特殊形式,而互联网金融的"长尾理论"告诉我们,未来金融机构利润的增长点往往在之前被忽视的长尾市场。核心企业背后有众多的中小企业,如果能依托核心企业迅速抢占以中小微企业为主的金融市场,延伸业务触角,则对金融机构扩大市场份额具有重大意义。过去金融机构针对节点企业主要开展的是信贷业务,而供应链金融是金融机构根据产业特点,围绕供应链上核心企业,向链上相关企业提供的综合金融服务,除了信贷业务,还包括财务管理、结算、金融信息咨询、保险等,业务种类增加,无疑为金融机构提供了更多的收入增长点。

因此,金融机构可以借助供应链金融在供应链中关联企业达成的系统性融资安排。

这不仅可以获得比传统业务风险更小、利润更丰厚的回报,而且为金融机构提供了强化客户关系的宝贵机会。

3. 第三方物流企业对供应链金融的需求

随着市场竞争日趋激烈,第三方物流企业必须尽可能地避免同质化竞争以获得长远发展。此外,客户也对第三方物流企业提出了更高的要求,需要物流公司提供全方位的综合服务。因此,第三方物流利用自身的特殊地位,连接融资需求企业和金融机构,为客户提供物流、资金流和信息流三者集成的创新服务,成为物流公司开辟利润来源、提高综合竞争力的重要方式。截至 2020 年,世界排名第一的船运公司马士基(MAERSK)、世界排名前四的快递公司美国联合包裹运送服务公司(UPS)、联邦快递(FedEx)、敦豪航空货运公司(DHL)和荷兰快递服务商(TNT),都已在物流服务中增加了供应链金融服务,并将其作为争取客户的一项重要举措。供应链金融服务已经成为这些超大型跨国公司重要的利润来源。

三、供应链金融的发展情况

1. 国外供应链金融的发展现状

21 世纪以来,经过不断的实践,国外在供应链金融方面已经形成了相对成熟的体系,银行和大型物流公司纷纷开展相关业务,得到蓬勃发展。据麦肯锡调研数据,2010—2014 年,供应链金融的效益年复合增长率为 20%,2015—2020 年,供应链金融效益年复合增长率达到 15%。

国外供应链金融的主要参与方包括金融机构、核心企业以及大型物流公司等。

金融机构的供应链融资产品根据风险控制的不同思路,可以分为两大基本类型:一类是金融机构以供应链上的核心企业为风险控制基础,向核心企业提供融资和其他结算、理财服务,同时向核心供应链上下游企业提供货款及时收达、预付款代付和存货融资等服务;另一类是金融机构以实际商品为风险控制基础,通过直接控制流转中的商品为基础提供融资服务。比如,较为知名的德意志银行,其从作为买方的核心企业出发,为供应商提供灵活的金融服务,包括装船前后的融资、应付账款确认、分销商融资以及应收账款融资等。在不同的贸易场景中,基于买方良好的信用,德意志银行能够为指定的供应商提供融资机会;对于信用良好的分销商,该银行则帮助它们从制造商那里采购货品。此外,该银行还能为卖方提供应收账款融资服务,使后者获得额外的流动资金,缓冲未付款产生的风险。通过这项业务,供应商可以将存货变现,从而规避了存货产生的资金占用。

此外,还有由核心企业主导的模式,即在核心企业的主导下,供应链长期合作的上下游企业群能友好合作商定融资条件和融资计划,并建立起高效成熟的信息交换平台,而核心企业具有较强的综合运作能力,能有效控制和承担自身产业与金融业的双重风险,有些核心企业本身拥有实力雄厚的财务公司或金融子公司,既能提供较低的融资利率条件,又能保证盈利的要求。供应链金融核心企业主导模式主要存在于大型机械设备制造业中,单笔交易金额较大、发生频率较低,融资困难,买方一次性付款难度较大,而且还对买方的自有资金和订单数量造成影响。核心企业基于自身设备提供相应的融资租赁、设备租赁、存货代持等服务,不仅能帮助买方在有限的资金流下尽早开始业务运营、偿还货款和融资费用,同时还能帮助自身拓展市场规模。比如,美国通用电气信用公司的供应链金融模式,作为通用的子公司,主要提供设备租赁、融资租赁和存货代占等三种供应链金融服务。

除了商业银行和核心企业以外,大型物流公司成为供应链金融服务的重要提供商。2001 年 5 月,美国联合包裹运送服务公司(UPS)并购了美国第一国际银行并将其改造为 UPS 资本公司,从而提供物流和金融的一体化服务,创造出新的利润空间,供应链金融已经成为 UPS 第一位的利润来源。截至 2020 年,国际四大快递公司以及全球最大的船运公司马士基(MAERSK)等都已开始为客户提供物流和金融的集成服务。

随着区块链概念的兴起,诞生了区块链与供应链金融结合的产物。2016 年,IBM 和印度企业集团兼跨国公司 Mahindra 开发了基于云的区块链解决方案,彻底改造整个印度的供应链金融。通过提高供应链金融的安全性、透明性和可操作性,该解决方案不仅可以简化业务交易流程,还可以降低风险,减少错误。

2. 我国供应链金融的发展现状

20 世纪 90 年代末,供应链金融业务在我国逐步兴起。进入 21 世纪以来,我国银行的市场化改革基本完成,部分银行开始试探性介入供应链金融业务。据前瞻产业研究院发布的《中国供应链金融市场前瞻与投资战略规划分析报告》统计数据,截至 2018 年末,全国规模以上工业企业应收账款 14.3 万亿元,比上年增长 8.6%。2011 年,供应链金融在发达国家的增长率为 10%～30%,而在中国、印度等新兴经济体的增长率在 20%～25%。2015 年,我国供应链金融市场规模已接近 12 万亿元。截至 2017 年,我国供应链金融市场规模增长至 13.08 万亿元左右。从发展潜力来看,中国中小企业应收账款占资产比重为 32%,而据推算用支持融资的应收账款仅占存量的 18% 左右,未来潜在增长空间巨大。万联供应链金融研究院和中国人民大学中国供应链战略管理研究中心联合发布的《2019 中国供应链金融调研报告》显示,当前我国的供应链金融行业主要有以下特点。

(1)主体多元化

当前,我国供应链金融的参与主体类别众多,各类主体都从各自优势领域切入,呈百家争鸣、百舸争流态势。其中,供应链管理企业、B2B 平台和外贸综合服务平台三类合计占比达 51.66%,它们共同优势在于不仅参与或服务产业供应链的部分交易环节,还具备链内整合和连接能力。银行、保理、基金、担保、小贷、信托等持牌经营的金融机构作为流动性提供者,占比为 25.12%;大数据与人工智能类、区块链类、物联网类服务商借助于金融科技的优势,赋能供应链金融生态的拓展和增值,占比为 9.6%。

(2)服务客户数量有限

供应链金融企业服务的客户范围相对有限,客户数量在 500 家以内。原因有两个方面:一是 B 端服务产业壁垒高,不少企业起步选择基于自己更加熟悉的特定行业深耕细作;二是受限于我国的商业环境(信用环境相对较差、金融科技应用还不够成熟),真正数

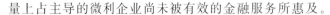

量上占主导的微利企业尚未被有效的金融服务所惠及。

（3）业务融资规模偏低

供应链金融融资规模分布较为分散。2019年，我国绝大部分的供应链服务企业的融资规模在50亿元以下，占总量的65.82％。其中不乏总规模不足1亿元的初创型机构，占总量的4.56％。另外，小型供应链金融服务机构的融资总量与大机构的融资总量差距悬殊。

（4）利润贡献率偏低

截至2020年，74.19％的企业供应链金融业务利润贡献率低于25％，30.32％的企业利润贡献率甚至低于5％。原因在于，截至2019年，我国开展供应链金融业务的企业多为多元化经营，专注供应链金融的机构较少；大多数企业的供应链金融业务仍处于探索阶段，投入有限，盈利能力也有限。

（5）业务模式类型中应收账款业务占据绝对优势

2019年，83.1％的供应链金融服务企业开展了应收账款融资业务，包括：存货/仓单质押融资，开展的企业占比为67.9％；订单融资业务，开展的企业占比为66.8％。此外，还有57.6％的企业开展了预付款融资业务，38％的企业开展了纯信用贷款业务。对比2018年调研数据来看，各主要业务类型占比均有所提高，一定程度上反应了从业企业的业务模式日趋多样化。

（6）金融科技利用广度提升显著，应用深度有待进一步提升

2016年，区块链技术在我国爆火。随之而来的是区块链与供应链金融结合的尝试。大量研究和实践表明，供应链金融业务存在信息不对称、核心企业信任无法有效传递、融资难融资贵、中小企业违约风险众多等难题。区块链技术营造了一个可信任的交易环境，对于供应链金融场景下解决中小企业融资难题具有先天优势。例如，蚂蚁区块链于2019年1月推出的"双链通"供应链存证平台，以应付账款作为信用凭证，通过区块链使中小企业的信用信息在各级银行、担保机构、各级链公司之间透明流转，有效降低供应链金融风险。

对比万联网2019年和2018年的调研结果，大数据与人工智能、云计算、区块链的应用广度都有显著的增长，分别增加了22％、14％和8％。但就应用的深度和效果来看，大部分的企业认为金融科技的应用还处在布局投入和早期探索阶段。比如，针对大数据对企业的作用，有调研数据显示，61.93％的企业认为起到了一定的辅助作用，仅有18.71％的客户认为大数据与结构化风控起到同等作用。

供应链金融的优势和发展潜力，也引起了我国政府的高度重视。2020年9月18日，中国人民银行联合八部门发布首份供应链金融指导性文件，首次明确了供应链金融概念以及相关的配套政策、管理部门。此前关于供应链金融的内涵等各方面的认识较为模糊、并不统一，中国人民银行《关于规范发展供应链金融支持供应链产业链稳定循环和优化升级的意见》（以下简称《意见》）是我国出台的首份供应链金融指导性文件。《意见》既包括供应链金融的内涵、发展方向、产品创新和规范、基础设施建设、政策支持体系、防范风险等，也包括合同签章、银行UKEY等具体事宜，几乎涵盖了供应链金融业务的方方面面。

第三节 供应链金融业务模式

一、供应链金融业务的基本模式

在供应链运营过程中,企业资金需求会集中发生在以下三个阶段:采购、经营和销售。在采购阶段,强势供应商往往会利用自身地位对下游企业提出苛刻的付款条件,企业需要大量资金用于支付采购成本。在经营阶段,企业因为生产、销售的需要,有必要准备原材料、中间品和最终产品的存货,占用大量流动资金,给企业造成资金周转困难。在销售阶段,强势购货方的货款返回期往往较长,也给企业造成资金周转困难。针对这三个阶段的资金需求,供应链金融可分为 3 种模式:应收账款融资、保兑仓融资和融通仓融资,如图 8-3 所示。

(1)应收账款融资模式是指企业为取得运营资金,以卖方与买方签订真实贸易合同产生的应收账款为基础,为卖方提供并以合同项下的应收账款作为第一还款来源的融资业务。

(2)基于供应链金融的保兑仓融资模式是在仓储监管方(物流企业)参与下的保兑仓业务,融资企业、核心企业(卖方)、仓储监管方、银行四方签署"保兑仓"业务合作协议书,仓储监管方提供信用担保,卖方提供回购担保,银行为融资企业开出银行承兑汇票。

(3)融通仓融资模式是融资人以其存货为质押,并以该存货及其产生的收入作为第一还款来源的融资业务。企业在申请融通仓进行融资时,需将合法拥有的货物交付银行认定的仓储监管方,只转移货权而非所有权。发货以后,银行根据物品的具体情况按一定比例为其融资。

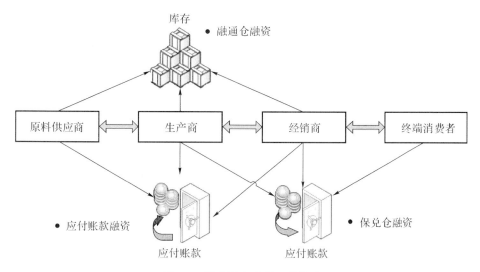

图 8-3 供应链金融的三种模式

二、供应链金融的参与者

供应链金融是一种较为复杂的融资模式,其构成主体主要包括金融机构、第三方物流仓储企业、融资企业及供应链中占主导地位的核心企业。

1. 金融机构

金融机构泛指能够提供贷款的机构,包括银行、财务公司、保险公司等以资金管理为主营业务的企业。它们在供应链金融服务中为融资企业提供支付结算服务和融资服务。为了防范与规避风险,金融机构通过与第三方物流仓储企业的合作,设计相应的供应链金融服务产品。

2. 第三方物流仓储企业

第三方物流仓储企业是供应链金融服务的主要参与者,一方面为融资企业提供物流服务,另一方面为金融机构提供资产监管服务,是金融机构和融资企业间的联系纽带。对于从事供应链金融服务的物流企业而言,其价值表现在成本、服务、风险规避和社会效益四个方面。

3. 融资企业

融资企业多是供应链中处于弱势的中小企业,多是供应链金融服务的需求者。这些企业受规模和管理的限制,企业抗风险能力差,违约成本低,一般金融机构不愿意向它们提供贷款,因此,融资需求非常强烈。

4. 核心企业

核心企业是指在供应链中实力较强、信用较好,处于强势地位,能够对供应链中运作方式产生较大影响的企业。供应链作为一个有机整体,核心企业的顺畅运作需要供应链中众多中小企业的协调合作,因此,中小企业融资难的问题势必会影响核心企业的运作。核心企业依靠自身实力和良好的信用,通过担保、承诺回购等方式帮助供应链中的弱势企业从金融机构获得融资,也有利于其自身的发展。

三、应收账款融资模式

应收账款融资模式是指供应链中的卖方(融资企业),为取得运营资金,以与买方(核心企业)签订的真实贸易合同产生的应收账款为基础,并以合同项下的应收账款为第一还款来源向金融机构办理融资的业务模式。

这种模式主要解决处于供应链上游的卖方企业的融资需求。卖方企业将产品卖给客户,若客户没有立即支付货款,则产生应收账款,直到某期限后才能收回现金。可是,卖方企业却需支付采购和日常经营所需资金,应收账款的融资方式即可解决卖方企业在这一环节的资金缺口。

在应收账款融资模式中,卖方企业、买方企业和金融机构都要参与其中。卖方企业以与买方企业签订的真实贸易合同为金融机构同意向卖方企业提供信用贷款前,仍要对该企业的风险进行评估质押,从金融机构获得融资贷款,并以合同项下的应收账款为第一还款来源。买方企业为应收账款融资模式中的核心企业,应具有较好的信用水平,一旦融资的卖方企业出现问题,买方企业将承担弥补金融机构损失的责任。因此,金融机构需要更多关注下游买方企业的还款能力、交易风险以及整个供应链的运作状况,而并非只针对卖方企业本身进行评估。买方企业较强的实力和较好的信用,可以确保金融机构的贷款风险得到有效控制。

图8-4显示了应收账款融资业务的典型操作流程:①融资企业和核心企业进行交易,并签订贸易合同。②核心企业向融资企业发出应收账款单据,融资企业成为债权企业,而核心企业成为债务企业。③融资企业将应收账款单据质押给金融机构。④核心企业向金融机构出具应收账款单据证明,以及付款承诺书。⑤金融机构向融资企业发放信用贷款。⑥核心企业根据合同约定,将其应付的账款支付到融资企业在银行的指定账号。⑦整个业务完成后,应收账款质押合同注销。

本章的开篇案例"浙江商业银行的供应链金融业务"是一个典型的应收账款融资模式。

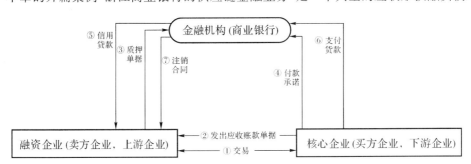

图8-4　应收账款融资业务流程

四、融通仓融资模式

融通仓融资即存货融资,是企业以存货作为质押向金融机构申请贷款,并以该存货及其产生的收入作为第一还款来源的融资业务。融通仓是将物流服务、金融服务、仓储服务三者予以集成的一种综合服务,它有效地将物流、信息流和资金流进行组合、互动与综合管理。

这种模式主要解决企业运营过程中的融资需求,可以帮助企业盘活资产,提高物流效率和资金周转利用率,提高企业经营效率和提升供应链整体绩效。

在融通仓融资模式中,融资企业、金融机构和仓储监管方是主要参与者。融资企业将合法拥有的货物交付金融机构认定的第三方物流仓储企业监管,并以此质押申请金融机构融资。金融机构根据物品的具体情况按一定比例提供融资。当融资企业向金融机构偿还贷款后,金融机构向第三方物流仓储企业发出放货指示,将货物交还融资企业。若融资企业在规定的时间内不能向金融机构及时偿还货款,金融机构可以拍卖质押的货物或者要求融资企业承担回购义务。第三方物流仓储企业在此过程中,可以通过对质押物验收、价值评估与监管,协助金融机构进行风险评估和控制(委托监管模式);也可以接受银行授信额度授权,直接负责融资企业货款的运营和风险管理(统一授信模式)。

图 8-5 显示了融通仓融资业务的典型操作流程。①金融机构、融资企业和第三方物流仓储监管方签订《仓储监管协议》。②融资企业将质押物存放到金融机构指定的第三方物流仓储监管方仓库。③金融机构根据核定的额度给融资企业发放贷款。④融资企业一次或分次偿还贷款。⑤金融机构向第三方物流仓储监管方发出与归还贷款金额相等价值的货物。

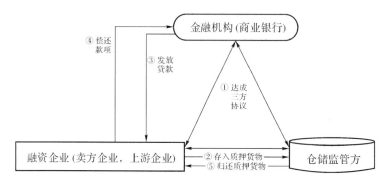

图 8-5　融通仓融资业务流程

【案例】中储开展融通仓服务情况

中国物资储运总公司(简称"中储")是我国仓储企业中的霸主,也是我国最早向银行提议合作开展仓单质押融资监管业务并最早实践物流金融、知名度高、业务量大的企业。中储经过大量的调研之后,在 1996 年设计出首个具有物资银行功能的质押管理软件。中储从 1999 年实践仓单质押业务开始,不断结合实际物流运行情况创新,开发出多种物流金融业务模式,业务量保持快速增长。数十家银行和中储结成战略合作伙伴,涵盖了五大行、大部分股份制商业银行以及部分外资银行,并依据总对总框架协议合作开展物流金融业务,全系统监管客户总量达到 1200 多家,2008 年质押监管融资额达 440 亿元,2010 年超过 600 亿元。中储把质量稳定、价格波动较小、具有保管经验、容易变现、便于计量、适用广泛、标准化等作为选择监管物品种类的标准,主要包括煤炭及制品类、有色金属、化工轻工材料、黑色金属、散货(矿粉类)等十五大类。

中储物流金融业务的快速发展,离不开自身的行业优势,遍布全国的网络结点、稳定可观的客户群以及良好的品牌口碑。公司自 1996 年成立以来,已发展成为实体网络覆盖全国主要城市和全球主要经济区域,业务涵盖期现货交割物流、大宗商品供应链、互联网+物流、工程物流、消费品物流、金融物流等领域,资产规模达 217 亿元,净资产达 106 亿元,年均利润 10 亿元以上的大型仓储物流商。截至 2020 年,中储旗下物流园区、物流中心总占地面积约 1000 万平方米,其中露天堆场约 300 万平方米,库房约 300 万平方米,铁路专用线 57 条,具备公铁、公水联运功能。公司根据市场需求,持续完善、升级基础设施,能够提供各类物资商品仓储、运输、线上与线下交易、信息发布以及工商税务、餐饮住宿等服务。

资料来源:王兴利.TPL 企业融通仓物流金融服务定价研究[D].成都理工大学,2014.

五、保兑仓融资模式

保兑仓融资属于预付账款类融资，是指在供应链中的卖方承诺回购的前提下，买方（融资企业）向金融机构申请以卖方为收款人的贷款额度，以卖方（核心企业）在金融机构指定仓库的既定仓单为质押，由金融机构控制其质押品提货权并向卖方提供银行承兑汇票的一种金融服务。

这种模式主要解决处于供应链下游的买方企业的融资需求。当买方企业的上游卖方较为强势时，买方企业往往需要向卖方预付全部账款后，卖方才会向买方提供买方企业持续生产经营所需的原材料等。保兑仓业务可在此情形下解决买方短期资金流转困难的问题。

在保兑仓融资模式中，买方企业、卖方企业、金融机构和仓储监管方都要参与其中。买方企业通过保兑仓业务可分批支付货款并分批提取货物，避免了一次性支付全额货款，可有效解决其短期资金流转困难的问题，实现杠杆采购。卖方企业通过保兑仓业务则可实现及时返款和批量销售。金融机构是在卖方承诺回购的前提下，以卖方在指定仓库的既定仓单为质押，并控制其提货权，向买方（融资企业）提供融资服务，有效降低了信贷风险。仓储监管方主要受金融机构委托，负责对质押物品的监管、评估和拍卖，分担金融机构"物控"和"货代"职能，降低金融机构的贷款风险，提升了自己的附加值。

图 8-6 显示了保兑仓融资业务的典型操作流程：①买卖双方签订交易合同，共同向金融机构申请办理保兑仓业务。②买方在金融机构获取既定仓单质押贷款额度，专门向卖方购买货物。③金融机构审查卖方资信状况和回购能力，签订回购保证协议。④金融机构与仓储监管方签订仓储监管协议。⑤卖方向指定仓库发货，并取得仓单。⑥买方向金融机构缴纳首次承兑保证金。⑦卖方将仓单质押给金融机构，金融机构开立以买方为出票人、以卖方为收款人的承兑汇票，并交予卖方。⑧买方缴存保证金，金融机构释放相应比例的商品提货权给买方，直至保证金账户余额等于汇票金额。⑨买方获得商品提货权，去仓库提取相应金额的货物。⑩若汇票到期，保证金账户余额不足，卖方于到期日回购仓单项下剩余质押物。

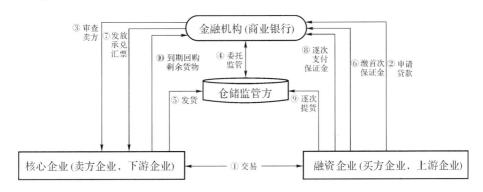

图 8-6　保兑仓融资业务流程

【案例】高端白酒行业的保兑仓融资

在我国,高端白酒通常供不应求,白酒生产商具有较为强势的谈判地位,通常要求下游经销商预付较大比例的货款甚至是全部货款。而白酒销售通常存在季节性,白酒的预订与销售之间存在3至6个月的时间差,预付款的支付影响了下游经销商的资金周转能力以及销售规模。此外,高端白酒具有较强的增值保值,耐储存、易变现等特点。

针对这种情况,金融机构通过控制白酒经销商与白酒生产企业签订的购销合同项下成品白酒的未来提货权,作为融资项下的质押物,提供融资支持。金融机构要求,资金的确定用途是向制酒企业预付货款,并且预付款支付后所获取的提货单质押在金融机构。制酒企业根据提货单的需求将成品白酒存入指定的第三方物流企业的仓库,第三方物流仓储企业则根据金融机构指令向白酒经销商发货。白酒分销商完成销售后取得回款归还金融机构本息。

在这种模式之下,可能存在白酒分销商无法按计划完成预定的销售量,进而产生货物滞压的问题。因此,金融机构可能要求白酒生产企业承诺回购余下货物,通常,高端白酒生产企业较为强势,不愿意配合金融机构做出回购承诺,金融机构则将余下货物或者剩余的提货单处置变现。

资料来源:供应链金融在不同业务阶段的体现[EB/OL].(2019-05-27)[2021-05-01].https://www.sohu.com/a/316705070_470085.

第四节　供应链金融中的风险管理

一、供应链金融风险的类别

在供应链金融业务的具体运作中,伴随着资金、货物(商品)、单证(仓单)等的流动,关系到银行、物流企业、客户多方利益,因而在给各方带来诸多好处的同时,存在着高信用风险、市场风险、运营操作风险等各种潜在风险。供应链金融风险是指金融机构对供应链上的企业融资过程当中,由于未来时间和空间维度上的不确定性,因此供应链金融产品实际收益与预期收益之间存在偏差,或资产不能收回而产生损失的可能性。

供应链金融的每一种业务模式,均是风险和收益并存。只有充分认识业务中的风险因素,才能在业务操作中有针对性地采取措施,预防、控制风险,使业务健康有序的发展。

对于供应链金融各类业务而言,其风险都可以归结为法律风险、市场风险、信用风险和操作风险四类。

1. 法律风险

法律风险是指融资企业将有争议的应收账款或货物作为质押物所造成的风险。此外,参与各方在合约上的权利和义务阐述不清,违约后的处理程序不清等都会造成相应的法律风险。

2. 市场风险

市场风险是一种综合风险，主要受各种因素的影响。市场价格、需求的波动，一方面可能导致企业商品销售与交易无法进行或延迟发生；另一方面也可能导致质押货物价值发生变化，给金融机构带来风险。

3. 信用风险

信用风险是指因借款人或市场交易对手违约而产生经济损失的风险。对于供应链金融业务而言，该风险产生的主观因素取决于融资企业的信用状况，客观因素取决于融资企业自身的经营管理能力。供应链金融产品面对的是广大中小企业，部分中小企业存在着管理人员道德水平参差不齐、人员更替频繁等主观因素和企业经营能力较弱、技术力量较差等客观因素造成的业务风险。信用缺失是制约金融机构面向中小企业发展信贷业务的重要"瓶颈"。

4. 操作风险

操作风险是指因不正确的内部操作决策、流程、人员、系统或外部事件而产生直接或间接损失的风险，包括经营管理风险、信息传递风险等。在经营管理方面，供应链金融业务的完成需融资企业、核心企业、第三方物流仓储企业和金融机构等之间相互协作配合，业务流程相对复杂，容易出现操作失误及衔接失误等操作风险。在信息传递方面，这个组织联合体错综复杂，使信息不对称、信息失真成为可能，链条上始端与终端的不断延长致使信息出现时间差。上述因素使得金融机构无法判别和提取准确、及时的信息，从而引发风险。

整体来说，供应链金融融资风险低于传统银行信贷产品风险，具有显著的自偿性贸易融资的特点。这主要体现在：①金融机构可以掌握融资企业真实的贸易信息，避免融资企业经营活动不透明、信息不对称的问题。企业贸易链和贸易活动往往难以伪造，凭借全套合同单据和上下游企业配合，及监控企业日常经营活动和现金流量可以清晰地判断企业交易背景的真实性。②业务风险可以通过对核心企业的捆绑和质押物的控制得到有效规避。这种将核心企业和融资企业"捆绑"起来的融资方式，使融资企业借助核心企业的实力提升了自身的信用等级。③供应链金融融资业务实现了物流与资金流的封闭回流，确保了信用贷款的专款专用，克服了企业对资金的不合理挪用、占用。④还款来源来自贸易本身，还款相对有保证。供应链融资主要基于企业短期资金需求以及重复性、周转性需求，在短期内企业经营具有相对稳定性。

二、供应链金融业务的风险识别与控制

上一节论述的一些风险类型是供应链金融业务中的一些共性风险。除此之外，不同的业务模式因其不同的特性而体现了不同的风险特点。下面就供应链金融的三种典型模式的风险识别与控制进行逐一分析。

1. 应收账款融资模式的风险识别与控制

应收账款融资模式面临的风险特点主要体现在信用风险和市场风险上。从信用风险看主要包括：核心企业资信风险、融资企业转移账款风险；从市场风险看主要包括：应收账款坏账风险、市场变动风险。

(1)核心企业资信风险。应收账款融资模式要考察的对象包括了融资企业(卖方)和核心企业(买方)。融资企业和核心企业合同项下的应收账款是第一还款来源，核心企业能否及时付款是贷款收回的重要保证。因而，核心企业的还款能力和信用直接影响这类业务的顺利开展，是考察的重点。通常核心企业应选择规模大、资信好、实力强的企业。

(2)融资企业转移账款风险。在应收账款融资业务开展过程中，如果金融机构不能和核心企业达成紧密协同，无法确保质押的应收账款汇入作为还款保证时，则存在融资企业取得贷款后，将质押的应收账款汇至企业的其他账户后自行使用的风险。因而，金融机构一方面可在《应收账款质押合同》中明确其有权查阅融资企业应收账款的原始凭证及相关账目的权利；另一方面，金融机构一定要尽可能引入核心企业，使之成为《应收账款质押合同》中签约的第三方。

(3)应收账款坏账风险。在应收账款融资业务开展过程中，一旦融资企业的应收账款发生变化，金融机构贷款的安全性就难以得到保证。因此，在业务操作过程中，应明确信用贷款偿付的最终责任人，应明确规定一旦发生应收账款坏账，融资企业应及时采用其他偿付方式。

(4)市场变动风险。应收账款融资业务中的市场变动风险指的是核心企业的产品市场变动或者融资企业上游产品市场变动导致融资企业和核心企业间交易合同无法正常履行带来的风险。此类风险实质是企业的经营风险导致了信贷风险，因而，金融机构应加强市场风险预警，对市场的变动及时了解，制定相应的对策，并在合约中与融资企业约定此类风险的解决办法。

2. 融通仓融资模式的风险识别与控制

融通仓融资模式面临的风险特点主要体现在信用风险和操作风险上。从信用风险看，主要是融资企业资信风险；从操作风险看，主要是质押物品种风险、货权单据的管理风险和质押物出入库管理风险。

(1)融资企业资信风险。在融通仓融资模式中，由于是采用货物作为担保，所以金融机构对融资企业资信等级、偿债能力的考察可相对简单一些，但需重点考察融资企业的业务能力(市场销售能力、以往销售情况)和质押物的合法性。其中，确保质押物的合法性尤其重要。金融机构应确保融资企业提供的质押物是合法的，而不是有争议的、无法行使质权的或者通过走私等非法途径取得的物品，此外，金融机构还应确保融资企业明确拥有质押物的物权，避免融资企业利用一批货物进行重复融资，还要避免融资企业在滚动提取时提好补坏、以次充好的风险。

(2)质押物品种风险。在融通仓融资模式中，融资企业以存货作为质押向金融机构申请贷款，并以该存货及其产生的收入作为第一还款来源。因此，金融机构面临的风险主要是货物价值变化所带来的风险。如果货物因外部影响、本身质变等而产生质押物价值下降,那么,金融机构的资产价值就会受到较大威胁。因此,金融机构在选择质押物时应重点关注质押物的价值稳定性。一般来说,钢铁、冶金、粮食、油品等原材料价值相对稳定,而一些产成品,如医药、服装、日常消费品等则保值期短、价格变化大。

(3)货权单据的管理风险。在融通仓融资模式中,多以入库单或仓单作质押物的依据,而提单则是提货的凭证。无论仓单还是提单,在这一类业务中都是货权凭证,目前除可在期货市场交割的仓单之外,大多数货权单据都不太规范,在一定程度上影响了其作为权利凭证的效力。金融机构对这类凭证的管理也缺乏规范性,在建立专属台账、实物管理、仓单分割等方面的管理制度还不够健全。

(4)质押物出入库管理风险。在融通仓融资模式中,第三方物流仓储公司负责质押货物的出入库管理。但是,第三方物流仓储公司一般更关注货物的数量和型号,而不关心货物价值,相反,作为委托方的金融机构则更关注质押物的足值性。因此,双方信息要求的不一致会带来管理风险。

3. 保兑仓融资模式的风险识别与控制

保兑仓融资模式业务流程相对较长,参与方较多,一般为四方:融资企业、核心企业、第三方物流仓储企业和金融机构。保兑仓融资模式面临的风险特点主要体现在信用风险和操作风险上。从信用风险看,主要是核心企业资信风险;从操作风险看,除了融通仓业务中已涉及的风险外,还包括质押物运输风险和公文传递风险。

(1)核心企业资信风险。保兑仓融资模式要考察的对象同样包括了融资企业(买方)和核心企业(卖方)。在该模式中,如果融资企业到期无法支付全部付款,核心企业要及时回购质押物。因而,核心企业的回购能力和信用直接影响这类业务的顺利开展,是考察的重点。此外,核心企业还需确保在收款之后,应能够按照金融机构要求发货,确保货物质量。因此,核心企业应选择规模大、资信好、实力强的企业。

(2)货物运输风险。保兑仓融资模式由于还涉及货物运输环节,因此,如果核心企业无严格的货物管理、发售制度,货物未按照合同以及金融机构要求由指定的物流公司承运,可能带来货物与要求不符的风险;也存在着物流公司未按照金融机构要求将货物发送至指定目的地,交与指定收货人的风险。

(3)公文传递风险。在保兑仓融资模式中,各参与者之间有大量的文件和单据传递,这些文件和单据包括银行承兑汇票、买方出具的预付款收据、发货通知书等,在业务操作中,公文传递的次序、方式等都决定着业务能否真正实现现金流的封闭和风险的全覆盖。

三、A 银行供应链金融风险管理案例分析

1. 融资企业情况

(1)企业基本情况

B 公司注册资本 1000 万元,所属行业为外贸企业。主营业务:商品批发,自营和代理商品及技术进出口业务、"三来一补"业务和许可范围内的转口贸易等。

（2）业务与客户状况

B公司主要为我国大型汽车厂及配套企业代理进口汽车配件并全程负责运输及报关、报验服务,保证安全、及时地为厂家进口所需货物。B公司本身实力不甚雄厚,但其依靠优质的服务成为C车灯有限公司、E车灯有限公司及F汽车座椅有限公司的独家进出口代理公司。该公司同时代理的G汽车部件有限公司、H座椅有限公司、I汽车塑料制品有限公司、K车灯有限公司及L毯业有限公司的业务也是快速增长。

C车灯有限公司是一汽大众的独家进口车灯配套生产企业,其公司进出口业务全部委托B公司代理;E车灯有限公司注册资本17000万元,由中国上海某集团有限公司与某亚太控股有限公司共同出资成立;L毯业有限公司是国有企业,该公司主要产品为一汽大众公司配套的奥迪A6轿车地毯、捷达轿车地毯、红旗轿车地毯、马自达轿车地毯;F汽车座椅有限公司为中外合资企业,注册资本8200万元,投资方为长春某工业集团公司和法国某控股公司;H座椅有限公司由法国某集团公司及中国台湾某集团公司投资成立;G汽车部件有限公司注册资本750万欧元,由法国某集团公司独资成立。

（3）核心业务流程

①订货。B公司的客户根据生产计划向B公司发出订单,同时将相应订单发给国外供应商。

②代理进口。B公司根据订单与国外供应商签订合同,B公司付款后,国外供应商发货。

③清关与运输。供应商货到后,B公司负责清关,同时在通关时缴纳税款及有关费用,并通过其物流公司将进口商品运到客户指定地点签收。

④结算。客户在收到商品后在协议规定时间内将货款付给B公司。

（4）财务状况（见表8-1至表8-3）

表 8-1　B公司资产负债表主要指标　　　　　　　　　　　　　　单位:万元

	2017 年	2018 年	2019 年
总资产	1984	30586	70516
流动资产	1301	29250	69365
货币资金	58	8029	2113
应收账款	1082	12666	23612
存货	46	5444	38171
其他流动资产	115	3111	5468
固定资产	683	1336	1151
总负债	1073	27426	66560
流动负债	1061	27403	66551
短期借款	598	25360	43088

续表

	2017 年	2018 年	2019 年
应付账款	367	1292	18583
其他流动负债	97	752	4880
非流动负债	12	23	9

表 8-2　B 公司利润　　　　　　　　　　　　　　　　单位:万元

	2017 年	2018 年	2019 年
销售收入	12812	53580	66548
销售成本	12670	51120	63386
其他成本	331	753	978
销售利润	−189	1707	2183
税收	958	1501	1633
税后利润	−1147	206	550

表 8-3　B 公司财务比率

	2017 年	2018 年	2019 年
资产负债率	54.09%	89.67%	94.39%
流动比率	1.23%	1.07%	1.04%
速动比率	1.12%	0.95%	0.96%
现金比率	5.46%	29.30%	3.18%
流动资产周转率	6.64%	3.51%	1.35%
销售利润率	−1.48%	3.19%	3.28%
净利润率	−8.95%	0.38%	0.83%

（5）融资需求

B 公司由于公司代理进口的货物数量多、金额大,单凭公司自身实力无法满足业务需要,因此向 A 银行申请融资服务。

2. A 银行对 B 公司融资需求的业务风险分析

（1）法律风险分析

B 公司代理进口的客户作为各大汽车制造厂的配套企业,建立在这种合作基础上的业务是较稳定和安全的。同时,该公司的进口代理业务操作流程规范清晰,法律风险较小。

（2）信用风险分析

①B公司综合实力分析。该公司业务发展迅速,销售收入持续攀升(2019年为66548万元,2018年为53580万元,2017年为12812万元),总资产也持续大幅增长(2019年为70516万元,2018年为30586万元,2017年为1984万元),但该公司主要依赖负债经营(负债规模已由2017年的1073万元上升至2019年的66560万元),财务状况较差,资产负债率持续增高,已达94.39%;流动性指标糟糕,流动比率、速动比率、现金比率偏低,远低于一般标准。同时,该公司利润率很低,2017年的净利润率为负值,2018年和2019年的净利润率分别仅为0.38%和0.83%。从该公司本身看,财务风险较高,一旦该公司业务环节出现问题,资金链很容易断裂。

②B公司信用分析。B公司在A银行开户5年多的时间里,从业务到进口开证,到单付汇,业务量大,发生频繁,且没有一笔业务出现问题,具有良好的信用。同时,A银行在B公司的业务经营中获得了可观的收益(见表8-4)。

表8-4　A银行与B公司业务量及收益情况

业务品种	累计发生业务量	银行收益/万元
人民币贷款	24810万元	262
欧元贷款	3488万欧元	150
国际结算量	7441万美元	24
即期结售汇	14071万元	12
远期结售汇	2344万欧元	40
票据贴现	676万元	3.8
存款	日均800万元	15
合计		506.8

③供应链伙伴分析。B公司的客户:B公司的客户都是我国大型的汽车配套企业,资金实力雄厚,信用好。B公司代理货物的最终用户为一汽大众、上海大众、奇瑞等厂家,因此在商品销售货款的回款上具有很好的保证。B公司的国外供应商:B公司代理进口的汽车配件的国外供应商,全部由其代理的客户企业自行确定。这些供应商和B公司的客户长期合作,部分供应商同B公司的客户同属一个企业集团,同样资金实力雄厚,信用好。

（3）市场风险分析

我国汽车市场蓬勃发展,给B公司的业务发展带来广阔空间。同时,我国正式加入WTO对公司以后进口业务的外部发展空间也带来很多机会。此外,该公司已经分别取得C车灯有限公司、E车灯有限公司及F汽车座椅有限公司的独家进出口业务全权代理权,后续业务发展有稳定保障。

（4）操作风险分析

①流程风险分析。B公司此次申请的供应链融资采用应收账款质押保证方式,具体流程设计如下。B公司提供的其与代理客户签订的委托订购合同以及其与国外供应商签

订的相应采购合同,向 A 银行申请融资。A 银行出具用于采购的信用证,国外供应商收到信用证后发货。B 公司收到货后,通过 A 银行支付进口汽车配件的相关税款和费用。同时,B 公司在 A 银行开立专项账户用于接收进口货物销售后的回款。此外,B 公司和 A 银行签订账户资金监管协议,由 A 银行对专项账户内的资金视同保证金进行监控管理,账户内资金首先用于归还 A 银行融资。在该流程下,信贷资金流的封闭回流,确保了信用贷款的专款专用,克服了企业对资金不合理挪用、占用的问题。

②操作环节风险分析。B 公司在使用授信额度时,必须提供相关货物的订单、发票、提单、关单等单据,其内容可以确定代理客户进口的商品,并可以计算并确定相应的授信额度,具有可控性。

3. A 银行针对 B 公司融资需求的解决方案

(1)业务总体评估

从 B 公司自身条件看,其资产较少且财务风险较高、抗风险能力不强,如果按常规融资模式的条件看,则 A 银行向其提供融资服务具有极高的风险。但如果将融资服务同 B 公司的具体业务相联系,从供应链角度以及业务经营角度看,则该公司在整个业务链中与供需双方的联系是紧密的,业务是稳定的。因此,A 银行针对该业务提供融资服务的风险是极小的,收益是可观的。

(2)A 银行的解决方案

A 银行根据相关规定和测算结果,向该公司提供供应链融资限额 25000 万元人民币,其中用于支付关税、增值税、港杂费、报关费、运费、保险费限额为 5000 万元人民币,用于国际贸易融资业务风险限额为 20000 万元人民币。该公司销售回款期一般在 3 个月内,因此根据其特点每笔融资业务的期限为 3 个月。

(3)A 银行风险控制措施

①制定详细的过程监管和控制措施。企业使用每笔授信必须提供订货单、发票提单、报关单等凭证,确定对物流进行监控,并建立台账登记等系列管理措施,通过这些措施能够封闭其资金流,A 银行在一定程度上控制了风险。

②设立专款账户并签订账户资金监管协议。B 公司在 A 银行开立专项账户用于接收进口货物销售后的回款。此外,B 公司和 A 银行签订账户资金监管协议,由 A 银行对专项账户内的资金视同保证金进行监控管理,账户内资金首先用于归还 A 银行的融资。

③建立风险预警与应急预案机制。A 银行建立了针对 B 公司融资服务的预警和应急预案机制,一旦发现企业经营中的异常情况,就会进行现场核查。如果发现严重影响信贷安全的突发事件,A 银行就可启动紧急处理措施,如追加担保、暂停授信、冻结相应资产、行使银行债权等,同时做好法律事务工作。

【案例】中国银行 S 支行中小企业贷款的创新之路

伴随着利率市场化改革的推进,商业银行存贷利差逐渐缩小,面临优胜劣汰的激烈竞争局面。由于中小企业具有财务管理水平较低、缺乏有效的资产抵押和担保、信息不对称等特点,因此,各家银行为了控制贷款风险,防止出现贷款逾期、贷款难以按期收回等问题,均对中小企业授信准入制定了较高门槛,甚至有些银行将资产抵押列为硬性指标。如何化解供求双方的矛盾,变挑战为机遇? 从中小企业贷款这块"烫手的山芋"中尝到甜头形成商业银行新的利润增长点,已成为整个银团亟待破解的难题。而中国银行 S 支行在一次对小企业放贷的业务中大胆采用了出口双保理方式,成功解决了中小企业借贷难的问题,同时有效控制了业务风险,实现了银企双赢。

出口双保理是出口商将其现在或将来的基于与进口商订立的货物销售合同下产生的应收账款转让给银行,再由银行转让给国外进口保理商,由银行为出口商提供贸易融资、销售分户账户管理,并由进口保理商为其提供应收账款的催收及信用风险控制与坏账担保等服务。这样,银行以预支方式提供融资便利,缓解出口商流动资金被应收账款占压的问题,改善企业的现金流。

自从实践出口双保理业务后,S 支行全面改进中小企业贷款技术,并在此基础上不断实践、总结、研究、创新,逐步形成了自己的知识、技术体系,建立了真正适合当地中小企业客户群体融资特点的业务体系和独特的信贷文化。S 支行凭借其独具特色的市场定位,胸怀大志却从"小"做起,改革创新,服务中小企业,在竞争激烈的"红海"中找到了"蓝海",实现了快速发展。

资料来源:尚勤,李悦,等.没有抵押,如何能贷:中国银行 S 支行中小企业贷款的创新之 路〔EB/OL〕.(2016-09-14)〔2021-05-01〕. https://www. cmcc-dut. cn/Cases/Detail/2409.

▶ 本章要点

1. 供应链金融是指金融机构通过引入供应链核心企业、物流监管公司及资金流导引工具等风险控制手段,实现对供应链中信息流、物流、资金流的有效控制,从而为供应链中不同节点的企业提供融资、结算和理财等综合金融服务。

2. 供应链金融的核心理念是金融机构通过借助供应链核心企业的信用或者合同为担保,同时依靠第三方物流企业的参与来共同分担贷款风险,改变了过去银行只针对单一企业主体进行信用评估并据此做出授信决策的融资模式,使银行从专注于对贷款企业本身信用风险的评估,转变为对整个供应链及其交易的评估。

3. 物流金融是特指包含金融服务功能的物流服务,指客户企业在生产和进行物流业务时,通过物流企业获得金融机构的资金支持;同时,物流企业为客户企业提供物流及相应的融资及结算服务,使物流产生增值服务的活动。

4. 应收账款融资模式是指供应链中的卖方,为取得运营资金,以与买方签订真实贸易合同产生的应收账款为基础,并以合同项下的应收账款为第一还款来源向金融机构办理融资的业务模式。

5. 融通仓融资即存货融资,是企业以存货作为质押向金融机构申请贷款,并以该存货及其产生的收入作为第一还款来源的融资业务。融通仓是将物流服务、金融服务、仓储服务三者予以集成的一种综合服务,它有效地将物流、信息流和资金流进行组合、互动与综合管理。

6. 保兑仓融资属于预付账款类融资,是指在供应链中的卖方承诺回购的前提下,买方

（融资企业）向金融机构申请以卖方为收款人的贷款额度，以卖方（核心企业）在金融机构指定仓库的既定仓单为质押，由金融机构控制其质押品提货权并向卖方提供银行承兑汇票的一种金融服务。

7.供应链金融风险是指金融机构对供应链上的企业融资过程当中，由于未来时间和空间维度上的不确定性，因此供应链金融产品实际收益与预期收益之间存在偏差，或资产不能收回而产生损失的可能性。

8.供应链金融法律风险是指融资企业将有争议的应收账款或货物作为质押物所造成的风险。此外，参与各方在合约上的权利和义务阐述不清，违约后的处理程序不清等都会造成相应的法律风险。

9.供应链金融市场风险是一种综合风险，主要受各种因素的影响。市场价格、需求的波动，一方面可能导致企业商品销售与交易无法进行或延迟发生；另一方面也可能导致质押货物价值发生变化，给金融机构带来风险。

10.供应链金融信用风险是指因借款人或市场交易对手违约而产生经济损失的风险。

11.供应链金融操作风险是指因不正确的内部操作决策、流程、人员、系统或外部事件而产生直接或间接损失的风险，包括经营管理风险、信息传递风险等。

12.供应链金融融资风险低于传统银行信贷产品风险，具有显著的自偿性贸易融资的特点。这主要体现在：①金融机构可以掌握融资企业真实的贸易信息，可以避免融资企业经营活动不透明、信息不对称的问题。②业务风险可以通过对核心企业的捆绑和质押物的控制得到有效规避。③供应链金融融资业务实现了物流与资金流的封闭回流，确保了信用贷款的专款专用。④还款来源来自贸易本身，还款相对有保证。

▶ 思考题

1.什么是供应链金融，它与物流金融、商业信用融资、互联网金融有何区别？

2.供应链金融对于解决中小企业融资有何意义？

3.供应链金融在哪些环节创造了价值？

4.第三方物流仓储企业在供应链金融中应扮演何种角色？

5.供应链金融业务的开展过程中，应该是由金融机构来主导还是应由第三方物流公司来主导？主导的企业应该具有哪些能力？

6.如何分析供应链金融风险？从哪些角度来进行讨论？

7.从技术层面看，现在有哪些信息技术可用于防范供应链金融风险？

8.应如何设计供应链金融的具体业务模式？

第九章

跨境物流管理

学习目的

通过本章学习,你需要:

1. 描述跨境物流的基本含义;

2. 了解跨境物流系统的组成;

3. 掌握跨境物流系统的三阶段模式;

4. 解释影响跨境货运方式选择的因素;

5. 区分跨境物流的基本业务和特有业务;

6. 说明跨境物流运输方式及其特点;

7. 了解跨境物流货运的主要路线;

8. 了解跨境物流仓储的主要流程;

9. 描述跨境物流出现的新形态;

10. 认识跨境物流的基本格局。

第九章
数字资源

▶【开篇案例】中欧班列新辟"国际大通道"

2011年3月19日,从中国重庆到德国杜伊斯堡的"渝新欧"集装箱货运班列发车,标志着中国和欧洲之间的铁路货运新模式——"中欧班列"正式开通。截至2021年4月,中欧班列已开行10年有余。概括地看,中欧班列的发展呈现以下特点:

(1)开行规模快速增长

班列数量不断增加是中欧班列自开行至今最显著的特点。2011年,中欧班列全年开行量仅17列;2020年,班列累计开行1.24万列。

(2)运输覆盖范围不断扩大

一方面,中国境内不同省份陆续探索班列新线路;另一方面,班列早期线路在维持主线运营的基础上通过开行支线打造"1+N"线路布局,促使中欧班列连通的地区更加广阔。截至2020年,中欧班列运行线路达73条。其中,境内累计开行超过百列的城市增至29个,通达欧洲城市90多个,涉及20余个国家,初步形成了相对稳定的运营格局,为中国与沿线国家共建"一带一路"提供了有力支撑。

（3）货品种类持续增多

中欧班列早期所运货物品类相对单一,最早开通的线路"渝新欧"起初主要是将当地生产的笔记本电脑运往欧洲。随着开行规模、覆盖范围不断增加,中欧班列逐渐分化为与当地经济特点相结合的两种类型:一种类型的线路强调当地生产的商品在所运货品中的特殊地位,如"渝新欧"就以服务于当地笔记本电脑、机械制品等企业的进出口作为重要目标;另一种类型的线路重视发挥交通枢纽等区位优势,集结其他地区货物统一运输。在这个过程中,中欧班列所运货物品类扩大到电子产品、机械制品、化工产品、木制品、纺织品、小商品、食品等众多品类。

（4）运营模式相对清晰

形成相对清晰的运营模式是中欧班列能够不断发展的基础。以境内货物通过中欧班列运往境外为例,其流程一般是:境内货运委托人与地方线路平台公司签订货物运输协议,地方线路平台公司再与境内外铁路运输承运方签署协议,由它们分别负责境内段和境外段的实际运输业务,并最终将货物交付给境外收货方。地方线路平台公司由开行中欧班列的省份或城市专门成立,比如,"渝新欧"线路的渝新欧（重庆）物流有限公司、"郑欧"线路的郑州国际陆港开发建设有限公司等。除渝新欧（重庆）物流有限公司是合资企业外,其他地方线路平台公司以国有企业为主,同时还包括少量私营企业。它们在地方政府政策和资源支持下负责从国内货运市场揽货,主要向具有货运需求的境内货运委托人提供跨境货运代理、多式联运和集运等运输服务。境内铁路运输承运方主要是中国铁路总公司,境外运输承运方主要是过境国和欧洲的大铁路公司,如俄铁、哈铁、波铁、德铁等。中国、俄罗斯、哈萨克斯坦、波兰、德国等沿线国家的铁路公司是中欧班列集装箱运输的实际承运人,它们通过铺画线路、提供车板、组织换装和运输等完成班列集装箱运输工作。

资料来源:马斌.中欧班列的发展现状、问题与应对[J].国际问题研究,2018(06):72-86.

第一节　跨境物流概述

随着全球化的深入,新的国际贸易组织逐步建立,若干地区已经突破关境的限制形成统一市场,贸易全球化成为大势所趋,与之相伴的跨境物流也日显重要。跨境物流的观念及方法随物流的全球化步伐不断扩展,引起了各方学者的广泛关注。

一、跨境物流的概念

遵循大卫·李嘉图（David Ricardo）的比较利益学说,国际分工呈现日益细化与专业化趋势,任何国家（地区）要想包揽一切专业分工的生产经营活动是不可能的,也是不现实的。不仅一个国家（地区）基于自身的利益考虑会融入全球化大生产的浪潮中,通过跨境合作与交流,通过广泛的跨境贸易来增强国家经济实力、提高科技水平;而且,在激烈竞争的当今世界,任何一个谋求发展壮大的企业,也都意识到能否充分利用全球资源,关系着企业运营效率的提高、竞争实力的增强以及战略目标的实现。因此,无论从国家（地区）还是从企业角度来看,跨境合作与全球范围内配置资源都具有极高的战略意义。而与全球化资源配置不可分割的,就是跨境物资流动。

跨境物流是现代物流系统中重要的物流领域,也是一种新的物流形态。它是指不同国家(地区)之间的物流,即跨越关境的实体物资流动,各国(地区)间的相互贸易最终通过跨境物流来实现。

跨境物流是跨境贸易的一个必然组成部分,因此从狭义上来讲,跨境物流是指贸易性的跨境物流。具体指当全球化制造与消费的某些环节分别在两个或两个以上的国家(地区)独立进行时,为了克服相关环节的空间和时间上的距离,对物资进行物理性移动的一项跨境物资流通活动。如果站在从事全球化经营活动企业的角度上讲,跨境物流可以更加确切地表述为根据境外消费者下的订单,将货物装载、运输,最终到达消费者手中的过程。而广义的跨境物流还包括非贸易性跨境物流,包括各种展览品、办公用品、支援物资、捐赠物资等非贸易货物的跨境流动。由于在跨境物流中一般以贸易性的跨境物流为主体,因此,本书主要涉及贸易性的跨境物流。

接受订单是简单容易的,但在履行订单时将货物进行跨境配送则是比较复杂的。随着跨境贸易、全球化作业的发展,更长的供应链、更低的确定性和更多的物流单证使得物流管理的要求不断提高;物流经营者面临距离、需求、多样性和单证等多方面的壁垒。跨境物流的目的就在于让企业在进行全球营销和全球化作业的同时,保持服务与成本的有效性。尽管物流原理在境内和境外基本相同,但全球化经营的复杂性使跨境物流产生了许多不同于境内物流的特点。对于这些特点的确切把握,不仅可以进一步加深对跨境物流概念的理解,而且有助于设计与实施低成本、高效率的跨境物流系统。

二、跨境物流的特点

1. 地域广泛性

跨境物流业务突破关境的限制,随着一些企业全球化战略的实施,物资在全球范围内的流动频繁,每项物流都不可避免地涉及多个国家(地区)。跨境物流跨越不同国家(地区),跨越海洋和大陆,运输距离长,运输方式多样,这就需要合理选择运输路线和运输方式,尽量缩短运输距离和货物在途时间,加速货物的周转并降低物流成本。

2. 环境差异性

跨境物流的一个非常重要的特点是各国(地区)物流环境的差异,尤其是物流软环境的差异。譬如,不同国家(地区)的经济和科技发展水平所支撑的物流现代化水平不同、相关标准不同等,这些物流环境方面的差异不仅使跨境物流的困难相对增加,有时甚至会阻断跨境物流。当然,困难中往往蕴含着机会,企业对国际(地区间)环境差异的充分认识,可转化为企业通过跨境物流获取竞争优势的一项重要能力。

3. 系统复杂性

物流本身的功能要素、系统与外界的沟通已经构成了一个复杂的系统,物流全球化再在这个复杂的系统上掺入一系列对跨境物流产生直接影响的不同国家（地区）之间的差异要素，加之物流时空的进一步延展，无疑使原本复杂的物流系统更加错综复杂。跨境物流系统的复杂性主要包括跨境物流通信系统设置的复杂性、法规环境的差异性和商业现状的差异性等。

4. 风险国际性

跨境物流的风险涉及不同国家（地区）的政治风险、经济风险以及跨境运输当中遭遇的自然风险等。政治风险主要指由物流所经过国家（地区）的政局动荡，如罢工、战争等而造成货物可能受到损害或灭失，以致物流的中断；经济风险可分为汇率风险和利率风险，主要指从事跨境物流必然要发生资金的跨境流动，当所涉及国家（地区）的汇率及利率发生波动时，因时间上的延滞而产生货币资金的贬值风险；自然风险则指物流过程中所遭遇的自然因素，如海风、暴雨、触礁等引起的货物损失的风险。

5. 技术先进性

物流技术一般是指与物流要素活动有关的所有专业技术的总称，可以包括各种操作方法、管理技能，如流通加工技术、物品包装技术、物品标识技术、物品实时跟踪技术等，此外，还包括物流规划、物流评价、物流设计、物流策略等。跨境物流自身的复杂性对跨境物流技术提出更高的要求。随着计算机网络技术应用的普及，物流技术中综合了许多现代技术，如地理信息系统（GIS）、北斗卫星导航系统（BDS）、全球卫星定位系统（GPS）、电子数据交换（EDI）、条形码（barcode）等在跨境物流中得到大量应用。

6. 业务多样性

跨境物流业务活动的构成不仅包含了运输、保管、包装、装卸、流通加工和信息传递等克服时间和空间阻隔的活动，而且由于其涉及物资的跨境流通，跨境物流业务还包含自身特有的诸如商检、报关、跨境货物保险、跨境货运代理及理货等多项活动，所以给物流的具体操作带来更大的难度。

三、跨境物流的发展

虽然物流的观念早在20世纪40年代就在美国萌生，但跨境物流概念的产生和发展却是最近40多年的事。例如，美国物流的国际化、信息化及迅速发展是20世纪80年代中期开始的；日本物流的现代化和国际化几乎与美国同步，也于20世纪80年代中期发展起来；欧洲物流的国际化起步相对较晚，于20世纪90年代开始；21世纪以来，我国现代物流的国际化迅速发展。跨境物流活动的发展大体上经历了萌芽、起步和发展阶段。

1. 萌芽阶段

20世纪50年代至80年代初是跨境物流的萌芽阶段。这一阶段物流设施和物流技术得到了极大的发展，十万吨级油轮、集装箱等运输工具的运用，配送中心、立体无人仓库、物流标准化管理体系的出现以及电子计算机在管理上的广泛应用等，大大提高了货物跨境转移的效率。这一时期，尽管物流活动已经远远超出了关境范围，但物流全球化的趋势还没有得到人们的重视。业务扩展的全球地理位置的选择，仍是大型跨国（地区）公司获取竞争优势的重要手段，而这种地理位置的选择几乎全部基于资源和市场的考虑，即正确选择了业务扩展的地理区域，就意味着获得了能带来竞争优势的资源和市场。这一时期跨境物流的概念还未正式提出。

2. 起步阶段

20 世纪 80 年代初至 90 年代初是跨境物流的起步阶段。这一时期跨境贸易进一步扩大，以伴随着跨境多式联运出现的物流信息系统和电子数据交换系统的运用为标志，跨境物流进入了新一阶段的发展，物流全球化趋势开始得到世界各界的广泛关注。大型跨国（地区）公司已经充分意识到，先进的信息技术与发达的运输手段正在加速摧毁商业运作中距离所带来的优势。在业务扩展中，地理位置仍不失其重要性，但却蕴含着与以前不同的竞争优势获取途径。这一阶段，跨境物流的概念首先在美国被正式提出，随后在日本和欧洲一些发达国家得到积极的推动和发展。因此，物流全球化的趋势和对于跨境物流的理论探讨及实践操作也主要集中在这些区域。

3. 发展阶段

20 世纪 90 年代初至今是跨境物流的发展阶段。这一时期，经济全球化、一体化加速了物流全球化的发展，互联网、条形码、北斗卫星导航系统以及全球卫星定位系统在物流领域得到普遍应用，跨境物流的概念和重要性已为世界各国（地区）所接受。参与全球竞争的公司都已转向跨境物流寻求竞争优势，十亿级的资金每年都花费在用于计划和管理有效物流活动的专业计算机软件的开发和第三方物流上。同时，贸易伙伴遍布全球的实际，必然要求物流全球化，即物流设施全球化、物流技术全球化、物流服务全球化、货物运输全球化、包装全球化和流通加工全球化等。世界各国（地区）广泛开展跨境物流方面的理论研究和实践方面的大胆探索，跨境物流进入了前所未有的发展时期。人们已经形成共识：只有广泛开展跨境物流合作，才能促进世界经济繁荣。

第二节　跨境物流系统

跨境物流作为将货物进行跨境物理性移动的商务活动，是一种集各种一般物流功能于一体的开放系统。它既包含一般物流系统的功能要素，诸如包装、装卸、储存、运输、流通加工、配送、物流信息等子系统，又涉及与货物跨境移动相关的一些特殊的物流问题，诸如商检、海关手续和跨境支付等，这些都使得跨境物流系统的复杂性大大增加。跨境物流系统能正常和良好地运作，使其价值得到充分发掘和利用，就必须按照一般物流系统规程，结合跨境贸易和全球化制造与营销的特殊性，恰当而科学地构造跨境物流系统。跨境物流系统通过各种物流系统化安排，实现跨境物流合理化，最大限度地发挥跨境物流功能。

一、跨境物流系统化的特点

跨境物流活动贯穿于整个供应链,而全球化是该供应链的突出特点。因此,跨境物流是一个名副其实的复杂开放系统。跨境物流系统是在一定的时间和空间里为进行物流活动,由物流人员、物流设施、待运物资和物流信息等要素构成的具有特定功能的有机整体。跨境物流系统化就是对跨境物流系统进行系统分析、系统综合和系统管理等的一系列过程。它具有效率化和最优化两大目标。目前,无论是学术界还是企业界,都在尝试设计高效的跨境物流系统模式。由于跨境物流本身的复杂性,加之具体环境的差异性,因此,跨境物流系统模式呈现多样性。综合来看,跨境物流系统化一般具有以下特征。

1. 整体有机

传统的物流概念是指物资实体在空间和时间上的流动,即商品在运输、装卸、储存等方面的活动过程。在谈及跨境物流时,受到传统物流概念的影响,很容易将其简单地理解为跨境货物运输、装卸和储存等活动的代名词。然而,引入了高科技手段的现代物流,延伸并扩大了传统的物流功能,使跨境物流与各种处理跨境货物时涉及的单一活动,诸如包装、装卸、运输、储存等具有了明显区别,成为一种高度有机化、整体化的综合物流活动。跨境物流过程通常包含包装、装卸、运输、储存、配送、流通加工、物流信息及报关等多项活动。当这些活动一经分别管理,跨境流动就失掉了其实际意义,因为这时的跨境物流是各个子系统割裂开来分别管理的。实际上,要达到跨境物流系统化的效率化与最优化两大目标,跨境物流系统必然要形成一个有机整体,而不是原有各种业务活动的简单加和。同时,从理论上讲,跨境物流系统化也要求整体有机,而不是割裂孤立。

2. 宏观参照

跨境物流系统化是与跨境贸易活动有关的生产、流通,企业重新构造其自身微观物流系统的总体目标;物流系统化,是要将全球供应链上的所有参与者所涉及的包装、装卸、运输、储存、配送、流通加工、物流信息及报关等这些以前分开管理的物流活动,作为一个总体系统来构造、组织和管理。这种构造、组织和管理没有地理上的界限概念,它是要将涉及全球供应链上的每个节点构造成一个总的系统。因而,跨境物流系统化是作为微观物流组织者的生产、流通企业进行物流系统革新的宏观参照物。

3. 关联协调

跨境物流系统化不是包罗所有子系统的简单拼凑,其成为有机整体的前提是通过各个子系统的相互关联与协调,以达到系统总体功能大于各子系统功能之和的效果。如果只是将包装、装卸、运输、储存、配送、流通加工、物流信息及报关等业务活动简单地罗列,没有考虑各项业务活动之间的衔接与配合,各项活动之间往往容易产生冲突,使整个物流系统的效率下降,甚至阻断物资的合理流动。跨境物流系统化也不是简单地研究每个子系统的运作机理,进而提高它们各自的效率。实际上,如前所述,各子系统之间存在的冲突没有得到解决,单方面一味地提高子系统效率,反而会导致整个跨境物流系统效率更大程度地降低,适得其反。因此,跨境物流系统化谋求的是各物流子系统之间的协调,其着重研究的不是各子系统本身,而是各子系统之间的联系与制约关系。只有对各子系统之间的关联做到充分认识,理顺并协调好它们之间的运作关系,跨境物流才能体现其系统化优势。

4. 硬软兼备

跨境物流系统化以硬件为基础,以软件为主体。跨境物流系统化所说的是把包装、装卸、运输、储存、配送、流通加工、物流信息及报关等业务活动作为一个总体系统来构造、组织和管理,并不是说企业所实现的物流系统是一个囊括涉及以上所有活动装备的硬件集合体。实际上,虽然各种硬件设施是跨境物流的前提条件,但它们地域分布广泛,作为协调与整合它们工作的各类软件显得十分重要。例如,目前在跨境物流中广泛采用的地理信息系统、全球卫星定位系统、电子数据交换及互联网技术等。没有了这些软件的支撑,跨境物流是不可能发展到当前的先进水平的。跨境物流的系统化,不仅对硬件与软件之间的良好结合提出了越来越高的要求,而且这种结合为新价值的创造提供了广阔空间。

二、跨境物流系统组成

跨境物流系统是由商品的包装、储存、运输、检验、流通加工和其前后的整理、再包装、跨境配送以及贯穿整个物流活动的信息子系统组成。运输和储存子系统是物流系统的重要组成部分。跨境物流通过商品的储存和运输,实现其自身的时间和空间效益,满足跨境贸易活动和跨国(地区)公司生产经营的要求。

1. 运输子系统

运输的作用是将物资的使用价值进行物理空间的移动,进而产生资源使用价值的增加。物流系统依靠运输作业打破物品供需空间上的阻隔,创造出物品的空间效益。跨境货物运输子系统实现货品由供方向需方的转移,是跨境物流系统的核心部分。运输子系统一般包括境内运输和跨境运输两个阶段。以出口为例,货物被运输到港口(机场),办完出关手续即开始跨境运输环节。跨境货物运输具有占商品价格费用比重大、路线长、环节多、涉及面广、手续繁杂、风险性大、时间性强等特点。跨境运输子系统主要包括运输方式的选择、运输单据的处理以及投保等有关方面的活动。

2. 仓储子系统

仓储是跨境货物流通过程中从分散到集中、再由集中到分散的必不可少的环节。实际上,跨境物流从另外一种角度理解,就是货物跨境的集散过程。在集散过程中,货物不可避免地处于一种或长或短的相对滞留状态,这种滞留发生在仓储子系统中。跨境贸易和经营中的货物从供方被集中运送到装运港口,某些情况下须临时存放一段时间,再装运出口;在途中的转运或更换运输工具都可能需要短时间的仓储,等到达目的港后,货物往往被卸载下来进行存放,等待海关的放行和需方组织装运,整个过程是一个集和散的过程,在集和散之间,仓储发挥着重要作用。从提高跨境物流效率的角度看,仓储应尽量减少储存时间、储存数量,加速货物和资金周转。

3.检验子系统

由于跨境物流涉及全球供应链上多方参与者的利益,也涉及不同国家(地区)货物进出口的不同法规和要求,因此,商品检验成为跨境物流系统中重要的子系统。商品通过检验,明确交货品质、数量和包装等条件是否符合合同规定,以备发现问题后,分清责任,向有关方面索赔。在跨境贸易合同中,一般都订有商品检验条款,其主要内容有检验时间与地点、检验机构与检验证明、检验标准与检验方法等。

4.通关子系统

跨境货物的出入境必须申请报关,即出口商(进口商)向海关申报出口(进口),经海关检查、关税缴付和手续办理之后货物得到放行的过程。一般来说,报关手续包括四个基本环节:申报、查验、征税和放行。在现实操作中,物流运营者需要熟知目标国(地)的通关政策,避免海关成为跨境物流中的"短板"。

5.包装与装卸子系统

货品在经过长程的跨境运输时,由于货柜的堆叠、反复装卸过程,容易出现磨损、破损以及丢失的情况。因此,良好、可靠的包装对于提高跨境物流的效率、降低损耗具有重要意义。运输包装分两种:一种是单件运输包装,如箱、桶、袋、包、捆、卷、筐、篓或罐等;另一种是集合运输包装,如集装包、集装袋、托盘、集装箱等。跨境物流涉及的运输距离长、风险大,要求根据流通货物及运输方式的特点选择经济适用的运输包装。

装卸是短距离的物品搬移,在跨境物流运输、存储等过程中发挥着不可或缺的纽带和桥梁作用。装卸作业的代表形式是集装箱化和托盘化,使用的是装卸设备吊车、叉车传送带和各种台车等。如何节省装卸费用、缩短装卸时间是降低跨境物流开销、提高物流效率的重要方向。

6.跨境物流信息子系统

跨境物流信息子系统的主要功能是采集、处理和传递跨境物流和商流的信息情报。没有功能完善的信息管理系统,跨境贸易和跨境物流将难以实现。跨境物流信息的主要内容包括进出口单证的作业过程、支付方式信息、客户资料信息、市场行情信息和供求信息等。跨境物流信息系统具有信息量大,交换频繁;传递量大,时间性强;环节多,战线长等特点。实业界一直在探索建立技术先进的跨境物流信息系统,地理信息系统、全球卫星定位系统、电子数据交换、条形码以及互联网等先进信息技术在跨境物流中的运用,对跨境物流效率的提高起到极大的推动作用。随着跨境物流技术水平的不断提高,跨境物流信息子系统发挥着越来越重要的作用。

上述子系统中,运输和仓储子系统是两大支柱,信息子系统是各子系统之间有机联系、统筹规划的重要纽带。

三、跨境物流系统模式

1.跨境物流系统是境内物流系统的延伸

系统模式一般包括：系统的输入部分、系统的输出部分以及将系统的输入转换成输出的转换部分。在系统的整个运行过程中，伴随信息流作为反馈，对系统运行不断调整与校正，以促进系统运行的不断完善。

系统的这种三阶段模式，在境内物流系统中得以体现。货物由卖方提供，经由境内运输抵达买方，涉及诸如运输、保管、包装、装卸、流通加工和信息传递等活动。虽然货物经境内物流发生了空间上的转移，但这种转移没有超出关境。因此，与跨境物流相比较，境内物流节省了许多中间环节，由于前面提到的跨境物流所具有的地域广泛性、环境差异性、系统复杂性、风险国际性、技术先进性及业务多样性等特点，进一步增加了跨境物流相对境内物流的复杂性，如图 9-1 所示。

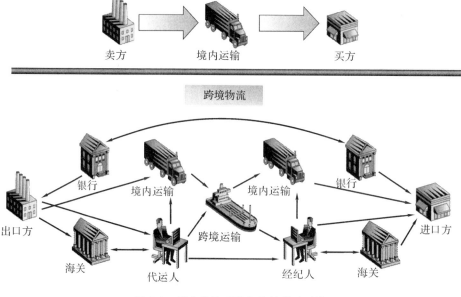

图 9-1　境内物流系统与跨境物流系统

跨境物流系统，遵循一般系统模式的原理，它的复杂性使其构成了自身独特的物流系统模式。从图 9-1 中可以看到，由于海关、跨境运输和跨境支付（银行）的介入，因此，跨境物流系统呈现了网络模式的特点。相应地，跨境物流所涉及的活动也明显多于境内物流。虽然跨境物流涉及出口、进口和转口等贸易活动，但是贸易方式和环节多种多样，是一个极其复杂和高度开放的物流系统。从构成物流系统的要素和环节上看，与不同贸易活动和贸易方式相对应的跨境物流仍有其运行规律。下面按照一般系统运行模式，以出口为例，简要介绍跨境物流系统模式，如图 9-2 所示。

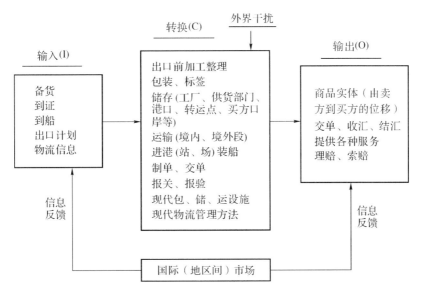

图 9-2　跨境物流系统模式（出口）

一般情况下，跨境物流系统输入的内容有：备货，货源落实；到证，接到买方开来的信用证；到船，落实租船订舱；编制出口货物运输计划；其他物流信息。输出部分的内容有：商品实体从卖方经由运输送达买方手中；交齐各项出口单证；结汇、收汇；提供各种物流服务；经济活动分析及理赔、索赔。跨境物流系统的转换过程包括：商品出口前的加工整理；包装、标签；储存、运输（境内和境外段）；商品进港、装船；制单、交单；报关、报验；以及现代物流管理方法、手段和现代物流设施的介入。

除了上述三项主要环节外，跨境物流系统还会经常受到许多外界不可控因素的干扰，使系统运行偏离原计划内容。近年来，随着地方保护主义和贸易壁垒的抬头，极端或非组织的猖獗，尽管跨境物流的基础设施日益改善，但物流环境的不可控因素也在增加。针对外界不可控因素，建立起一套具有较强应变性或适应能力的跨境物流系统仍然是必要的，它是当代跨境物流系统保持较强生命力的关键环节之一。

2. 跨境物流系统网络模式

跨境物流系统作为一个涵盖范围广泛的开放系统，其有效地运行，是通过相互关联的各子系统有效运作和密切协调来实现的，如图 9-3 所示。它们相互协同，以系统化的服务，满足跨境贸易活动的需要，实现跨境物流系统的基本运行目标——高效的商品实体转移、低廉的跨境物流费用、良好的消费者服务，推动跨境贸易活动的发展。

跨境物流系统表现为一个各子系统遍布各地、纵横交错、密切配合的物流网络。跨境物流系统的实施是各子系统相互协同和交互作用的过程，即在跨境信息流系统的支撑下，在进出口中间商的通力协助下，通过运输、储存、包装和加工等一般性和增值性物流作业（通常是在第三方物流供应商的参与下进行的），利用特定的跨境物流方式和设施，共同完成的一个遍布全球的商品实体移动过程。

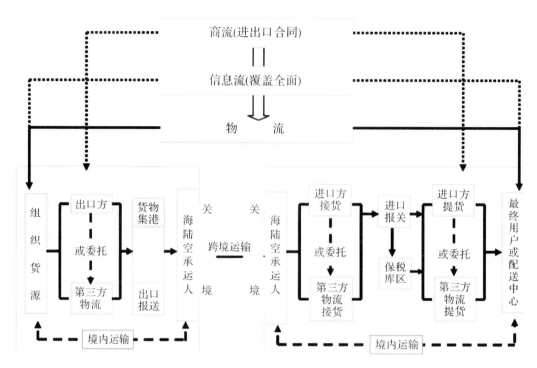

图 9-3 跨境物流系统运作模式

按照网络术语,跨境物流系统网络,是由多个收发货的"结点"和它们之间的"连线"所构成的物流物理网络,以及与之相伴随的信息流动网络的有机结合。以这种网络概念来诠释跨境物流系统,有助于我们整体把握其运作机理和一体化的过程。图 9-4 展示了典型的跨境物流网络结构。

物流物理网络中,所谓收发货"结点"是指进出口方的各层级仓库,具备转运、储存、流通加工等功能,包括厂商仓库、货运代理人仓库、口岸仓库、流通加工中心仓库和保税区仓库等,商品就是通过这些仓库的收入、储存和发出,实现跨境流通。所谓"连线"是指众多收发货"结点"间的运输通道,这些"连线"是库存货物移动(运输)轨迹的物化形式。每一对"结点"之间可以有许多"连线"以表示不同的运输路线、不同产品的各种运输服务,各"结点"的状态表示存货流动或暂时停滞,其目的是更有效地移动(收或发)。

物流信息网络一般由管理信息子系统、采购信息子系统、库存信息子系统、生产信息子系统、销售信息子系统、报关检验子系统、跨境运输信息子系统、财务信息子系统和决策支持子系统等组成。在信息网络的构建中,要注意各子系统间的信息流与数据接口,包括通信协议和数据标准定义。信息网络也可以抽象为"节点"和"连线"所构成,"连线"是指邮件、电话、电报、EDI 等各种电子信息传递媒介,"节点"则是指各种物流信息的汇集和处理环节,如出口单证编制。事实上,物流物理网络"节点"往往会和物流信息网络"节点"发生重合。

物理网络和信息网络并非彼此独立,它们之间是紧密相连的。完善的跨境物流运作系统网络,可以精准地确定跨境贸易和生产中的进出口货源点(或货源基地)和消费者的位置,各层级仓库及中间商批发点(或零售点)的位置、规模和数量,从而使跨境物流系统达到合理化。

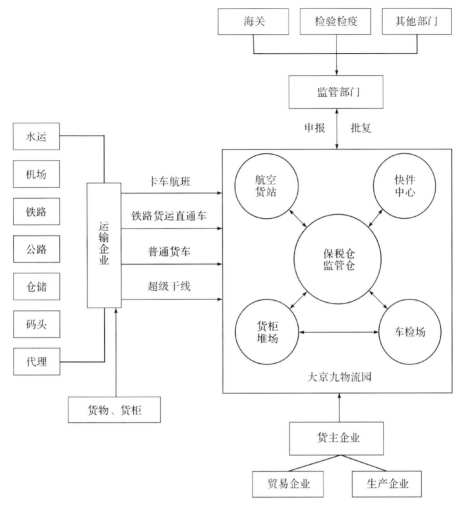

图 9-4　跨境物流网络结构

3. 跨境物流系统整合模式

经济全球化以及与物资流动和信息流动相关的高新技术的发展,前者如越库(cross docking)等,后者如企业资源计划(ERP)、高级计划与排程系统(advanced planning and scheduling system,APS)、客户关系管理(customer relationship management,CRM)和互联网等,使得各种跨境物流模式的设计成为可能。但无论何种模式,大都是基于合作而展开的,它们一般包括以下三个整合特征。

(1)功能整合。有效的作业与物流管理是基于各种作业功能(制造、物资配送、售后服务等)所引起的物流之间的良好协调。如果营销、物流和制造为了协调起来而能定位于各种共有活动之中,那么新产品的投入、老产品的退出、促销活动以及包装或营销渠道的选择,这一系列的活动中都将蕴含着极大的发展潜能。第二种功能整合的途径,是识别物流怎样能够将各种目标和其他对物流设计与管理有影响的功能活动,并将它们有效地整合在一起。作为一项主要功能,市场营销能够提供一份详细的服务清单,由市场传递给客户,并由物流实现。一个 24 小时的送货期限与一个一星期的送货期限,意味着对设计物资和信息配送网络有着截然不同的要求。

(2)领域整合。在传统的供应链中,供货商、制造商、零售商和消费者相互独立地最优化各自的物流和生产作业。结果,不可避免地给链条上其他参与者带来问题和低效率,而且所有这些问题与低效率在最后的计算中都将导致整个系统成本的增加。协作作业(cooperation)的方向同时由生产者和销售者实施的解决方案所限定,而该解决方案是由客户需求所拉动的,而不是由产品供给所推动的。在消费品快速变化的领域中,有效消费者响应(efficient consumer response,ECR)计划,是对交叉协作作业边界的一种初始的尝试,我们称之为领域整合。领域整合的另外一个主要角色就是第三方物流(3PL),它支撑和促进所有产业领域的生产者和销售者之间的协作作业。第三方物流行业正经历着传统货运者之间大量的联盟、合并与兼并,目的是为生产者与销售者提供正确且高效的解决方案。

(3)地理整合。当今商业世界的全球一体化趋势,显示了制定跨境发展战略的重要性。差别工资率、境外市场的扩大及改进的运输方式,正在打破国家(地区)之间的时空障碍,迫使物流活动在全球维度之上。这里要再一次提到第三方物流,它通过提供诸如飞机、贸易中心、仓储系统等物流解决方案以及信息流解决方案,来追踪物资流动情况。全球第三方物流公司使得在最短的时间内,以更低的存储成本,运送长距离货物成为可能。

通过以上三方面的有效整合,跨境物流在公司实现其战略目标过程中起到重要作用。将跨境物流提高到战略层次,大型跨国(地区)公司的高层决策者不仅会承担起解决通常是对立的各种挑战,而且会设计出尊重地方特色的全球化解决方案。物流专家则在动态大规模定制中起到重要作用。

第三节　跨境物流业务活动

跨境物流业务不仅涵盖了境内物流涉及的所有业务活动,它还包含一些与跨境贸易紧密相关的特有业务。与境内物流相同,跨境物流基本业务活动同样包括运输、仓储、包装、装卸及流通加工、保险和信息管理等。由于跨境物流的自身特点,因此相对境内物流而言,跨境物流的基本业务活动普遍更复杂,对管理水平要求更高;此外,跨境物流还具有一些特有的业务,包括商检、报关及跨境货运代理等。

一、基本业务

1. 运输

跨境货物运输,是指跨越国家(地区)的货物运输,突出特点是持续时间长、跨越距离远。在跨境货物运输中,涉及多种运输方式,包括最常见的海运、空运、铁路运输、公路运输、管道运输以及多种运输方式组合的多式联运等。

2. 仓储

跨境物流需要办理进出口手续、海港(站、场)码头装卸及转运货物,这就需要跨境物流仓储作业。仓储业务活动的中间环节多、涉及单证手续多、货物滞留时间长,物流费用相应增加。仓储在跨境物流成本中占较大比重。仓储作业主要有以下几点作用:调整商品在生产和消费之间的时间错位,降低单位成本;物流过程中进行流通加工;调节运输工具运力的不均衡等。

3. 包装

跨境物流运输时间长、距离长,运输过程中货物堆积存放的滞留时间长,这对某些易腐烂变质货物的包装提出了特别要求;跨境货物运输的运量大、装卸次数多,货物在运输途中损伤可能性大,这对易损坏货物的包装要求很高;另外,由于各国(地区)出于对自身环境保护、宗教信仰、病虫害预防、消费习惯等方面的考虑,所以往往对输入国(地区)的货物提出了特殊的包装要求。

4. 装卸及流通加工

集装箱在跨境运输中的广泛应用,使得跨境物流的装卸设备标准化、大型化,装卸活动机械化、效率化,这对各港口码头的基础设施要求很高。澳大利亚、新加坡等国,中国香港等地区的装卸系统均已实现自动化或机械化。另外,为了适合货物输入国(地区)的标准和满足销售商的要求,往往需要在流通过程中对货物进行分类、小包装作业及粘贴商品标签、价格等流通加工活动。

5. 保险

早在 14 世纪,地中海沿岸的贸易中就出现了避免天灾、抛弃、禁令、捕捉等造成的损失的保险。我国于 1949 年 10 月成立了国家保险机构——中国人民保险公司(PICC),办理包括跨境货物运输保险和其他涉外保险在内的保险业务。随着改革开放的深入,我国已形成以国有保险公司和股份制保险公司为主体,中外保险公司并存的新格局。

跨境货物运输保险根据运输方式不同,可以分为海洋货物运输保险、陆上货物运输保险、航空货物运输保险等。在保险中,各国(地区)保险公司不会对所有损失都予以补偿,每一种保险类型都有特定的承保范围。

海洋货物运输保险的险别很多,大体上可分为基本险别和附加险别。基本险别包括平安险、水渍险和一切险三种。附加险别一般包括:偷窃、提货不着险,淡水雨淋险,短量险,混杂、玷污险,渗漏险,碰撞、破碎险,串味险,受热、受潮险,钩损险,包装破裂险,锈损险等 11 种。它们不能独立投保,只能在投保了平安险或水渍险的基础上加保。陆上货物运输保险的险别分为陆运险和陆运一切险两种。航空货物运输保险分为航空运输险和航空运输一切险两种。邮政保险分为邮包险和邮包一切险两种。

货物运输保险的选择要依据货物运输工具和货物自身特点做出,要在充分考虑安全性的基础上兼顾经济性。

6.信息管理

跨境物流信息分布广、数量大、品种多,其覆盖面超越关境,不仅涉及跨境物流系统内部各时期、各层次、各方位及各环节,也与相关的各国(地区)经济政策、自然环境、发展战略等外部条件密切相关。处于全球供应链上的所有参与者都是一个信息源,它们散布在世界每个角落,通过现代信息技术互通信息,进而促进跨境物流的顺利进行,并提高物流效率。跨境物流涉及环节多,业务复杂,与之相关的信息数量大。

跨境物流中的信息管理主要涉及物流过程中的各种单据传输和存储、信息传递的电子化、在途货物的跟踪定位和市场信息的跨境传递。主要的信息传输手段包括 EDI、GIS以及 GPS。

二、特有业务

1.商检

进出口商品检验,简称"商检",是对出口方交付商品的品质和数量进行鉴定,以确定交货的品质、数量和包装是否与合同规定一致的活动。商检的主要功能是检查卖方是否已按合同履行了交货义务,并在发现卖方所交货物与合同不符时,为买方拒绝接收货物或提出索赔提供保障。

各国(地区)根据自己的实际情况,规定的商品检验范围有所不同。以我国进出口商品检验为例,其范围主要包括以下几个方面:

(1)现行《商检机构实施检验的进出口商品种类表》所规定的商品;

(2)《中华人民共和国食品卫生法(试行)》和《进出境动植物检疫法》所规定的商品;

(3)船舶和集装箱;

(4)海运出口危险品的包装;

(5)对外贸易合同规定由商检局实施检验的进出口商品。

除以上所列内容外,根据我国《商检法》规定,商品检验还包括其他法律、行政法规规定需经商检机构实施检验的进出口商品或检验项目。

关于商检的时间和地点一般有三种不同的做法:第一种是以离岸品质、数量为准;第二种是以到岸品质、数量为准;第三种是两次检验、两个证明、两份依据。在跨境物流中,对这三种做法的选择没有统一的规定,检验的时间与地点不仅与贸易术语、商品及包装性质、检验手段的具备与否有关,而且还与国家(地区)、规章制度等因素有密切关系。为使检验顺利进行,提高物流效率,买卖双方应将检验的时间和地点在合同的检验条款中,详细订明。

跨境物流中的商检工作,一般由专业性的检验部门或检验企业进行,从事商检的机构大致包括官方机构、非官方机构和工厂企业、用货单位的化验室、检验室。这些检验机构的检验标准和方法有所不同。选用哪类检验机构检验商品,取决于各国(地区)的规章制度、商品性质及交易条件等。在实际操作中,检验机构的选择一般采取就近原则,即在出口国(地)工厂或装运港,一般由出口国(地)检验机构检验;在目的港则一般由目的港所在国(地)实施检验。

商品检验完毕后,应由检验机构发给能证明商品的品质和数量是否符合合同规定的商检证书。在跨境贸易中常见的商检证书包括检验证书、品质证书、重量证书、卫生证书、兽医证书、植物检疫证书、价值证书、产地证书及其他相关证明。在跨境物流中,具体需要哪些证书,要依据成交商品的种类、性质、相关法律和贸易习惯以及有关政府的涉外经济政策而定。

2. 报关

报关是指货物在进出境时,由进出口货物的收、发货人或其代理人,按照海关规定格式填报《进出口货物报关单》,随附海关规定应交验的单证,请求海关办理货物进出口手续。

(1)报关单证。海关规定,对一般的进出口货物交验下列单证:①进出口货物报关单。是海关验货、征税和结关放行的单据,也是海关对进出口货物汇总统计的原始资料。为了及时提取货物和加速货物的运送,报关单位应按海关规定的要求准确填写,并需加盖经海关备案的报关单位的"报关专用章"和报关员的印章签字。②进出口货物许可证或国家(地区)规定的其他批准文件。凡国家(地区)规定应申领进出口许可证的货物,报关时都必须交验外贸管理部门签发的进出口货物许可证。凡根据国家(地区)有关规定需要有关主管部门批准文件的还应交验有关的批准文件。③提货单、装货单或运单。这是海关加盖放行章后发还给报关人凭以提取或发运货物的凭证。④发票。它是海关审定完税价格的重要依据,报关时应递交载明货物真实价格、运费、保险费和其他费用的发票。⑤装箱单。单一品种且包装一致的件装货物和散装货物可以免交。⑥减免税或免检证明。⑦商品检验证明。⑧海关认为必要时应交验的贸易合同及其他有关单证。

(2)报关期限。《海关法》规定,出口货物的发货人或其代理人应当在装货的 24 小时前向海关申报。进口货物的收货人或其代理人应当自运输工具申报进境之日起 14 天内向海关申报。逾期处以罚款,征收滞保金。如自运输工具申报进境之日起超过三个月未向海关申报,其货物可由海关提取变卖。如确因特殊情况未能近期报关,收货人或其代理人应向海关提供有关证明,海关可视情况酌情处理。

(3)进出口货物报关程序。《海关法》规定,进出口货物必须经设有海关的地点进境或出境,进出口货物的收货人、发货人或其代理人应当向海关如实申报、接受海关监管。对一般进出口货物,海关的监管程序是:接受申报、查验货物、征收税费、结关放行。而相对应的收、发货人或其代理人的报关程序是:申请报关、校验货物、缴纳税费、凭单取货。

(4)关税计算。关税政策和税法是根据一个国家(地区)的社会制度、经济政策和社会生产发展水平,外贸结构和财政收入等综合因素考虑制定的。进出口货物应纳税款是在确定单货相符的基础上,对相关货物进行正确分类,确定税率和完税价格后,依据基本公式"关税税额＝完税价格×关税税率",计算得到的。

3. 跨境货运代理

由于跨境物流系统运作的复杂性,企业独自办理进出口货物的各项业务面临很多困难,因此,跨境物流业务的中间人——跨境货运代理——应运而生。跨境货运代理是本身并不承担运输,专门从事跨境货物运输及各项业务的机构或代理人。

跨境货运代理涉及的业务内容包括:

(1)组织进出口货物运输和代办货运保险;

(2)就运费、包装、单证、结关、检查检验、金融、领事要求等提供咨询,并对境外市场的价格、销售情况提供信息和建议;

(3)把小批量的货物集中进行运输;

(4)运用通信技术和代理人网络,跟踪货物全程的运输信息;

(5)促进新运输方式的创造、新运输路线的开发以及新费率的制定等。

根据委托项目的性质划分,跨境货运代理可以分为货物进口代理、货物出口代理、航线代理、转运代理、报关代理和揽货代理等。

第四节　跨境物流运输

跨境货物运输是跨境物流活动中的重要环节,它是指国家(地区)与国家(地区)之间的货物运输。跨境物流运输活动突出的特点是时间长、距离长,因此货物更加容易受损。跨境物流的运输方式多样化,在不同情况下对运输方式的选择,直接影响运输成本及运输效率。本节将从跨境物流货运的主要方式、跨境物流货运方式选择的影响因素以及跨境物流货运的主要路线三个方面分别介绍跨境物流运输。

一、跨境物流货运的主要方式

跨境货物运输包含多种形式,具体如图9-5所示。

图9-5　跨境货物运输方式的分类

1.跨境水上运输

在跨境水上运输中,包括内河运输、河海运输以及海洋运输,其中,运用最广泛的是海洋运输。目前,海洋运输运量在跨境货物运输总量中占90％以上。海洋运输之所以受到青睐,是因为相对于其他货物运输方式而言,它具有适合跨境物流的显著特点:通过能力大、运量大、运费低等。海洋运输可以利用四通八达的天然航道,延伸至全球每个地区,它不像火车、汽车要受到轨道和公路的限制。海洋运输船舶的运载能力,远远大于铁路和公路运输车辆,更是航空运输所无法比拟的。如一艘万吨船舶的载重量一般相当于250~300个车皮的载重量。而且,海洋运输的运量大,行程远,分摊于每货运吨的运输成本就少,规模经济性显著,运价明显比其他运输方式低廉。

当然,尽管有上述优点,海洋运输也存在不足之处。例如,海洋运输受天气等自然条件的影响大,行期难以确定,且风险较大。此外,海洋运输的速度也较慢。

2. 跨境陆上运输

跨境陆上运输包括铁路运输、公路运输、大陆桥运输和"浮动公路"运输等多种形式,下面分别加以介绍。

(1)铁路运输。在跨境货物运输中,铁路运输是一种仅次于海洋运输的主要运输方式,海洋运输的进出口货物,也大多是靠铁路运输进行货物集中和分散的。铁路运输具有许多优点,一般受气候条件的影响小,可保障全年的货物运输,而且运量较大,速度较快,有高度的连续性,运转过程中可能遭受的风险也较小。办理铁路货运的手续比海洋运输简单,且发运人和托运人可以在就近的始发站(装运站)和目的站办理托运和提货手续。但其受铺设的铁路线限制,通过能力较小。2011年,我国开通的"中欧班列"就是一种典型的铁路运输,连接欧洲十几个国家。

(2)公路运输。公路运输是指跨境货物借助一定的运载工具,沿着公路做跨及两个或两个以上国家(地区)的移动过程。目前,跨境货物运输一般以汽车作为运输工具,因此,它实际上也就是跨境汽车货物运输。它既是一个独立的运输体系,也是车站、港口和机场集散物资的重要手段。公路运输的运量小,但其机动灵活,直达性好,适应性较强,受地理和气候条件的影响小。

(3)大陆桥运输。大陆桥运输是指利用横贯大陆上的铁路和公路运输系统,把大陆两端的海洋连接起来的中间桥梁。一般以集装箱为运输单位,因此也称"大陆集装箱运输"。大陆桥运输以集装箱为核心,采用水运、铁运、汽运相结合的联合运输方式,具有简化作业手续、速度快捷、物流风险较小、运输质量好以及资金周转速度快、成本低廉等优点。目前,世界上有许多大陆桥,最主要的有三条:西伯利亚大陆桥、美国大陆桥和加拿大大陆桥。

(4)"浮动公路"运输。"浮动公路"运输是指利用一段水运衔接两端陆运,衔接方式采用将车辆开上船舶,以整车货载完成这一段水运,到达另一港口后,车辆开下继续利用陆运的联合运输方式。其优点是两种运输之间有效衔接,运输方式转换速度快,而且在转换时,不触碰货物,因而有利于减少和防止货损。

3. 跨境航空运输

跨境航空货物运输是指利用飞机来完成跨境物流的运输方式。跨境航空运输,与海洋运输和铁路运输相比,具有运输速度快、运输路程短的特点,适合鲜活易腐和季节性商品的运送;同时它运输条件好,货物很少产生损伤、变质,适合贵重物品的运输;此外,它又可简化包装,节省包装费用;航空运输迅速准时,在商品买卖中,有利于巩固现有市场和提高信誉,但航空运输运量小,运输费用高。随着新技术的发展和深化,产品生命周期日益缩短,产品由厚、重、长、大向薄、轻、短、小方向发展。近年来随着跨境电商的迅速发展,跨境物流中采用航空运输的商品越来越多,航空港的货物吞吐量和占跨境物流总量的比例逐年上升。

4. 跨境集装箱运输

集装箱货物运输是以集装箱作为运输单位进行货物运输的一种现代化的运输方式。它适用于海洋运输、铁路运输及跨境多式联运等。集装箱是一种容器,是具有一定规格强度的专为周转使用的货箱,也称货柜,这种容器和货物的外包装不同,它是进行货物运输,便于机械装卸的一种成组工具。

集装箱运输一经产生,便发展迅速,目前,已经成为主要班轮航线上占有支配地位的运输方式。它具有以下特点:

(1)提高装卸效率,提高港口的吞吐能力,加速了船舶的周转和港口的疏港;

(2)减少货物装卸次数,有利于提高运输质量,减少货损货差;

(3)节省包装费、作业费等各项费用,降低货运成本;

(4)简化货运手续,便于货物运输;

(5)把传统单一运输串联成连贯的成组运输,从而促进跨境多式联运的发展。

集装箱运输的产生和发展,不仅使运输方式发生了巨大的变化,使货运比例发生了巨大的变化,同时也使其有关部门发生了深刻的变化,被称为"20世纪运输领域的一次革命"。

5. 跨境多式联运

跨境多式联运是多种方式联合运输的简称。跨境多式联运是在集装箱运输的基础上产生和发展起来的一种综合性的连贯运输方式,它一般是以集装箱为媒介,把海、陆、空各种单一运输方式有机地结合起来,组成一种跨境的连贯运输。《联合国国际多式联运公约》对国际多式联运所下的定义是:"按照多式联运合同,以至少两种不同的运输方式,由多式联运经营人把货物从一国境内接运货物的地点运至另一国境内指定交付货物的地点。"

跨境多式联运的最大好处是它能集中发挥各种运输方式的优点,使跨境货物运输既快捷又安全。同时,它简化了手续,减少了中间环节,加快了货运速度,降低了运输成本,并提高了货运质量,为实现"门到门"运输创造了有利条件。

6. 跨境管道运输

跨境管道运输是借助高压气泵的压力将管道内的液体、气体或浆体货物输入目的地的一种运输方式。相应地,管道运输可分为液体管道运输、气体管道运输和浆体管道运输。管道运输与其他运输方式相比,有以下特点:

(1)运输通道与运输工具合二为一。管道既是运输通道,又是运输工具。

(2)运量大。一般一条1200毫米直径的管道,一年可输油4000多万吨;一条720毫米直径的管道,一年可输油2000万吨或输煤1200万吨。

(3)成本低。管道建成后运营能耗少,成本接近水运。

(4)运输漏损少,安全性好。

(5)受气候条件影响小,便于长期稳定运营。

(6)劳动生产率高。管道运输可实现远程控制,自动化程度高。

(7)专业化强。管道运输有一定的局限性,只能输送特定货物,运输方向单一,灵活性较差。

二、跨境物流货运方式选择的影响因素

组织跨境物流,必须正确选择运输方式和管理组织方式。跨境物流的运输方式多样,如何选择适当的运输方式组织跨境物流,是提高跨境物流效率、降低跨境物流成本的关键。由于跨境物流系统的复杂性,因此,其对运输方式的选择受到多方面的影响。

1. 运输成本

运输成本是跨境物流对运输方式选择上的首要考虑因素,其原因是运距太长,运费占整个物流成本的比例很大。据统计,在外贸商品的价格中,运输费用有时可占出口货价的30%～70%,对于煤炭、矿石等低价值货物,这一比例则更高。

在跨境物流中,大型专用船舶的运输成本较低,定期班轮则较高,包轮则更高。一般而言,海运成本低于陆运成本,陆运成本低于空运成本;但如果海运有大迂回,则可利用大陆桥运输,其在运载成本方面有一定优势。

2. 运行速度

跨境物流速度很重要。主要原因有以下三个:一是运距长,需较多时日,资金占用时间长,加快运输速度有利于释放占用的资金;二是市场价位,因速度慢而错过了好的价位,会使经济效益下降;三是对于季节性商品和易腐烂变质商品,客观上要求加快运输速度。由此可见,加快物流速度会产生一系列好处。

在各种物流货运方式中,航空货运虽然速度最快,但价格也最高。在洲际运输中,用大陆桥运输取代海运,会获得提高物流速度的显著效果。

3. 货物的特点及性质

货物特点及性质有时对物流方式的选择起决定性作用。一般来说,管道运输只适用于液体、气体及浆体货物的运输,其运输货物的特性限制了管道运输的适用范围;而对于其他各种运输方式的适用范围则要广泛得多,但对于诸如水泥、石油、沥青、危险品等,由于其自身的特点,因此对运输方式的选择范围较窄。例如,对于附加值很低的货物,如水泥等,选择汽车或飞机作为跨境物流方式显然是不合适的。

4. 货物数量

在跨境物流的各种货运方式中,相比较而言,航空运输的运载能力较小,而汽车运输的通过能力较差,加之从经济角度考虑,两者都不适用于大批量长距离的运输,因此,在待

运货物数量庞大或者距离较长时，一般考虑选用海洋运输或火车运输的方式。

5.物流基础设施条件

由于跨境物流涉及跨境运输，而不同国家（地区）的地理位置和涉及物流的自然条件不同，各国（地区）之间物流基础设施也存在差异，因此，这些对物流方式的选择影响很大。如果物流的始点和终点两端国家（地区）缺乏必要的水域条件，就不能考虑仅采用海洋运输的方式将货物运至目的地，这种情况下，多式联运也许比较适合；如果任何一方不具备相当的港口条件，以至大型船舶无法作业，则无论价格多具有诱惑力，大型船舶运输也不应该在选择范围之内；如果没有大型集装箱码头和集装箱集疏的腹地条件，则也不可能大量选择集装箱方式。

在跨境物流中，运输方式选择不当给企业造成的损失远大于境内物流。因为跨境物流的运输距离普遍较长，货物在途时间也相应较长，如果运输方式选择不当，延长了货物在途时间，不仅会影响企业资金的流动性，而且当货物销售时效性较强时，错过了销售时机将给企业带来严重损失。这一点对于进行全球化制造的企业而言尤为重要。当某些企业基于战略考虑而要抢先生产某种产品占领市场时，如果因跨境物流货运方式选择失误，而延迟了制造该种产品的原材料或零部件的到达，被竞争对手抢了先机，不仅会影响企业的近期盈利水平，而且会对企业的未来发展产生严重影响。因此，出于竞争战略的考虑，企业在选择跨境物流货运方式时要综合多方面因素，力求根据具体情况做出适当的选择。

三、跨境物流货运的主要路线

与跨境物流紧密相关的跨境货物运输路线，从大体上可划分为跨境海洋运输航线、跨境航空运输航线以及大陆桥与小陆桥运输路线等。

1.跨境海洋运输航线

按航行范围来划分，主要的跨境海运航线有：

（1）太平洋航线。该航线细分为远东—北美西海岸航线、远东—北美东海岸航线、远东—加勒比海航线、远东—南美西海岸航线、远东—澳大利亚航线、远东—新西兰航线、澳大利亚—北美东西海岸航线、新西兰—北美东西海岸航线。

（2）大西洋航线。该航线可分为西北欧—北美东海岸航线、西北欧—加勒比海航线、北美东海岸—加勒比海航线、西北欧—地中海—远东航线、北美东海岸—地中海—远东航线、南美东海岸—好望角—远东航线、西北欧—南美东海岸—远东航线、地中海—南美东海岸—远东航线。

（3）印度洋航线。该航线可分为波斯湾—好望角—西欧航线、波斯湾—好望角—北美航线、波斯湾—东南亚—日本航线、波斯湾—苏伊士运河—地中海—西欧航线、波斯湾—苏伊士运河—地中海—北美航线。

（4）北极航线。北极航线是由两条航道构成：加拿大沿岸的"西北航道"和西伯利亚沿岸的"东北航道"。东北航道也称为"北方海航道"，大部分航段位于俄罗斯北部沿海的北冰洋离岸海域。从北欧出发，向东穿过北冰洋巴伦支海、喀拉海、拉普捷夫海、东西伯利亚海和楚科奇海五大海域直到白令海峡。在东北航道上,连接五大海域的海峡多达 58 个,其中最主要的有 10 个。西北航道大部分航段位于加拿大北极群岛水域,以白令海峡为起点,向东沿美国阿拉斯加北部离岸海域,穿过加拿大北极群岛,直到戴维斯海峡。这条航线在波弗特海进入加拿大北极群岛时,分成 2 条主要支线,一条穿过阿蒙森湾、多芬联合海峡、维多利亚海峡到兰开斯特海峡;一条穿过麦克卢尔海峡、梅尔维尔子爵海峡、巴罗海峡到兰开斯特海峡。

2. 跨境航空运输路线

世界重要的航空航线有:

(1)北大西洋航空线。该航线连接西欧、北美两大经济中心区,是当今世界最繁忙的航空之一,主要往返于西欧的巴黎、伦敦、法兰克福和北美的纽约、芝加哥、蒙特利尔等机场。

(2)北太平洋航空线。该航线连接远东和北美两大经济中心区,是世界上又一重要的航空线,它由香港、东京和北京等重要国际机场经过北太平洋上空抵达北美西海岸的温哥华、西雅图、旧金山、洛杉矶等重要国际机场,再连接北美大陆其他航空中心。

(3)西欧—中东—远东航空线。该航线连接西欧主要航空港和远东的香港、北京、东京、首尔等重要国际机场,为西欧与远东两大经济中心区之间的往来航线。

其他还有:北美—澳新航空线、西欧—东南亚—澳新航空线、远东—澳新航空线、北美—南美航空线、西欧—南美航空线、西欧—非洲航线等。

3. 大陆桥与小陆桥运输路线

(1)美国大陆桥包括两条路径:一条是从美国西部太平洋的洛杉矶、西雅图、旧金山等港口上桥,通过铁路横贯至美国东部太平洋的纽约、巴尔的摩等港口转海运;另一条是从美国西部太平洋港口上桥,通过铁路至南部墨西哥湾的休斯敦、新奥尔良等港口转海运。

(2)加拿大大陆桥从日本海海运至温哥华或西雅图港口后,换装并利用加拿大铁路横跨北美大陆至蒙特利尔,再换装海运至欧洲各港。

(3)西伯利亚大陆桥连接太平洋与波罗的海和北海,其路径为:从俄罗斯远东地区日本海口岸纳霍卡港或东方港上桥,通过横穿俄罗斯的西伯利亚铁路,至波罗的海沿岸港口转海运至西北欧,或者直接通过白俄罗斯、波兰、德国、比利时和法国的铁路至波罗的海沿岸港口转海运至西北欧等地。

(4)亚欧第二大陆桥,东起我国连云港等港口,经铁路进入哈萨克斯坦,最终与中东地区黑海、波罗的海、地中海以及大西洋沿岸的各港口相连接。

(5)美国小陆桥从日本或远东至美国东部太平洋口岸,经美国大陆铁路或公路,至南部墨西哥湾口岸或其相反方向;美国微型桥是指从日本或远东至美国东部太平洋港口,经铁路或公路到达美国中西部地区或其相反方向。

第五节　跨境物流仓储

在跨境物流中,仓储不仅担负着进出口商品保管的任务,还担负着出口加工、挑选、整理、刷唛、备货、组装、包装等系列任务。

一、跨境物流仓库

跨境物流仓库按照用途的不同,可分为口岸仓库、中转仓库、加工仓库和存储仓库;按存储商品的性能及设备的不同,可分为通用仓库、专用仓库和特种仓库。其中,专用仓库用于存储某类商品,比如对湿度、温度有要求或者不宜与其他商品混放的商品。特种仓库则用于存储化学危险品、易腐蚀品、石油及部分医药商品等,这类仓库配备专门的设备,包括冷藏库、保温库、危险库等。

跨境物流仓库的管理模式主要有两种:企业自行管理和委托第三方管理。企业自行管理有利于控制仓储流程、协调跨境物流过程,更能满足企业的实际需求;相应地自行管理仓库需要一定的资金、技术和人员支撑,仓库管理的灵活性不够。委托第三方管理包括两种方式:租赁公共仓库,即由外运公司管理本企业的仓储业务;第三方仓储,即由专业的物流公司管理本企业的仓储业务。

二、仓储运作

跨境物流仓储业务的基本运作流程包括三个环节:入库、储存保管和出库。入库的业务程序,如图 9-6 所示,包括四个环节。储存保管主要包括货物的存放、保管、检查与盘点。

图 9-6　入库业务程序

跨境货物出库流程包括审核仓单到填单销账等 6 个环节,如图 9-7 所示。

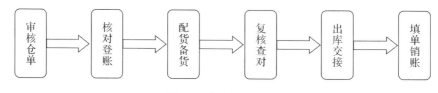

图 9-7　出库业务程序

三、保税仓库

保税仓库是经海关批准,受海关监管、专门存储保税商品的仓库,是跨境货物仓储的重要组成部分。保税仓库作为保税制度在跨境物流活动中应用最为广泛的形式之一,具有较强的服务功能和较大的灵活性。保税仓库具备保税仓储、转口贸易、简单加工、增值服务、物流配送、商品展示等功能,一般境外货物的保税期最长为两年。

保税仓库允许存放的货物因国而异,我国的海关监管制度规定以下货物允许存放:

缓办纳税手续的进口货物;

需做进口技术处置的货物;

来料加工后再出口的货物;

过境转口的外销货物。

第六节　跨境物流新形态

一、跨境电商与跨境物流

1. 跨境电商的概述

跨境电商(cross-border e-commerce),即跨境贸易电子商务。所谓跨境是指分属不同"关境"的交易主体,借助互联网等电子商务平台达成交易、进行支付结算,并通过快件、包裹等跨境物流实现商品送达的交易过程,是一种全球性的商业活动。

在我国,一般把跨境电商分为 B2B(企业对企业)和 B2C(企业对消费者)两种模式。B2B 模式类似于传统贸易,但是信息发布、交易达成都可以在网上实现;B2C 模式下企业直接面对境外消费者,物流方面则主要采用航空小包、邮寄、快递以及近几年热门的海外仓等方式。另外,从进出口方向来分,跨境电商可以分为进口和出口两类。

跨境电商的发展经历了 3 个阶段:

(1)1.0 阶段(1999—2003 年):以网上展示、线下交易的外贸信息服务为主要模式。第三方电子商务平台主要是提供信息展示的平台,不涉及任何交易环节。典型代表平台有阿里巴巴国际站、环球资源网、中国制造网等。

(2)2.0 阶段(2004—2012 年):由信息展示模式转变为在线交易模式,更能体现电子商务的本质。在这一阶段,B2B 平台模式成为跨境电商的主流,典型的平台有敦煌网、速卖通等;第三方平台实现营收多元化,收费模式由"会员收费"转变为交易佣金,并通过平台的营销推广、物流服务等实现增值收益。

(3)3.0 阶段(2013 年至今):2013 年跨境电商整个产业链都出现了模式的转变,跨境电商出现重大转变,包括亚马逊等平台跨境 B2C 业务出现井喷式发展、B 类买家形成规模、大型订单比例提升、大型服务商加入等。

跨境电商的发展,减少了买卖双方的中间环节,小微企业甚至个人都参与跨境贸易中,带来了跨境交易的腾飞。然而,物流费用占了跨境电商总成本的 20%～35%,可以说跨境物流渐渐成为跨境电商的"阿喀琉斯之踵"。自 2006 年以来,跨境包裹数量处于高速增长态势,占全球包裹总量的比例也在逐年增加。跨境电商的小订单、多频次订单也对以海运集装箱为主的传统物流运作提出了挑战,使得跨境物流在商业模式上发生了根本性的转变。

2.跨境电商物流

跨境物流递送涉及的环节较多,本书把跨境物流全程服务分为三个部分:

(1)海运拼箱及空运等业务,主要支持 B2B 较大额业务;

(2)小包、快递等业务;

(3)外贸服务,围绕贸易过程中的验厂、检测验货、跟单等环节,以及一般的通关、货代业务等展开。

目前,满足跨境电商的跨境物流模式有:邮政包裹、商业快递、专线物流、海外仓和境内快递的全球化服务等模式。邮政包裹是跨境电商物流使用最普遍的模式,运输时间较长、丢包率较高,主要包括特快专递和邮政小包。据统计,中国跨境电商的出口包裹有70%通过邮政系统投送。商业快递主要是指 UPS、Fedex、DHL 和 TNT 四大国际快递巨头,具有投送速度快、客户体验好的特点,但价格比邮政包裹要昂贵很多。专线物流一般通过航空的包舱方式进行货物投送,覆盖范围有限。保税仓是在保税区内建仓,先备货后接单,使用跨境电商保税进口模式,可以极大改善客户的速度体验。境内民营快递,如顺丰、申通均在跨境物流方面抢先布局,但受限于业务差异,发展较为缓慢。

商家在选择物流模式时重点考虑产品的特点、物流成本和时效要求,表 9-1 比较了常用的跨境电商物流方式。

表 9-1 跨境电商物流方式的比较

物流方式		服务介绍及优势线路	费用比较	运输时效	平台收货期	货物跟踪	适用产品
商业快递	UPS	强势线路是美洲和日本	较贵	2～5 天	23 天	官方网站查询;信息准确;可通过参考信息查询	货物售价较高;对运输时效性要求较高;追求质量和服务
	DHL	强势线路是欧洲、西亚和中东					
	Fedex	优势线路是美国、加拿大,东南亚价格、速度优势明显					
	TNT	在西欧国家清关能力较强					
中国邮政特快专递(EMS)		邮政渠道的国际(地区)特快专递	中等	5～8 天	27 天	官方网站查询	运输时效性要求一般;货物体积相对较大;比较注重运输成本
中国邮政包裹		通过中国邮政将货物发往境外,由当地邮政系统送达买家	低廉	7～14 天	39 天	挂号后才可以跟踪;查询时间长	对运输成本较敏感;运输时效性要求不高;货物体积较大;货物价值较低

二、海外仓

海外仓是指跨境电商卖家按照一般的跨境贸易方式,将商品批量出口(一般走海运或陆运)到境外仓库,在线完成交易后,商品直接从境外仓库发出,送达消费者手中。随着跨境电商越来越火爆,商家对配套跨境物流水平也不断提出更高的要求,海外仓的"先备货、后交易"的服务模式,以其便捷、高效、快速受到市场的追捧。从 2013 年起,行业内就掀起了一批海外建仓潮,超级大卖场或者大型物流企业纷纷建设海外仓,以减少物流过程中商品丢失、破损、延误。中华人民共和国商务部 2015 年发布《"互联网＋流通"行动计划》,推动建设 100 个电子商务海外仓。在 2016 年全国"两会"上,李克强总理强调要"扩大电子商务试点,支持企业建设一批出口产品'海外仓',促进外贸综合服务企业发展"。

那么,哪些产品适合海外仓呢? 海外仓选品一般要考虑产品特性、销量、成本和运营等问题,典型的有以下几类:

(1)"三超"商品,即体积超大、重量超限、价值超高的商品。此类商品直邮无法满足其物流需求,快递包裹无法运送或费用太高,如家具、园艺、灯饰等。

(2)品牌商品,这类商品需要提升品质和服务来实现品牌溢价,是未来海外仓的主要需求来源。

(3)低值易耗品,非常符合本地需求的快消品以及那些需要快速送达的产品,往往是热销的单品,如工具类、饰品类、玩具、3C 配件、爆款服装等。

(4)境内小包快递无法运送的商品,如液体、膏状商品、带电产品等。

目前,欧美发达国家、日本、澳大利亚的海外仓比较成熟,拉美、非洲、东南亚等新兴市场,因为法律政策、文化等因素制约,海外仓仍在摸索之中。在模式上,海外仓包括 FBA(亚马逊物流服务)、自建和第三方这几种模式,如果自建,则需要考虑选址、租仓、人员招聘、派送资源、招商、当地法律、税务、财务等一系列问题。

海外仓的运作一般为三段式:头程——境内集货送到海外仓;库内——订单操作及库存管理;尾程——出仓配送及售后服务,如图 9-8 所示。

图 9-8　海外仓运作流程概览

三、保税物流和自由贸易园区

1. 保税物流

保税物流货物是指未办理纳税手续,经海关批准允许进境,在境内储存后复运出境的货物,具有"进境暂缓纳税,复运出境免税,内销补缴税款"的特点。海关对保税物流货物的监管模式一般分为两类:非物理围网式监管,包括保税仓库、出口监管仓库;物理围网式监管,包括保税物流中心、保税物流园区、保税区、保税港区等。

保税物流园区是指经国务院批准,在保税区规划面积或者毗邻保税区的特定港区内设立的、专门发展现代跨境物流业的海关特殊监管区域。园区内不得开展商业零售、加工制造、翻新、拆解及其他与园区无关的业务。法律和行政法规禁止进出口的货物以及物品不得入园。保税物流园的业务范围包括:

(1)存储及出口货物及其他未办结海关手续的货物;

(2)对所存货物开展流通性简单加工和增值服务;

(3)进出口贸易,包括转口贸易;

(4)国际采购、分销和配送;

(5)国际中转;

(6)检测、维修;

(7)商品展示;

(8)经海关批准的其他国际物流业务。

保税港区是指经国务院批准,设立在国家对外开放的口岸港区和与之相连的特定区域内,具有口岸、物流、加工等功能的海关特殊监管区域。保税港区具备国际中转、配送、采购、转口贸易、出口加工区等功能。我国目前在天津、大连、宁波等地设立了 14 个保税港区。根据中国海关总署发布的《中华人民共和国海关保税港区管理暂行办法》,保税港区可以开展下列业务:

(1)存储进出口货物和其他未办结海关手续的货物;

(2)对外贸易,包括国际转口贸易;

(3)国际采购、分销和配送;

(4)国际中转;

(5)检测和售后服务维修;

(6)商品展示;

(7)研发、加工、制造;

(8)港口作业;

(9)经海关批准的其他业务。

2. 自由贸易园区

自由贸易园区源自海关合作理事会(世界海关组织的前身)所解释的"自由区",是指一国(地)的部分区域,在这部分区域内运入的任何货物就进口关税及其他各税而言,被认为在关境以外,并免于实施惯常的海关监管制度。其特点是一个关境内的小块区域,且对境外入区货物的关税实行免税或保税。

全球典型的自由贸易园区包括:美国纽约港自贸区、中国香港自由港、德国汉堡自由港、巴拿马科隆自贸区、迪拜杰贝－阿里自贸区、荷兰阿姆斯特丹港自贸区、爱尔兰香农自贸区、韩国釜山镇海经济自由区、巴西玛瑙斯自由贸易区。我国境内的第一个自由贸易园区于2013年8月成立,目前有广东、天津等多个自贸区。

【案例】上海自由贸易试验区促进地区金融发展

自2013年9月29日中国(上海)自由贸易试验区正式挂牌成立以来,广东等十个自由贸易试验区相继获批设立,中国"1＋3＋7"的自由贸易试验区试点新格局基本形成。自由贸易试验区作为集投资、贸易、金融和科技创新等领域开放与创新于一体的综合改革试验区,对于全面深化改革、扩大开放具有重大示范带动意义。

在自由贸易试验区涉及的众多改革领域中,金融改革既是重点,又是难点,引发了社会各界的广泛关注。上海自由贸易试验区建设方案中强调了自贸区金融建设的先行使命与重要地位,并在金融领域进行了积极探索和大胆尝试。

为考察上海自由贸易试验区对地区金融发展水平的影响,研究人员首先使用因子分析法和熵值赋权法,对中国31个省份2008—2016年的金融发展水平进行测度,随后采用合成控制法,实证分析了自由贸易试验区金融改革对地区金融发展水平的动态影响。实证结果表明:第一,上海自由贸易试验区的设立,短期内对地区金融水平的影响并不显著,长时期能够有效推动地区金融水平的提升。第二,稳健性检验结果表明在3.704%左右的显著性水平下,可以得出上海自由贸易试验区推动了当地金融发展水平提升的结论。

资料来源:杨旭,刘祎.自由贸易试验区对地区金融的影响效应研究[J].统计与决策,2020,36(4):141-144.

▶ 本章要点

1.从狭义上来讲,跨境物流是指贸易性的跨境物流。具体指当全球化制造与消费的某些环节分别在两个或两个以上的国家(地区)独立进行时,为了克服相关环节的空间和时间上的距离,对物资进行物理性移动的一项跨境物资流通活动。广义的跨境物流还包括非贸易性跨境物流,包括各种展览品、办公用品、支援物资、捐赠物资等非贸易货物的跨境流动。

2.跨境物流系统是由商品的包装、储存、运输、检验、流通加工和其前后的整理、再包装、跨境配送以及贯穿整个物流活动的信息子系统组成。跨境物流系统可以分为运输子系统、仓储子系统、检验子系统、通关子系统、包装与装卸子系统、跨境物流信息子系统等六大子系统。

3.与境内物流系统相类似,跨境物流系统可以分成系统的输入部分、系统的输出部分以及将系统的输入转换成输出的转换部分三个阶段。由于海关、跨境运输和跨境支付的介入,因此,跨境物流系统呈现了网络模式的特点。相应地,跨境物流所涉及的活动也明显多于境内物流。

4.跨境物流系统的整合模式有功能整合、领域整合、地理整合。

5.跨境物流基本业务活动同样包括运输、仓储、包装、装卸及流通加工、保险和信息管理等。由于跨境物流的自身特点,因此相对境内物流而言,跨境物流的基本业务活动普遍更加复杂,对管理水平要求更高;此外,跨境物流还具有一些特有的业务,包括商检、报关及跨境货运代理等。

6.影响跨境货运方式选择的因素有运输成本、运行速度、货物的特点及性质、货物数量、物流基础设施条件等。

7.与跨境物流紧密相关的跨境货物运输路线,从大体上可划分为跨境海洋运输航线、跨境航空运输航线以及大陆桥与小陆桥运输路线等。

8.保税仓库具备保税仓储、转口贸易、简单加工、增值服务、物流配送、商品展示等功能,一般境外货物的保税期最长为两年。

9.满足跨境电商的跨境物流模式有:邮政包裹、商业快递、专线物流、海外仓和境内快递的全球化服务等模式。邮政包裹是跨境电商物流使用最普遍的模式,运输时间较长、丢包率较高,主要包括特快专递和邮政小包。商业快递主要是指 UPS、Fedex、DHL 和 TNT 四大国际快递巨头,具有投送速度快、客户体验好的特点,但价格比邮政包裹要昂贵很多。专线物流一般通过航空的包舱方式进行货物投送,覆盖范围有限。保税仓是在保税区内建仓,先备货后接单,使用跨境电商保税进口模式,可以极大改善客户的速度体验。境内民营快递公司,如顺丰、申通均在跨境物流方面抢先布局,但受限于业务差异,发展较为缓慢。

10.海外仓的运作流程一般为三段式:头程——境内集货送到海外仓;库内——订单操作及库存管理;尾程——出仓配送及售后服务。

11.保税物流货物是指未办理纳税手续,经海关批准允许进境,在境内储存后复运出境的货物,具有"进境暂缓纳税,复运出境免税,内销补缴税款"的特点。保税港区是指经国务院批准,设立在国家对外开放的口岸港区和与之相连的特定区域内,具有口岸、物流、加工等功能的海关特殊监管区域。保税港区具备国际中转、配送、采购、转口贸易、出口加工区等功能。自由贸易园区的特点是一个关境内的小块区域,且对境外入区货物的关税实行免税或保税。

思考题

1.描述跨境物流的基本含义,其有什么特点?

2.简要叙述跨境物流的发展历程。

3.为什么说跨境物流系统是境内物流系统的延伸?

4.跨境物流系统有哪些子系统组成?

5.跨境物流系统网络模式有什么特点?

6.跨境物流包括哪些基本业务?哪些特有业务?

7.跨境物流货运主要方式有哪些?各有什么特点?

8.跨境多式联运有什么优势？

9.影响跨境货运方式选择的因素有哪些？你认为什么是最主要的因素？

10.跨境海洋运输包括哪些主要航线？航空运输包括哪些重要航线？

11.跨境电商经历了哪几个阶段？

12.跨境电商的跨境物流有哪些模式？各模式都有什么特点？

13.海外仓如何选品？

14.描述海外仓的运作流程。

15.描述保税港区和保税区的区别。

16.描述保税物流园区和自由贸易园区的区别。

第十章

<h1 style="text-align:center">大数据与供应链</h1>

学习目的

通过本章学习,你需要:

1. 掌握大数据的基本含义;

2. 描述大数据的基本特点;

3. 了解大数据背景下供应链决策的方法;

4. 认识大数据如何影响供应链的转型;

5. 了解推进供应链智能化的四个关键环节;

6. 通过企业变革构建智能供应链的四个阶段。

第十章
数字资源

【开篇案例】构建大数据智能供应链路线图

(1)供需匹配

供应链管理中最大的问题就是进行供需匹配,大数据分析尤其适合平衡供需。数据分析能够获取需求方面的信息,促进供应方做出供应链决策。玩具反斗城(Toys "R" Us)利用阶段性补货的方法使企业及其供应商能够观测到产品未来的需求流量,从而不断地向供应商提出订单目标,将需求目标与供给联系起来。得益于此,玩具反斗城每一层级的决策者都能在潜在问题产生之前先发制人,降低囤积风险。门店和配货中心之间的供求同步不但降低了库存规模,还减少了囤积的可能性。

在汽车产业,整车生产商也可以借助大数据分析来匹配供需:利用代理商提供的数据调整生产日程,避免过量的库存;同时,数据还能够将消费者与所供车辆相联系以满足消费者需求。大数据分析能够优化供求预测,分析产品选择、制造模型与消费者信息之间的关系。这些分析可用于联系代理商订单与生产日程,使消费者能够浏览所供车型,根据其喜好设计产品、评估价格,从而降低生产成本,降低货物积压风险,并提高消费者的满意度。

(2)企业间整合

供应链的成功需要企业之间的整合。企业正在利用预测分析法打破消费者关系管理和供应链管理之间的界限,使得供应链内部的供应方与生产、货运、进货等环节紧密相连,从而实现供求同步。2001年以来,百货连锁店美国彭尼公司(J. C. Penney)在预测和计划方面开始了重要转型,在整个销售过程中采取统一的需求预测。利用大数据分析,企业将公司级和门店级的融资、销售、库存计划和当季预测进行了全面整合。预测也同时应用于产品组合、分配和价格优化系统。通过这种新型的整合方式,公司毛利润和库存运转提高了 10%,门店销售获得了连续 4 年增长、运营利润增长率达到两位数等成就。

数据分析整合的另一个典型案例是迪尔公司。该公司在产品布局方面使用了大数据分析方法,通过分析,公司发现了最不为消费者看好的产品布局,这种做法还将供求进行了整合。数据分析识别出利润贡献少的产品布局,企业按分析结果将其撤除,从而减少了库存,降低了运营的复杂性。分析团队再通过数据分析为现存的两条生产线设计理想的产品布局,减少布局选项,同时保持消费者满意度。这两条生产线实现了 15% 的利润增长。

(3)整合预测

预测驱动了整个供应链,因此,预测对企业的各种职能都十分重要。销售额与需求预测推动了市场营销、企业运营和融资的改善,包括补货、推销、房产、预算甚至是人力资源的决策。更好的预测带来的益处包括更有效率的资源分配、更低的库存囤积、更快更准确的管理决策以及职能部门之间、总部与门店、供应商之间的进一步整合。

过去,许多企业依靠人工预测。多种人工预测不仅浪费管理时间,预测的差异还会使得零售企业之间的整合运营和融资决策变得困难。过去,有许多不同团体或职能部门进行各自的预测以做出订单、人员、推销和预算决策。门店和区域做出自下而上的预测,企业层面则做出自上而下的预测。当然,这种预测往往会导致分歧,使得整合与绩效提高出现了不同程度的困难。

如今,企业越来越多地采用了整合数据分析预测技术。许多企业将预测功能集中做出整合预测,同时也越来越多地采用自动化和统计性的预测方式,而不是直接推断,以做出包含多种结果的预测。随着自动化统计预测技术的进一步发展,企业越来越多地依靠各种自动化统计预测工具制定决策。大数据分析为企业提供了前所未有的观测视角。除此之外,企业还寻求对整个供应链的订单预测进行整合的方式,从需求信号开始到配货中心和零售商贩,跨越一个很长的时间段。这为企业提供了一个贯穿组织和供应链的订单预测,它基于消费者需求,分时间段进行,而且更为准确。

资料来源:娜达·R.桑德斯.大数据供应链:构建工业 4.0 时代智能物流新模式[M].丁晓松,译.北京:中国人民大学出版社出版社,2015.

第一节　大数据概要

一、大数据定义

"大数据"是一个体量和数据类别特别大的数据集,传统的数据处理应用软件不足以处理它们。大数据挑战包括数据捕获、数据存储、数据分析、搜索、共享、传输、可视化、查询、更新和信息隐私。从数据的类别上看,"大数据"指的是无法使用传统流程或工具处理的信息。它定义了那些超出正常处理范围和大小、迫使用户采用非传统处理方法的数据集。

大数据这个词语从 20 世纪 90 年代开始被使用，在最近几年变得非常流行。研究机构 Gartner 对大数据给出这样的定义："大数据"是需要新处理模式才能具有更强的决策力、洞察发现力和流程优化能力的海量、高增长率和多样化的信息资产。

麦肯锡全球研究所给出的定义是：一种规模大到在获取、存储、管理、分析方面大大超出了传统数据库软件工具能力范围的数据集合，具有海量的数据规模、快速的数据流转、多样的数据类型和价值密度低四大特征。

《大数据时代》一书的作者维克托·迈尔－舍恩伯格对大数据有这样的定义："大数据，不是随机样本，而是所有数据；不是精确性，而是混杂性；不是因果关系，而是相关关系。"

亚马逊网络服务（AWS）、大数据科学家约翰·劳塞尔提到一个简单的定义：大数据就是任何超过了一台计算机处理能力的庞大数据量。

二、大数据特点

总的来说，大数据的特点可归纳为 6V1C：

数据量（volume）：是指数据的体量很大，数据的大小决定了数据的价值和数据所拥有的潜在信息；

数据种类（variety）：包括了数据类型多样化、数据来源多样化的特征；

数据流速（velocity）：是指数据产生的速度、数据写入介质、从介质读出以及在计算机中处理速度快的特征；

可变性（variability）：是指数据中存在很多不一致的地方，妨碍了处理和有效管理数据的过程；

真实性（veracity）：是指大数据采集中数据质量相差很大，如果不经过任何处理，可能影响分析的准确性；

价值（value）：是指数据的价值密度低，需要合理运用大数据，以低成本创造高价值；

复杂性（complexity）：数据量巨大，来源多渠道。

机器学习的广泛应用也是大数据时代的一个重要特点。机器学习利用算法来发现数据之间的关系，而这个关系的发现就需要大量的数据支撑。大数据时代正好为机器学习提供了足够的数据来源，大数据不告诉你为什么存在这样的关系，只是将这个关系呈现在你的面前。

第二节 大数据驱动下的供应链决策方法

一、数据驱动的供应链决策

从供应链整体角度考虑，传统的供应链可划分为推动型和拉动型两种。这两种供应链的运作流程都是从供应到生产，再到订单交付和销售，信息流在供应链运作过程中逐级传递(如图 10-1 所示),其运作模式可以看作"一个流"。

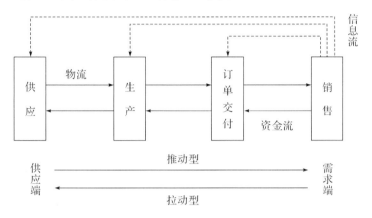

图 10-1　传统供应链运作流程

大数据丰富了供应链的功能,为供应链决策提供了一个转型机遇。大数据驱动的供应链决策通常包括以下三个步骤:

(1)大数据资源的获取。设计供应链关键指标,构建数据采集系统(平台),这是供应链成员企业获取决策信息的关键。

(2)大数据分析。借助时间序列方法、数据挖掘、机器学习等手段,进行商务数据分析,挖掘潜在的商业知识,寻找降本增效的空间。对产品的需求进行预测,为后续的决策提供科学依据。

(3)数据驱动的决策。根据大数据分析,建立起详细的市场分区,将不同的竞争优势和相应的市场分区匹配。建立以大数据为导向的决策机制,实现供应链协同决策。

大数据供应链的运作流程不同于传统供应链,最显著的区分在于预测机制、信息流传递机制和销售策略。

大数据供应链的预测强调的是逐级预测,在制订生产/采购计划、库存/分销计划、销售计划时要分别以大数据预测作为驱动,以了解供应链在未来运作过程中可能出现的不确定性因素和未知事件。逐级预测区别于传统供应链的末端市场需求预测信息向供应链上游传递的过程,它贯穿于供应链供应端到需求端的始末,供应链运作职能的每次转换作为逐级预测的节点。

大数据供应链的信息流采用"一对多"传递机制,供应链成员企业从大数据平台上获取决策所需的信息。该种模式能够降低信息流逐级传递过程的失真,是弱化供应链"牛鞭效应"的有效途径之一。同时,这样的信息流传递机制能够有效减少供应链各级子系统的时滞,加强供应链信息共享,使供应链的扩张不受级数的约束。

大数据供应链的末端是一个个精准的细分市场,而不是广义的销售市场。"精准市场"是一个与消费者"平均需求"相对的概念,销售商需要充分了解顾客的个性化需求,通过对消费大数据的处理来驱动供应链的市场分区。当精细的市场分区被划分,销售商要制定出相应的营销策略,用大数据的思维解决"哪些消费者适合我""消费者在哪里"等问题。

【案例】长虹大数据产业供应链决策分析平台入选国家示范项目

2018年10月,国家工业和信息化部信息化和软件服务业司公示了2018年大数据产业发展试点示范项目评选结果。其中,长虹大数据产业供应链决策分析平台经专家评审,成功入选产业创新大数据应用方向的示范项目。

党的十九大报告曾指出:加快建设制造强国,加快发展先进制造业,推动互联网、大数据、人工智能和实体经济深度融合。大数据在各领域的应用获得了国家层面的大力推动。工信部确定本次试点单位,主要是为落实《国务院关于印发促进大数据发展行动纲要的通知》和《大数据产业发展规划(2016—2020年)》,推进实施我国的大数据战略,务实推动大数据技术和产业的创新发展。

全球制造业的竞争已经由企业与企业之间、产品与产品之间的竞争转向全产业链综合业态之间的竞争,拥有一批协同发展的优势产业链显得尤为重要。据了解,长虹大数据产业供应链决策分析平台隶属于长虹产业服务平台,该平台将长虹的研发、供应链、制造、财务等能力平台化、商品化,为企业级用户提供一体化、全流程解决方案,是长虹实施面向制造的服务转型的关键成果。

专注于智能制造的长虹在大数据分析研发上同样处于领先地位,以长虹推出的TinyVoice系列大数据平台以及大数据产品为例,TinyVoice具有丰富的数据分析挖掘模型库、多方式数据采集、多存储集群满足不同的数据存储策略、灵活的数据共享服务、平台安全增强等关键特性,为长虹大数据基础技术平台的构建和数字化转型按下了加速键。

大数据产业供应链决策分析平台充分发挥长虹的资源整合优势,基于完整的供应商评价数据、物料质量控制体系,打通采购供应、加工制造、分销配送等生产中的各环节,高效、精准地对接客户需求。为企业级用户提供全球采购平台服务、供应链综合服务、采购执行、分销执行、虚拟生产等供应链服务。

据悉,为了进一步提高在供应链管理服务领域的运作效率和竞争能力,长虹成立了四川长虹供应链服务有限公司。目前,该公司合作的优质供应商超过30000家,拥有超过100人的专业人才。

长虹大数据产业供应链决策分析平台入选2018年大数据产业发展试点示范项目,这是对长虹在大数据分析和供应链管理能力上的肯定,而通过将自身能力进行平台化输出,帮助企业级用户提供一体化、全流程解决方案,是长虹实施面向制造的服务转型的关键成果。

资料来源:长虹大数据产业供应链决策分析平台入选国家示范项目[EB/OL].(2018-10-22)[2021-05-01].http://www.ce.cncysc), j d/kx/201810/22/t20181022_30596018.shtml.

二、时间序列数据的需求预测

从供应链的角度出发,常见的时间序列数据可以理解为供应链上的一些需求数据。因为需求数据(如商品)在整个生命周期中的销量数据具有典型的时间性,商品在整个生命周期中,除了受到历史销量的影响之外,还受到包括营销、运营、线上、线下各种可能因素的影响。

对于销量的定量预测一般有两种:基于时序的预测方法和基于相关关系的预测方法。基于时序的预测方法是以销量本身的历史数据的变化趋势来发现其变化规律,作为预测的依据,把未来作为过去历史的延伸,如移动平均、指数平滑、ARIMA 等方法。相关关系法是通过销量与其他可能的影响因素的相互关系来发现其变化的规律,作为预测未来的依据,如机器学习(多元回归、决策树、随机森林、神经网络)、深度学习等方法。下面将选择几种常用与热门的方法来说明时间序列数据的定量预测。

1. ARIMA 模型

ARIMA 模型即自回归移动平均模型(autoregressive integrated moving average model),是 20 世纪 70 年代初由乔治·E. P. 博克斯(George E. P. Box)和格威利姆·M. 詹金斯(Gwilym M. Jenkins)提出的。其模型 $ARIMA(p,d,q)$ 中,AR 为自回归,p 为自回归项;MA 为移动平均,q 为移动平均项,d 为将时间序列转化为平稳序列所需要做的差分次数。从模型中可以看出,ARIMA 模型是将非平稳序列转化为平稳时间序列,然后将因变量对它的滞后项以及随机误差项的现值和滞后值进行回归所建立的模型。

ARIMA 的优点是模型十分简单,只需要内生变量而不需要借助其他外生变量。比如,在销量预测中,只要利用某商品的历史销量数据来计算 ARIMA 模型的参数,就可以对销量进行未来的预测。ARIMA 有两个缺点:其一是要求时序数据是稳定的,或者通过差分后是稳定的;其二是本质上只能捕捉线性关系,而不能捕捉非线性关系。

2. 机器学习方法

1959 年,IBM 的阿瑟·萨缪尔(Arthur Samuel)设计了一个西洋棋程序,这个程序可以在不断的对弈中改善自己的棋艺,也就是说,它具有一定的学习能力。4 年之后,这个程序战胜了设计者本人,又过了 3 年,这个程序战胜了一个保持 8 年不败记录的冠军。这个程序向人们展示了机器也能够具有自我学习,并且不断改进的能力,萨缪尔本人也给出了对于机器学习的一个定义:"计算机有能力去学习,而不是通过预先准确实现的代码。"

另一位机器学习领域的著名学者汤姆·M. 米切尔(Tom M. Mitchell)给出了一个更为正式的定义:对于某类任务 T 和性能度量 P,如果一个计算机程序在 T 上以 P 衡量的性能随着经验 E 而自我完善,那么我们称这个计算机程序在从经验 E 中学习。

机器学习往往可以分为以下三类:一是监督学习,计算机获得简单的输入给出期望的输出,过程是通过训练一个模型,学习通用的准则来从输入映射到输出。二是无监督学习,计算机通过自己学习来发现输入的结构,无监督学习可以被当成一个目标或者一个实现结果的途径。三是增强学习,计算机程序与动态环境交互,同时表现出确切目标,如无人汽车,这个程序的奖惩机制会作为反馈,实现在问题领域的导航。

在商品销量定量预测中,机器学习发挥了很大的作用。李学浍(Hakyeon Lee)等在 2014 年的一篇文章中运用机器学习的方法对电器的销量做预测,利用机器学习方法学习得到的模型能够很好地预测未来的销量水平,通过与实际数据的比较印证了这个结论。

在这篇文章中,作者将多元回归、神经网络、决策树等方法都作为机器学习方法的内容。

多元回归、神经网络、决策树等方法都是通过学习与历史销量可能有关的一些影响变量与销量之间的关系,得到模型之后再利用影响变量来得到未来销量的预测。这些方法都可以认为是因果分析法的范畴。

3. 深度学习方法

深度学习的概念源于人工神经网络,多层深度感知器就是一种深度学习结构,通过组合低层特征来形成更加抽象的高层表示属性类别或特征,来发现数据的分布式特征。

随着大数据时代的到来,我们能够获取的数据在数量和维度上都有巨大的提升,需要有更强大的学习方法来对数据进行处理,深度学习的方法能够进一步挖掘数据中隐藏的关系,并且在处理速度上也有提升。

深度学习在计算机视觉、语音识别以及自然语言处理上都发挥了巨大的优势。同样的,将深度学习应用于销量预测也能够带来很高的预测精度,在 Kaggle 数据竞赛平台中,很多参赛选手利用递归神经网络 RNN 的变种长短期记忆网络(LSTM)、XGBoost 等深度学习的方法,在销量预测的赛题中取得了很好的成绩。

【案例】零售业变革下供应链需求预测面临的挑战及数字化解决方案

随着电商兴起,中国整个零售的业态已经发生了巨变,人、货、场三大组成要素正在进行全面的重构和升级,零售业供应链向数字化转型势在必行。其转型之路一个重大的挑战就是需求难以准确预测。其中,企业内外部数据可见度的制约,是需求预测难的关键因素。首先,很多传统行业零售商过去采用层层分销的方式,除了部分大型经销商外,并不具备到次级经销商及门店的数据可见度。其次,许多企业内部不同渠道、不同区域间的数据也尚未打通,无法做到全局协同。线上线下分开的物流体系带来了诸多的额外成本,日益成为品牌商的挑战。此外,大量企业在预测系统的升级以及相应分析团队的能力建设方面也具有较大的提升空间。常用的预测及备货方法多参照历史同期表现,缺乏对外部信息的合理整合,并且分析绝大多数由人工完成,面对大幅增加的 SKU 数和订单频次,往往面临"分析师人手不足、分析深度不够"的尴尬局面。

零售业变革下,企业要着重提升基于数据的预测能力。典型的预测分析分为原始数据积累、数据质量提升(增强分析)和智能决策三个阶段。企业应当贴合自身运营状况在关键环节增加监控,提高数据的掌握程度;同时通过内外部分享协同,实现关键系统的打通整合。拥有足够数据体量后,企业需要排除数据缺失并建立统一标准,以提升数据质量,提高数据利用率。最后的决策阶段则需要积极引入大数据、人工智能等新技术,采取最优算法最大化预测效果。

针对需求预测难,行业内先进的企业也在综合采取数据系统建设、预测算法优化、分析能力提升及定制化生产等方式解决。在数据系统建设方面,企业通过数据标准化和系统整合对接,保障企业内部数据流通并提升不同企业实体间的数据协同度,另外也在终端通过先进设备加强数据沉淀,更多地了解消费者的购买行为及购买偏好。以全家便利店为例,其通过会员卡、POS 数据结合人脸识别账户绑定等技术成功获取深度消费者洞察,并以此为基础,助力门店选址及店内选品,大幅提升预测准确度并降低店内商品报废率。

除提升数据完整性、打通端到端数据外,引入大数据、机器学习等先进的预测方式也可大幅提升预测的准确度。以数据预测独角兽机构 Prevedere 为例,其综合内部销售、库存信息与外部气候、经济指数、价格指数等信息,运用大数据及云平台挖掘相关性,协助数家领先零售及消费品企业大幅提升预测准确性。此外,企业还需要持续培养专业化供应链分析预测团队,并通过持续学习构建系统的预测方法论,从根本的能力建设上进行提升。

资料来源:赵皎云,林振强.零售业变革下的数字化供应链建设[J].物流技术与应用,2021,26(2):80-84.

第三节　大数据下的供应链转型

一、供应链系统与大数据分析

供应链是将供应商、制造商、分销商以及终端消费者连接起来组成的网络结构,包括原材料采购、中间产品与最终产品制造、产品运输以及产品销售等流程。供应链是一系列的过程,其不仅是一条连接供应商到用户的物流链、信息链、资金链,也是一条价值链,原材料在供应链上进行加工、包装、运输,并最终得以销售,为供应链的各个参与者带来价值。要实现供应链的高效运作,供应链管理的系统思维不可或缺。

供应链系统由四个部分组成:采购、制造、物流、销售。这四个环节贯穿供应链运营管理的各个方面,是系统中不可分割的组织和功能。因此,我们应该着眼于供应链各个环节的优化与协调,而不是局部的某个环节。例如,销售环节利用大数据分析获得未来市场的需求量,但是,如果物流系统的运输与配送不能满足需要,就会给制造企业带来更大的库存量,造成供应链系统的总成本上升以及客户满意度的下降。

1. 采购环节

采购环节是指从供应商处购买原材料、获得服务、取得物料供应的一切活动及过程。在为消费者提供优质的产品和服务的各个环节中,采购是关键的第一步。对于制造企业来说,采购环节通常是企业最重要的成本支出,一般会占到企业总成本的50%以上。因此,采购对企业具有重要的经济价值,如果对这一环节进行合理的优化和配置将会为企业节约巨大的成本。

2. 制造环节

制造环节是指一个企业的运营功能,目的是创造产品和服务。制造在供应链中具有重要意义,负责将企业的投入转化为最终的产品或服务。企业的投入具体可以包括:原材料、劳动力、资本、技术、信息以及设备设施等。对于制造企业而言,需要选择合适的制造流程以及制造策略。当代的制造理论又不断地重塑这些基本的流程和策略,这些理论包

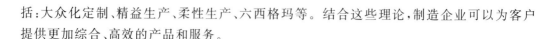

括：大众化定制、精益生产、柔性生产、六西格玛等。结合这些理论，制造企业可以为客户提供更加综合、高效的产品和服务。

3. 物流环节

物流环节是指在供应链中，将原材料、在制品、产成品在规定时间内运送到特定位置的活动。物流涉及一系列的管理流程，包括订单管理、库存管理、运输管理以及对仓储、物料处理和包装的一系列管理。物流是以成本最小化为目标对系统进行设计和管理，控制产品在供应链中的流通状况并提供库存管理，以协助供应链采购与生产活动，满足客户要求。

4. 销售环节

销售环节是指市场营销，其将企业与消费者联系起来，明确消费需求，促进新产品推广以及发现新的市场机遇。当代市场营销观点认为，与客户维持良好的关系比完成产品或者服务的交易过程更为重要。因此，企业应该更多地了解客户的需要和需求，采用合适的客户关系管理策略，做到比竞争对手更了解消费者，以保持市场竞争力。

越来越多的供应链核心企业将大数据技术运用到供应链的四个环节。在采购方面，大数据分析的应用主要体现在两个方面：优化采购渠道选择和有效识别供应商。在制造方面，大数据主要应用于企业生产力和产品质量管理以及劳动力优化等。在物流方面，大数据分析的应用主要包括：优化仓储、补充库存、优化配送中心选择以及最小化交通成本等。在销售环节，大数据可以用于优化定价、分析消费者的消费行为、建立精细化的市场分段、预测市场需求等。总而言之，在供应链管理过程中，大数据分析能够有效地优化流程、提升效率、提高绩效，同时供应链作为一个完整的系统，其上下游企业如果想要发挥大数据的最大潜力，就不能分散化地将大数据分析应用于某个环节，而应该协调整合各个环节，将基于数据的决策渗透整个供应链，实现决策优化、生产自动化，并最终实现供应链的智能化。

二、大数据对采购的作用

对于供应链上的任何企业而言，不论制造商、批发商还是零售商都需要从自身上游的供应商处购买原材料和服务以维持企业的正常运转。在整个供应链系统中，采购在企业成本结构占比较重，因此，供应链企业必须重视采购，并能够利用大数据技术培养和提升这一关键能力。

采购是购买产品和服务的过程，主要包括供应商选择、合约谈判、供应商效益评估等。我们可以看到，随着供应链管理的精细化和系统化，采购并不等于购买行为本身，其涉及内容更为广泛、更具有战略意义。因此，在采购环节，企业不能仅仅关注价格本身，而应该以战略性的眼光看待采购职能。在采购环节，企业应该与其供应商和合作商建立长期紧密的合作关系，通过打造质量高、稳定性强、产品独特的供应渠道，获得企业的竞争优势。

在采购环节，供应链企业采用大数据技术与工具，不仅能够实现企业成本控制，还能够实现流程标准化，辅助企业制定合理的策略等。大数据技术将来自外部的数据资源与企业自身的实际情况相结合,帮助企业更快、更好地做出采购决策。

1.订单流程自动化

优化订单流程是大数据在供应链中的重要应用。订单流程是指从下订单到订单完成的整个流程,企业订单流程执行的效率和准确性对该企业为客户提供的服务具有重要作用。订单流程是客户直接接触企业的环节,其质量的高低会直接影响客户的满意度。大数据能够有效地管理订单流程,帮助企业监控整个交易周期,及时满足客户的订单需求。

信息技术与大数据结合能够有效缩短从下订单到完成订单的时间。客户可以通过网络以及电子数据交换的方式将订单交给供应商,这样就能极大地提高订单流程的准确性,节省时间,节约沟通成本。此外,企业通过财务分析实践也证实了信息化的订单流程系统与数据分析能够帮助企业降低成本。

订单流程有两个关键环节:订单到现金和采购到付款,数据化和自动化能够实现供应链订单管理的标准化、统一化。在订单到现金环节,首先客户发起业务,供应商进行配货与运输在内的订单处理,以及开具票据等;采购到付款环节包括向供应商采购及付款,在自动化订单流程中,采购部门和财务部门就可以无缝衔接,高效完成采购活动。

2.问题的快速响应

利用大数据分析技术,企业能够根据自身约束与市场预测,考虑多种因素来优化采购决策,在其成本组合中迅速找到最优点。此外,企业还可以从不同的地区、不同的分类标准或者物料代码等角度分析成本。大数据分析能够帮助企业迅速建立起成本组合方案,然后对不同的情景进行测试。

快速解决问题的能力正在成为衡量企业的一项重要标准。如今,在庞大的供应链网络中,企业会面对诸多供应商,同时来自原材料、运输等方面的问题也时有发生。大数据分析使得企业可以从总成本的角度出发解决复杂的采购问题。例如,对供应商的选择问题,大数据可以解决供应商组合采购还是整体采购问题,优化大规模的采购网络;供应链企业通过大数据分析预测非频繁事件发生的可能性以及其可能造成的后果,以便采取针对性的预案。

3.降低成本

大数据分析不仅能够帮助企业控制总成本,还可以在企业实际采购活动之前优化采购决策。企业通过与供应商的数据合作和运作协调,了解采购各个环节的实时变化,从而有效降低成本。

商品供应价格的上升或者下降,原材料的供不应求或者供大于求等都会给采购环节带来很大的挑战,对企业成本造成巨大的不确定性。企业想要获得预测市场和供应商的优势,就需要充分了解不同环节的相关性,以及这些相关性可能受到的影响因素。拥有精准性的预测结果,结合可用库存与库存需求,企业就可以及时做出采购决策,降低因原材料、产成品的价格波动以及供应起伏带来的成本问题。

4.促进供应链各个参与方的协作

生产商和供应商整合、共享大数据,管理平台能够促进其实现生产协作。例如,在汽车制造业,数据共享使得生产商和供应商共同设计产品,以便产品设计师和制造工程师可以快速进行模拟实验,测试不同的产品设计,选择部件与供应商,并计算出相应的生产成本,这样可以极大地节省时间和成本。

三、大数据对制造的作用

对于供应链企业而言,制造即运营管理,是企业的核心。运营管理是统筹与制造相关的各种活动,生产企业的产品与服务。如果没有运营管理,企业也就没有可以销售的产品或者服务。

运营管理负责规划、组织、管理企业制造产品所需要的人力、设备、技术、原材料等资源。无论企业规模大小,无论是生产型还是服务型企业,运营管理都是企业最重要的活动。运营管理是一个非常复杂的系统问题,其涉及诸多管理决策。想要设计、生产出优秀的产品,管理者需要在了解市场的基础上,决定生产相关的必要流程,包括技术设备、员工技能、管理规章、资本投入等。

利用大数据分析对企业制造的提升主要体现在两方面:加强产品设计与创新、改善制造流程。

1.加强产品设计与创新

企业可以建立具备交叉功能的研发和产品设计数据库来进行同步设计、快速检验产品、产品模拟、协同完成整个产品的制造过程。通过供应链的协同快速实现产品的研发设计。

(1)产品设计。产品设计是确定企业产品性质与特点的过程。产品应该具备哪些性质和特点是由销售环节来确定的,其目的就是增加消费者对产品的需求。企业通过营销了解市场对于产品外观、颜色、性能以及包装、运输、服务等要求,然后根据需求,设计并制造出消费者满意的产品。产品设计决策在企业运营管理中至关重要,其中一个关键环节就是流程设计。流程设计是指设计产品流程以生产出最终产品,包括技术与自动化决策、精准系统的应用以及性能测试。产品设计确定产品的特点,将其转化为可以衡量的特征,以推进后续的生产流程。产品设计会直接影响产品质量、生产成本以及消费者满意度。

(2)产品研发。计算机技术在企业产品设计与生产中的应用已经有很长的历史,包括计算机辅助设计、计算机辅助生产、产品开发管理工具以及数字化生产等。然而,这些系统产生的数据往往是孤立的,形成了一个个的信息"孤岛"。整合这些数据可以有效协调各个环节共同研发产品,能够有效缩短产品开发周期,提高产品质量,提升资源使用率。如果产品生产需要众多供应商提供的零部件,共同研发就非常重要了。制造商与供应商共同研发产品能够促进产品设计、测试,并为企业带来更高的价值。产品设计者与制造工程师共享数据,进行模拟试验以测试不同的产品设计,并选择合适的零部件以及相应的供应商。

（3）开放式创新。随着移动互联网、大数据、云技术等对制造业的不断渗透,越来越多的企业开始不断采用外部数据资源,以促进内部产品研发创新。例如,制造企业引入消费者、供应商以及第三方为企业创新提供新思路,并与其合作共同研发产品。又如,消费品巨头宝洁公司在进行产品研发过程中,不仅会获取消费者的需求,还会和行业研究者等外部专家合作。据了解,宝洁公司有一半的产品都是与外部合作创新的产物。

2. 改善制造流程

在制造流程方面,大数据分析可以用来改进库存管理、质量管理和劳动力优化配置等三个方面。

（1）库存管理。库存管理是制造流程中非常重要的环节。如果库存低于实际需要水平,企业就不得不减少销售,从而影响企业的收入并降低消费者的满意度;相反,过多的库存会造成较高的库存管理成本。如何平衡库存成本与销售收入是制造企业需要解决的重要问题。大数据技术的应用能够改善企业的库存管理。传感器、无线射频识别技术能够有效地跟踪、监控产品,辅助企业制定最优的库存管理策略。例如,使用无线射频识别标签,检测库存量、货物所在的位置以及运输情况;使用传感器还能检测货物所处的环境状况,对易腐产品的温度监控,记录货物在各个流通环节的时间等。通过这些技术可以获得全面的货物数据,并将其与销售数据联系起来,帮助企业及时调整库存量。采用大数据分析技术,供应链可以实现"适应性库存",即实时跟踪货物,确定不同地区的库存水平,使得库存水平对市场需求具有适应性。结合销售记录、需求周期性等数据,企业能够较好地掌握市场需求变化,并通过自动化流程将市场需求与库存水平联系起来,不断优化企业的库存管理。

（2）质量管理。大数据分析对于改善质量管理有两个重要的方面。一是确保产品质量符合消费者预期。企业通过消费者群体细分、购买分析等方法,准确了解消费者购买行为,在此基础上准确描述产品需求特性,以此来指导生产过程。二是在生产过程中及时发现问题。在传统质量管理方法中,主要通过随机抽样检验某一流程是否符合质量要求,然而使用大数据技术,在产品上安装传感器实时监测产品性能,就完全革新了质量管理的方式。例如,企业在发动机上安装的传感器可以获取其温度和震动,以检测是否会出现问题;桥梁与建筑物上的传感器可以监控其承重、磨损程度。企业搜集、分析这些数据,可以在问题出现之前及时采取应对措施,降低甚至防止安全事故的出现。

（3）劳动力优化配置。随着劳动力价格的日益增加,尤其对于劳动密集型企业而言,劳动力的合理调度非常重要。通过合适的方式进行员工调度,不但能够缩短工作时间,还能够更高地匹配员工技能与岗位技能需要,从而提高产品生产效率和服务质量。例如,户外运动器材零售商 REI 应用员工管理系统预测和优化人力资源,不仅能够根据消费者到店的情况安排员工,还考虑了员工的个人工作时间偏好,从而有效提高对客户的服务质量,并提升公司的销售额。

四、大数据对物流的作用

物流是供应链正常运转的重要因素,物流出现问题,原材料或者产品就不能在规定的时间内到达特定的地点。为了实现货物正常流通,物流部门需要计划并协调所有材料,将其送到供应链的各个成员。

大数据分析对物流环节的作用主要体现在线路优化、选址优化、仓储管理、逆向物流等方面,下面对其进行逐一阐述。

1. 线路优化

线路优化是大数据在交通领域的一项重要应用。智能化路线优化是基于数字地图和实时交通信息,为车辆挑选最佳路径。线路优化应用需要借助全球定位系统的远程信息处理系统,能够实时上传车辆位置,以帮助司机确定最佳线路。此外,还能够优化车辆使用,降低物流运输的交通故障率。智能化交通线路可以有效降低交通成本,提高运营效率,改善车辆资源的调配管理。

路线导航系统还可以收集实时交通信息,包括交通事故、路面工程以及道路拥堵情况等信息。同时,它还可以结合兴趣点(points of interests)和天气数据,为司机提供避免交通拥堵线路的建议,并且将行车信息反馈给系统,建立信息的闭环流动,为物流环节内的车辆提供更准确、及时的行车服务。

2. 选址优化

物流中心或者配送中心的位置选择对于供应链具有重要意义。首先,物流中心的建设需要大量资金,一旦位置确定,很难变更;其次,选址对运营成本有很大的影响,不合理的选址会造成交通成本上升、原材料运输不便以及劳动力供给不足等问题,从而削弱企业的市场竞争力。

传统的选址决策通常使用一些简单的数学公式对地理位置和人口数据进行分析。大数据分析的出现和应用能够优化这一问题,其作用主要体现在两个方面。第一,随着数据质量和粒度的不断提高,有助于实现更为精确的选址决策,现在数据更新加快,数据来源也更加多元化,地区人口信息、地区特点信息、竞争对手信息、客户人群信息等有效地组合起来为选址提供有力的数据支撑;第二,大数据的应用不仅能够帮助企业进行同步决策,还能够优化场地布局,甚至确定是否需要重新规划。

3. 仓储管理

仓库是为原材料、产成品提供储存空间,负责其运出与运入。产品通过物流系统运送到仓库,并得到存储和保管。企业收到客户的订单后,就从储存点提取货物,然后通过车辆运输至客户的位置。目前,仓库越来越多地成为多种库存的组合,成为满足客户需求的场所。其目的是加快货物流动,提高仓储流转率,减少货物的囤积时间。

仓库要保证高效完成货物的进出。例如,对于精益生产的制造企业,仓库常常设在工厂附近,为生产活动提供及时的原料支持。同时,仓库还可以用来设计商品组合,为消费者运输货物。一个战略性定位的中心仓储单元,能够充分利用周围的交通设施,通过快捷的运输通道,提供给目标客户。此外,在大数据背景下,仓库越来越多地被赋予了过去由生产或者零售部门完成的角色。

一方面,大数据分析使得仓库管理变得更加智能化和精细化。过去,仓库管理职能是简单的储存定位功能。而现在,高端仓库管理系统采用了追踪和线路设计技术,如无线射频识别和发票认证技术,并且能够与全球各地的仓库体系协调库存与销售。另一方面,基于原料处理系统,借助数据驱动决策可以实现原料处理的自动化,提高了准确性和效率。企业使用该系统就可以灵活调整库存需求,根据仓库内货物的流动速度,确定哪些货物存放在便于进出的位置;同时,还可以根据工人的能力分配货物,确保货物运输的高效、快速。

4. 逆向物流

逆向物流就是产品反向由消费者流向制造商或供应商。造成这一情况的原因包括:产品损坏、保修期维修、产品更换、产品召回、循环利用等。与常规物流相比,逆向物流的成本很高,除了物流成本和产品处理成本之外,逆向物流还涉及很多其他问题,例如,在产品退回之后的货款处理以及可能涉及的金融问题;反向物流带来的物流和仓储难免对供应链正向的物流运输带来压力;在一些国家,有关产品回收的法律法规会给逆向物流带来额外的成本。

大数据对逆向物流的改善发挥了重要作用。首先,数据分析能够优化产品设计和包装,提高产品的可靠性和稳固性,减少逆向物流的发生,其次还能够帮助优化门店和物流中心选址,加快产品逆向流通速度。应用无线射频识别技术能够实时跟踪退货产品的位置,以便对逆向物流进行管理。

五、大数据对销售的作用

销售,即市场营销,其目的是连接企业和消费者,帮助企业识别消费者需求,发掘市场对新产品的需求,同时推动供应链的采购、物流、制造等多个环节的活动。

市场营销是大数据在供应链应用中最为活跃的一个环节。首先,大数据分析可以帮助企业实现更为精准的市场细分;其次,大数据可以应用于产品定价和组合优化;最后,随着地理位置信息的可用性逐渐增强,大数据在基于位置的市场营销中发挥了巨大的作用。

1. 市场细分

市场细分是市场营销的基础,为企业开展各种营销活动提供支持。在大数据背景下,市场细分主要采用的技术包括行为分析和情感分析。

市场细分得到了大数据的有力支撑。随着移动互联网的发展,企业获取客户信息的渠道也在逐渐扩展。历史购买数据、网站点击数据、关键词搜索数据以及社交网络数据的融合,企业可以将线上线下数据关联起来,与消费者个人联系起来。因此,企业可以不断发掘潜在客户,并对市场进行精准细分。

在市场营销领域,消费者更容易接受适合他们需求的产品和宣传方式,企业就需要对产品和服务进行个性化的宣传与推广。传统的做法通常是根据年龄、收入、性别、地区等人口统计数据进行客户群体细分,现在企业开始使用消费者的实际行为数据作为营销的依据,如消费者的到店行为数据以及地理位置数据等。

（1）行为分析

消费者行为信息的一个重要方面是店内行为。店内行为分析不仅可以帮助改进店内布局、装饰风格、产品摆放等，还可以记录消费者的购物习惯，包括消费者在店内的停留位置和停留时间。

一些商家在店内安置监控系统来观察消费者行为，例如，使用配备了运动感受器的摄像机观察消费者对某一货架上的商品选择，及其做出选择所花费的时间。甚至有些商家会在系统里加入图像分析功能用于分析消费者的购物心理与偏好。

尽管采用店内监控系统能够获得消费者翔实的店内行为信息，但是要注意消费者的隐私保护问题，以及数据的适度利用，以免引起消费者的排斥心理，甚至触及公民隐私保护的法律法规。

（2）情感分析

情感分析是通过电话反馈、问卷调查、售后评价等渠道，获得消费者对产品和服务的建议与意见，并通过社交媒体获得大量消费者信息，进而帮助企业得到消费者心理和情感的分析方法。这种方法将自然语言处理方法和数据分析方法结合起来，实时分析消费信息，深入挖掘消费者对产品和服务的情感信息。

2. 产品组合与定价优化

（1）产品组合优化。产品组合以及货架位置摆放是零售店需要考虑的重要内容，其决策不仅直接影响店铺的销售额，也会影响供应链上游的各个环节。产品组合的配置主要依据店铺所在地的人口统计信息、消费水平以及消费者偏好来确定，此外也会受到周期性需求的影响。在大数据技术方面，电子制图工具 CAD 可以实现货架图绘制的电子化，此外，更为先进的全自动货架制图器能够对货架空间和商品组合进行优化配置，以实现最佳的产品组合和摆放方式。数据分析工具能够帮助店铺分析不同产品组合的影响、消费者的偏好以及定价和促销对销售的影响。

（2）定价优化。传统的产品定价决策往往基于管理者的直觉和经验，促销和降价的强度和时间也要依靠这种方式。优化定价则使用数据分析为供应链的各个参与方和市场制定最佳的价格方案。事实上，采用优化模型的方法进行产品定价已经有多年的历史，现在更多的数据、更好的模型可以辅助管理者实现实时定价优化决策。随着大数据的深入，销售和价格的数据越来越个性化和多样化，这为商家提供了更多的定价选择。价格系统收集销售点的信息以及商品销售数据，用于预测供应量，确定每个店铺的每种产品的需求变化，并根据所得到的数据，商家制定相应的价格策略以及促销策略。定价优化能够有效提高销售额和边际利润，然而该技术的实施需要大量的前期投入，对于中小企业而言具有不小的挑战。另外，定价优化需要和产品组合优化等分析手段结合使用才能发挥最大的效力。在营销环节，企业需要有全局视野，只有对营销组合进行整体优化，才能获得最大的收益。

3. 基于地理位置的营销

在大数据分析中，基于地理位置信息的营销逐渐成为一项受商家追捧的技术应用。基于移动运营商基站、GPS信号、Wi-Fi、社交网络位置信息等方式的定位技术已经无处不在。地理位置信息具有很强的时间和空间属性,能够表明消费者在什么时间处于什么样的情境当中,营销人员可以据此实时给消费者提供产品和服务信息。

基于地理位置信息的移动广告是大数据营销的重要手段。在获取消费者同意开放地理位置的前提下,使用地理围栏技术,当消费者进入预设的地理范围内之后,营销人员会向消费者推送个性化广告及购物优惠券等。与传统的电视广告或者互联网广告相比,基于地理位置的广告推送能够结合消费者所处的实际情景,因此更具个性化和针对性。这类广告不仅能够直接影响消费者的购买决策,也更容易被消费者接受。

在移动互联网技术和应用层出不穷的今天,供应链企业应该积极尝试和使用新的技术。尤其在市场营销领域,企业之间的竞争异常激烈,只有善于把握技术创新才能够让企业具备持续的竞争力。如今,行业内涌现了很多此类大数据服务公司,越来越多的企业采用基于地理位置的营销手段,不断加大在这个领域的投资力度和资源投入,也取得了不错的效果。

【案例】大数据环境下供应链的三大新兴职能

预测与采购是大数据环境下供应链的新兴职能之一,大数据预测为供应链协同管理带来的一点改变是预知市场,缩短响应时间。这时,企业通过对历史用户数据、销售数据、采购数据、补货数据等建立相关的算法,对未来销量和消费者行为进行预测,在消费者未下单前,完成商品的采购,并运送到距离消费者最近的仓库,以缩短整个供应链的响应时间。另外,区别于以往根据市场调研人员的个人经验来判断市场情况的是,供应链上各节点企业通过对数据的收集筛选,真实地构建出市场需求变化模型,通过对模型的分析,企业识别出核心业务,将生产力放在核心业务之上,实现新的利润增长。

大数据环境下供应链的另一新兴职能是生产与运营,企业将大数据思想运用到产品的生产上,企业将无线传感器安装在工厂的各个角落,监控产品的整个生产流程,通过生产线上的传感器、射频识别装置获取产品实时数据,做到快速检验,可视化制造。企业建造好大数据平台后,将产品原理图、结构图、性能数据、订单数据等作为输入,通过软件操控各个生产流程,真正实现由大数据驱动的数字化工厂。产品是为了满足消费者需求,基于大数据分析的产品设计不再依靠直觉与猜测和传统的市场调查确定消费者需求,企业通过对消费者支付行为数据,购买历史数据等全面消费者数据,更加精准的判断出产品抢占市场的特征并将其融入产品的设计中去,增强产品的竞争实力。在产品研发的过程中,CAD/CAM技术、产品开发管理软件等系统会产生大量的产品数据,但是这些系统是孤立的,技术却在不断更新,利用大数据分析消除信息孤岛是一项完美的决策,设计者和制造者共享数据,制造商与供应商的决策互相影响,能明显降低整个供应链的生产成本。

在库存与物流职能方面,通过大数据分析,应用先进的处理手段和技术模型,对供应链上各节点企业(包括供应链上游的所有供应商以及下游的所有分销商)进行统一的信息交互式的监控和管理,通过产品上的射频识别标签来监控和盘点库存水平与物流状态,通过与下游企业提供的销售数据的结合判断某一仓库的现货量,若发现达到最低订货点则自动生成订单传递到其他节点企业。企业还能够通过对其他外部数据,如销售点数据、交通情况数据、天气情况数据等实现物流状态预测和库存水平的有机结合,建立柔性库存。

大数据环境下的供应链库存与物流职能使信息充分的共享,改善了供应商和分销商的关系。大数据平台联合预测优化了库存水平,对货物实时位置进行监测,更精确的匹配供需关系,提高了供应链整体运作水平和竞争实力。

资料来源:王红春,刘帅,赵亚星.大数据供应链与传统供应链的对比分析[J].价值工程,2017,36(26):112-113.

第四节　构建智能供应链及其挑战

一、大数据时代下的思维变革

大数据时代的到来改变了我们的思维方式,主要体现在以下几点。

1.总体思维

在过去的研究分析中,我们一直采用抽样的手段来获取样本,这是在我们无法获得总体数据条件下的最优选择。但是在大数据时代,我们已经有能力获得比之前量级大太多的数据。在这样全面的数据中,我们可以对问题有更全面深入的认识,发现一些抽样中无法体现的关系。维克托·迈尔—舍恩伯格总结道:"我们总是习惯把统计抽样看作文明得以建立的牢固基石,就如同几何学定理和万有引力定律一样。但是,统计抽样其实只是为了在技术受限的特定时期,解决当时存在的一些特定问题而产生的,其历史不足一百年。如今,技术环境已经有了很大的改善。在大数据时代进行抽样分析就像是在汽车时代骑马一样。在某些特定的情况下,我们依然可以使用样本分析法,但这不再是我们分析数据的主要方式。"

大数据的5V特征意味着我们能够更快、更方便地收集各种类型的相关数据,这也意味着我们对待研究问题的思路应该从抽样思维转变成总体思维,从而对问题有更加全面、系统的认识。

2.容错思维

在过去的研究分析中,由于数据来源于抽样,信息量较少,所以必须确保所获取的数据结构化、精确化,否则可能会出现结论的天差地别。但是在大数据时代,因为大数据技术的突破,所以大量的非结构化、异构化数据能够得到储存并且进行分析。这大大提升了我们从数据中获得知识的能力,同时也对过去传统研究中的精确思想带来了挑战。舍恩伯格提到,"执迷于精确性是信息缺乏时代和模拟时代的产物。只有5%的数据是结构化且能适用于传统数据库的。如果不接受混乱,则剩下95%的非结构化数据都无法利用,只有接受不精确性,我们才能打开一扇从未涉足的世界的窗户"。因此,我们有必要将思维转变为容错思维。我们如今能够拥有巨大数量的数据,不再需要追求数据的绝对精准,而是容许一定程度的错误和混杂,适当忽略微观层面上的精确,能够在宏观层面拥有更好的知识和洞察力。

3. 相关思维

在过去的研究分析中,我们往往执着地想要揭示问题背后的因果关系,试图从有限抽样的样本数据中找到其中的内在机理。另外,因为传统研究只有有限的抽样样本,所以我们无法利用这些数据来反映事物之间的普遍性和相关性。在大数据时代,我们能够利用大数据技术对数据进行深度挖掘,能够发现事物之间隐蔽的相关关系,这是传统数据分析无法实现的。这些相关关系能够给我们带来更多的认知,能够帮助我们进一步进行预测分析,建立在相关关系分析基础上的预测正是之前提到过的大数据的核心。从线性、非线性关系中,我们能够得到很多传统分析不能得到的联系。维克托·迈尔—舍恩伯格指出,大数据的出现让人们放弃了对因果关系的渴求,转而关注相关关系,人们只需知道"是什么",而不用知道"为什么"。在大数据时代,我们不必得到事物背后的深层内在的原因,只需要通过已有的大数据分析来知道是什么就已经能够解决问题了,这给研究提供了新颖且有价值的观点和知识。

4. 智慧思维

机器自动化、智能化一直是我们努力的方向,计算机的出现极大地推动了自动控制、人工智能和机器学习等技术的发展,机器人的设计和制造也取得了突飞猛进的成果,并且大量投入生产应用。机器人的自动化、智能化的水平已经有了很大的提升,但也存在无法突破的瓶颈,机器的思维仍然是线性、简单、物理的自然思维,智能水平仍然有很大的进步空间。而大数据时代的到来有可能改变这一情况。人脑之所以具有智能、智慧,是因为它能够对周围数据信息全面收集、逻辑判断和归纳演绎,获得对于事物的认知和见解。在大数据时代,随着物联网、云计算、社会计算、可视技术等的发展,大数据系统能够自动搜索所有相关的数据,并且模拟人脑进行主动、立体、逻辑的数据分析,做出判断,也就是逐渐能够模拟人类的智能思维能力和预测能力。

二、供应链的智能化进程

供应链在实施智能化的进程中,面临基础设施建设、企业间数据整合、内外部资源协调、人才和技术获取等诸多挑战。由于大数据分析应用场景的多样性和复杂性,因此,供应链企业常常在推进大数据进程时,必须结合企业的业务、服务对象以及内部文化,并具备系统化思维,以提升供应链运营效率为最终目标,切记不能受制于大数据技术本身。

推进供应链智能化,主要包括四个环节:数据结构化、数据一体化、数据分析与结果可视化,如图 10-2 所示。

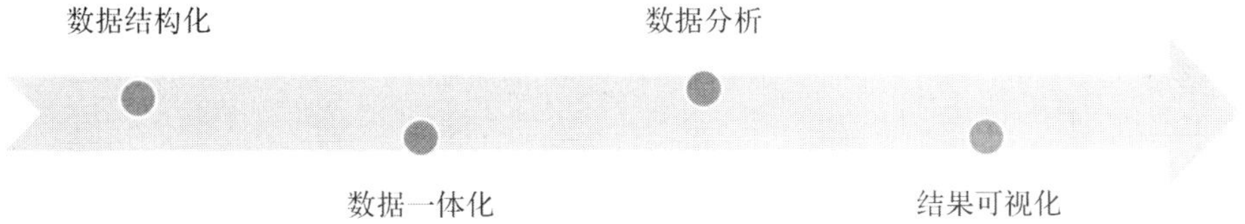

图 10-2　推进供应链智能化的四个环节

第一个环节,即数据结构化,是供应链智能化进程的基础环节。数据结构化就是将供应链各个环节产生的信息数字化和格式化。在这个环节,供应链企业要根据大数据分析的目的收集和整理数据,保证数据的完整性以及结构化。借助统计方法对数据进行预处理,如异常值处理等;设置标准化的数据格式,保证原始数据的质量;添加完备的数据描述信息,以辅助数据的进一步开发和利用。

供应链的成功离不开上下游企业的整合,即在供应链内部,原材料供应、产成品加工、货物运输各个环节紧密协调,相互配合,其中很重要的一点就是实现供应链企业的数据共享,也就是数据的一体化。本质上,数据一体化就是要求成员之间开放数据,基于统一的数据平台开展相关的活动。这也为供应链数据的商业应用提供了可能。

在数据分析环节,首先,需要完成基本数据的关联和匹配,并使用标准化的初级定量分析方法,例如,描述性分析,为供应链企业提供直观的数据认知。在此基础上,企业需要利用机器学习、统计分析等方法,进行预测分析、实时运营活动分析。数据分析环节为优化企业运营,提供优质服务和技术支撑。

最后一个环节,即结果可视化,在大数据领域,可视化作为数据挖掘的一种方法非常重要,是供应链决策的直接依据。数据通过图像、图标、仪表盘以及三维动画的形式呈现,有助于供应链上下游企业间的信息传递与共享。此外,经过整合、分析之后的数据通过可视化技术显现,决策者对供应链的状态会有更加直观、深刻的认识,确保其得出准确、可靠的结论。

三、企业智能化的变革

随着供应链智能化不断推进,供应链的企业内部该如何转变才能更好地适应这一趋势呢? 根据库尔特·勒温(Kurt Lewin)的观点,企业的组织变革可以分为四个阶段:识别需求、解冻、变革和再解冻。

1. 识别需求

企业的变革首先应该识别需求。变革的需求可以来自企业认识到自身所处的商业环境发生了改变,即外部因素导致的变革需求;也可能是企业技术能力和数据能力的提升带来了变革的必要性。不同的企业其变革需求多种多样,企业要根据当下的市场变化、技术革新、竞争环境等因素,发现自身需要变革的组织和管理方式。

在大数据时代,企业应该清楚地认识到转型变革的必要性。大数据给供应链的运输、仓储、生产、营销带来了前所未有的机遇和挑战,赋予了企业创造新产品和新服务的机会。企业借助大数据能够实现基于人工智能的全新商业模式。总之,大数据分析为供应链企业开发新产品、新服务、新业务提供了新的机遇。

2. 解冻

在变革的"解冻"阶段,企业领导者要让员工认识到变革的必要性。变革需要员工改变工作方式和工作技能,很容易引起员工的抵触情绪。

企业需要减少员工的这种因不确定性而带来的抵触或者顾虑。一种有效的方法是让员工相信变革会改善自身的状况,将变革视为机遇。其关键是要引导员工认识到企业的未来愿景,为了这一愿景而变革,不仅会给企业,也会给员工个人带来收益。这是一种自上而下的变革方式,没有自下而上的方式更为高效、深刻。在自下而上的方式中,要求企业在变革的过程中授权,提高员工的参与感和主人公意识,让员工认识到企业面临的外部威胁与挑战,发挥其在变革中的主观能动性。

3. 变革

在这个阶段,企业要将变革的路线应用于实际的管理活动当中。在推行大数据应用的过程中,企业通常要完成技术、结构和员工管理三方面的变革。

技术变革是推动供应链企业向数据驱动转型的核心,其涵盖企业运营管理的各个方面,包括工作流程、生产方法、设备和信息系统等。技术变革的目的是提高生产效率和服务质量,从根本上提升企业的市场竞争力。

结构变革旨在改变企业的体系框架,使其更加适应大数据下新业务的需求。结构变革主要涉及企业的管理层次结构和运营模式,如集权式、事业部式、扁平式等组织结构的改变。此外,结构变革还包括物理环境的改变,如建筑物类型、周围地理环境、办公室布局和企业整体设计等,物理结构的改革能够影响员工的交流、协作、创新等。

在企业变革当中,不能忽略人的因素。人员是企业变革的决策者和执行者,在大数据影响逐渐增强的情况下,企业需要打造一支深刻认知大数据和熟练应用大数据的人才队伍。企业需要招聘具有大数据背景的员工,也可以通过对现有员工的再培训达到这一目的。

4. 再解冻

变革实施之后,还要不断加强,使其制度化,这一过程称为"再解冻"。企业领导者在再解冻过程中需要对企业进行调整,主要从变革的三个方面入手,即技术、结构和人才。

在再解冻过程中,企业对变革进行不断地改进,例如,如何将信息技术整合到具体的工作中,或者日常的工作汇报中。该阶段需要企业进行员工培训,改进激励系统来巩固变革措施。总而言之,再解冻就是对变革过程的结构化和系统化,确保新的工作方式得到激励和加强。

四、供应链智能化的挑战

大数据技术虽然能够让供应链企业在采购、运输、生产以及营销等各个环节获得巨大的收益,但是在大数据实际应用的过程中,仍然存在诸多挑战。这些挑战主要来自三个方面:技术、结构和人才。

1. 技术

企业想要推行大数据技术,就必须在信息系统、硬件设备、应用程序开发以及数据和服务方面进行投资。此外,企业还需要考虑目前已有的技术水平,并且处理已有系统和大数据工具的兼容问题,如数据标准和格式,否则就无法发挥大数据分析的效力。

数据共享与访问是大数据供应链的重要课题。管理者面对的一大障碍是无法获得并有效分析企业内部产生的数据。例如,数据虽然已经生成,但是没有对其进行初步处理和分析,进而无法以可视化的形式呈现,因而不能够支持管理者的决策。此外,供应链的数据还来源于上下游企业。企业通常会对自己的数据有很强的保护意识,担心数据泄露会给其带来风险。供应链只有建立起很强的制度激励和经济激励,并且内部企业有明确的自身定位,才能真正推进彼此数据的共享和开发。

2. 结构

企业如果没有对组织结构进行有针对性的改变,协调好各个部门,就很难推行大数据的实施与推广。企业面临的一个重大挑战是没有将技术整合到业务流程中,使数据分析能力没有起到相应的作用。要打破这一困境,企业必须重新设置部门结构与业务流程,使得大数据技术真正地融入组织结构的各个环节中。

同时,企业遇到的另一个问题是"筒仓式"决策,大数据的应用需要供应链企业之间的相互协作。在供应链的各个环节,包括采购、物流、制造、营销等,需要整合各个数据源,综合运用大数据分析。供应链的结构统一化才能确保这一流程跨职能、跨企业地进行。

企业结构的改变会威胁到员工的现状,迫使员工提升技能或改变工作模式。来自员工的阻力通常会影响组织结构变革的顺利开展。

3. 人才

在大数据实施过程中,来自人才的挑战非常显著。首先,企业的领导者由于受到传统供应链管理的思维限制,因此认识不到大数据为企业带来的巨大价值。许多企业仍然仅仅把信息技术看作企业组织运行的工具,虽然领导者已经在实际的决策中使用了大数据,但是还不能完全理解大数据带来的深刻变革。因此,在企业领导层面,要转变思路,不断加深对大数据的理解,明确带领企业进行大数据变革的方法和路线。

企业面临的第二个挑战是大数据人才不足。企业要想完成大数据变革就必须拥有相应的人才队伍。从目前人才市场供需来看,大数据技术和应用的人才仍然有很大缺口。供应链企业需要转变人才管理和薪资结构,不仅要吸引技术人才,还要留住人才。此外,老员工需要提升自身的大数据思维和能力,不匹配的技能也是企业推行大数据变革的障碍。

缺乏数据驱动决策思维的企业文化是另外一个挑战。企业文化是公司理念、愿景的具体体现,其与员工持有的价值观和信仰密不可分。没有匹配大数据战略的企业文化,公司将很难真正地将大数据技术落到实处。

【案例】京东的智慧供应链解决方案

京东的智慧供应链战略以围绕数据挖掘、人工智能、流程再造和技术驱动四个源动力,形成覆盖"商品、价格、计划、库存、协同"五大领域的智慧供应链解决方案,用技术帮助京东与合作伙伴解决"卖什么、怎么卖、卖多少、放哪里"的问题。

（1）人工智能算法支撑大数据挖掘

基于京东数年的线上销售数据，为了快速响应消费者需求和市场变化，京东智慧供应链解决方案通过机器算法智能地将商品选择和商品价格与消费者期望调整为一致，通过打造大数据选品平台和动态定价平台，构建京东零售的商业预测能力，制订匹配市场的零售计划，用计划来指导自动化的库存管理，并通过供应商协同平台将技术能力开放给合作伙伴。

（2）无人技术打造智慧物流

物流作为始终贯穿整条供应链的重要因素，京东从一开始便对其物流、仓储有着近乎偏执的重投入，也正因此让其在账面上不那么好看。但是事实证明，京东在物流仓储的建设布局、自动化技术的应用、无人技术的研发应用让其在配送时效及配送质量方面拥有行业绝对竞争优势。更重要的是，京东结合前面提到的大数据，将技术运用在仓储、运输、分拣及派送的各个环节全面打造智慧物流，提高效率降低成本。数据显示，中国商品的平均搬运次数为 7 次，而京东只需要搬运 2 次，这不能不归功于其智慧的物流系统。

（3）技术升级驱动流程再造

随着当今消费意愿高涨带来消费需求的升级，传统的采购销售流程也面临巨大的挑战。消费者期待的是更加透明、便捷、迅速且安全的商品及服务。京东深谙此道，不断进行技术升级优化供应链流程，比如在生鲜类商品中运用最新的区块链技术，实现产品从生产到最终使用者手上的过程中信息不可篡改。区块链技术具有去中心化、公开透明、每个人均可参与记录等特点，对信息可以实现加密保护、共识共享。

截至 2017 年，我国生鲜农产品市场供应链形态相对分散，大多数生鲜农产品的原材料端集中在小农户手中进行生产，没有形成规模效应。同时，农产品分配流程相对较长，产品要从农民手中经过合作社到批发市场再到门店，才能最终销售给消费者。这一过程涉及众多交易主体，产品信息的录入和共享基本缺失。多次的流转也导致食品二次污染的可能性增加，进一步威胁到消费者的食用安全。由于没有信息追溯的机制，因此出现问题，也无法准确找到污染环节和涉事主体。京东 Y 事业部区块链溯源项目正是基于此，创新地将区块链技术结合云计算技术打造一个全流程的信息追溯。

资料来源：刘洁琼.智能化时代来临京东全力打造智慧供应链带来的思考[J].科技创新导报，2017，14(28)：137，139.

▶ 本章要点

1. 大数据的含义：一种规模大到在获取、存储、管理、分析方面大大超出传统数据库软件工具能力范围的数据集合。

2. 大数据的特点可归纳为 6V1C：数据量（volume）、数据种类（variety）、数据流速（velocity）、可变性（variability）、真实性（veracity）、价值（value）、复杂性（complexity）。

3. 时间序列数据的需求预测方法：自回归移动平均模型（ARIMA）、机器学习、深度学习。

4. 大数据对采购的作用：订单流程自动化、问题的快速响应、降低成本、促进供应链各个参与方的协作。

5.大数据对制造的作用：加强产品设计与创新、改善制造流程。

6.大数据对物流的作用：线路优化、选址优化、仓储管理、逆向物流。

7.大数据对销售的作用：市场细分、产品组合与定价优化、基于地理位置的营销。

8.构建智能供应链的四个环节：数据结构化、数据一体化、数据分析与结果可视化。

9.企业实现供应链智能化的变革所需经历的四个阶段：识别需求、解冻、变革和再解冻。

10.供应链智能化的挑战主要来自三个方面：技术、结构和人才。

思考题

1.大数据和供应链如何深入融合？

2.需求预测与运营决策如何结合？

3.是否所有企业都需要构建智能供应链？哪些企业特别适合？

第十一章

绿色供应链

学习目的

通过本章学习,你需要:

1. 掌握绿色供应链管理的基本概念;

2. 理解绿色供应链管理的评价体系;

3. 了解绿色供应链的运营;

4. 了解绿色供应链管理的协同;

5. 了解闭环供应链。

第十一章
数字资源

【开篇案例】华为技术有限公司绿色供应链管理

1. 华为绿色供应链管理顶层设计

(1)绿色供应链发展规划

华为注重可持续的产品与解决方案,将生态设计和循环经济要素纳入产品全生命周期管理,并建立循环经济商业模式,开展"摇篮到摇篮"的循环经济实践,实现资源可持续利用。《2013年华为可持续发展报告》明确提出了公司"绿色供应链计划"。

(2)绿色供应链管理机构及职责

在绿色供应链管理方面,华为可持续发展委员会和节能减排委员会等一些内设机构参与了相关工作。可持续发展委员会(CSD委员会)的委员来自研发、制造、采购、人力资源、交付等部门,主要负责战略实施、重要问题决策、跨部门问题解决以及设定前瞻性目标等工作,引导公司可持续发展方向。节能减排委员会是华为绿色环保相关工作部署和执行的专业机构。

2. 华为开展绿色供应链管理

(1)推行绿色采购

华为将绿色理念融入采购业务之中。2006年,华为发布绿色采购宣言,向社会承诺在效能相同或相似的条件下,优先采购具有良好环保性能或使用再生材料的产品。建立绿色采购认证管理体系,对采购的产品和服务进行绿色认证。不采购违反环保法律法规企业的产品或服务。2008年,华为同深圳市环保局签署了《深圳市企业绿色采购合作协议》。华为将供应商的可持续发展绩效与采购份额和合作机会挂钩,对绩效表现好的供应商,在同等条件下优先采购其产品或服务。

(2)开展绿色供应链管理试点

2014年,华为与深圳市人居环境委员会联合发起了"深圳市绿色供应链"试点项目,提出以市场为导向的绿色供应链模式,通过节能、环保改造,提升企业市场竞争力。项目在对供应商进行信息收集、筛选、评估与考核的基础上,有针对性地组织了一系列研讨培训及专家现场技术辅导活动,交流行业中的先进环保技术,帮助供应商挖掘节能减排潜力。对主动实施污染防治设施升级改造的供应商,在资金扶持上给予倾斜。

同时,项目帮助华为完善了绿色采购基准,健全了绿色供应链管理体系,让企业的环境管理模式从被动转变为主动,实现从原有末端治理的管理模式转变为全生命周期的管理模式,从产品的开发、生产、分销、使用及回收到废弃物管理等全过程实现环境友好。在此基础上,委托第三方技术机构开展绿色供应链课题研究,总结华为试点经验,编写深圳绿色供应链指南。

(3)开展绿色供应商管理

华为的绿色供应商管理,分为供应商选择、绩效评估、合作三方面的内容。在绩效评估过程中,华为建立了问题处理和退出机制。在供应商选择过程中,华为将可持续发展要求纳入供应商认证和审核流程,所有正式供应商都要通过供应商认证。华为主要采用公众环境研究中心(IPE)全国企业环境表现数据库调查供应商,进行供应商认证及选择。华为基于电子行业行为准则(EICC),与正式供应商签署包括劳工标准、安全健康、环境保护、商业道德、管理体系及供应商管理等要素在内的"供应商企业社会责任(CSR)协议"。

对供应商的绩效评估,一是采用IPE的蔚蓝地图数据库定期检索近500家重点供应商在中国的环境表现,推动供应商自我管理;二是对供应商进行风险评估和分类管理,将供应商分为高、中、低三级风险,对于高风险供应商进行现场审核,中风险供应商进行抽样现场审核;三是根据供应商现场审核及整改情况评估供应商可持续发展绩效,将供应商分为A(优秀)、B(良好)、C(合格)、D(不合格)四个等级,评估结果在内部公布,并由采购经理向供应商高层传达,推动供应商整改。如果供应商持续低绩效,将降低供应商采购份额直至在供应商目录中剔除。

在绿色采购方面,华为积极与客户、行业协会、民间环保组织、政府环保部门等利益相关方进行沟通,持续提升绿色供应链透明度,连续3年被公众环境研究中心(IPE)评为我国绿色供应链品牌第一名。

文章来源:企业绿色供应链管理典型案例:华为技术有限公司[EB/OL].(2018-12-20)[2021-05-01].http://www.tanpaifang.com/tanguihua/2018/1220/62654.html.

自工业革命以来,随着科学技术的进步,生产力获得了高速发展,人类利用自然的能力急速提升,开发自然的规模空前扩大,在创造了前所未有的社会与经济发展的同时,也会对生态环境造成一定的破坏。而产品和服务并不是一个企业在提供,而是一条供应链上的所有成员共同完成的,因此想要在此过程中控制对环境的负面影响,就必须要在整条供应链中考虑环境因素,即绿色供应链管理。

第一节　绿色供应链的基本概念

一、绿色供应链的定义

供应链是围绕核心企业,通过对信息流、物流和资金流的控制,从采购原材料开始,到制成中间产品以及最终产品,最后通过销售网络把产品送到消费者手中,将供应商、制造商、分销商、零售商和最终用户连接成一个整体的功能网络链结构。传统的供应链管理是指通过人为手段调整供应链中的各个因素使其完成高效和低成本的目标。而绿色供应链及绿色供应链管理则是指以绿色制造和管理技术为基础,在整个供应链中综合考虑高效率,低成本,资源效率和环境影响的现代管理模式,使得产品从原材料、加工、包装、仓储、运输以及报废回收的整个过程中都能保持对环境的负面影响最小,资源利用率最高。

二、绿色供应链的特征

相对于传统的供应链管理而言,绿色供应链管理具有如下鲜明的特征。

1. 将环境因素作为供应链管理的重要目标

传统的供应链管理旨在通过对物流、信息流和资金流以及工作流进行计划、组织、协调和控制,以达到高效和低成本地将产品在正确的时间和地点以正确的方式送达给消费者。由此可见,传统的供应链管理仅仅局限于对供应链内部资源的充分利用,而没有充分考虑供应链中的决策会对生态环境产生何种影响,资源是否合理利用,能源是否可以节约,如何处理废弃物和排放物,如何回收再利用以及评价对环境的影响等,而这些方面恰恰是绿色供应链需要考虑的问题。

2. 强调供应链成员间的数据共享

为应对不确定的需求以及加强各方的战略互信,传统的供应链管理也强调供应链各方共享信息,以达到减少牛鞭效应的目的。而绿色供应链管理更需要各方的数据共享,因为只有供应链的上下游企业协同起来才能减轻供应链中的活动对环境造成的影响。绿色供应链中的数据共享包括产品设计、绿色材料的选取、绿色生产、运输与分销、包装、销售、废物的回收与处理以及对供应商的评估等过程中的数据。

3. 供应链的闭环运作

绿色供应链中物流并不是从原材料、中间产品和成品到消费者间的单向流动,而是一种循环的双向流动。在绿色供应链中,为了节约原料,高效利用能源,在生产过程中产生

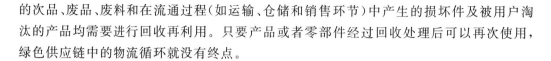

的次品、废品、废料和在流通过程(如运输、仓储和销售环节)中产生的损坏件及被用户淘汰的产品均需要进行回收再利用。只要产品或者零部件经过回收处理后可以再次使用,绿色供应链中的物流循环就没有终点。

4. 强调技术支持

绿色供应链管理需要强大的技术支持。不论是实现企业之间的信息和资源共享,决策优化,还是材料的回收再利用都离不开强大的技术支持,例如,可以通过现代的网络技术进行集中的资源配送优化,减少运输对环境的影响。

5. 风险管理

随着法律法规的持续完善和大众环保意识的不断加强,供应链管理不仅面临来自融资或者供应链中的活动中断的风险,也面临法规约束的风险和企业绿色形象的风险。绿色供应链管理在调动供应链中的因素对供应链进行调整的同时,除了需要规避传统的供应链风险(如融资风险、中断风险等)外,还需要控制绿色供应链独有的风险(如法规风险、绿色形象风险等)。

第二节　绿色供应链的产生和发展

一、绿色供应链管理的产生

1. 可持续发展战略的要求

随着全球经济的持续、快速发展,生态系统遭到了越来越大的生态压力,带来了诸如资源枯竭、环境污染和气候变化等严重的生态问题。围绕着以上不断出现的生态问题,可持续发展战略开始指导人类社会的发展,既满足当代人的需求,又不对满足子孙后代需要的能力构成危害。绿色供应链管理就是按照可持续发展战略,对供应链各个因素进行配置的过程。供应链作为生产和消费通道的网络,从原料获取到产品的制造、运输和使用过程中都会造成严重的环境问题,如废弃物、环境污染等,对人类的健康和生态平衡造成了严重的威胁。而绿色供应链是解决这一类环境问题的重要方式,即通过协调供应商、制造商、分销商、用户和供应链成员间的信息流、物流和资金流,采取诸如绿色采购、绿色设计、绿色制造、绿色分销、绿色物流、绿色消费和绿色回收等方法,使得整个供应链达到对环境友好、资源高效利用、运营高效和成本低廉的完美统一,从而形成包括企业、核心企业、产业链以及相关监督到位,政策支持和政府服务完善的绿色供应链生态系统,为解决生态问题走出重要的一步。

2. 环保法规的约束

随着生态问题的不断严重和恶化,从 20 世纪中期开始,欧美等发达国家开始以立法的形式保护环境,约束人类社会中可能对环境造成不良影响的行为。例如,1969 年,美国颁布了《国家环境政策法》，最早提出了可持续发展战略；20 世纪 70 年代，美国又陆续颁布了《美国环境教育法》《有毒物资控制法》和《海岸带管理法》等。伦敦烟雾事件促使英国于 1956 年颁布了《清洁空气法案》。我国于 1978 年首次将环境保持列入宪法。1979 年，我国制定了第一部《环境法（试行）》，之后又陆续颁布了《环境保护法》《大气污染防治法》《水污染防治法》和《海洋环境保护法》等。随着以上一系列法规的强制约束，供应链的各方需要调整自己的运营策略，此时绿色供应链管理就成了企业的重要战略。实施绿色供应链管理，既可以满足相关法律法规的要求，又可以适应可持续发展战略的要求，使得当未来相关法律法规出现变动时可以灵活地应对，而不必做出翻天覆地的改变。

3. 经济因素

诚然，供应链中的各方实施绿色供应链管理的动机一定包括了伦理、社会责任和遵守法律法规的角度，但在某些情况下实施绿色供应链管理也是出于经济因素方面的考虑。到目前为止，有许多研究都在讨论这样一个问题：越"绿色"的供应链是否也会得到更多的经济方面的优势。当然这个问题的答案依赖于许多因素，如地理因素、产业结构、市场状态等。在某些情况下，绿色供应链对于经济方面的表现的确有正向的影响，例如，马克·奥尔利茨基（Marc Orlitzky）和伊娃·霍瓦托瓦（Eva Horváthová）都指出企业的环境绩效与财务绩效是有联系的。这种作用并不一定是正向的影响效果，例如，布赖恩·W. 雅克布斯（Brian W. Jacobs）指出企业的温室气体和非温室气体排放量的减少会对企业的股票产生负向的影响。虽然在某些情况下企业可以选择是否采取绿色供应链战略，但是，在另外一些情况下，企业是不得不选择它的。选择的压力可能来自消费者的需求、法律法规的要求、投资者的需求和政府的引导与期望等。

二、绿色供应链的发展和趋势

国外的绿色供应链发展得相对成熟，很多大的企业和生态工业园都在不断地推进适合自身的绿色供应链管理，如零售巨头沃尔玛、通信服务商英国电信集团和丹麦麦卡伦堡工业共生体系等。他们将可持续理念引入供应链中，调动供应链中的因素，提升自身在环境友好和经济可持续方面的竞争力，引起了世界范围内的广泛关注。在企业大力发展绿色供应链的同时，政府和相关机构也在不断地推进法制和行业标准方面的工作，旨在引导和约束企业和行业在绿色供应链方面的建设。例如，欧盟和美国出台了成套绿色供应链计划和相关法律法规，包括对材料、生产、运输和供应链设计等环节的详细规定。世界贸易组织于 2021 年 2 月 28 日发布的《2020 年全球主要国家贸易动向》报告显示，中国 2020 年出口总额高达 179326 亿元，占全球出口总额的 15.8%，稳居世界第一大出口国的地位。而随着世界各国环保法规和强制性技术标准的约束力越来越强，我国正面临越来越严重的"绿色贸易壁垒"问题，在一定程度上也刺激了我国绿色供应链的发展。但是总的来说，和其他发达国家相比，我国的绿色供应链还处于初级探索阶段。越来越多的企业意识到绿色供应链是未来的发展趋势。

通过访谈来自全球 70 家大型企业的 100 位在可持续发展领域、供应链管理领域和采购领域的专家,联合国全球契约组织(United Nations Global Compact)和美国安永会计师事务所(Ernst & Young)联合发布了《绿色供应链发展报告》,指出了当今世界绿色供应链发展的 6 大发现。

1. 绿色供应链已成为企业不可忽视的一部分

为了适应全球的地缘政治冲突、气候变化和原材料短缺等问题,企业正在将应对市场风险时的弹性和环境、社会责任等植根于他们的供应链管理之中,扩大他们采购、生产和运输环节在劳动力市场、区域影响力和环境等方面的影响。

2. 运营、融资、法规和声誉上的风险是企业实施绿色供应链管理的主要驱动因素

绿色供应链的法规和相关标准的完善以及法规和标准在国家和地区上的差异性都给企业的绿色供应链管理带来了相应的机遇和挑战。随着大众环境意识的觉醒,企业的绿色供应链改革从被动地受法规和标准驱动进化为如今的受大众环境意识的驱动,因为绿色供应链管理可以迎合大众的环境意识,从而形成市场差异化,使销量增加,融资更加便利,与消费者的关系更加牢靠和长久。

3. 企业调整了监管方法以适应绿色供应链发展的要求

虽然许多企业的采购部门在选择、监督和激励供应商时,越来越多地将绿色供应链的要求、关键绩效指标和考核指标进行联合考虑。但是仅有少部分的企业会将可持续发展嵌入自己的商业模式中。多数的受访企业都采用跨部门的方式来进行绿色供应链管理,这样可以达到启发合作和知识交换的目的。值得期待的是,将会有更多的公司部门,如法务部门和产品设计部门等,加入绿色供应链的管理和设计中,极大地促进绿色供应链的发展。

4. 绿色供应链管理领先的企业和供应商拥有共同的价值

不同的企业在其供应链中和其他供应链成员之间会出现不同程度的联合,从基本的相互通信到将供应商看作企业商业的延伸。和供应商关系紧密的企业不是为了对供应商进行监管,而是为了充分引导和训练供应商以充分发挥供应商对公司的价值。在采购过程中,公司更偏向于能够帮助他们实现绿色供应链发展目标的供应商,只有这样才可以推进绿色供应链建设,同时满足消费者在环境友好方面的要求。

5. 技术进步使得供应链中的成员可以透视和管理非相邻成员

对非相邻供应商的透视与管理一直以来都是所有企业面临的一大难题。尽管公众越来越关注企业在可持续发展方面的报告与披露,但是多数企业仍然无法了解到在供应链深处可能潜在的可持续发展的风险。绿色供应链的主导企业正在鼓励供应商采取行业标准来共同推进绿色供应链的发展从而影响到深处的供应链。公众的关切、对风险的规避和越来越容易获取的硬件与技术,如先进的传感器、移动网络技术和云计算系统等,导致越来越多的现代化软硬件系统被用来提高供应链的透明度。技术可以帮助企业实时地了解、记录和对比当前供应商的表现,基于供应商的表现做出相应的供应商选择的决策,最终在增强供应商管理的同时,增加利润,加强与供应商的合作关系。技术解决方案也在不断地进化,企业现在不仅仅依靠来自供应商的信息输入,也包括来自员工的移动数据、政府和非政府组织数据库以及新闻媒体等,这些信息联合起来可以得到关于供应商的更加合理的评分。技术解决的输出(评分、占比和排名)会赋予表现优越的供应商在商业扩张方面的强大竞争力。技术将一如既往地在未来促进绿色供应链的发展,提供模块化的、基于云端的解决方案。

6. 合作是促进绿色供应链继续推进的关键因素

企业已经意识到在解决复杂的供应链问题时,需要和其他企业、学术界、标准制定者和非营利组织等合作。基于特定部门、特定区域和特定问题的多方合作变得越来越普遍。企业意识到合作具有降低成本、提高利用率、更好地进行知识交流、提高可靠性等优势。

第三节　绿色供应链的评价体系

一、生命周期的评价

1. 生命周期的定义

随着世界各国社会和经济的不断发展,人类的生产经营活动对生态环境的影响也越来越大,人类迫切要求获得产品和服务的有关信息,以便进行成品选择和过程控制与改进来满足生态发展的要求。在大量环境及其责任投诉和争议的面前,消费者和利益团体迫切想要知道产品到底会有怎样的环境影响。为了改善外部的环境压力,制造商需要知道怎样在产品的整个生命周期内减少对环境的伤害。政府和其他管理机构则希望获取产品的相关信息来帮助制定和完善相关法律法规、行业标准和环境方案。在这样的需求背景下,全生命周期评价应运而生。

生命周期评价是一种评价产品、工艺过程或者活动从原材料采集和加工,到生产、运输、销售、使用、回收、养护、循环利用和最终处理整个生命周期系统有关的环境负荷的过程。ISO 14040 对生命周期的定义为:汇总和评价一个产品、过程(或服务)体系在其整个生命周期的所有产出对环境造成的潜在的影响方法。生命周期评价可以获得产品相关信息的总体情况,为产品性能的改进提供完整、准确的信息。生命周期评价注重研究系统在生态健康、人类健康和资源消耗领域内的环境影响。生命周期评价研究产品的整个生命周期中的各个阶段对环境的影响,而环境影响包括废料排放以及各阶段对物料和能源的消耗所造成的环境负影响。将整个生命周期中的各个阶段联合起来考虑有助

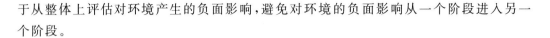

于从整体上评估对环境产生的负面影响,避免对环境的负面影响从一个阶段进入另一个阶段。

2. 生命周期的发展历史

随着环境问题的日益凸显和人们环境意识的萌发,全生命周期评价的思想最早在20世纪60年代到70年代开始出现。经过数十年的不断发展,于1993年开始纳入ISO 14000环境管理系列标准,成为国际通用的产品设计和环境管理的支持工具,其发展历程大致可分为以下三个阶段。

(1)萌芽阶段(20世纪60年代到70年代初)。在20世纪60年代到70年代初,随着环境意识在全球的崛起,如资源和能源效率、污染控制和固体废料污染控制等,生命周期评价开始萌芽,当时又称为资源与环境状况分析(resource and environmental profile analysis,REPA)。在REPA的早期案例中,最著名的就是1969年由美国中西部资源研究生主导开展的针对可口可乐公司的塑料包装瓶进行的评价研究。这项研究使得该公司抛弃了其长期使用的玻璃包装瓶而采用了沿用至今的塑料包装瓶。随后,欧美和日本的一些研究机构和咨询公司也相继开展了类似的研究。这一时期的研究一般由企业主导,其成果也仅作为企业内部决策的支持。1970—1974年,REPA的研究对象多为包装品和废弃物处理的问题。

(2)探索阶段(20世纪70年代到80年代末)。20世纪70年代中期,政府开始意识到REPA研究的重要性而开始积极支持并参与REPA的研究。随着全球能源问题的涌现,REPA研究中有关能源分析的工作之所以受到格外的关注,是因为其既考虑了能源的有效利用,又考虑了由能源消费带来的污染治理问题。

(3)标准化和迅速发展的阶段(20世纪80年代末至今)。随着全球和区域范围的环境问题的日益凸显与全球环境意识和可持续发展观念的不断加强,REPA研究在20世纪80年代末开启了快速发展的时代,公众和利益团体也开始关注这种研究成果。REPA研究虽然涉及研究和管理部门、企业、消费者等,但是使用REPA的目的和侧重点都有所不同,继续对REPA进行标准化的工作。1990年,国际环境毒理学和化学学会(society of environmental toxicology and chemistry,SETAC)召开了由全生命周期评价实施者、用户和相关科学家参与的有关全生命周期评价的国际研讨会议,首次提出了全生命周期评价的概念。1993年,国际标准化组织(ISO)将全生命周期评价纳入ISO 14000国际标准中,为全生命周期评价的标准化做出了巨大的贡献。我国对该标准采取了同等转化原则,颁布了两项国家标准,GB/T 24040(环境管理 生命周期评价的原则和框架)和BG/T 24040(环境管理 目的与范围的确定和清单分析)。

3. 生命周期评价的实践

生命周期评价的过程首先是要辨识和量化生命周期中各个阶段的物资和能量消耗以及对环境的释放,其次评价这些物资和能力消化、环境释放对环境的影响,最后辨识和评价减少这些影响的机会。1993年,国际环境毒理学和化学学会(SETAC)将生命周期评价的实施定义为以下四个阶段的有机结合:定义目标确定范围、清单分析、影响评价和改善分析,如图 11-1 所示。

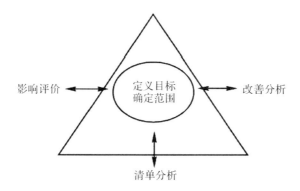

图 11-1 SETAC 生命周期评价实施框架

随后,ISO 14040 标准又将生命周期评价的实施步骤分为以下四个:目标与范围的界定、清单分析、影响评价和生命周期解释,如图 11-2 所示。

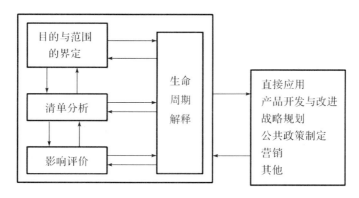

图 11-2 ISO 14040 生命周期评价实施框架

(1)目标与范围的界定。作为实施生命周期评价的第一步,也是最重要的一步,目标与范围的界定需要在没有数据采集和没有结论的前提下,确定研究的目标和范围、建立功能单位、建立一个保证研究质量的程序等。生命周期评价的目标应该根据具体的研究对象来确定,说明开展此项生命周期评价的目的和原因以及预测研究成果的应用场景。确定研究范围时需要设定基本的产品系统功能、功能单位、分配方法、系统边界、影响类型和影响的评价方法,评价后的解释、数据质量、假设条件局限性和鉴定性评审类型,以确保研究的深度和广度能够满足研究的需求。生命周期评价是一个不断反复迭代的过程,在数据和信息的搜集过程中,可以修正原来制定的目标和范围,达到的生命周期评价更能满足研究需要的目的。

(2)清单分析。清单分析是生命周期评价实施中发展得最完善的一个环节,也是生命周期分析的核心和关键。清单分析是对产品、工艺或者活动在其整个生命周期阶段的资源、能源消耗和向环境的排放进行数据量化的过程。清单分析的核心是建立由过程单位组成的生产系统的输入和输出量化系统,一个完整的清单分析可以为生产系统中的输入和输出提供一个总的概括。清单分析贯穿于整个生命周期,即原材料采集与加工、制造、运输、销售和回收处理,主要步骤包括数据的准备与计算和数据的收集。清单分析也是一个不断迭代的过程,当收集到一批重要的数据后,通过分析会对系统有新的认识,从而改变收集的数据和收集数据的方法,进而更新清单分析,如此不断循环。

(3)影响评价。影响评价是对清单分析阶段所辨识出的环境负荷影响进行定性和定量的描述和评价的过程。进行影响评价的原因包括以下两点:清单分析中得到的生产系统的输入和输出明细十分庞大和复杂而难以处理;清单分析中得到的结果需要有专业知识才能了解,不利于生命周期评价的接受和传播。对于影响评价的方法,目前国际上还没有达成共识,但是 ISO、SETAC 和美国环境保护署(environmental protection agency,EPA)都倾向将影响评价分为以下三个步骤:影响分类、数据的特征化和数据的量化。影响分类是将清单分析中的数据归结到不同的环境影响类型上。在发达国家的生命周期评价的案例中,大多采用了美国国家环保局定义的如下 8 种环境影响类型:全球气候变化、平流层臭氧消耗、酸雨化、光化学烟雾、富营养化、人体毒性、生态毒性和资源消耗。数据的特征化将影响因素对环境的影响程度或者强度量化,归纳成相应的指标,常用的方法有当量因子法、负荷模型、总体暴露效应模型和电源暴露效应模型。数据的量化是指将特征化过程中得到的关于不同环境影响类型的程度指标进行加权而得到关于环境影响的一个总指标。加权方法多采用专家评分法和模型推算法,如目标距离法等。数据的量化是生命周期评价中一个非常难处理的环节,因为不同的环境影响类型得分可能会得到相同的加权量化结果,所以目前对于具体的加权方法还没有统一的标准。

(4)生命周期解释。生命周期解释是根据清单分析和影响评价步骤中的结果,形成于研究目标和范围中的内容一致的,易于理解的和完整的结论的过程。根据 ISO 14043 的要求,生命周期解释主要包括识别、评估和报告三个要素。识别是指根据清单分析和影响评价步骤中得到的信息对重大问题进行识别;评估主要是指检查生命周期解释的结果是否与研究目的和范围一致,是否完整;而报告是指得出结论,形成建议。

4. 生命周期评价面临的挑战

虽然生命周期评价引起了社会的关注,也得到了不少的应用,但是它在方法论和应用上存在明显的不足:在生命周期评价中存在着大量的主观判断,这些主观判断缺乏科学和数据的支持。缺乏被广泛认同的清单分析和影响评价的分析方法;数据的完整性和精度有限,可能会得出错误的结论。研究结果的不确定性使得不能为消费者提供有效的产品选择建议。生命周期评价的结果与现有的管理工具在方法上存在巨大的差异,使得两者的结果无法比较。影响评价的结果只是一个简单的标量指标,掩盖了清单分析的结果;生命周期评价在实际应用中具有费用高和周期长的特点。

二、碳足迹

化石燃料使用、工业和制造业过程中产生的大量温室气体(green house gas,GHG,主要是 CO_2)导致了全球变暖问题。全球变暖问题指 20 世纪中期以来,地球近地大气和海洋平均温度的上升以及这种状况的延续。政府间气候变化专门委员会(Intergovernmental Panel on Climate Change,IPCC)曾经做过一项研究,根据往年的全球气温变化预测,到

2052 年之前,全球气温会上升 1.5℃。IPCC 的模型表明,当地球表面温度比前工业化时代升高 3.5℃时,地球上 40%～70% 的物种将会灭绝。2021 年 8 月 9 日,联合国发布了一份气候科学综述,自 2021 年以来,全球极端天气事件频发,形成的原因主要在于全球变暖趋势加剧。自 20 世纪中期以来,多数观测到的全球变暖问题都可以归结到大气中温室气体含量的急剧升高,而大气中的温室气体主要来自人类活动中的化石燃料燃烧、工业和制造业过程、森林砍伐等。大气中的温室气体含量(主要是 CO_2)会对地球和人类社会产生巨大的影响。全球变暖会引发全球气候变化,从而会对地球的化学(如海水的温度,pH 等)、物理(如淡水资源、海平面等)和生态系统(如物种生存、荒漠化程度等)产生不可逆的影响。根据美国国家海洋和大气管理局的数据,2021 年 5 月,大气中二氧化碳浓度攀升到近 419ppm。这种二氧化碳的堆积与 400 多万年前的情况相当,当时的全球平均温度比现在高约 7 华氏度,海平面比现在高 78 英尺。IPCC 的最新评估表明,在过去的 200 万年间,二氧化碳含量从未有过如此之多,增加速度也从未有过如此之快。

因此,控制全球温室气体排放成了人类可持续发展战略中的重要一步。作为评价一个产品、活动、过程或者团体中温室气体排放量的评价方法,碳足迹分析成了政治、经济和学术研究的热点。全球变暖问题也受到了我国政府的高度重视。2021 年 3 月 5 日,李克强总理代表国务院在十三届全国人大四次会议上作《政府工作报告》,报告指出"落实 2030 年应对气候变化国家自主贡献目标。加快发展方式绿色转型,协同推进经济高质量发展和生态环境高水平保护,单位国内生产总值能耗和二氧化碳排放分别降低 13.5%、18%"。

1.碳足迹分析定义

"碳足迹"源于哥伦比亚大学威廉·里斯(William Rees)和马西斯·瓦克纳格尔(Mathis Wackernagel)提出的"生态足迹"的概念,其中,生态足迹主要指要维持特定人口生存和经济发展所需的或者能够吸纳人类所排放的废物的、具有生物生产力的土地面积,而碳足迹指的是人类活动中排放的与气候变化相关的气体总量。相对于其他的碳排放研究不同的是,碳足迹是从全生命周期的角度来测算产品或者团体在生命周期阶段直接或者间接排放的与气候变化相关的气体总量,破除了所谓的"有烟囱才有污染"的误区。

关于碳足迹的定义,目前还没有统一的标准,主要的争议点有如下两点:碳足迹到底指的是用 CO_2 排放量还是用二氧化碳当量表示(CO_2＋其他温室气体转化为 CO_2 后的量);碳足迹表征的单位到底是什么(重量还是土地面积单位)? 不同的碳足迹定义会导致碳足迹分析在内容上存在一定的差异,但是不论哪种定义,碳足迹分析都是对温室气体排放过程的测量,包括温室气体的来源、构成和数量。综合了历史上不同的碳足迹的定义,中国科学院城市环境研究所王徽等人认为可以将碳足迹定义为:碳足迹是某一产品或者服务体系在其全生命周期内的碳排放总量,或者活动主题(包括个人、组织部门等)在某一活动过程中直接和间接的碳排放总量,以 CO_2 等价物表示。碳足迹分析也可以成为企业优化运营效率的一种方法,可以帮助企业完成如下的目标:

(1)识别主要的排放源,确定优先降低排放区域,提高运营效率。

（2）通过减少温室气体排放量，降低企业对化石能源的依赖，逐步开始适应"后碳世界"。

（3）通过减少能源消耗和优化原材料降低成本，提升企业竞争力；利用企业的绿色发展现状提升企业的形象，增大市场占有率。

（4）通过减少能源使用和应用清洁能源，减少生态污染。

2. 碳足迹的计算方法

碳足迹分析是一个评估和量化的过程，评估的方法可能有多种，但是最后的碳足迹分析报告都应该遵循如下的原则：

（1）相关性：确保碳足迹分析后的温室气体排放清单恰当地反映温室气体的排放情况，从而能够准确地服务于之后的决策。

（2）完整性：碳足迹分析后的报告要包括所有在清单边界中的温室气体的排放源和活动。

（3）一致性：碳足迹分析要采用一致的方法学，便于比较同一主体在不同时刻和不同主体的情况。

（4）透明性：碳足迹分析报告应当包含足够的信息，使得内部核查人员和外部审查人员可以以报告为基础，判断该项工作的可信度。

（5）准确性：计算出的温室气体排放量应该尽量逼近实际的排放量，确保以此为基础的决策准确而有意义。

目前有两大类碳足迹的计算方法，以过程分析为基础的"自下而上"的模型和以投入产出分析为基础的"自上而下"的模型。由于本书主要考虑的是供应链上的碳足迹分析，所以这里仅对过程分析法做介绍。过程分析法以过程分析为基础，通过生命周期清单分析中得到的系统的输入输出数据，计算研究对象全生命周期的温室气体排放量。简单地说，就是以测算温室气体排放为环境影响的目标，做一个关于系统的生命周期评价。过程分析法主要包括如下的几个过程：

（1）生命周期清单分析。尽可能将整个生命周期中所涉及的原料、能源、活动和过程全部列出，搞清楚每个过程单元的输入和输出，搞清楚过程单元之间的联系，从而制作出流程图。按照不同的主体，流程图可以分为"企业－消费者"流程图（原料－制造－分配－消费－处理和回收）和"企业－企业"流程图（原料－制造－分配，不涉及消费）。

（2）确定系统的边界。边界问题决定了清单分析所需要的数据，同时又需要配合着项目的目标，因此，边界界定问题是碳足迹分析中的重要一步。系统边界的确定应遵循如下原则：要包括生产、使用以及最终和回收该产品等整个生命周期阶段中的直接和间接的温室气体排放。以下情况可以排除在边界之外：温室气体排放量小于总排放量10%的活动或者过程；人类的其他活动导致的温室气体排放；消费者购买的交通工具产生的温室气体排放；动物作为交通工具时排放的温室气体。

（3）收集数据。计算碳足迹必须要收集以下两类数据，第一类是产品整个周期内的所有相关物资和活动，第二类是单位物资或者能量所排放的 CO_2 等价物。这两类数据的来源可以是原始数据也可以是通过原始数据计算出来的次级数据，一般要尽量使用原始数据，因为它比次级数据更准确可信。

(4)计算碳足迹。在计算过程中首先要建立质量平衡方程,确保物资的输入等于输出。然后根据质量平衡方程计算产品全生命周期中的各个阶段的温室气体排放,基本的公式为

$$E = \sum Q_i \times C_i$$

其中,E 为产品的碳足迹,Q_i 为 i 物资或者活动的数量或者强度数据(体积／质量／千米／千瓦时),C_i 为单位碳排放因子(CO_2／单位)。

(5)结果检验。结果检验的目的是检测碳足迹计算的结果的准确性和可靠性以提高碳足迹评价的可信度。可通过如下的方法提高碳足迹计算法的可靠性:利用更加可靠的数据;利用原始数据代替次级数据;优化计算的过程;请专家对计算结果进行评价。

3. 过程分析法的难点和不足

过程分析法可以探究一个产品或者活动在其全生命周期中的每个阶段上的碳排放情况,可以为改善流程或者活动,减少碳排放发挥巨大的作用。但是,由于其在评估方法上存在着难以掌控的难点和不足,因此在实施过程中需要注意以下几点:

(1)数据的采集往往存在着很多的困难。不论是物资或者活动的数量或者强度,还是单位碳排放因子,准确的测量都会具有非常大的难度。如果数据不够准确,那么过程分析的结果就难以作为决策的支持。

(2)系统的边界难以确定。研究的目的和数据的可获取性,确定了系统的最大范围,而系统边界界定的工作就是在此基础上进一步缩小系统的边界,从而有效地避免重复计算,提出更有针对性的减排措施。

(3)过程分析法没有对原材料生产和产品供应链中的非重要环节进行深入的分析,虽然在流程上看这些环节并不重要,但是这些过程单元可能会有大量的碳排放。

(4)过程分析法无法获得产品在零售过程中的碳排放。

(5)过程分析法虽然难以完成中观尺度(组织、机构)和宏观尺度(城市、区域、国家)上的碳足迹分析,但是适用于完成微观尺度上的碳足迹分析。因为中观和宏观尺度上的研究对象相对于微观尺度要复杂得多,所以难以进行必要的清单分析、系统边界界定和数据收集。值得注意的是,中观和宏观上的碳足迹分析是十分必要,因为仅仅依靠微观尺度上的碳足迹分析并不能很好地解决碳排放转移的问题,实际上并没有减少总的碳排放量。

第四节　绿色供应链的管理体系

绿色供应链管理包括两部分,一个是面向供应链内部的运营管理,另一个是面向市场的供应链战略管理。在绿色供应链管理中我们主要从物流、库存、选址、立法和技术角度介绍绿色供应链运营与传统供应链运营的区别。在绿色供应链战略管理中,首先介绍绿色供应链协同机制,然后介绍一种特殊的绿色供应链战略——闭环供应链。

一、绿色供应链运营

1.绿色物流

绿色物流是通过系统性的测量和分析,最终减少物流活动对环境的危害。减少物流活动对环境的危害主要是指减少非可持续能源的消耗、有害气体(如温室气体)的排放和资源浪费。以下方法可以减少物流活动对环境的危害:①技术更新,如用新能源车取代传统燃油车辆;②有效的规划设计,如高效率的路径规划;③物流活动革新,如通过逆向物流提高物流活动效率。

(1)物流活动对环境的危害

通过物流网络,商品从供应商到消费者流动,各种运输工具参与其中。运输工具的使用会产生很多污染,包括对环境有害的气体和运输过程中的噪音污染等。此外,包装也是物流活动中造成环境污染的重要原因。

世界资源研究所(world resources institute,WRI)气候分析指标工具发布的报告显示:温室气体的主要来源是能源消耗,而运输活动是能源消耗的重要组成。运输活动产生的温室气体主要是碳氧化合物,即碳足迹(carbon footprint)是计量碳氧化合物对环境造成影响程度的重要指标。计量碳足迹有两个方法:①投入产出分析法(input-output analysis),根据燃料使用计量温室气体排放量是通过给每种燃料赋予一个排放系数(emissions factor),用每个排放系数分别乘以该燃料的使用量,最后求和即得到碳排放总量;②过程分析法(frecess analysis),通过运输设备特性估计燃料消耗,或者通过活动来估计燃料消耗。燃料投入产出法要求得到每种燃料总消耗量,但如果该数据很难得到,如运输服务由第三方提供,该方法就不适用了。过程分析法通过将计量主体限定在单个设备或活动中,虽然规避了这个问题,但是这种方法将连续的供应链和生产工艺流程人为地截断。这两种计算碳排放方法的准确性都取决于排放系数。

物流活动对环境产生的危害还包括水、空气和噪音污染。与碳排放产生的温室效应不同,这里的大气污染指运输过程产生的有害气体,如硫化物、氮氧化物和颗粒物。空气污染是区域性的,温室气体是全球性的。运输还会产生水污染,典型的是海运对海洋产生的污染,生产燃料也会污染水源。交通运输工具是主要的噪音来源,根据《中华人民共和国环境噪声污染防治法》规定,噪音标准值最大为70分贝,超过该值就难以接受了。而纽约市环境保护局资料显示,交通工具的最低声音也是大于70分贝的。

包装处于生产过程的末尾和物流过程的开头,既是生产的终点又是物流的始点。在现代物流观念中,将包装纳入物流系统中,不仅是强调生产的终结,更是强调包装需要满足商品流通的要求。包装具有保护商品,方便物流过程,促进商品销售和方便消费的作用。根据物流的各个阶段的不同,物流包装分为:①运输包装(transport package),是以满足储存、运输要求为主要目的的包装形式。它具有保障产品安全、方便装卸搬运、加速交接点验等作用。②托盘包装(palletizing),是以托盘为承载物,将包装件或产品堆码在托盘上,通过捆扎、裹包或胶粘等方法加以固定,形成一个搬运单元,以便于使用机械设备装卸搬运的包装形式。③集装箱化(containerization),是用集装器具或采用捆扎方法,将物品组成标准规格的单元货件,以加快装卸、搬运、储存、运输等物流活动的作业方式。我国快递业的包装主要集中在快递运单、编织袋、塑料袋、封套、包装箱(瓦楞纸箱)、胶带以及内部缓冲物(填充物)等七大类。这些种类的快递包装材料如果没有得到有效的回收和再利用,将会造成严重资源浪费和环境污染。因此,我国大力发展快递绿色包装技术,并且取得了明显成效。同时,国家还在持续研制发布一批以绿色理念为引领的重要标准,不断完善覆盖设计、材料、生产、使用、评价、回收利用、处置等全生命周期的快递绿色包装标准体系。总体来看,我国快递绿色包装相关技术已走在国际前列,未来得益于国家大力扶持,行业发展将加速驶入快车道。

(2)绿色物流绩效评估

本书对物流活动对环境的影响评估研究的对象是温室气体排放。

国际上对于温室气体排放核算标准和方法主要有三个:①企业碳足迹(corporate carbon footprinting),通常采用产品碳足迹国际标准 ISO 14064 和《温室气体协议:企业价值链》(GHG Protocol:Corporate Value Chain Standards);②产品碳足迹(product carbon footprinting),《商品和服务在生命周期内的温室气体排放评价规范(PA2050)》,ISO 14040 和《温室气体协议:产品生命周期标准》(GHG Protocol:Product Life Cycle Standards)是常用的三个标准;③车辆碳足迹(transportation carbon footprinting),最新发布的 EN16258 标准提供了测量工具。各类碳足迹评价标准的共同点在于无论是针对产品还是实体层面,其碳足迹核算均以生命周期法为基础,以便对产品或企业的碳足迹进行全面的清单分析与过程计量。运用生命周期法需要考虑以下因素:没有哪一种生命周期法可以适用于所有企业、产品和服务的碳足迹计算。企业、产品和服务的性质各不相同,相同行业存在相似性,但个别仍需进行碳排放清单的编制和碳足迹的计算。

(3)绿色物流规划

绿色物流定义中提到其目标是减少物流活动对环境的危害。根据物流涉及的范围,有五个主要优化方向:优化运输路径、合理配置联运模式、采用无污染设备、合理配置装载量以及提高运营效率。本书主要介绍两种典型的绿色物流规划方法,即绿色车辆路径规划和绿色物流网络规划。

①绿色车辆路径规划

传统车辆路径规划只考虑经济因素,在绿色物流要求下,路径规划需要考虑环境影响,即碳排放量。托尔加·贝塔(Tolga Bektaş)和吉尔伯特·拉波特(Gilbert Laporte)在 2011 年提出污染路径问题(pollution-routing problems,PRP),在车辆路径问题中同时考虑经济因素和环境因素,将燃料消耗和二氧化碳排放纳入现有的车辆路径规划方法中,寻求一条经济环保的车辆路径。由于不同运输设备燃料消耗量和排放量不同,因此优化每条路径上运输设备的选择是解决 PRP 问题的有效方法。合理规划运输设备速度和载重量也是实现绿色车辆规划的重要策略。针对当下我国推行电动汽车的策略,已有研究发现路线可行性、车队规模大小、行驶距离、电池寿命、采购成本和规划期是影响电动汽车能否取代燃油车的重要因素。

②绿色物流网络设计

物流网络设计主要研究两个决策:物流网络中节点和线路的选择;每个点和线路之间

流量的决策。传统物流网络设计原理是权衡成本和服务水平。绿色物流网络设计在此基础上需要考虑环境影响,碳排放是衡量环境影响的常用指标,碳排放管理包括碳排放限额、碳排放税和碳排放权交易三种。其中,碳排放限额将随被限制企业的不同而不同,目前未见统一的标准,而碳税和碳排放权交易则更可能被采用。相对于碳税,碳排放权交易能让企业通过卖出碳排放权而获利,因此更利于促进企业节能减排。在物流网络规划设计中,均采用多目标规划的方法,将碳排放作为目标或者约束放在规划方程中考虑。

2. 绿色库存

库存管理是供应链管理中最关键的环节之一,已逐渐成为企业资本周转效率和生产运营效率最优化的关键所在。传统库存管理研究的问题是:如何制定订货和供货策略以实现最小化成本。从战略管理层面上说,库存管理涉及采购、供应商管理、选址等,然而本书主要介绍从运营角度,如何进行绿色库存管理。首先,绿色库存管理是指在传统供应链库存管理基础上,考虑对环境的影响。正如前文在绿色物流上的介绍,库存管理活动对环境的影响有很多,如温室气体排放、噪音污染、大气污染等。我们选择温室气体排放,即碳排放作为衡量库存管理产生的环境影响的指标,原因是碳排放受到大量公众关注,研究资料丰富,形成了可测量的指标和方法。其次,传统库存管理问题是求成本最小的问题,包括订货成本、持有成本和缺货成本,相应地,在绿色供应链管理中库存问题除了传统的订货、持有库存和缺货成本,还考虑因为订货、持有库存和缺货所产生的碳排放,目标是最小化成本和碳排放量。

(1)订货。订货决策与生产和运输策略息息相关。绿色供应链管理要求减少排放,因此,大批量订货是符合绿色供应链订货策略的,但是大批量订货会产成在制品和产成品库存积压。同样的,绿色供应链管理会更倾向于选择排放量更少的运输模式,如用海运取代公路运输,但绿色运输模式通常速度慢、运输效率低,因此产生更多的在途库存、安全库存等。总而言之,大批量订货和绿色运输模式在单个环节是能够减少排放的,但是从全局上讲,由此带来的在途库存、安全库存增加,导致库存排放量提高。

(2)持有库存。库存持有成本传统上包括两部分:持有库存带来的机会成本和持有库存的运营成本,如场地租赁。库存所带来的排放主要是指持有库存产生的运营成本,但是库存品的报废也会产生排放。举例来说,商品的特殊储存会产生排放,如冷鲜商品因需要冰箱冷藏,而产生大量的温室气体排放。显而易见,持有库存量越大产生的排放越高,但是库存持有量和排放量的具体比例如何还需要根据具体情况具体分析。另外,运输排放量越小,则库存量会越大,产生的库存排放量也越大,是否有利于整个供应链还需要进一步权衡。因此,如何权衡持有库存的成本与持有库存的排放是绿色库存管理的重要问题。

(3)缺货。缺货产生的排放主要有两个方面:一个是缺货导致额外的运输排放,如为了尽快补货采取排放大、速度更快的运输方式;另一个是生产过程中,因原材料短缺产生半成品浪费,而产生温室气体排放。

总而言之,订货、持有库存和缺货所产生的成本和排放并不是统一的,甚至是相互排斥的,绿色供应链库存管理的重要问题是如何寻求这个多目标规划问题的"最优解"——

权衡成本最小和排放最小。常用的方法是：①将排放量转换为排放成本，进而将多目标函数转换为成本最小化的单目标函数；②将碳排放量作为约束条件，最小化成本；③碳排放有限额，在该额度可交易的情况下最小化成本；④运用多准则决策技术解多目标规划问题。

3.绿色选址

本书所指的绿色选址问题，是指同时考虑经济成本和碳排放量的选址问题。传统的选址问题是为了确定配送中心点的位置和数量，在成本最小的目标下，满足所有消费者的需求。但是绿色选址在这个基础上还需要衡量碳排放量，包括两个部分：①配送中心的碳排放量；②配送区域内可再生能源供给。

那么由选址产生的碳排放主要来源是：①由运输产生的排放；②由配送中心进行加工、储藏等操作而产生的排放。将这两个因素总结到量化的模型中可以看出，选址影响碳排放主要通过配送中心的数量和配送中心到消费者之间的距离决定。最小化选址产生的碳排放需要做配送中心数量和位置决策。

一方面，运输距离对经济成本和碳排放量的影响方向是一致的；另一方面，每单运输量对两者的影响程度是不一致。资料显示：每单运输的重量与经济成本是线性正向关系，而每单运输的重量对碳排放量的影响比率是单调递增的。因此，由仅考虑经济成本得到的最优选址问题的解与仅考虑碳排放得到的最优选址问题的解是不同的。

4.绿色技术

（1）绿色技术定义

对于绿色技术，主要从三个角度：目的、过程和系统来阐述其内涵。从目的角度阐述的研究，一部分学者强调绿色技术是减少经济成本的技术，而另一部分学者认为绿色技术是使生态负效应最小化的技术。从过程角度阐述绿色技术的研究者认为，绿色技术创新是由各个阶段相互衔接而成的过程，绿色渗透整个过程的每个环节。从系统的角度阐述的研究者认为，绿色技术是包含技术本身和新技术相适应的轨迹的完整系统。这里我们从经济性目的出发定义绿色技术，其原因是我们这里的绿色技术是绿色供应链系统的一个组成部分，而且我们分析绿色技术时关注的是供应链中的焦点企业，可测量的经济目标有助于供应链整体协调统一。传统意义上，污染排放与产量呈线性关系，即 x 单位产出将产生 xw 单位的污染，而绿色技术是指通过一系列的活动或过程，能够减少一部分污染，使得最终 x 单位产出将产生 $xw(1-r)$ 污染。其中，r 是指绿色技术的减污效应。

（2）绿色技术构成

可拆卸设计。采用方便的拆卸设计，可以简化维修过程、提高回收再处理效率。如机械设计中，应通过减少焊接、铆接等形式，增加螺纹、铰链连接等形式来大大提高产品的可拆卸性。

标准化。产品标准化可以简化零部件更换过程，提高产品的再利用率。否则，回收产品会因为没有配套零部件或不兼容等问题而无法得到更好的利用。

材料绿色化。尽量采用低能耗、少污染的环保型材料及部件，对于增加商机和客户是

十分重要的。如电脑产品的外壳材料应尽量选择含铅、镉等重金属少的材料。

（3）绿色技术构架

当前影响绿色技术推行的因素包括：

绿色技术不确定性。绿色技术在技术本身、市场需要、企业外部环境等方面都存在不确定性。研发周期长、收益不确定、技术可行性和最终作用不确定性导致绿色技术本身的不确定性。由于绿色技术诞生初期，市场供求关系不明确，因此不能保证在竞争中胜出导致市场方面的不确定性。新技术产生缺乏配套的制度，导致制度的不确定性。

消费者对绿色技术的支付意愿。研究表明：绿色技术虽然不能直接导致消费者支付意愿的增加，但是能够间接导致消费者支付意愿的增加。消费者虽然不愿意为绿色技术支付更高的价格，但是企业可以通过采用绿色技术，展现企业社会责任而提升企业形象，最终导致消费者对绿色技术的支付意愿增加。

区域间的转移。由于不同区域执行不同的环境保护法律，因此，企业会把某些污染流程从环境保护法律严格的区域转移到相对宽松的区域。当转移的容易程度增加，区域之间对环境保护的执行力度差别增大时，绿色技术的推行将变得更加困难。

绿色技术的架构方式：

企业内部。用清洁能源取代排放大的污染能源；投资清洁能源开发；如果系统中两类能源都已经存在了，则需构建两种能源间的分配机制，最终实现节能减排。

政府管理。政府对绿色技术的促进作用是毋庸置疑的，通常政府采用补贴的方式促进绿色技术的推广，根据补贴对象的不同可分为：①补贴给消费者，如中国对购买新能源车辆的消费者给予购车补贴；②补贴给制造商，如对生产新能源车辆的制造商给予生产补贴；③补贴给使用绿色能源的行为，如美国购买新能源车辆能够享受抵税优惠。

二、绿色供应链战略

1. 绿色供应链协同

供应链协同是指两个或两个以上的企业为了实现共同目标，通过公司协议或联合组织等方式，在资源、业务流程和组织等方面有机整合、协同和发展而结成的一种网络式联合体。供应链协同需要解决两个问题：①合作动机，对于供应链中的每一个成员而言，合作的目的是产生优于不合作时的利润，因此，在系统利润最优时，需要合理分配合作利润，使得每一个成员都有动力参与合作；②合作成本和所依赖的技术平台，在合作动机设置合理的基础上，还需要建立适当的合作平台来降低合作成本。

（1）绿色供应链协同的特征

协同对象不仅包括供应商与制造商，还包括消费者。从企业角度来说：首先，消费者对绿色产品的需求给企业施加市场压力；其次，绿色产品能够为企业创造新的市场机会，增加消费者忠诚度，赢得市场份额；最后，开发绿色产品能够应对行业规定、环境污染和市场竞争要素带来的风险。从消费者角度而言：消费者消费绿色产品才可能实现供应商及制造商产品的市场价值，也是保证其供应商与制造商获取不低于市场平均收益的利润率的前提；资源有效回收也需要消费者与供应商、制造商及回收商等的合作；消费者的合理消费是降低整个供应链对环境的负面影响的重要环节。因此,从上述来看,消费者是否与供应商、制造商及回收商等进行合作是绿色供应链有效运营的基础性条件之一。

绿色供应链协同管理机制实现绿色供应链协同目标多元。传统供应链协同管理的目标是利润最大化,而绿色供应链协同的目标包括利润最大化和实现环境影响最小化。绿色供应链成员之间的合作不仅要求每个成员的利润不低于传统供应链,而且要求利润分配公平合理。

绿色供应链的合作关系建立面临较多障碍。生产绿色产品导致成本增加,产品利润率降低;供应链成员之间的运营方式以及企业文化和绿色意识差别较大,成员之间合作沟通存在障碍;每个企业独特的竞争优势和商业机密增加了合作的难度。从供应链之间的竞争来讲,消费者和生产系统之间的信息不对称,将导致"柠檬市场"的出现。

(2)绿色供应链协调机制

该机制的具体流程与机制,如图11-3所示。

战略层协调。战略层协调的目标是在供应链各成员之间就整体商业战略、环境管理战略达成一致,包括供应链成员选择和网络构建。①整体商业战略的协作。其目标是确定需求和市场环境特征,进而确定产品和相应的生产流程组织方式,使用的理论是战略管理相关理论。如:对于创新性产品往往强调敏捷供应,而对于功能性产品则往往强调成本的节约,即精益供应。②环境管理战略。在确定了整体商业战略的基础上,根据供应链所处的外部环境和供应链的内部能力,利用战略管理、生命周期评价技术等方法确定供应链的环境管理战略,确定环境管理战略的方向。

动机层协调。动机层协调的主要目标是使得供应链上的成员有足够的动机来实施绿色供应链管理,主要需要解决的问题是激励不足与成员所存在的道德风险等行为。具体包括:①建立供应链成员间协调的环境。即利用市场与拍卖机制及双边、多边谈判机制等使得成员之间能够对某一共同的特定问题展开协商与谈判,为成员之间的有效协商提供环境。②激励与监督机制。利用博弈论的理论与方法、契约理论及交易成本理论与方法等构建与选择合适的契约规范成员间的合作行为,解决成员间协调的动机问题,即确定利益分享原则与机制;确定具有外部性产品的成本分摊方式(如绿色技术与环境管理成本的分摊、信息共享的激励等),就成员进行环境管理行为的努力程度进行监督与约束。

业务层协调。业务层协调的主要目标是借助业务层的重组与整合,确保供应链成员在业务上的活动实现"环境管理"。业务层协调的主要内容包括:①信息共享平台。利用现代信息交流技术,建立供应链内成员间的信息共享平台,实现整个供应链成员活动所需要的信息分享。对于绿色供应链的运营而言,尤其要强调与环境因素相关的信息在供应链成员之间的共享。②运营流程重组。利用生命周期评价、工业代谢、物资流分析、流程再造等工具,按照环境管理的要求对整个供应链之间成员的运营流程进行重组,业务流程重组的基础性工作是按照绿色供应链运营的目标去发现改进的机会。

业务活动的监督与控制。按照绿色供应链运营的三维目标对整个供应链内的活动及物流、信息流、知识流与资金流进行监督与控制。其核心内容是从环境与商业两个角度对成员绩效及整个供应链的绩效进行测度,发现供应链内改进环境效益与商业绩效的途径,实施改进策略。可能的改进策略主要包括：运营流程再重组、供应链成员的再选择与网络的重构等。

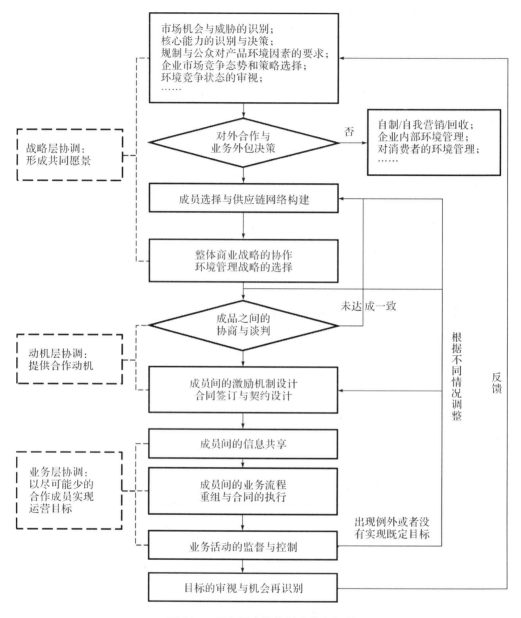

图 11-3　绿色供应链协调流程与机制

资料来源：王能民，杨彤.绿色供应链的协调机制探讨[J].企业经济，2006(5)：13-15.

2.闭环供应链

（1）闭环供应链

闭环供应链（closed loop supply chains，CLSC）是基于逆向物流发展起来的供应链管理理念，强调物资循环，即市场中的废旧产品经过回收再处理后又投入市场中，和功能循环,即利用再制造恢复物品最初功能。具体来说,闭环供应链是指企业从采购到最终销售的完整供应链循环,包括了产品回收与生命周期支持的逆向物流。它的目的是对物料的流动进行封闭处理,减少污染排放和剩余废物,同时以较低的成本为消费者提供服务。因此,闭环供应链除了传统供应链的内容,还对可持续发展具有重要意义,所以传统的供应链设计原则也适用于闭环供应链。闭环物流在企业中的应用越来越多,市场需求不断增大,成为物流与供应链管理的一个新的发展趋势。

　　早期的供应链往往以经济效益为中心,是以降低成本、提高竞争力为目的的,缺乏对可持续发展的必要认识,是一种物资单向流动的线性结构,在生产中需要消耗大量的资源求得增长,消费后系统的废弃物又使生态环境恶化。供应链发展到这一阶段,急需进行变革,在传统供应链的基础上新增回收、检测/筛选、再处理、再配送或报废处理等一系列作业环节和相关网络,将各个逆向活动置身于传统供应链框架下,并对原来框架流程进行重组,形成一个新的闭环结构,使所有物料都在其中循环流动,实现对产品全生命周期的有效管理,减少供应链活动对环境的不利影响。但是,闭环供应链和绿色供应链并不是等价的,闭环供应链是绿色供应链的重要组成部分,是实现绿色供应链的有效战略。一方面闭环供应链能够减少对环境的影响,但是另一方面,闭环供应链的管理可以只考虑经济效益,不考虑对环境的影响。也就是说,闭环供应链本身就能实现减少对环境的污染,但是在进行管理决策的过程中就不会将减少环境污染纳入考虑范围,而实现经济价值是闭环供应链必须考虑的目标。

　　(2)闭环供应链管理

　　闭环供应链由三部分活动组成:①前端产品采购和回收管理;②后端再制品营销;③动力引擎,再制造运营。从物流流程上讲,闭环供应链的流程包括多个步骤,如图11-4所示。

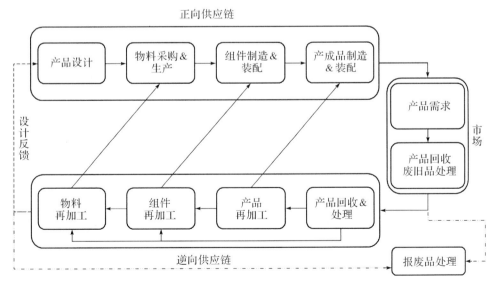

图 11-4　闭环供应链的流程

闭环供应链过程中的产品必须首先通过正向供应链进入市场,经过消费者使用后成为废旧产品。这些废旧产品一部分被回收,另一部分进入报废处理流程。回收处理的产品根据产品的状态可以进行不同程度的回收再利用处理,有的可以重新翻新,销售到市场中去,如回收的二手手机可翻新后再销售;有的经过拆解后,以组件的方式进入正向供应链,如打印机的墨盒;有的只能以原材料的方式进入正向供应链,如从废旧产品中提取金属元素运用在新产品中。而那些没有被回收的产品将进行报废处理,回收的产品中不能利用部分也会进行报废处理。在整个闭环供应链中,产品设计发挥着重要作用,决定了产品能否被回收处理。

①闭环供应链回收产品类型

进入闭环供应链回收环节的产品可分为以下两类:功能丧失,不能正常使用的产品;功能正常,但是不被用户需要的产品。而将这两类产品与闭环供应链流程对应,进入闭环供应链的回收产品可分为以下五类:

商业返回的商品,是指在供应链中由分销环节退货产生的产品。具体包括:零售商停售的产品;零售商库存积压产品;消费者无理由退货商品;物流过程中的损毁产品。

终端返回的产品,是指从供应链终端客户返回的产品。包括:残次品;产品质量保质期内的退货;需要维修的产品;消费者不再需要或者租赁期结束产生的终止使用的产品;到达生命周期末端的报废品。

召回的产品。制造企业自身行为造成产品质量缺损,导致消费者权益受损,形成大范围影响时,企业对质量缺损产品进行召回。

包装物。回收包装物种类包括:一次性使用包装物;可重复使用的包装物。

生产中的废料,是指在生产环节产生的需要回收的原材料和零部件。具体包括:原材料剩余;质检不达标的半成品和成品剩余;生产过程中的副产品和产成品剩余。

②产品设计

产品设计与闭环供应链市场策略有重要的关系,詹姆斯·D.阿比(James D. Abbey)给出了闭环供应链中在使用产品设计与核心竞争力的关系,是否作为核心竞争力的决策取决于产品再使用是否给企业带来获利机会。产品设计通过四个方面影响闭环供应链:第一,产品设计决定了产品回收的水平,即产品设计可以决定回收的旧产品是以翻新品、组件还是以原材料的状态进入正向供应链;第二,产品设计既决定了产品采购管理的方式,也决定了旧产品回收的方式;第三,产品设计通过产品回收水平决定对人员和设备的产能的投资力度;第四,产品设计决定产品的市场战略,耐用性决定了产品是出租还是直接销售。

③废弃物处理

根据产品再利用的层次,可将产品回收再处理方式分为以下四种。

再利用(reuse):通过对用过的产品或拆卸下来的零部件进行简单的清洗或再包装就能直接进行再利用。

维修再利用(repair):通过对用户退回的或者回收的产品进行拆卸、检测、更换、修理或升级使其恢复正常状态后的再利用。维修后的产品质量可能低于也有可能高于(指升级的产品)新产品的质量。

再制造(remanufacture):通过对产品进行拆卸,并检测其零部件,更换坏的或过时的零部件,使使用过的产品严格恢复到新产品或具有和新产品一样的使用性能和寿命。

再循环(recycle):通过各种独立的处理流程,从产品或者零部件中获得可以重复利用的、不再保留有任何原有结构形式的原材料,并在最初的生产或者其他产品的生产中重复使用它们。

废弃物不同处理方式的经济价值和市场价值不同,同时处理投入程度也不相同。根据"经济价值/投入"的大小,废弃物处理方式优先顺序,如图 11-5 所示。

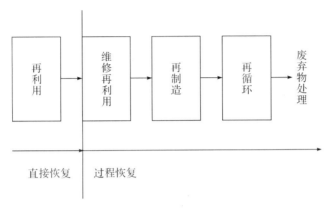

图 11-5　废弃物处理方式优先顺序

④回收模式

旧产品的回收模式按照决策主体的不同可分为三种:制造商回收、零售商回收和第三方回收,如图 11-6 所示。

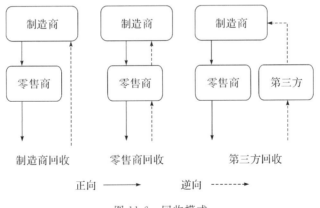

图 11-6　回收模式

制造商回收是指制造商制定回收价格,管理回收产品的物流活动,承担相关的环境责任。该模式提供了环保成本及相关信息的直接反馈机制,废旧品拆解集中化、专业化、效率高,同时增加了物料闭环回收和再利用的机会。但是,反馈时间长,管理成本和物流成本高。

零售商回收是指制造商委托零售商对回收进行定价和回收物流活动管理。与制造商回收相比,零售商回收具有的优势是:零售商拥有完善的物流网络,便于逆向物流开发;将回收业务转移给零售商有利于制造企业集中核心竞争力;根据边际效用,零售商回收使得

物流与供应链管理

客户需求增加。

第三方回收是指第三方物流企业进行回收定价和物流管理,制造商从第三方企业直接购买回收处理后的产品。第三方回收的优势是:制造商能够将精力集中在核心业务上,第三方回收效率高。但是,第三方回收模式阻碍了信息反馈到制造商,不利于产品设计。

【案例】绿色制造的张家港经验

机动车"报废"后可以通过再制造重新上路,固体废弃物几乎实现100%再利用,工业用水重复利用率达99%……连续多年位居全国百强县前三甲的江苏省张家港市,通过绿色制造改造传统制造业,大大节约资源和能源,并将环境污染最小化,以一个工业发达城市的身份成为全国首个荣获联合国人居奖的县级市。

"区内企业已建的治理设施运转率达100%,工业废水排放达标率达100%,工业固废综合利用率达100%,生活垃圾无害化处理率达100%。"张家港经济技术开发区经济服务中心主任汤文军说,在工业和信息化部公布的第二批绿色制造名单中,张家港经济技术开发区获评国家级绿色园区。

废旧的汽车零部件,经过一番再制造,获得新生。这是张家港经济技术开发区的一个得意之作——2013年,国家发改委批准的国家首批国家级再制造产业示范基地落户这里。目前,这个示范基地已经聚集了包括汽车发动机、发电机、机床等标杆型再制造企业20多家。

"再制造的零部件性能不低于新品,但价格只有原先的一半。"郑勋是国家再制造汽车零部件产品质量监督检验中心的主任,这个中心由张家港经济技术开发区和清华大学苏州汽车研究院合作设立,是我国汽车零部件再制造领域唯一的第三方国家级产品质量监督检验中心。

作为一个汽车消费大国,再制造市场潜力可想而知。张家港市遵循"资源减量、再利用、再循环"的发展思路,以超前的眼光,投资建设了这个绿色制造的新平台。

张家港市工信局副局长夏燕良介绍,这些年,市里专门出台了高质量发展、绿色制造产业扶持政策,通过示范引领,推进绿色制造体系建设。对入选国家和省级绿色制造名单者,分别给予一定的奖励。目前,已有3家绿色工厂、2个绿色设计产品、1家绿色供应链管理示范企业、1家绿色园区获评工信部绿色制造体系荣誉称号,实现绿色制造体系荣誉称号的全覆盖。

资料来源:王伟.绿色制造的张家港经验[EB/OL].(2019-09-09)[2021-05-01].
http://news.workercn.cn/32843/201909/09/190909033858551.shtml.

▶ 本章要点

1.绿色供应链是以绿色制造和管理技术为基础,在整个供应链中综合考虑高效率,低成本,资源效率和环境影响的现代管理模式,使得产品从原材料、加工、包装、仓储、运输以及报废回收的整个过程中都能保持对环境的负面影响最小,资源利用率高。

2.绿色供应链的特征:将环境因素作为供应链管理的重要目标,强调供应链成员间的数据共享,供应链的闭环运作,强调技术支持,风险管理。

3.绿色供应链的评价体系分为两类:生命周期评价和碳足迹。

4.生命周期是指汇总和评价一个产品、过程(或服务)体系在其整个生命周期的所有产出对环境造成的和潜在的影响方法。

5.生命周期评价的实施步骤分为四个:目标定义和范围的界定、清单分析、影响评价和生命周期解释。

6.存在两大类碳足迹的计算方法:以过程分析为基础的"自下而上"模型和以投入产出分析为基础的"自上而下"的模型。

7.绿色供应链运营包括:绿色物流、绿色库存、绿色选址、绿色技术。

8.绿色物流规划方法有:绿色车辆路径规划、绿色物流网络设计。

9.绿色技术构成:可拆卸设计、标准化、材料绿色化。

10.闭环供应链由三部分活动组成:前端产品采购和回收管理;后端再制品营销;动力引擎,再制造运营。

思考题

1.绿色与供应链的效益之间如何权衡?

2.中国应该如何借鉴国外相关的经验?

3.哪些行业适合构建闭环供应链? 哪些行业目前还不具备基础?

参考文献

［1］ABBEY J D,GUIDE V. Closed-loop supply chains:astrategic overview[M]. Berlin: Springer International Publishing,2017.

［2］BANSAL P, HOFFMAN A J. Oxford handbook on business and the natural environment[M]. New York:Oxford University Press,2013.

［3］BOUCHERY Y,CORBETT C J,FRANSOO J,et al. Sustainable supply chains: aresearch-based textbook on operations and strategy[M]. Berlin:Springer International Publishing,2016.

［4］FERREIRA K J,LEE B H A,SIMCHI-LEVI D. Analytics for an online retailer: Demand forecasting and price optimization[J]. Manufacturing & Service Operations Management,2015,18(1):69-88.

［5］SAVASKAN R C,BHATTACHARYA S,VAN WASSENHOVE L N. Closed-loop supply chain models with product remanufacturing[J]. Management science,2004,50 (2):239-252.

［6］SEURING S,MÜLLER M. From a literature review to a conceptual framework for sustainable supply chain management[J]. Journal of cleaner production,2008,16 (15):1699-1710.

［7］WANG G,GUNASEKARAN A,NGAI E W T,et al. Big data analytics in logistics and supply chain management:Certain investigations for research and applications [J]. International Journal of Production Economics,2016,176:98-110.

［8］宋华,于亢亢.供应链与物流管理研究前沿报告 2020(中国人民大学研究报告系列) [M].北京:中国人民大学出版社,2021.

［9］罗春燕,曹红梅,赵博,等.物流与供应链管理[M].北京:清华大学出版社,2020.

［10］马丁·克里斯托弗.物流与供应链管理[M].5 版.何明珂,译.北京:电子工业出版 社,2019.

［11］范碧霞.物流与供应链管理[M].2 版.上海:上海财经大学出版社,2020.

［12］谭春平,王烨,赵晖.基于第四方物流的物流园区收费模式研究:两部收费制双边市 场结构模型[J].软科学,2018,32(8):140-144.

［13］S·托马斯·福斯特.质量管理:整合供应链[M].何桢,译.北京:中国人民大学出版 社,2013.

［14］钮建伟,温薇.物流质量管理[M].北京:北京大学出版社,2016.

［15］傅莉萍.运输管理［M］.北京:清华大学出版社,2015.

［16］鲍新中,赵丽华,程肖冰.物流成本管理［M］.北京:人民邮电出版社,2017.

［17］董千里.高级物流学［M］.北京:人民交通出版社,2015.

［18］夏火松.物流管理信息系统［M］.北京:科学出版社,2021.

［19］占海东.基于物联网的优化物流管理模式的途径［J］.中国管理信息化,2017,20(4):
56-57.

［20］范录宏,皮一鸣,李晋.北斗卫星导航原理与系统［M］.北京:电子工业出版社,2020.

［21］唐纳德 J.鲍尔索克斯,戴维 J.克劳斯,M.比克斯比·库珀,等.供应链物流管理
［M］.3 版.马士华,张慧玉,译.北京:机械工业出版社,2014.

［22］武兆杰.大数据技术在电子商务 C2B 模式中的应用［J］.科技创新导报,2015,12(2):
55-56.

［23］中国互联网信息中心.第 39 次中国互联网络发展状况统计报告［R］.2017.

［24］李毅学,汪寿阳,冯耕中,等.物流与供应链金融评论［M］.北京:科学出版社,2010.

［25］梁永福,张展生,林雄.基于商业信用的供应链金融研究进展［J］.商业经济研究,
2016(9):144-148.

［26］陈煌鑫,陈国铁.国内外供应链金融发展及模式研究［J］.价值工程,2016,35(35):
230-233.

［27］刘璠.第四届物流企业协同运作研究［M］.武汉:武汉大学出版社,2014.

［28］张海燕,吕明哲.国际物流［M］.3 版.大连:东北财经大学出版社,2014.

［29］陈言国,陈毅通,沈庆琼.国际物流实务［M］.北京:清华大学出版社,2016.

［30］孙韬.跨境电商与国际物流:机遇、模式及运作［M］.北京:电子工业出版社,2017.

［31］刘丽艳,袁雪妃,李宁,等.国际物流［M］.北京:清华大学出版社,2017.

［32］维克托迈尔—舍恩伯格,肯尼斯库克耶.大数据时代(Big Data)［M］.盛杨燕,周涛,
译.杭州:浙江人民出版社,2013.

［33］王红春,刘帅,赵亚星.大数据供应链与传统供应链的对比分析［J］.价值工程,2017,
36(26):112-113.

［34］王洪春,刘帅.大数据供应链的发展路径研究［J］.物流技术,2017,36(7):121-125.

［35］王玉燕.闭环供应链的协调激励研究［M］.北京:中国财政经济出版社,2010.

［36］刘康.基于富士施乐的闭环供应链政府环境政策比较研究［D］.湖南大学,2014.

［37］李丹,杨建君.国内绿色技术创新文献特色及前沿探究［J］.科研管理,2015,36(6):
109-118.

［38］龚英.绿色供应链［M］.北京:中国环境出版社,2015.